“语言研究新视角丛书”编辑委员会

YUYAN YANJIU
XINSHIJIAO CONGSHU
语言研究新视角丛书

主编　黎运汉

xiu ci xue yu yu wen jiao xue

修辞学与语文教学

刘凤玲　邱冬梅　著

修辞学是提高语文教学效率的最直接有用的工具学科

暨南大学出版社
JINAN UNIVERSITY PRESS
中国·广州

图书在版编目（CIP）数据

修辞学与语文教学/刘凤玲，邱冬梅著．—广州：暨南大学出版社，2010.7
（语言研究新视角丛书）
ISBN 978－7－81135－528－4

Ⅰ.①修…　Ⅱ.①刘…②邱…　Ⅲ.①修辞学—应用—语文教学—教学研究
Ⅳ.①H09

中国版本图书馆CIP数据核字（2010）第103174号

出版发行：暨南大学出版社

地　址：中国广州暨南大学
电　话：总编室（8620）85221601
营销部（8620）85225284　85228291　85220693（邮购）
传　真：（8620）85221583（办公室）　85223774（营销部）
邮　编：510630
网　址：http：//www.jnupress.com　http：//press.jnu.edu.cn

排　版：暨南大学出版社照排中心
印　刷：佛山市浩文彩色印刷有限公司

开　本：787mm×1092mm　1/16
印　张：25.5
字　数：561千
版　次：2010年7月第1版
印　次：2010年7月第1次
印　数：1—2000册

定　价：45.00元

总　序

2007年6月，暨南大学出版社策划编辑杜小陆先生邀请我为他们出版社主编一套语言学丛书。始初我有些犹豫，但为他的眼界和气魄所感动，而且觉得这是响应社会发展、对语言科学召唤的善举，便欣然应诺了。

丛书筹备工作进展很顺利，很快便得到了20多位学者朋友的赞许与支持。2007年7月和2008年4月，暨南大学出版社徐义雄社长先后两次诚邀部分编委举行了丛书策划论证会，深入讨论了丛书选题运作的相关事宜，确定丛书名为"语言研究新视角丛书"，丛书的核心思想为"创新"，即课题新、理论新、语料新、方法新，力求凸显研究对象的新规律和新特点，洋溢时代气息，体现学科走向，给读者以新的启示。学术研究贵在创新，创新是学科前进的关键，只有创新才能给语言学增加新鲜血液，使其健康发展。而创新的基础是继承和吸收。继承、吸收与创新融合是语言科学发展繁荣的重要因素，也是语言科学发展繁荣的基本规律及其研究的方法论原则。我们撰写这套丛书既注意继承优秀传统，吸收已有成果的精华，更努力于开拓创新。

这套丛书由30本组成，于2008年10月、2009年8月和2010年8月分三批出版。

丛书数量大，内容广泛而丰富多彩。它涵盖语言理论、语言本体、语言运用和语言教学的范围，涉及词汇学、语义学、语法学、社会语言学、语用学、话语语言学、方言学、修辞学、语体学、语言风格学、辞章学，以及港台语言、网络语言、广告语言、导游语言、交际语言艺术、语用与文化、语用与教学的方方面面。其中有国家、省部级社科基金规划项目成果，有较大影响的学术专著的拓新或再构，有作者多年潜心研究的新著。我们期望丛书的问世能对现代语言科学以及与其有关学科的繁荣发展有所贡献，对语言学、文艺学、文章学的教学有所帮助，对语言科学的研究者有所启示，对社会公众提高语言运用的能力有所裨益。

丛书的参撰者是海峡两岸长期从事语言学、语用学、社会语言学、文化语言学教学和研究的老中青教授、博士，他们学术造诣较深，眼光敏锐，视野开阔，颇有探索、拓荒精神，曾出版、发表了不少学术专著和系列论文，而且都以严谨、务实、求新、求精的科学态度，潜心耕耘自己的课题，竭力使研究成果具有创新性、学术性、科学性、实用性、启示性。毫无疑问，丛书的每一分册都是作者多年从事语言科学研究和教学的智慧结晶，我相信读者朋友们都能从中发现自己喜爱的闪光点。

丛书成立编委会。由本人任主编，郭熙、何自然、刘焕辉、屈哨兵、邵敬敏、肖沛雄、曾毅平、周国光、郑颐寿、宗廷虎等教授为常务编委，丛书作者为编委。作者提交的书稿经丛书编委会审定，由主编和常务编委签署意见后，交由出版社出版。全套丛书行文体例大体一致。尽管编委共同努力把好质量关，但由于我们的水平和经验所限，这套丛书的编写难免有不尽如人意的地方，敬请读者朋友不吝赐教。

暨南大学出版社欣欣向荣，富有活力，一贯重视图书出版质量。出版的图书在新闻传播学、语言文学、心理学与管理学等学科领域已形成优势和特色，诸如《中文》等系列华文教材在海内外享有盛誉，“院士科普书系”2006 年获国家科技进步二等奖。这次把“语言研究新视角丛书”和全国新闻学教材系列、“海外华文文学丛书”等同列为重点图书，更显示出令人钦佩的远见和魄力。本人作为主编，代表全体作者向暨南大学出版社表示衷心的感谢，并诚挚感谢各位作者朋友对我的大力支持。

黎运汉
2008 年国庆节
于暨南大学羊城苑得道居

前　言

修辞学在近几十年里，有了长足的发展。它在社会交往中有着重要的价值，且不说它是兴国立业、建设社会文明、提高自我修养、提高经济效益的重要手段，对于语文教学也是一种直接提高教师教学水平和学生修辞语用能力的有效工具。

本书在紧扣语文教学大纲、教学目标和语文教材的基础上，一方面借鉴了语体学、语用学、语言风格学、言语交际学、信息传播学、美学等多学科的相关理论，介绍了修辞学，反映修辞学的面貌和研究动向，介绍了许多同行的修辞理论，其中也不乏介绍他们精彩的语用实例；另一方面立足于语文教师们熟悉的语文教材，其中以人教版、粤教版教材为主，其他版本和已用过的教材为辅，力求将修辞学理论与语文教学实践相结合，为语文教师的教学活动提供参考。

本书与同类修辞学书籍不同，因为它紧扣语文教学的需要来架构；也与一般的语文教参不同，它给予读者的是一种理念、一种视野、一种解读语文教材的规律与方法。本书有以下几个突出的特征：

一、指出了修辞学是语文教学的工具学科，因为它在提高教师对教材的解读能力和提高学生的修辞语用能力方面，都有直接、高效的作用。

二、提出了“语体先行”的教学理念，主张语文教师首先要树立“语体先行”的意识，实施“语体先行”的语用原则和语用策略，因为只有这样才能收到事半功倍的教学效果。

三、构建了语体、语篇、语段、句子、词语五级由大到小的修辞语用体系，并紧扣两条脉络——消极修辞和积极修辞来论述。

四、在广泛采集同行研究成果的基础上，全面细致地论述了解读语文教材从语体、语篇到句子、词语，乃至标点符号的规律和技巧。

（1）论述了语体的特征，尤其详细地论述了交融语体产生的途径、类型及其特征，论述了交融语体在语文教学中的重要性，提供了解读这类语篇如鲁迅的杂文、司马迁的文艺性人物传记、文艺科学小品类的视角与方法。

（2）剖析了语篇、语段的结构和运用规律，总结了句子、词语的修辞规律。

（3）归纳了代表性辞格及辞格群（即辞格的综合运用）的规律和美学价值。

（4）挖掘了辞趣在语文教学中的韵味与情趣。

我们认为修辞学在语文教学中有着举足轻重的作用，因此将本书献给广大的语文教师和师范院校中文系的未来教师们。愿这本小书可以解决语文教师急于应用的许多实际问题，成为语文教师的好帮手，并能从理论上和教育理念上提升语文教师整体的修辞学素养。

刘凤玲

2010 年 3 月

目　录

第一章

修辞学与语文教学

第一节　修辞概说

一、什么是修辞、修辞学

提起修辞，不少人马上就会想到比喻、夸张、比拟、双关等辞格，认为修辞学自然就是研究辞格的科学。这种片面认识会极大地阻碍我们学习、开发和利用修辞学的资源应用于语言的表达和接受领域。特别是对于语文教师来说，等于丢失了一把语文教学尤其是解读语文教材的钥匙。这绝不是夸张，只要你深入学习和掌握了修辞学的理论与规律，你将会有同感。

那么，什么是修辞呢？

修辞是一种为了增强言语表达效果和接受效果的言语行为或活动。为了帮助大家理解这个问题，先请看下面这个例子：

日本古都奈良坐落在青山环抱之中，既有金碧辉煌的名胜古迹，又有迎春摇曳的红樱花，加上现代化的文化娱乐设施、世界一流的旅馆和热情周到的服务，使每年春夏两季游人如织。但每年四月以后，燕子便争相飞到旅馆檐下，筑窝栖息，繁衍后代。好客的主人和服务员小姐还为燕子提供了营巢的方便。

可是，招人喜爱的燕子却有随便排泄的习惯。刚出生的雏燕更是把粪便排在明亮的玻璃上和雅洁的馆廊上。尽管服务员不停地擦洗，但燕子的我行我素总会给旅馆留下污渍。于是，客人不高兴了，服务员抱怨了，影响效益的危机出现了，经理也皱起了眉头，燕粪有碍观瞻成了奈良旅馆的难题。但不久，这种现象又渐渐消失了。原因是客人们看到了一封“燕子”写的信：

女士们、先生们：

我们是刚刚从南方赶到这儿来过春天的小燕子。没有征得主人的同意，就到这儿安了家，还生儿育女。我们的小宝贝年幼无知很不懂事，我们的习惯不好，常常弄脏你们的玻璃窗和走廊，致使你们不愉快。我们十分过意不去。还请女士们、先生们多原谅。

还有一事恳求女士们和先生们，请你们千万不要埋怨服务员小姐，她们是经常打扫的，只是擦不胜擦，这完全是我们的过错，请你们海涵。

你们的朋友：小燕子

×月×日

上例显然是旅馆经理面对“难题”巧用“燕子”名义写的信。倘若经理以常规的方式直接出面向旅客解释、道歉，收到的效果不一定好。而他妙就妙在运用拟人的手法——以小燕子的名义写信给公众，信中言辞恳切而充满了自责，这使寻找欢乐的旅客们看了之后都给逗乐了，心中的怨气也在笑声中悄然化解。尔后，每当旅客们看到窗户上和走廊上的点滴燕粪，便自然而然地想起了小燕子那番亲切有趣的话语而忍俊不禁了。

类似这样，“言语交际参与者在特定的语言环境下，根据表达内容的需要，运用相应的语言形式，恰切地建构话语和正确地解构话语，理解话语，以达到理想交际效果的活动”①，就是修辞。

那么，什么是修辞学呢？

修辞学就是研究如何根据表达内容的需要和具体的语境，运用恰当的语言材料和语言形式以提高表达效果和接受效果的科学。

二、修辞学研究的对象与范围

修辞学研究的对象是一切修辞现象。何谓修辞现象？陈望道在《修辞学发凡》中作了明确的解释：“我们所谓修辞的过程，这个过程上所有的现象便是‘我们所谓的修辞现象’。”② 他还进一步解释“修辞现象”，“就是运用语文的各种材料、各种表现方法表达说话者所要表达的内容的现象”③。王希杰在《再论修辞学的研究对象问题》中，也进一步强调了修辞学的研究对象是“一切修辞现象”。至于“一切修辞现象”的范围有多大？正如宗廷虎所说：“修辞现象出现在何处，修辞学研究就应该在何处；修辞现象分布的范围有多大，修辞学研究的范围就应该有多大。”④ 这就明确地指出了修辞学研究的对象——只要是语言文字应用现象，都在修辞学的研究之列。

修辞学研究的对象既然是一切修辞现象，其范围究竟有多大，修辞学界曾走过两个极端：一是过窄，即“辞格中心论”，仅研究辞格来代替修辞学的一切研究；二是过宽，将文风、选材、主题等其他学科的内容也包括进来。这些都有失偏颇。我们认为，修辞学研究的范围大致可以概括为以下四大部分：

（一）辞律

辞律即遣词、造句、缀段、谋篇的规律。

遣词：遣词就是根据语境，选择和调遣词语来恰切地表达思想。

造句：造句就是根据语境的需要，选用不同的句型、句类来适切地为思想内容服务。

---

① 黎运汉，盛永生．汉语修辞学．广州：广东教育出版社，2006. 1

② 陈望道．修辞学发凡．上海：上海文艺出版社，1962. 9

③ 陈望道．陈望道修辞论集·谈谈修辞学研究、修辞学的对象．合肥：安徽教育出版社，1985. 243

④ 宗廷虎等．修辞新论．上海：上海教育出版社，1988. 11

缀段：缀段既指将句子连缀成最小的语段（句群），又指将最小的语段连缀成最大的意义段，这都要根据语境的需要来连缀。

谋篇：谋篇就是根据题旨情境的需要进行篇章格局的谋划。例如，谋篇的手法，文章的脉络、开头、结尾、过渡、波澜等技术手段的运用，它们都有一定的规律和技巧。古代的修辞学家，特别是近四十年来修辞学工作者孜孜不倦地探索着这类修辞规律，不仅涌现了一大批关于遣词、造句、缀段、谋篇的论文，还涌现了一批开拓性的学术论著，如 20 世纪 80 年代，郑颐寿的《比较修辞》、倪宝元的《词语锤炼》和《句式的选择》、郑文贞的《语段的组织》、徐炳昌的《语篇的组织》等。

我们提出的“辞律”这一术语，它与“辞规”略有不同。“辞规”是吴士文首先提出来的，指的是消极修辞的规律，吴士文将其与辞格、辞趣相对应，并在《修辞讲话》（1982）中专门论述了“通顺有条理”、“简洁无废词”、“简明无歧义”、“贴切有所宜”等规律。这些消极修辞的规律和技巧对我们的语言表达和理解，特别是对语文教学有重要的借鉴作用，自然是我们所说的辞律研究的重要内容，但不是辞律研究的全部内容。我们所说的“辞律”，比辞规的范围要大，凡是有助于增强表达效果和接受效果的修辞规律，尽管有些尚未或正在形成规则、规律，都可囊括其内，这是区别一；我们之所以将辞律放在从词语到篇章各级具体的语用单位中研究，寻找其修辞规律，是因为这样处理用于言语实践的可操作性强，这是区别二；辞律所研究的内容既然是各级语用单位的修辞规律，那么，既要研究分布在这几级语用单位的消极修辞，也不排除在这几级语用单位上涉及的积极修辞规律，这是区别三。正是基于上述这三个区别，我们提出从词语到篇章的修辞规律，即“辞律”是修辞学研究的内容之一。本书正是沿着这一思路寻找从词语到篇章，即词、句、段、篇的消极修辞和积极修辞规律的。

上文还涉及两个有争议的问题，需作补充说明：

1. 消极修辞与积极修辞问题

“消极修辞”与“积极修辞”的提法首先见于 1926 年王易的《修辞学》。1932 年，陈望道在《修辞学发凡》中发展了这种分类方法，提出了消极修辞和积极修辞“两大分野”说。何谓消极修辞？“为使语言明白、通顺、平匀、稳密而采取的手法称为消极修辞。”何谓积极修辞？“为使语言生动形象而采取的手法称为积极修辞。”[①]

积极修辞是修辞学的研究对象，看法没有分歧。但消极修辞是否是修辞学研究对象，一直有不同的看法，谭永祥就是坚决反对修辞学研究消极修辞的代表之一。他认为，消极修辞跟语法现象、逻辑现象、词汇现象有“纠葛”，“消极修辞是一个没有任何内容的空壳”[②]。随后他在《汉语修辞美学》（1992）中仍持相同观点。此外，持

---

① 宗廷虎．修辞论集·试评修辞学理论研究．长春：吉林教育出版社，2003. 13

② 谭永祥．修辞学两大分野献疑．修辞学论文集（第 4 集）．福州：福建人民出版社，1987

相同观点的还有季世昌、费枝美等人。

认为消极修辞是修辞学研究对象的还有吕叔湘、周振甫、郑远汉、吴士文、王希杰、李维琦等，他们认为，修辞学不能只研究积极修辞，还应研究消极修辞。周振甫在20世纪50年代出版的《通俗修辞讲话》中就明确指出消极修辞比积极修辞更重要、更急需。他认为："先要做到明白清楚、准确贴切、有条理，把自己的意思恰好地表达出来，这是首要的。"吴士文在《修辞讲话》中，用大量的篇幅论述消极修辞问题，他还在《营口师专学报》上开辟了研究消极修辞的专栏，大力倡导研究消极修辞；李维琦也坚决主张研究消极修辞，他在《修辞学》中指出："被称为'消极修辞'的那一部分修辞，也就是把文章（或话）写（或说）得明白通顺、平匀稳密，只要你开口说或动手写，这样的修辞就无处不在。它帮助你完成语言的交际任务，发挥语言的最根本功能，实在并不消极。"①

我们赞同后者的观点，消极修辞客观存在于言语活动中，只是人们对其总结、研究不像研究积极修辞那样重视，但这并不等于消极修辞的规律不存在和不重要。正如上面学者所说，"消极修辞并不消极"，它是人们运用语言进行交际的最基本、最常用的修辞手段，是值得我们下大力气去研究的一块领地。可喜的是，胡习之在吴士文等人研究的基础上，总结了辞规的规律和技巧，并出版了第一本关于消极修辞规律的专著《辞规的理论与实践》②，填补了研究消极修辞的空白，为消极修辞的研究开了一个好头。

2. 修辞学是否应该研究篇章结构问题

篇章结构是否是修辞学研究的对象，在修辞学界有两种对立的意见。一种意见认为篇章结构不应是修辞学的研究对象，持这种观点的主要代表是张弓。他在《现代汉语修辞学》中认为，修辞学是一门语言学科，它的研究对象"总不能超出语言的单位，也就是总不能出乎语言词句之外"③。季世昌、费枝美、戴磊等也认为，"修辞不应当包括篇章结构"④，否则就会偏离"以语言为本位"，"跨界去干涉文艺作品、科学著作的内容"⑤，"侵占文艺创作论、文章作法的领地，就会模糊修辞学语言学科的本质"⑥。

另一种意见则认为篇章结构应属于修辞学的研究对象，持这种观点的以宗廷虎为代表。他认为："修辞学既然是研究语言运用技巧的，如果只研究词和句的用法而置篇章修辞于不顾，则很不全面。例如衔接，是消极修辞的一个重要方面，它对语言的

---

① 李维琦．修辞学研究的反思和探索．湖南师范大学学报，1988（2）

② 胡习之．辞规的理论与实践．北京：中国文史出版社，2002

③ 张弓．现代汉语修辞学．天津：天津人民出版社，1963. 29

④ 季世昌，费枝美．现代汉语修辞中研究的几个问题．徐州师范学院学报，1981（1）

⑤ 戴磊．修辞与篇章结构．《修辞学发凡》与中国修辞学．上海：复旦大学出版社，1983. 349

⑥ 张弓．现代汉语修辞学．天津：天津人民出版社，1963. 29

通顺流畅、文章气势等，关系很大。如果只探讨词组和词组、分句和分句之间的衔接，不去管句子与句子、段落与段落之间的衔接，能取得好的修辞效果吗？‘修辞学’绝不只是‘修词学’或‘修句学’，这儿的‘辞’指的是语辞，乃是包括全部的语言的运用在内的。”① 宗廷虎的鲜明见解，得到许多学者的赞同。张寿康表示：“我觉得‘篇章结构’是修辞学研究的对象，但是研究这一问题与文章学的角度、切面不同。”②

我们赞同后一种观点，修辞学应该研究篇章结构，而修辞学研究篇章结构是从语言运用的规律技巧的角度来研究的，它与文章学、文艺创作研究篇章的视角是完全不同的。

总之，我们正是以上述学术思想为指导，不仅重视研究积极修辞，也重视研究消极修辞；不仅重视词语、句子的修辞，也重视篇章修辞，这就是我们提出“辞律”的理论基础。

（二）辞风

辞风即指不同语体的不同风格。

吴士文在《修辞格论析》中提出过“辞风”这一术语，其内涵是指“纯属辞的外形的修辞问题”，如“音节对称”、“字形清楚”、“标点正确”等。我们这里所说的“辞风”，与吴士文提出的观点大相径庭，主要指不同语体的不同风格特征，即语体风格。

语体“是适应不同的交际领域、目的、对象和方式的需要，是运用全民语言而形成的言语特点体系，是运用词汇、语法、辞格、语音手段及话语组织等语言材料、表达手段所形成的诸特点的综合体”③。

上文说过，词、句、段、篇四级语用单位的修辞规律即辞律。其实，还有一级隐性的语用单位——语体。语体制约着人们的语言运用，人们运用语言首先讲究“得体”，而得体的主要内涵就是符合语体风格规范。

语体及语体风格是否是修辞学的研究对象，也有两种不同意见。一种意见认为语体不是修辞学研究的对象，不属于修辞学的研究范围，持这种看法的以谭永祥为代表。他认为：“语体和修辞，不是谁包容谁的问题，而是平起平坐的关系。”④ “语体可以划入文章学（辞章学），因为语体同文章的分类和文章作法等关系更近一些，它们是‘近邻’，而语体和修辞是‘远亲’。所以，我们认为，语体不属于修辞学研究的对象和范围。”⑤

---

① 宗廷虎．试评修辞学理论研究．修辞学论文集（第1集）．福州：福建人民出版社，1981. 12

② 张寿康．望道先生纪念．《修辞学发凡》与中国修辞学．上海：复旦大学出版社，1983. 44

③ 黎运汉．修辞学、语体学、语言风格学．语言风格论集．南京：南京大学出版社，1994. 78

④ 谭永祥．汉语修辞美学．北京：北京语言学院出版社，1992. 27

⑤ 谭永祥．汉语修辞美学．北京：北京语言学院出版社，1992. 28

另一种意见则认为语体是修辞学的研究对象，持这种观点的学者有周迟明、张弓、宗廷虎、郑颐寿、乐秀拔等人。周迟明认为："搞清楚汉语的语体问题，如汉语的语体怎样分类，什么是各种语体的通用词和通用的语法结构，汉语在词汇上、词义上、构词上、词类上、句法上有些什么语体特征等。只有把这一系列的问题搞清楚了，我们的汉语修辞学才能对汉语正确使用，对于汉语文学语言规范化的促进，对于文风的改进，起指导作用。"① 张弓在《现代汉语修辞学》中，率先把语体作为修辞学研究的重要任务之一，明确提出修辞与语体有密切的关系。宗廷虎认为："把语体学放在修辞学中研究，既能为修辞学研究开辟新的前景，对语体学的发展也很有利。"② 郑颐寿指出，修辞学要研究语体，因为"语体是修辞学研究的基础"③。乐秀拔也说："现代汉语修辞学要以语体的修辞手段为研究对象，要切合实际，就必须以语体为中心，建立现代汉语修辞学的新体系。"④

我们十分赞同后者的观点。语体研究离不开修辞，离开了修辞的语体研究就成了空中楼阁。修辞研究则更应"以体为先"，有关这一点，我们将在第二章的第五节进一步阐述。

（三）辞格

辞格是人们在长期的言语活动中总结出来的种种优化言语的固定模式。辞格随着语言的诞生而诞生，已有三千年的历史。

辞格产生虽早，但对辞格进行系统研究却是近一个世纪的事情。1923 年，唐钺的《修辞格》出版，这是我国第一部研究修辞格的专著，开启了辞格研究的先河，影响深远，被誉为"科学的修辞论的先声"⑤。1932 年，陈望道在《修辞学发凡》中将辞格分为 4 类 38 格，其影响更为深远。随后，修辞学对辞格的研究可以说是用力至勤、成果最丰硕的一块园地。

修辞学研究辞格，要研究它的定义、性质、作用，产生的基础和类型，发展和演变情况，辞格在修辞学中的地位与作用，辞格的综合运用，辞格研究的方法等问题。这些问题在近一个世纪的研究中，都有了不同程度的进展，关于这一点，我们将在第七章重点介绍。但是，辞格有一些问题尚需进一步研究，如辞格的名称和定义、辞格与非辞格的界限、辞格的类聚体系问题、辞格的辨异问题，以及各种辞格的美学价值和认知价值等问题，都需深入研究。

例如，辞格的名称问题历来叫法混乱。如辞式、辞藻、语格、语式、修辞格、修辞手段、修辞方式、修辞方法、修辞手法、表现手段等。我们认为，应统一称"辞

---

① 周迟明．汉语修辞学的体系问题．山东大学学报，1959（4）

② 宗廷虎．试评修辞学理论研究．修辞学论文集（第 1 集）．福州：福建人民出版社，1981

③ 郑颐寿．语体是修辞学的基础．福州师范高等专科学校学报，1984（2）

④ 乐秀拔．以语体学为中心建立修辞学的新体系．修辞学习，1985（3）

⑤ 陈望道．修辞学发凡·结语·中外修辞学竞争时期．上海：上海教育出版社，1984. 280

格”、“修辞格”或“修辞手法”为好，虽然“辞式”、“语格”也是辞格的同义形式，但名称多了没有必要，更何况“修辞方式”、“修辞手段”、“修辞方法”、“表达手段”等的范围要比辞格的范围大得多。关于这一问题，濮侃、王希杰、王培基等人都先后论述过。我们认为，十分有必要统一这一术语，再不能这样杂乱称呼下去了。

又如辞格与非辞格的界限问题，从唐钺的5类24格开始，现已发展到231格，其中绝大部分是辞格，但有的不是辞格，如幽默、警策、讽喻等；有的是否是辞格，分歧还很大，如通感、象征等。此外，辞格内部的下位辞格不仅名称混乱，而且还有重叠、包孕等现象，这些为我们学习辞格带来了麻烦，所以值得我们进一步研究并加以规范。

总之，辞格是修辞学园地中最具特色的一块绿草芳地，值得我们继续开垦。

（四）辞趣

辞趣是陈望道首先在《修辞学发凡》中提出来的一个术语。他发现，在言语交际中，特别是书面语交际，有一类不像辞格那样有固定格式，却像辞格一样有“动人的魅力”，那就是辞趣。陈望道对辞趣下了定义，即“语言文字意义上、声音上、形体上附着的风致”，这种“附着的风致”能增强话语文章的情韵。陈望道的这一重要发现，对语言应用有重要的价值，值得我们探索和研究。

虽然，陈望道对辞趣的研究与辞格相比，无论是在篇幅上还是在深度和广度上，要单薄得多。但值得充分肯定的是，他对“辞趣”所下的定义不仅准确，而且在定义中所界定的辞趣的三种类型，具有高度概括性和前瞻性，至今仍有重要的指导意义。

辞趣随着《修辞学发凡》的问世虽然也有70多年的历史，但修辞学界对辞趣的研究远不如辞格兴旺发达，对辞趣进行深入研究的只有极少数人。迄今为止，还未出现一本全面研究辞趣的专著，即使论文，据我们所了解的也只有20多篇。尽管如此，我们从这些成果中还是感知到了辞趣研究不断前行的步伐。这其中有两位学者最值得称道：一位是谭永祥，另一位是曹石珠。谭永祥在《汉语修辞美学》中专门设了一章论述辞趣的定义、辞趣与辞格的区别，特别是对辞趣的类型进行了细致深入的分类，极大地丰富和发展了辞趣学说；曹石珠是研究个体辞趣卓有成就的学者，他的《形貌修辞学》等著作都是研究辞趣中“形趣”的力作，在修辞学界产生了深远的影响。

三、修辞学研究概况

汉语修辞学是一门既古老又年轻的科学。说它古老，是因为修辞研究的历史源远流长；说它年轻，是因为修辞学诞生至今，只有百年历史。

（一）古代修辞研究简况

早在先秦时期，诸子百家争鸣，在他们的学术思想中就有不少关于修辞的论述。如《易·文言》中的“修辞立其诚”，就是对后人影响很大的至理名言。孔子也有

“辞达而已矣”[①] 等诸多关于修辞的论述；《左传》中“言以足志”，“不言谁言其志”[②]，不仅阐明了言语“足志”的功用，还论述了语言的运用就是要足以把思想感情表达出来的观点。

从汉代到清代，修辞的研究有了进一步的发展。汉代王充的《论衡》，魏晋南北朝曹丕的《典论》、陆机的《文赋》、刘勰的《文心雕龙》，隋唐五代刘知几的史论，李白、杜甫、白居易的诗论，韩愈、柳宗元的文论，宋金元时期欧阳修、苏轼、王安石、司马光的文论以及陈骙的《文则》，明清时期王骥德的《曲律》、李渔的《闲情偶寄》曲论、金圣叹对《水浒传》的评点，等等，这些著作中都有大量关于修辞的论述。其中，特别值得一提的是刘勰的《文心雕龙》和陈骙的《文则》，前者涉及修辞的论述广而精，为后人研究修辞学和风格学奠定了坚实的理论基础；后者是一本开历史先河研究修辞的专著，处处闪烁着朴素修辞理论的光芒。上述这些，充分说明了我国对修辞的研究源远流长。

这一时期，诚如宗廷虎等人所说，尽管古人对修辞的理论研究甚早，但修辞学的专著出现甚晚，且它常常与文论、史论、诗论、风格、训诂等学科混杂在一起，概念不明、界限不清的现象相当普遍。此外，古人研究修辞重内容、轻形式，重书面语修辞、忽视口语修辞研究的现象也十分突出。

（二）现代修辞学的诞生与发展

1. 修辞立学期

修辞学真正成为一门学科是 19 世纪初叶。这一时期，一批爱国知识分子为了寻求救国救民的真理，努力学习新学、引进新学，他们还出版了一批修辞学专著。西方和日本的修辞学也随之传入我国。1905 年，龙伯纯的《文字发凡·修辞卷》和汤振常的《修辞学教科书》相继问世，随后大量的修辞学著作出版，其中有：1923 年，唐钺的《修辞格》和胡怀琛的《修辞学要略》；1926 年，王易的《修辞学》、董鲁安的《修辞学讲义》、张弓的《中国修辞学》；1931 年，陈介白的《修辞学》；1932 年，陈望道的《修辞学发凡》、金兆梓的《实用国文修辞学》，等等，这些都是在学习日本和西方修辞学后诞生的修辞学专著。而最具划时代意义的是陈望道的《修辞学发凡》。

《修辞学发凡》建立了崭新的修辞学理论体系，它的问世标志着中国修辞学正式诞生。该书共分 12 篇，不仅论述了修辞学的研究对象、任务，倡导“修辞以适应题旨情境为第一义”的观点，还提出了“两大分野”说，尤其是对 38 种辞格进行了细致、科学的分类。《修辞学发凡》是一本影响深远的修辞学著作，被喻为“我国修辞学史上第一座里程碑”。

---

① 《论语·卫灵公》

② 《左传·襄公二十五年》

综观这一时期修辞学的研究，真是百花齐放，百家争鸣，迎来了汉语修辞学研究史上的第一次繁荣期。

2. 普及提高期

20 世纪 50 至 60 年代，修辞学研究以普及为主要特色。这一时期，新中国刚刚成立，新旧交替，百废待举，在语言文字上也存在着“许多不能容忍的混乱状况”。《人民日报》发表社论，号召全民“正确使用祖国的语言，为语言的纯洁和健康而奋斗”，并同时连载吕叔湘和朱德熙的《语法修辞讲话》、张瓌一的《修辞概要》等，为当时普及语法修辞知识起到了良好的作用。

这一时期，修辞学除了普及之外，还有提高，其标志就是张弓的《现代汉语修辞学》。该书着眼理论方面的探索与创新，全书分为十章。第一章是总论。第二章提出了修辞学的三大任务：一要研究活用现代汉语规范化语言各因素，即语音、词汇、语法各因素；二要研究现代汉语修辞方式和寻常词语艺术化问题；三要研究汉语语体和修辞的关系。第三章至第十章分别论述了这三大任务。《现代汉语修辞学》除了辞格在原来的基础上深化外，其他内容全是新课题，均有作者自己独到的见解，因此，它成功地树立起修辞学史上继《修辞学发凡》后的又一座里程碑。

3. 繁荣发展期

如前所述，19 世纪 30 年代前后，出现了修辞学的第一次繁荣局面，而从 1978 年至今则是修辞学的第二次繁荣期。繁荣表现在以下几个方面：

（1）修辞研究的队伍空前壮大。

1980 年，中国修辞学会成立，随后华东、中南、华北、东北、西南修辞学分会也相继成立，全国各地的修辞学会会员老、中、青三代定期参加各种学术年会和学术沙龙活动，切磋研讨，这对于现代修辞学的繁荣发展发挥了生力军的作用。

（2）不断拓展修辞学研究的广度与深度。

这一时期，修辞工作者在总结和继承前贤研究成果的基础上，对修辞学的理论和规律的研究有了纵深发展。如对修辞学的定义、研究对象、学科性质等理论问题有了更深刻的认识和揭示，对修辞学的范围有了进一步拓展。这一点，我们仍可借用王希杰的评价：“中国修辞学打起向广度进军的大旗，大大扩大了视野，开拓了一块又一块新领地，它已打破原来的局限，扩大到口头语，扩大到用词、造句、篇章、语体、风格等，扩大到法律语言、公文语言、相声语言、笑话语言、商业语言等，扩大到语调、声调、标点、符号、字形、字体等。总而言之，几乎是一切口语和一切书面语及其中的一切方面，都没有逃脱 80 年代中国修辞学家敏锐的、搜索的、猎狗般的鼻子和眼睛。他们用同义手段等新的概念来重新发现修辞学的对象，正是它导致了中国修辞学成功地登上了中国修辞学史上的第二座高峰。”①

---

① 王希杰．再论修辞学的研究对象．湖南师范大学学报，1990（2）

（3）修辞学研究成果丰硕，引人关注。

这一时期，修辞学的研究成果丰硕，论文、论著难计其数。其中，许许多多的论文和专著的开拓性、理论性、实用性、可读性都很强，有的甚至还可以称得上是划时代的著作。如王希杰的《修辞学通论》，郑子瑜、宗廷虎主编的《中国修辞学通史》，宗廷虎、陈光磊主编的《中国修辞学史》，宗廷虎主编的《20世纪中国修辞学》，黎运汉的《汉语风格学》和他主编的《现代汉语语体修辞学》及《公关语言学》，王德春、陈晨的《现代修辞学》，王德春、陈瑞端的《语体学》，郑颐寿的《比较修辞》、《辞章学发凡》、《辞章体裁风格学》，郑远汉的《言语风格学》、《辞格比较》，吴士文的《修辞格论析》、《辞格探索》，刘焕辉的《言语交际学》，袁晖的《二十世纪的汉语修辞学》、《比喻》，程祥徽的《汉语风格探索》，濮侃的《辞格辨异》及其与庞蔚群合著的《语言运用新论》，李熙宗的《公关语言艺术》，袁晖、李熙宗主编的《汉语语体概论》，倪宝元的《修辞》及其主编的《大学修辞》，谭永祥的《修辞美学》、《修辞新格》，吴为章、田小琳的《句群研究》，张炼强的《修辞理据探索》，郑文贞的《段落的组织》，徐炳昌的《篇章的修辞》，李济中的《比喻论析》，谭学纯等的《接受修辞学》，吴礼权的《修辞心理学》，吴礼权、童山东的《阐释修辞论》，冯广艺的《语境适应论》、《变异修辞学》，汪国胜等的《汉语辞格大全》，潘庆云的《法律语言鉴衡》，丁金国的《语体风格分析纲要》，郑荣馨的《语言交际艺术——修辞策略探索》，夏中华的《交际语言学》、《口语修辞学》，骆小所的《现代修辞学》，姚亚平的《当代中国修辞学》，王建华等的《现代汉语语境研究》，胡习之的《辞规的理论与实践》、《言语交际美学》，陈汝东的《认知修辞学》，赵毅、钱为钢的《言语交际学》，王培基的《修辞学专题研究》，胡范铸的《幽默语言学》，刘大为的《比喻、近喻和自喻——辞格的认知性研究》，张宗正的《理论修辞学——宏观视野下的大修辞》，谭汝为的《古典诗歌的修辞和语言问题》，高万云的《文学语言的多维视野》，曾毅平的《修辞与社会语用论稿》，朱承平的《对偶辞格》，徐国珍的《仿拟研究》，李军的《话语修辞理论与实践》，曹德和的《内容与形式关系的修辞思考》，徐丹晖的《语言艺术探索》，祝克懿的《语言学视野中的样板戏》，韩荔华的《导游语言语学概论》，郑庆君的《汉语话语研究新探——〈骆驼祥子〉的句际关系研究新探》，段曹林的《唐诗句法修辞研究》，李胜梅的《修辞结构成分与语篇结构类型》，黎千驹的《模糊修辞学导论》等，真是不胜枚举。这些著作有很高的理论价值和应用价值，都是影响面较大的学术论著。此外，还有一大批有创见的学术论文，复旦大学和华东修辞学会主办的《修辞学习》就是其见证。

以上我们对修辞学的发展概况作了简要的回顾，目的是使大家对修辞学有一个大致的了解。详细资料可参阅郑子瑜、宗廷虎主编的《中国修辞学通史》和宗廷虎、陈光磊主编的《中国修辞学史》等书。

第二节　修辞学的性质

任何一门学科，了解其性质，有助于全面认知该学科的面貌和地位，修辞学也是如此。这些看似纯理论的问题，对于我们认识修辞学与相关学科的关系、与语文教学的关系都有直接的指导作用。

一、修辞学是语言学的应用学科

语言是音义结合的符号体系。在这个体系中，语音是物质外壳，词汇是建筑材料，语法是结构规律。语音、词汇、语法是语言的三个重要元素，研究语言自身要素结构规律的科学是本体语言学。本体语言学是语言学的基础学科，正如黄国营所说："语言学的核心当然是本体语言学，即研究语言的语音、词汇、语法结构，研究语言的演变规律，研究语言之间的共性和类型，等等。这些研究是语言学的基础。"① 语言是人类最重要的交际工具，本体语言学是研究这一工具结构规律的科学。人类要进行言语交际，只有认知了作为交际工具——语言本体的规律即本体语言学的规律，才谈得上正确运用语言这一工具进行交际。就汉语而论，如果"我们对汉语的词法、句法、语义研究等基本问题不深入研究以掌握其规律，就无法进行下一步的应用研究"②。离开了本体语言学，皮之不存，毛将焉附？

但是，仅仅认知了语言工具自身的规律是远远不够的，语言的生命在于应用，而应用的过程就是修辞语用的过程。无论是口语，还是书面语，要更恰当、更完美地表达自己的思想和情感，追求理想的表达效果和接受效果，在认知语言本体规律的基础上，自然要研究使语言达到最佳效果的科学——修辞学。只有掌握了修辞学的原理原则、规律技巧，才能得心应手地驾驭语言。但这种驾驭不是对本体语言学规律的重复和补充，而是对本体语言学的综合应用。也就是说，修辞学要研究语音，但绝不是研究语音自身的结构规律。多少声母，多少韵母，怎么相拼，哪些声母和韵母不能相拼，这些是语音学自身管辖的范围，是语音学自身的研究对象，修辞学研究语音是研究如何利用语音的各种规律和特征以增强表达效果和接受效果；修辞学要研究词汇，不是去研究词的构造规律、词义的确认、词的各种变化规则和聚合关系等，而是要研究如何充分利用词语的特点，如同义词、反义词、类义词、上下位词以及各种色彩词等以增强修辞的表达效果和接受效果；修辞学还要研究语法，也绝不是去研究其句子

---

① 黄国营．21 世纪中国语言学的走向，在 21 世纪的地平线上——清华人文社科展望 21 世纪．北京：东方出版社，2001

② 许嘉璐．21 世纪——中国应用语言学成熟、腾飞的时代．语言文字应用研究，2000（1）

自身的结构规律，而是要研究如何根据题旨情境选择和调整句式，洞察和解读句型、句类，使表达和理解的效果更好些。可见，本体语言学和修辞学是工具和应用工具的关系，修辞学是语言的应用学科。

二、修辞学既有语言学的属性，又有言语学的属性

修辞学的学科性质是什么，在修辞学界有两种观点：一种观点认为，修辞学属于语言学的范畴，具有语言学的性质，持这种观点的以张弓、吴士文、王希杰等为代表；另一种观点认为，修辞学具有言语学的性质，属于言语学的范畴，持这一观点的以张世禄、高名凯、郑远汉等为代表。

上述两种看法都有一定的道理，都是学者们对修辞学性质认识的宝贵结晶。

修辞学到底属于语言学还是言语学，早在1909年，受老师索绪尔区分语言和言语的影响，巴利（Charles Bally）将这一理论应用于修辞学。他在《法语修辞学》（*Traite de Stylistique Francaise*）中，明确提出了“语言修辞学”和“言语修辞学”两个概念。

（一）语言修辞学

巴利认为，修辞学是语言学的分支学科，修辞现象是语言学的研究对象。关于语言修辞学，王德春、陈晨的《现代修辞学》有更明确的阐述：“以语言体系修辞手段为研究对象，研究语言体系中有修辞分化的语言单位，收集、归纳各种语言手段，并使之体系化。”[①] 也就是说，语言修辞学以语言体系内的修辞资源为研究对象，即研究语言体系中的语音、词汇、语法结构的修辞能力和语言单位的修辞特性、修辞色彩。而语言体系中的修辞能力、修辞特性和修辞色彩主要表现在以下两个方面：

其一，表现在语言体系中语言自身的修辞手段上。即语音、词汇和语法各层面的修辞手段、修辞色彩和修辞能力，这是语言自身的修辞资源。就汉语而言，在语音修辞手段方面，由语音各种要素和各种语音特征形成的修辞规律，如长短、快慢、轻重、节奏、双声、叠韵、押韵、平仄、停顿、语调、语速等构成的语音修辞规律等；在词汇修辞手段方面，要研究词语的修辞特性、词语表现力构成的修辞规律等；在语法修辞手段方面，要研究在句子表达功能上建立起来的同义结构，如长短参差、整散结合、成分省略、句子的常式与变式等语法修辞规律。此外，汉民族在长期的言语实践中总结出来的多姿多彩而又独具魅力的各种辞格，虽然都是从言语中来，但它们是凝固了的语言优化模式，有很强的语言属性，因此也属于语言修辞学的范畴。

其二，表现在语用单位的修辞规律和修辞特性上。人们在动态的言语交际中，总结出各级语用单位（词、句、段、篇）的修辞规律，即选词、择句、缀段、谋篇的修辞规律，如词语应用规律，就有同义词语的选用、模糊词语的择用、寻常词语的妙用

---

① 王德春，陈晨．现代修辞学．上海：上海外语教育出版社，2001.8

等；又如谋篇修辞规律也有同一律、层次律、照应律、轻重律等。语体是制约语言运用的最高形式，语体有语言语体和言语语体双重属性，语言材料的功能类别，如具有形象色彩的词语、熟语、句式的功能作用和变化规律，各种语体所拥有的典型的语言单位和语言特征等，属于语言语体学。语言语体是语言修辞学的重要研究内容之一。上述四级语用单位加上语体实际上是五级语用单位，本是言语范畴，但这些语用规律都是从动态的言语中总结出来的相对静态的修辞规律，因此，它的学科属性就发生了变化，属于语言修辞学的范畴，而语言修辞学明显地打上了语言学的烙印。

（二）言语修辞学

巴利认为，言语修辞学是“研究语言的社会运用的各种类型和行为的修辞学”。“言语修辞学研究语言材料在不同言语活动范畴的言语行为中的表现能力。”① “强调从功能的角度来研究语言材料的使用，即把语言的使用跟言语环境联系起来，把语言材料的修辞特性和修辞效果同具体的言语活动联系起来。它研究言语活动的规律，研究语言材料在具体言语活动中的使用规律。”② 可见，言语修辞学是以言语规律、言语修辞现象为描写对象，它研究语言材料在具体语言环境中的使用特点，是阐明、描写和解释语言材料在具体言语环境中的修辞效果的科学。

言语修辞学重视言语的表达作用与规律，重视语境对言语的制约和作用，它研究言语活动的规律。言语修辞学研究的范围很广，可以说，一切言语现象都是言语修辞学的研究对象，或者说，除了语言修辞学以外的语言应用都是言语修辞学的研究范围。具体说来，它要研究言语语体，研究各语体语言单位在交际中的使用特点，即“由于语言服务的活动领域不同，形成不同的选择、使用和组织语言手段的方法的系统，这个系统被语言使用者理解为功能语体”③，研究语言体式中的言语体式的类别和特点。言语修辞学还要研究言语风格（即语言风格），言语风格是人们运用语言所形成的格调和气氛，它的言语属性很强，是言语修辞学的研究对象。言语修辞学还要研究语言在各领域的应用规律，如研究交际修辞学（或称言语交际学），即交际领域的修辞问题；研究文艺修辞学，即文艺作品的修辞规律；研究信息修辞学，即语言作为信息的载体——话语信息的效果和修辞规律；研究控制修辞学，即言语控制的过程、理想控制的修辞规律；研究公关修辞学（又叫公关语言学），即公关领域的修辞规律，等等。这些学科都是将语言修辞学的原理原则、技巧规律用于各言语领域，因而有很强的言语属性，属于言语修辞学的范畴，言语修辞学也就打上了言语学的烙印。

可见，巴利对“语言修辞学”和“言语修辞学”的区分，实际上告诉我们，修辞学既有语言学的属性，又有言语学的属性，这种看法无疑是正确的、科学的。

---

① 张会森．修辞学通论．上海：上海外语教育出版社，2002. 11

② 王德春，陈晨．现代修辞学．上海：上海外语教育出版社，2001. 11

③ 张会森．修辞学通论．上海：上海外语教育出版社，2002. 92

三、修辞学是一门多边缘的学科

首先提出修辞学是一门多边缘学科的是陈望道。他于20世纪60年代初曾两次在复旦大学语言教研室的讲话中提到这一问题。他认为：“修辞学介于语言、文学之间。它与许多学科关系密切，它是一门边缘学科。”① 随后，还有几位语言学大师都论及了这一问题，如胡裕树认为：“修辞学虽然隶属于语言学，但实际上是一门边缘学科，它与哲学、逻辑学、文艺批评、美学、文章学（辞章学）、心理学以及语言学中的语音学、语法学、词汇学、文字训诂学等，都有着十分密切的关系。”② 宗廷虎认为：“修辞学是介于多门学科之间的一门边缘性科学。它与许多邻近学科关系密切。”③ 上述几位学者的精辟论述，对于认知修辞学的学科性质、了解修辞学的学科地位和作用有着重要的指导意义。

（一）与文章学关系密切

文章学是研究文章的特点、结构以及写作规律的科学。它要研究文章的主题、选材、结构、情节等有关理论，还要研究文风等。修辞学要研究文章写作，但着眼点不是重复文章学自身的内容，而是放在语言手段的运用上。也就是说，修辞学研究文章写作中各环节语言手段的选取和评论选用语言手段的效果。一篇文章，根据内容需要，怎样开头好？是开门见山好，还是绕弯弯好？怎样结尾好，是篇末点题好，还是含蓄结尾好？用什么语言手段掀起文章的波澜，怎样布局段落，怎样命题等。可以说，修辞学是文章写作的一种直接有效的技术手段。如果说文章学是从宏观上考虑文章的框架结构问题，那么，修辞学则是从微观上考虑文章各框架结构的具体实施的技术手段问题。打个比方，文章学研究的内容正如一位建筑工程师描绘的楼房施工蓝图，而哪里该用钢筋、哪里该用砖头，最后装修时哪里该增色加彩，则是工人师傅的事情。修辞学就是运用语言的建筑师，一篇文章构思精巧还得从运用语言、实施得体的修辞手段入手，这样才能建造出语言的高楼大厦。这个比方不一定恰当，但它至少可以让我们形象地悟出修辞学与文章学之间的密切关系。

正因为修辞学和文章写作关系十分密切，因此，语言学大师吕叔湘提出：“要逐步建立起来汉语自己的辞章学。”④ 张志公也说“要建立和汉语语法相对应的学科——汉语辞章学”。⑤ 正是出于对这一理论的认识，郑颐寿率先出版了我国第一部辞章学专著——《辞章学概论》，随后他又独著、主编出版了《辞章学导论》、《辞章学

---

① 陈望道．陈望道修辞论集．合肥：安徽教育出版社，1985. 302

② 胡裕树．学习《修辞学发凡》，为促进修辞学繁荣贡献力量．《修辞学发凡》与中国修辞学．上海：复旦大学出版社，1983. 59

③ 宗廷虎．修辞学与心理学．修辞学论文集（第1集）．福州：福建人民出版社，1984. 57

④ 吕叔湘．吕叔湘语文论集．北京：商务印书馆，1983. 23

⑤ 张志公．汉语辞章学论集．北京：人民教育出版社，1996. 50

辞典》、《言语艺术示范——文章修改艺术》、《中国文学语言艺术大辞典》、《文艺辞章学》、《大学生辞章学》、《篇章辞章学》、《辞章学发凡》、《汉语辞章学论文集》、《新诗辞章学》、《辞章艺术示范》等50多部著作，将修辞学和文章学融合在一起，为汉语辞章学作出了巨大贡献，堪称建立汉语辞章学的元勋。

（二）与逻辑学的关系密切

逻辑学是研究思维形式及其规律的科学。“语言是思维的外壳，思维必须通过语言进行。没有思维，语言就失去依托；没有语言，思维也无法活动。”① 可见，研究思维规律的逻辑学与研究语言运用规律的修辞学关系十分密切。

逻辑学研究概念、判断、推理这类逻辑形式，研究同一律、矛盾律、排中律和充足理由律这类思维规律，研究类比、归纳、演绎、分类等逻辑方法。这些规律和方法对于修辞都有直接的制约和借鉴作用。如逻辑规律，同一律要求在同一思维过程中，使用的概念必须保持同一性，不能模糊不清；矛盾律要求在论述过程中，不能出现自相矛盾的逻辑错误，否则就违反了矛盾律；排中律要求人们在两种矛盾的看法面前，不得含糊其辞或模棱两可；充足理由律则规定在辩论过程中，任何一个真实的判断必须有充足的理由。上述逻辑学的基本规律，对于指导人们修辞很有好处，它告诫我们，无论是表达还是接受都不能违背逻辑规律。

但是，当人们感到恪守常规的逻辑规范不足以表达自己的情感时，也可能会故意违反某些逻辑规律。如高尔基的名言“世界上最快而又最慢，最久而又最短……就是时间”；莎士比亚的戏剧台词“天使般的魔鬼”；徐刚在《伐木者，醒来!》中“温州，你是富有的，也是贫穷的；你是先进的，也是落后的”等，这些言语现象，从表面上看，它们都自相矛盾，似乎违反了矛盾律，但仔细品味，不但不矛盾，反而觉得说得好、说得妙，妙就妙在作者故意将这些矛盾的词语放在一起，以引起读者的注意和思考，进而使人领悟，从而达到经久不忘的效果。

修辞学还可借鉴逻辑学中的判断来增强语言的说服力，尤其是对于政论语体中的议论说理大有帮助。例如：

①正义的事业是任何敌人也攻不破的，我们的事业是正义的，所以我们的事业是任何敌人也攻不破的。

例①借助了逻辑上的“三段推理论式”来说理。其中，“正义的事业是任何敌人也攻不破的”是大前提，“我们的事业是正义的”是小前提，“所以我们的事业是任何敌人也攻不破的”是结论。运用三段推理论式来说理，可以使所说的道理容易被人接受。倘若不这样，一开始就提出“我们的事业是任何敌人也攻不破的”，定会显得

---

① 宗廷虎. 修辞论集. 长春：吉林教育出版社，2003. 88

突兀，那人们一定要问为什么？表达效果就远不如运用逻辑三段推理逐层来说理有说服力。

值得一提的是，在修辞学界将修辞学与逻辑学结合起来研究并取得了突出成果的要数张炼强，他出版的《修辞理据探索》对修辞理据进行了全面的研究，对修辞与逻辑的关系作了科学的分析，值得我们借鉴。

（三）与心理学关系密切

心理学是研究人的心理活动规律的一门科学。修辞行为是一种复杂的心理活动。首先它要经历感知、记忆、思维、想象和注意的认知过程；接着根据自己的需要，表现自己的好恶倾向，产生不同的内心和外在表现，决定自己的积极或消极态度的情感过程；最后再根据自己的目的，支配行动以实现目的意志过程。心理是修辞的基础，表现在“修辞时，根据交际的需要和目的，审视对象和语境，分析比较语言材料和手段的功能和作用，方能选定如何说和怎样写，这些活动通通都要依靠感知、记忆、想象、思维的过程，没有认识活动，就不可能有修辞活动”①。可见“修辞活动和心理活动、修辞现象和心理现象、修辞学和心理学，是紧密联系在一起的”②。

在修辞活动中，不少修辞现象都有其心理基础。如比喻、借代、对比、象征、双关等辞格是根于联想的心理基础；示现、夸张是根于想象的心理基础；呼告、比拟常常是表达者要抒发强烈情感时运用的辞格，它是根于情感的辞格；摹绘、通感的心理基础是感觉；设问、图示格的心理基础是注意。可见，辞格的产生都有一定的心理基础。辞格如此，选词造句何尝不是如此？一些色彩词、拟声词、借用量词的选用，一些整句与散句、长句与短句、设问与反问等句式句类的调整，也都有其心理基础。如对偶的句子是对比联想的心理活动过程；排比是相似联想的心理活动过程，且它们岂止仅是一种心理联想？其本身就是一项意志活动的心理过程。

修辞活动要受修辞主体即表达者或接受者的心境影响和制约。“心境是一种使人的一切其他体验和活动都染上情绪色彩的比较持久的情绪状态。”③ 我们不乏这样的体会，当一个人心情愉快时，说起话来滔滔不绝，甚至眉飞色舞，手舞足蹈；反之，当一个人心情沮丧时，常常是沉默寡言，即使说话，也语音低沉，语汇消沉。朱自清的两篇著名散文《荷塘月色》与《春》就是在两种不同心理支配下的写照：《荷塘月色》写于1927年大革命失败的逆境之中，因此，尽管“荷塘是美丽的，月色是皎洁的”，然而在作者的眼中，“去荷塘的路是阴森森的，有些怕人”，“树缝里也露着一两点路灯光，没精打采的，是渴睡人的眼”；而他写《春》的时候，大革命失败已经过去，朱自清渡过了苦闷的时代，心情开朗起来，当春天即将来临的时候，他欢欢喜

---

① 寸镇东．修辞与心理．修辞学论文集（第6集）．郑州：河南大学出版社，1992. 47
② 宗廷虎．修辞学与心理学．修辞学论文集（第2集）．福州：福建人民出版社，1984. 69
③ 寸镇东．修辞与心理．修辞学论文集（第6集）．郑州：河南大学出版社，1992. 47

喜地迎接春天，从迎春、绘春到颂春，全文千字左右，却有三十多处用了辞格，把春天当作“刚落地的娃娃”、“健壮的青年”、“活泼的小姑娘”来描写，写得生机盎然，这与作者当时的心境不无关系。

修辞学与心理学关系密不可分，学者们都看到了这一点，有的学者已致力于这方面的研究，其中吴礼权的《修辞心理学》就是这块园地里最早盛开的一朵奇葩。

（四）与语用学关系密切

20 世纪 70 年代西方诞生的语用学，“是专门研究语言的理解和使用的学问”①。是从研究“符号与符号解释者的关系”发展到不仅研究如何使用语言，还特别注重研究如何理解语言，研究如何从字面意义上去理解其中的含义，成为一门认知学科。

语用学虽然是一门新兴学科，但一经产生就展现其旺盛的生命力。“从说话人和听话人的角度，把人们使用语言的行为看作受各种规则制约的社会行为，研究特定情境中的特定话语，着重说明语境可能影响话语解释的各个方面，从而发现语用规律。由于它揭示了一系列长期为语言学家们所忽视甚至有意回避的语言和言语现象，并试图确立科学地阐明这种现象的方法，大大开拓了理解和解释话语意义的途径。”②

修辞学是一门研究在特定语境中运用语言以增强表达效果和接受效果规律的科学，修辞学内部的语言修辞学和言语修辞学，都是利用语言应用的原理原则和言语领域的规律技巧。

修辞学和语用学之所以是两门不同的学科，首先是因为它们研究的重点不同：修辞学研究语言的应用和理解，但重在应用，重在总结一系列能增强语言表达效果的原理、原则、规律和技巧；在研究理解时，不仅注重言语的字面之义，还注重言语的言外之意。语用学研究语言的应用和理解，但重在理解，“重在语言的使用时，很注意语言的策略和场合，要求向对方做出顺应，而在研究理解时，十分注意交际的认知关系”③。其次是它们研究的方法不同：修辞学多用归纳、比较等多种方法；语用学则采用理论解释和推理分析的方法。但修辞学和语用学又有许多相同之处：二者都是以语言为研究对象，都探讨应遵循的顺应（或适应）和礼貌等原则，都研究制约修辞语用的因素——语境，等等。这些共同的基因决定了它们是一种平行发展的学科关系，甚至可以说是异曲同工、殊途同归的姐妹学科关系。正如张会森所说，修辞学和语用学完全可以“联姻”，让修辞学的研究成果促进语用学的发展；语用学的崛起，也为修辞学注入了新鲜血液，丰富和开拓了修辞学的研究内容。通过取长补短，从而达到珠联璧合的效果，使语言应用的研究真正适应社会发展的需要。

我国最早对语用学进行研究的是何自然，早在 1984 年，他就出版了《语用学概

---

① 何自然．语用学与英语学习．上海：上海外语教育出版社，1997

② 戚雨村等．语言学百科词典．上海：上海辞书出版社，1993. 449

③ 何自然．语用学对修辞研究的启示．暨南大学学报，2000（6）

论》，影响十分深远。此外，钱冠连的《汉语语用学》、左思民的《汉语语用学》也是将语用学结合汉语研究的拓荒之作。

（五）与认知语言学的关系密切

认知语言学是20世纪80年代在美国和欧洲发展起来的一门新兴学科。1980年，美国语言学家莱可夫和约翰逊发现隐喻的作用，他们出版了《我们赖以生存的隐喻》，从隐喻的角度探讨了语言的本质，用大量的事实证明语言与隐喻认知结构的相关性。他们认为，"隐喻不仅仅是一种语言修辞手段，而且是一种思维方式"，它是"人们认知、思维、经历、语言甚至行为的基础"①。可见，认知语言学是"把语言看作一种认知活动，以认识为出发点，研究语言形式和意义及其规律的科学，'是基于人们对世界的经验和对世界进行感知和概念化的方法来研究语言的学科'"②。

认知语言学从崭新的角度研究语言，"一方面它从人的认知（即人们认识客观事物的方式）的角度观察和研究语言，另一方面，通过观察语言现象，找出规律性的东西，分析语言反映的认知取向，从语言的各个层面探讨认知与语言的关系和性质，说明语言是认知发展产物"③。这不仅对语言学，对其他相关学科的研究都是大有裨益的。

认知语言学诞生虽晚，但对修辞学的作用是巨大的，它打开了修辞学认知世界的一片广阔视野，提升了修辞学的价值，因为许多修辞现象和修辞规律都可以从认知的角度加以阐释，从而更有说服力。例如，相似联想、相关联想、对比联想不仅是辞格形成的基础，这类思维的规律还浸透在许多一般的修辞规律（即消极修辞规律）上。又如谋篇布局中的照应规律，就是运用相同、相关、相反或相释的关系形成的照应，从而使文章结构更加缜密。而这种照应又岂止是修辞学一种语言运用规律，它还是一种思维方式，是人类认知世界甚至是人类行为的一种准则。可见，认知语言学提升了修辞学的理论和应用价值，有了认知语言学的理论指导，修辞学等于有了更加健全的灵魂和健壮的体魄，修辞学的研究就不会只把眼光停留在表达修辞和接受修辞的层面，还会从思维认知方式、方法和方法论方面认知修辞现象的本质和规律，从而提升修辞学的品格、品味，使修辞学获得更大的发展。

可喜的是，国内已有学者开始了这方面的研究，并取得了一定的成果。刘大为的《比喻、近喻与自喻——辞格的认知性研究》（2001）、李国南的《辞格与词汇》（2001）等，都是用认知语言学理论研究汉语辞格和词汇的拓荒之作，读之确实给人一种"山外有山"之感。

此外，修辞学与美学关系密切，我们将在第七章中论述这一问题；修辞学还与民

① 赵艳芳．认知语言学．上海：上海外语教育出版社，2001．26

② 赵艳芳．认知语言学．上海：上海外语教育出版社，2001．10

③ 赵艳芳．认知语言学·前言．上海：上海外语教育出版社，2001

俗学等学科关系密切，因篇幅所限，不再赘述。

由上观之，修辞学不仅是语言学的边缘学科，而且是一门多边缘的学科。

第三节　修辞的表达原则

修辞是研究语言表达和理解规律的科学。不管我们是运用修辞手段以求最佳的表达效果，还是接受他人话语信息、分析修辞现象、评价他人修辞的优劣，都要根据一定的标准，遵循一定的原则。因此，在修辞语用活动中，表达要遵循表达原则，接受也要遵循接受原则。本节将论述表达原则。

修辞的表达原则有三：一是规范，二是立诚，三是得体。

一、规范原则

（一）规范原则的含义与功用

王希杰在《修辞学通论》中指出："语言的规范是修辞的最基本原则。"所谓规范，是指语言文字要标准化、规范化。而标准、规范就是指语言运用要准确、简明而又连贯，要达此目的，修辞语用就要符合汉语语音、词汇、语法、逻辑的规则，符合汉民族约定俗成的语言体式的规范。有关规范化，张志公曾这样阐释："用大白话来说，就是关于某件事，全社会共同遵守的一种规矩。"他还说："为了让人家懂，不要误事，说话本来有说话的规矩，写字有写字的规矩，这是非常容易明白的，这规矩的重要性也是很明显的。""在这些规矩面前，只能听话，不能'自由'。因为人人样样事都'自由'，那可不得了。社会就乱了套。"① 张志公的这段话将语言规范化的内涵和重要性用极其通俗浅显的语言表达出来。

事实上正是这样，世界上任何一个国家或民族，在现代化的社会中，都必须有一种高度规范化的共同语言，正如许嘉璐所说："语言文字是人们最重要的交际工具，是维系社会的最基本的纽带，是一个国家、一个民族的代表和象征，是一个人、一个社会文化状况的缩影。"② 因此，语言文字的健康、纯洁和正确使用，不仅是为了让他人能听得清楚、看得明白，正确地接受其中的信息，顺利地进行交际，还是关系到国家主权和尊严，关系到国家统一和团结的大事。

（二）规范原则的具体内涵

规范原则的具体内涵包括两个方面，一是指修辞语用要符合语言规范，二是指修辞语用要符合语体规范。

---

① 张志公．我谈语文规范化．语文建设，1994（3）

② 许嘉璐．学习宣传、贯彻实施《国家通用语言文字法》．语言文字应用，2001（1）

1. 语言规范

语言是音义结合的符号系统，是一个按照一定规则组合而成的层级系统。这句话告诉我们，语言不仅与语音、词汇有密切关系，还与一定的组合规则即语法关系密切。因此，修辞语用必须符合语音、词汇、语法规范，这就是语言规范的具体内涵。

（1）语音规范。

语音规范就是要大力推广普通话。普通话成为全国人民的通用语言，已经写入了《中华人民共和国宪法》，因此，我们必须继续坚持普通话的法定地位。

我国是一个多民族的国家，许多少数民族都有自己的语言。我国还是一个多方言的国家，有的方言又有许多次方言。在言语交际中，必须运用汉民族的共同语——普通话来进行交际，不讲普通话，各自都用自己的方言，就会产生误会。例如：

①一个湖南人在北京的商店里买高压锅的皮垫圈，湖南方言叫做“皮箍”，他用湖南话开了腔：“喂，细妹子，有皮箍卖吗?”小辫子把“皮箍”听成了“屁股”，眼珠一瞪，用北京话搭腔：“买屁股，流氓!”老乡以为在告诉他皮垫圈的价钱，把“流氓”听成了“六毛”，便笑嘻嘻地说：“管它六毛七毛哩，反正是我老婆……”还没等他说完“是我老婆叫我买的”，小辫子更火上浇油：“还嬉皮笑脸的，畜生!”这下子可惹怒了老乡，质问道：“么子，出身，买个皮箍还要查出身？还想搞文化大革命？我贫下中农出身!”

（邓立斌《一场误会》）

例①中，交际双方都因听不懂对方的方言而误解了彼此发出的信息，事情没办成，反而造成人际关系紧张，这就是不讲普通话造成的信息错位。

在修辞语用中，不仅要坚持讲普通话，还要求讲得准确。我们常常听到有的电视节目主持人将“不屑一顾”读成了“不屑（xiao）一顾”，把“吝啬”读成了“吝啬（xi）”，将“参差不齐”读成了“参差（cha）不齐”等，类似这种读错音、念错字的地方比比皆是。而之所以会出现这种现象，是因为汉字的读音复杂。在现代汉字中，有90%是形声字，其中声旁本该起到表音功用，但随着社会的发展，人们的发音也在演变，因此，在这90%的形声字中，又有80%以上的声旁不能准确表音，甚至完全丧失表音功能。如果我们还是想当然地凭着声旁去判断这些形声字的读音，那么，准确率就只有10%左右。语文教学是推广普通话的重要基地，语文教师以标准的普通话影响学生，这对于推广普通话起着至关重要的作用。

（2）词汇规范。

词汇是语言的建筑材料，说话写文章要从一个个词开始。而每个词都是音义的结合体。我们不仅要准确掌握词的声音，还要了解词的意义。这样，在组词造句传递信息的时候，才能准确无误地传情达意。然而，在修辞语用中，我们常常可以看到一些词语用错的地方，主要表现在以下几个方面：

一是同音词语相混，未弄清其中差异。例如，经常看到“寻人启示”、“征稿启示”、“招聘启示”、“拾物启示”一类的告示，这里把“启事”写作了“启示”。其实这两个词除了音同之外，在意义、用法上都不同。“启示”是启发指示，使之有所领悟之意；而“启事”是为了公开声明某事而登在报刊或贴在墙壁上的文字。显然，寻人、招聘、征稿等广告或招贴，应是“启事”而不是“启示”。

二是对词语含义似懂非懂，望文生义，信手拈来应用，结果贻笑大方。例如，有一报撰文说：“容国团已经不幸去世 18 年了，但是他的父亲容勉之老人仍然健在，精神尚佳，享年 83 岁，时常看报，观乒乓球比赛。”“享年”这个词，常用来称述高龄老人去世时的岁数，是一个敬词。而这里却用在依然活着的老人身上，令人啼笑皆非。

三是对词语的色彩和范围大小认识不清，褒贬不分。例如，某主持人说：“澳门文艺工作者和中国文艺工作者，炮制的这台文艺晚会……”这里，怎能用“炮制”一词呢？况且，“澳门文艺工作者”与“中国文艺工作者”能并列在一起吗？又如某报有一篇《悍匪在闹市被围歼》的文章，其中有一句“现年 34 岁的王志明‘小时偷针，长大偷金’，一生矢志不移强烈追求的就是行窃。”这里，用褒义词语“矢志不移”来修饰偷窃的恶习劣迹，实属不该。

（3）语法规范。

语法规范就是要符合汉语组词造句的语法规律，达到通顺、简明、连贯的要求。人们常说，语言通不通是语法的问题，好不好是修辞的问题。语言通顺属于语法问题，而简明、连贯不能全看成修辞问题，其中也有语法规范的问题。

通顺是表达的基础。如果表达者连话语都组织不好，又何谈传递准确的信息？这道理很简单，无须赘述。

表达要简明。简，即简洁；明，即明晰。这一要求看似容易，实则常常难以做到。赵毅、钱为钢在《言语交际学》中就举了一个十分有趣的例子：

②一个人在街上摆摊卖西瓜，旁边竖个牌子，上面写着“此西瓜出售，五毛钱一斤”。第一位买西瓜的说：“西瓜就摆在你面前，牌子就在这边上，可不是‘此西瓜’吗？对面摊上的西瓜，人家也不让你卖呀，这个‘此’就不必要了。”第二位买西瓜的说：“你的西瓜摆在街上，不是卖的，还是留着看的吗？‘出售’两字也不必要了。”第三位买西瓜的过来说：“你面前摆的就是西瓜呀，还要‘西瓜’两字干什么？”第四位说：“我们这儿卖西瓜都论斤卖，你的西瓜大小不一样，还想论个卖呀？‘一斤’这两个字也多余。”第五位买西瓜的过来干脆把“钱”字给擦掉了：“‘五毛’可不就是‘钱’吗？”结果卖西瓜的人的牌子上就剩下两个字：“五毛”。

例②中，若将卖西瓜的牌子改得只剩下两个字——“五毛”，简是简了，但简而不明，即苟简。应改成“五毛一斤”，则既简洁又明了。

其次，语言表达还要连贯。所谓连贯，是指句子之间的内在联系、衔接和呼应关系要求做到话题统一、句序合理，衔接和呼应自然。然而，人们在修辞语用中，常出现语病。例如，某法治刊物刊登了一幅被害人亲属向公安民警献送锦旗的照片，在锦旗上有两行醒目的大字：上句是“神勇破案”，下句是“难逃法网”。显然，送旗者是为了说明法网恢恢，任何犯罪分子都难逃法网，警察智勇双全，神勇破案，从而达到歌颂警察的目的。但锦旗上的八个字，却成了“神勇破案”的人“难逃法网”了，可见不符合送旗者的初衷。这个例子的语病出在上下两句陈述的角度不一致，应将后句改成“智布法网”，陈述的对象就连贯一致了。

语法规范不仅要求按照语法规律准确、简明造句，还要求准确使用标点符号。标点符号能配合文字准确地传情达意，倘若错用一个标点，就会损失惨重，这绝不是耸人听闻，确有这样的真事：浙江三门县一家商行与内蒙古呼和浩特市一家皮货站签合同购买一批优质羊皮，其中对羊皮的质量要求是“4 平方尺以上、有剪斑的不要”。这里，就因为该用句号的地方误用了顿号，结果卖方利用了合同上的漏洞，卖给买方的尽是 4 平方尺以下的劣质羊皮，买方损失达 10 万元之多。

（4）文字规范。

文字不属于语言学的范畴，但文字是记录语言的工具，因此，文字作为传递信息的工具，它的标准化、规范化是修辞语用信息运作的基本要求，也是现代文明的一个重要标志。文字作为书面语言的载体，直接影响着修辞语用信息的接收。“只有大家共同遵守文字使用的规范，才能保证文字很好地为全社会服务。”①

文字不规范有以下几种表现：一是生造简化字。如“饭菜”写作“饭芽”，轮胎写作“轮肽”等。二是借用同音字，即用别字。如“旦（蛋）黄莲蓉月”、“朗朗（琅琅）上口”等。三是方言替代。普通话中的“便宜”在粤语中却变成了“平”，什么“平到笑”，“贪便宜”叫“贪着数”，令外地人费解。四是错字满街飞。有人认为汉字大致上像就行了，多一笔少一笔无所谓。我们真不能小看汉字的一笔一画，有时这一笔一画之差会误大事。据说，1930 年 4 月初，蒋介石与冯玉祥、阎锡山在河南摆开战场，进行大规模的中原之战。战前，冯、阎两人商定率军在河南北部沁阳会师，然后集中兵力歼灭驻守在河南的蒋军。不料，冯玉祥的一位作战参谋在拟定进军命令时，误将“沁阳”写成了“泌阳”，碰巧在河南南部确有一个地方叫泌阳，泌阳与沁阳一南一北相距数百公里，冯玉祥所属军队接到命令，日夜兼程向泌阳进发，贻误了歼灭蒋军的有利战机，造成了战争的重大失利。

上面我们从四个方面论述了语言规范的具体内容。语言不规范是一种语言病。它

① 邢福义．我谈语文规范．语文建设，1994（6）

是由于人们对汉语自身的语言规律认识不清造成的。而要纠正上述这些语病，根本还在于掌握汉语自身的语言规律。

2. 语体规范

语体是制约语言运用的最高形式。语体规范比语言规范更重要，因为语言不规范所涉及的问题只是局部的、个体的现象；而语体不规范则是关涉到修辞语用的整体和全局的问题，其影响面更大，更应引起重视。因此，语体规范是规范原则最重要的内容之一。

在本章第二节中，我们曾阐述了语体内部有语言语体和言语语体之分，因此，遵守语体规范自然也就包含了这两个方面的内涵。

（1）语言语体规范。

语言语体是指语言要素和语言材料的功能类别。

所谓语言要素的功能类别，是指语言三要素——语音、词汇、语法的语体分化。语音的语体分化突出地表现在某些语音特征上。如押韵常用于文艺语体中的韵文体，其他语体一般不用；叠音也常用于文艺语体，其他语体用得较少甚至不用，等等。词汇的语体分化更为明显，它既是语言要素，又是语言的建筑材料，如具有形象色彩的词语、熟语，它们有的语体色彩很鲜明，只适用某一语体而对其他语体有排斥性，如电子、超声波、辐射、声控等只用于科学语体而不能用于其他语体；蔚蓝、雄伟、亮晶晶、绿油油、五彩缤纷等词语一般只用于文艺语体或文艺科学语体，其他语体用得较少甚至不用。语法的语体分化突出地表现在句式的运用上，如文艺语体多用变式句来传递作者特定的情感，而公文语体、政论语体、应用语体一般不用甚至不能运用变式句，等等。

所谓语言材料的功能类别，是指各种语体所拥有的典型的语言单位和语言材料。

典型的语言单位和语言材料，即指语言的功能类别。如词语、句子的功能类别，袁晖称之为“语体词”、“语体句”。语体词、语体句不是生来就具有的，而是在人们的言语实践中“斫梓染丝，功在初化，器成定彩”① 的，从而打上了语体的鲜明烙印。

语体词语“是某一语体专用的词语，专用指的是该词只用于某一语体，而不用于其他语体”②。如兹、兹有、按照、为了、依照、遵照、关于、批复、决议、欣悉、值此、惊闻、审核、任免、此致敬礼、商榷、立即执行、如期完成等词语在公文语体中惯用，形成了公文语体的语体色彩，是公文语体常用甚至专用的词语；法规、法治、法律、法令、法纪、法办、管制、原告、被告、主犯、从犯、验明正身等，其法律语体色彩极强，是法律语体词语；扩张、自主权、国际法、和平、不结盟、平等互利、债权国、霸权主义、种族主义、联合国、安理会、发达国家、发展中国家等，是外交

---

① 袁晖．论语体词．修辞学习，2004（3）

② 袁晖．论语体词．修辞学习，2004（3）

语体常用词语，属于外交语体词语；蔚蓝、晶莹、绚丽、绿油油、金灿灿、雪白雪白等，其文艺语体色彩较浓，是文艺语体词语。凡此种种，举不胜举。

语体句是指句子的功能类别。如“必须……”、“应该……”、“要……”等一类表示肯定语气的句子；“不得……”、“不应……”、“禁止……”等表示否定语气的祈使句；“为了……”、“以实现……”等一类的目的句；“希研究执行”、“并希见复为荷”等一类的结束句。它们都打上了公文语体的烙印，是公文语体句。这类公文语体句，常用于公文语体，其他语体少用、不用甚至不能用。

语篇结构也有功能类别。如分条、撮要常用于应用语体中的公文语体，章回结构常用于文艺语体的小说体，等等。可见，语篇结构也打上了语体的烙印。各种语体都有自己的模式，这是因为语言语体属性制约的结果。因此，在修辞语用中，要对号入座，不能张冠李戴。否则，就会闹笑话。例如：

③尊敬的张老师：

由于我贪婪地吃了不卫生的海鲜，残酷的大肠杆菌在我的体内展开了激烈的斗争，我不得不在无情的病床上静卧几天，特向您请假。

此致

敬礼

您的学生××

×年×月×日

例③是修辞学界盛传的一则笑话，尽管该请假条的体式正确无误，但语不对体。请假条只要运用平实的语言将自己的意思表达出来即可，而该请假条的语言却运用了“贪婪”、“残酷”、“无情”一类描绘性的语言，因此，这就有悖于请假条属于应用语体的语体风格规范。

总之，词语、句子、语段、语篇都有自己的功能类别，都打上了语言语体的烙印。

（2）言语语体规范。

语言通过运用，就进入言语。由于语言服务的活动领域不同，形成不同的选择、使用和组织语言手段的方法系统，这个系统被语言使用者理解为功能语体。也就是说，进入言语领域后的各种语体都有各自的语言特征，从而形成了不同语体的不同风格，并在长期的语言运用中形成了一定的体式规范——语体风格规范。这种语体风格规范是关涉全局和整体的规范，它对修辞语用的影响面极大，是语言最高层次上的规范。修辞语用的体式错了，即使选词造句再美，缀段谋篇再巧也枉然。因此，修辞主体必须认识并遵守言语语体风格规范，才能收到好的表达效果和接受效果。否则，违反言语语体规范，就会闹笑话。请看下例：

④青年时代的歌德曾攻读法律，先后在两所大学完成学业，取得博士学位。尔后，以律师的身份参加多次诉讼活动。他踏上律师生涯的首次辩护，其“辩护词”是这样的：

啊！如果喋喋不休和自负竟能预先决定明智的法院判决，而大胆和愚蠢竟能推翻业经得到的真理……简直很难相信，对方居然敢向你提出这样的文件，它们不过是无限的仇恨和最下流的谩骂热情的产物……啊！在最无耻的谎言、最不知节制的仇恨和最肮脏的诽谤的角逐中受孕的丑陋而发育不全的低能儿！……

人们对这篇诗一般的“辩护词”反响如何呢？据记载，在歌德进行辩护时，法官们不由微笑地摇着头，流露出“不敢苟同”或“不以为然”的情绪，听众也流露出不满情绪，对方律师也起来反驳。对此，这位诗坛巨人十分愤慨，他要求再次发言，还穿插了一段戏剧性的感叹：

⑤我不能再继续我的发言，我不能用类似的这种渎神的话玷污自己的嘴……对这样的对手，我还能指望什么呢？……需要有一种超人的力量，才能使生下来就瞎眼的人复明，而制止住疯子般的疯狂——这是警察的事。

（潘庆云．法律语言鉴衡．汉语大辞典出版社，2004．141，有删改）

这一次法官们再也不能保持缄默了，他们告诫歌德，法庭不允许这样的发言！这位从少年时代就傲视一切的诗坛巨星，第一次行使律师职责时就遭到了法庭的指责，这不能不说是一件憾事。

才华横溢的歌德之所以“第一次行使律师职责时就遭到法庭的指责”，不是其语言能力低下，而是缺乏语体意识致使其语不对体。可见，在修辞语用活动中，遵守语体风格规范是头等重要的大事。

言语语体规范涵盖面广，还有其他丰富的内涵，有关这一点，我们还将在“得体原则”中进一步阐述。

二、立诚原则

（一）“立诚”是汉民族的传统美德

两千多年前，我们的先辈就倡导“修辞立其诚”。这一论述最早见于《易·乾》：“子曰：君子进德修业。忠信，所以进德也；修辞立其诚，所以居业也。”后来不少人对这段话进行了诠释，如唐人孔颖达疏注：“修辞立其诚，所以居业也，辞为文教，诚为诚实也。”宋人朱熹注：“忠信，主于心者，无一念之不诚也；修辞，见于事者，无一言之不实也。”在古人看来，立言事关重大，不可等闲视之，修辞必须立诚，反对“巧言如簧，颜之厚矣”①。上面这些主张体现了古人对修辞的高度重视，他们已把修辞与“进德”、“修业”、“立德”、“立功”紧密联系在一起了。梁朝刘勰在《文心雕龙·征圣》中也说：“然则，志足而言文，情信而辞巧，乃含章之玉牒，秉文之金科矣。”刘勰也把“立诚”看成了作文的金科玉律。到了宋代，周敦颐在《通书·诚下篇》中也说：“诚，五常之本，行之源。”清代杰出史学家章学诚在其《文史通义》中也论述了“修辞立其诚”的观点，其涵盖面更广。“大致可以概括为两个基本观点：一是持之有故，言之有物，即立论要有根据，文章要有实际内容；一是说写者要表现自己的真实意图，不可虚视浮文”。② 综上所述，古代先哲们提出的“修辞立其诚”，既是内在主观世界的修养，又是外在诚挚态度的体现，这就是我国古代先哲们朴素的修辞语用观，它打上了浓厚的政治伦理色彩。

现代社会，“修辞立其诚”仍是修辞语用的一个重要原则。叶圣陶认为，“修辞不是徒然的修饰”，说话写文章，不能“将无作有”，“徒然说一番花言巧语”，而要“修辞立其诚”，并说“一个普通人，写一张便条，写一份报告，要‘立诚’；一个著作家，撰一部论著，写一篇作品，也离不了‘立诚’”，同时，他还强调“立诚为最贵”③。许杰也说：“人如其文，文如其人。”“修辞的工夫，并不等于花言巧语，这是切切实实诚诚恳恳高尚人格的体现。”又说：“因为有了诚，才能达到表里如一、不夸大、不隐瞒、不缩小的本然境界。所以不管写文章还是修辞研究，这个‘立诚’功夫，是一点也不能轻视、不能忽略的。”④

综合古今学者对“修辞立其诚”的阐述，概括起来，其内涵有三个方面：一是指修辞的态度，只有修辞的态度是真诚的、情感是真挚的，所传递出来的信息才能动人；二是指修辞的内容和信息的真实，只有修辞的内容是真实可信的，才能实现内外沟通，才能有“信”可言；三是指修辞者的品德修养，而修辞者的品德修养对修辞有着直接的制约作用。可见，“修辞立其诚”确实具有中国浓厚的政治伦理色彩。这就正如王希杰所说，“‘修辞立其诚’正是中国传统的文化特色，也是中国传统修辞学的特色”，“是中国修辞学的悠久而优秀的传统”⑤。

（二）立诚原则的内涵

立诚的内涵是指言诚和言真两个方面。

1. 言诚

“言诚”是指修辞主体的态度，即真心实意，表里如一，待人真挚诚恳。曾国藩曾说：“窃以为，国之所以立，贤人之德业之所以可大可久，皆诚为之也。故曰：‘诚

---

① 《诗经·小雅·巧言》
② 朱茂汉．读《文史通义》谈“修辞立其诚”．修辞学习，1995（3）
③ 中央教育科学研究所编．叶圣陶语文教育论集．北京：教育科学出版社，1980. 72
④ 许杰．修辞与立诚．修辞学习，1990（2）
⑤ 王希杰．略论修辞立其诚．王希杰论文集．广州：广东高等教育出版社，2000. 112

者，物之始终，不诚无物。'"[①] 这番话就强调了人们的修辞行为首先要建立在"真诚"的基础上，言语真诚是一个人内心世界的展现，要言为心声，只有真诚待人，不虚伪，才能建立良好的人际关系，树立良好的社会形象。这一点，山东海尔电器集团公司就是一个实证。

山东海尔电器集团公司，1983 年是一个濒临倒闭的电冰箱厂，现在发展成为产品遍布全球，营业网点多达 13 000 多个，每年营业额以 80% 的速度递增的，令世界瞩目的大企业，致使美国的一条街叫"海尔街"，美国商学院的教授亲临海尔考察后，伸出大拇指称赞不已。其诀窍就是真诚。海尔公司将高质量的产品和良好的售前、售中、售后服务浓缩成一句话："真诚到永远。"他们是这样说的，也是这样做的。海尔公司对待公众，即使不是自己的服务对象，也能真挚、周到地提供服务。请看下例：

①我不是海尔洗衣机的用户，却得到了海尔的帮助，感人至深。

几年前，我从海外买了一台高级洗衣机，因甩干时有隆隆声，不敢再用。在上海求遍了能打听到的维修单位，不是说无配件，就是说"只管本厂生产的"。……折腾了一年，我最后打算求助于海尔——虽然不抱希望。

通过海尔在上海分销点的热情帮助，我找到了海尔上海服务中心，诉说了一番。我主动声明：一，这不是海尔分内之事；二，我按规定付维修费。接待的同志说："到了这里，你就算找到家了!"

以后的事情充分证明了这句话。服务中心的迟同志，经约定后，两次晚上亲自上门到我家帮助维修，饭也没顾得上吃，礼貌而婉转地拒绝了哪怕是最简单的招待，饿着肚子劳累到深夜。我甚至对他说："我不是海尔的用户，你不必受海尔规矩的约束。"他说："你是我服务的对象，我就要遵守海尔的规矩!"两次帮忙，自始至终，是那么热情有礼，毫无怨言。最后，我的洗衣机又转了起来，他还不肯收费，说因为损坏的部件是我自己解决的。

……

我接触到的"海尔人"，甚至包括代理商，他们待人接物，包括接电话，热情如出一辙。……服务中心的张小姐还给了我一句话："以后如果还有什么问题，请告诉我们，一定尽力帮助!"现在有太多叫人无法轻信也不敢轻信的"承诺"，可是海尔的承诺，我相信贵过千金。

就这样，一位不到 20 岁的青岛小伙，一位最普通的海尔职工，如此真切具体而又自然地展现了青岛人的胸怀和海尔精神，海尔这样的无形资产又该怎样评估呢?

（根据《我不是海尔的用户》整理，《信息日报》，1997－08－05）

---

① 曾光炎．曾国藩嘉言录．北京：中国国际广播出版社，1994. 31

例①中海尔的员工，无论是服务中心“接待的同志”和“张小姐”，还是不到20岁的“青岛小伙”，他们那热情洋溢的言语、那急公众之所急的真情、那任劳任怨的工作作风只不过是广大海尔人的一个缩影，海尔人的言语“热情如出一辙”，因而树立了海尔人的良好形象，令社会公众有口皆碑，可海尔人良好的形象正如上文所说：“又该怎样评估呢?”

2. 言真

“言真”是指修辞的信息内容真实可信，它是就修辞行为的信息内容而言。言语所承载的信息内容必须真实可信，绝无虚假成分。陈述客观事物，不夸大，不缩小；阐述客观真理，是非分明，不把真理斥为谬误，不把善良诬为恶行。言真和言诚一样，是一个人甚至是一个组织安身立命之本。这一点，美国近代史上著名的“清垃圾运动”就是实证。

19 世纪初的美国，巴纳姆等实业组织，“为了使组织扬名，置公众利益于不顾，任意编造谎言和神话，利用新闻媒介愚弄公众”[①]。当时这种现象引起了新闻媒介和公众的不满，报纸杂志率先刊载揭露实业界某些“强盗大王”编造假话愚弄公众以谋取暴利的恶劣丑闻，致使这些“强盗大王”声名狼藉，举步维艰。当时，一位名叫艾维·李的记者办起了第一家“宣传顾问事务所”，他在其《原则宣言》中提倡“讲真话”，倡导“向报界和公众提供迅速而准确的消息”。艾维·李还为一些财团甚至是名声不好的“强盗大王”处理了危机，重塑了形象，致使美国现代公共关系蓬勃地发展起来，有力地推动了美国社会文明的发展。可见，“讲真话”是个人和组织的立命之本。

下面再请看一个具体例子：

②1988 年 4 月 27 日，美国一架波音 737 客机起飞后不久，剧烈的爆炸把前舱顶盖掀开了 6 平方米的大洞，一名空中小姐顿时被猛烈的气浪抛出舱外，殉职蓝天。经过一番努力，飞机安全降落在附近的机场，旅客和机组人员均平安无恙。

飞机事故往往酿成灾难，使旅客们谈之色变。对这次飞机事故，波音公司不是避而不谈，而是主动地实事求是地广为宣传，他们说明这次事故的原因是飞机太陈旧，金属疲劳所致。这架飞机已飞行了 20 年之久，起落 9 万次，大大超过了保险系数；而飞机能在严重事故之后安全降落，足以证明波音飞机的可靠性能，新型波音飞机已解决了金属疲劳的技术难题，因而购买波音公司的新产品就更加安全。

（根据李爱莲，范卫华《公关禁忌·别赢得起输不起》整理，北京经济学院出版社，1997. 2）

---

① 杜创国. 公共关系实用教材. 北京：清华大学出版社，2007. 16

例②足以说明，一个组织在面临危机之时，只要真诚地面对公众，化被动为主动，这样不仅不会损害公司形象，反而会进一步赢得用户的信任。事实正是这样，1988 年 5 月份，波音公司的飞机订量是上个季度的一倍。

反之，言语不真不诚，带来的负面效应是不容忽视的。例如：

③大学刚毕业的小张到某公司应聘面试，约定时间是早上 9 点，而小张匆忙赶到时，面试时间已过了 36 分钟，小张解释说，“因堵车来迟了”。人事部叶经理听后，觉得可以谅解。当他们交谈完之后，叶经理露出满意的微笑，小张彬彬有礼地向叶经理告别。随后，叶经理端起茶杯，走到办公室的窗前，无意向窗下望去，却看见刚才来应聘的小张正推着单车跨出公司的大门。原来，小张是骑单车来的，显然，“堵车”不是造成他迟到的原因。

当小张回到家中，打开电脑，就看到了叶经理发来了“伊妹儿”：

经公司研究，我们暂不招收新员工，请您另谋高就。

例③中，小张的一句谎言令其丢失了一次就职的良机，这就是言语不真不诚带来的恶果。

言语不真不诚，历来都是人们深恶痛绝的。《韩非子》中有一句这样的话：“巧诈不如拙诚。”其意思是说，与其运用巧妙的方法来欺骗他人，不如诚心诚意地对待他人，这是做人的黄金法则。三千年前的古人都悟出了这一道理，难道现代人还不应以此为鉴么？所以，修辞必须立诚，因为立诚是修辞语用的生命，是交际双方合作的基本条件和前提。

三、得体原则

修辞学追求好和更好的表达效果和接受效果，这是修辞的灵魂。何谓好？言语得体便为好。王希杰在《修辞学通论》中将言语“得体”提升为“得体性原则”，这种见解是正确的、精辟的。

那么，何谓修辞“得体”？这一点，可借用陈望道的话来解释：“并非语言文字本身有什么美丑，全在用得切当不切当，用得切当便是美；反之，用得不切当便是丑。”① 陈先生所说的“美”，我们可理解为就是“好”的修辞，“得体”的修辞。因此，“切当”就是修辞除了要“适合内容复杂的题旨和情境”外，还要适切语体。也就是说，适切题旨、语境和语体是“得体”原则的具体内涵，也是我们衡量言语“得体”可操作的依据和标准。

---

① 陈望道．修辞学发凡．上海：上海教育出版社，1979. 19

（一）适切题旨才能得体

题旨就是说写的宗旨。刘勰在《文心雕龙》中指出“意在笔先”，就是说，内容是修辞的前提。在修辞活动中，表达者都有自己特定的说写宗旨。如何更好地表达自己的宗旨，收到最佳的表达效果，从词句的选择和取舍到篇章的安排和谋划，乃至辞式的斟酌与应用，都直接或间接地为内容服务。例如：

①1989 年 6 月，戈尔巴乔夫到中国访问，到上海时，作为上海市市委书记的江泽民到虹桥机场迎接他。两人一见面，江泽民就说：“由于您的到来，连上海的天气都好转了。”而戈尔巴乔夫马上接过话题说：“更值得高兴的是中苏关系的天气好转了。”

这件事虽然已过去多年，但两位领导人的话语艺术实在令人难忘。作为主人的江泽民在迎接客人时，紧扣自己的表达宗旨，借助天气的变化表示对来宾的欢迎之情，显得十分自然适切，不落俗套；而戈尔巴乔夫也顺着江泽民的“天气”这一话题，自然地联系到自己访华的宗旨，巧妙地传递了中苏关系得到改善的喜悦之情，作出的反应既敏捷又得体。

切旨，看起来容易做到，实际上并不那么简单。在修辞活动中，有时常会出现词不达意、言与意违的语用现象。例如：

②意大利某书店老板，当得知法国作家大仲马要来参观他的书店，为了讨好大仲马，将别人的书全部从书架上搬走，统统换上了大仲马的著作。而当大仲马来到书店参观时，问起其他人的书到哪里去了，书店老板脱口答道：“都卖完了。”这一回答使大仲马很伤感，他真没有想到，自己竟成了意大利第一号滞销书的作家。

例②中的书店老板建构的话语词与愿相违，收到的效果便适得其反，致使大仲马“很伤感”。可见，书店老板会“做”但不会“说”，所说的不符合宗旨，倘若说成“我这里是您的大作的专卖店”，就符合自己的初衷了。

（二）适切语境才能得体

语境是言语环境的简称，它是修辞行为赖以存在的场所。语境有狭义和广义之分。狭义语境，通常是指言语内部之间的关联，即指口语中的“前言后语”和书面语中的“上下文”。广义语境，不仅指语言语境，还指非语言语境。其中，非语言语境不仅包括时空语境，如社会环境、地域环境、时代背景、社会思潮等；还包括人文语境，如文化积淀、民族、民俗风情等。

1. 适切语言语境

任何言语现象都有自身的语言语境。王建平将语言语境称为“言辞语境”，并认为：“言辞语境指的是交际过程中某个语言表达式表达某种特定意义时所依赖的各种因素，表现为言辞的上下文，它既包括书面语中的上下文，也包括口头语中的前言后语。”① 他还将言辞语境分为词组语境、句子语境、段落语境和篇章语境。“其中，句子语境又可分为所在句语境和前后句语境，前后句语境又可分前句语境和后句语境；段落语境也可分为所在段语境和前后段语境，后者又可分前段语境的后段语境；篇章语境又可分为所在篇章语境和前后篇章语境，后者也可分前篇章语境和后篇章语境。这种不同言辞语境都不同程度地表现为一种言辞方面的前后制约关系。”② 这就是语言语境的内涵。

2. 适切非语言语境

（1）适切时空语境。

大到宏观上的时代背景、社会背景和地域环境，小到修辞时的微观情景，我们统称为“时空语境”。修辞必须适切时空语境，通俗地说，就是“什么时代说什么话”、“什么山头唱什么歌”。表达者必须根据客观存在的时空环境来调整话语，要尽量考虑时间因素和空间因素，这样才能取得好的表达效果。例如鲁迅所处的时代，没有言论自由，对社会现实只能隐晦、曲折、含蓄地发表自己的看法，因此，他只能借助文学手法选择小说，尤其是开创杂文来巧妙地寄托自己的情感，这与他所处的政治环境不无关系。在人际交往中，也要注意交际的时空语境。请看下例：

③马克思和恩格斯既是志同道合的同志，又是亲密无间的挚友。

1863 年 1 月 7 日，恩格斯的妻子玛丽·白恩士患心脏病突然去世。恩格斯以十分悲痛的心情告诉了马克思。1 月 8 日，马克思虽然即时给恩格斯写了回信，但信中对玛丽的噩耗只说了一句平淡的安慰话，却诉说了一大堆自己生活的困境。

正在极度悲痛中的恩格斯，收信后不禁有点生气了。从前，两位挚友之间常隔一两天就通信一次，这次隔了五天，恩格斯才给马克思回信，并毫不掩饰地说：“这次我自己的不幸和你对此的冷冰冰态度，使我完全不可能早些给你回信。我的一切朋友，包括相识的佣人在内，在这种使我极度悲痛的时刻对我表示的同情和友谊，都超出了我的预料。而你却认为这个时候正是表现你冷静的思维方式的卓越时机。那就听便吧！”

马克思收到信后作了认真的自我批评。他在给恩格斯的信中说：“给你写那

---

① 王建平．语境的定义及分类．语境研究论文集．北京：北京语言学院出版社，1992. 76

② 王建平．语境的定义及分类．语境研究论文集．北京：北京语言学院出版社，1992. 80

封信是个大错，信一发出，我就后悔了。然而，这绝不是出于冷酷无情。我的妻子和孩子们都可以作证：我收到你的那封信（清晨寄到的）的时候极其震惊，就像我最亲近的一个人去世一样。而到晚上给你写信的时候，则是处于绝望的状态之中……”

恩格斯收到信后，出于对朋友的了解和信赖立即谅解了马克思。他给马克思的信中说：

“前次的来信给我造成了怎么样的印象……应该告诉你这封信在整整一个星期里在我的脑际盘旋，没法把它忘掉。不过不要紧，你最近的这封信已经把前一封信留下的印象消除了。而且我感到高兴的是，我没有在失去玛丽的同时再失去自己最老的和最好的朋友。”恩格斯随信寄去一张 100 英镑的期票，以帮助马克思度过困境。

（根据郑荣馨《语言交际艺术——修辞策略探索》整理，山西人民出版社，2007）

例③中，对好朋友恩格斯妻子的突然去世，马克思作出不合适的反馈，致使恩格斯“生气”，隔了五天才写回信，信中毫不掩饰对其“冷冰冰的态度”和“冷静的思维方式”的不满。可见，在修辞语用活动中，不看时间说话是修辞的大忌。

修辞还要注意“什么山头唱什么歌”，就是说，还要考虑空间因素。场合不同，运用的语言也要不同。同样一句话，甲场合运用是得体的，但用于乙场合，也许就会闹笑话。例如，“欢迎光临”许多场合都适用，但在医院、殡仪馆门口也使用这一招呼语，就会令人啼笑皆非。又如，在交通路口张贴“多拉快跑，争分夺秒”的告示，在高考场门口悬挂着“失败乃成功之母”的标语等，都是会大煞风景的。这道理很浅显，无须赘述。

（2）适切人文语境。

所谓人文语境，是指以“人”为中心的各种元素构成的语境。人文的核心是“人”，人是交际主体，其中包括表达者和接受者。交际双方的各种因素如性别、年龄、民族、性格、心理、职业、气质、阅历、认知能力、价值观、道德观等都是人文语境的构成元素。人文语境对于修辞活动非常重要，可以说，它是一种意识、一种观念。而修辞活动中有了这种意识和观念，表达者建构话语时，就会下意识地把握自己和交际对方构成的人文语境，从而得体地驾驭语言；反之，如果表达者对接受者的上述元素一概不明，或者即使明确但人文意识淡薄，收到的效果是适得其反的。例如：

④一位从边远山区来到广州打工的青年，趁中秋佳节来临之际，倾囊沽酒，买了一瓶五粮液送给其伯父。伯父收到后不安地说：“你一个月的工资买了这瓶酒就没有了，以后千万不要再这样。”青年说：“我怕等我赚钱多的时候，您又没

机会喝了，来不及孝敬您老人家。”伯父听了又感动，又心酸。

（生活实录）

⑤一天，儿子亮亮坐在电脑前边看边念一则消息：“李宇春现身机场，玉米棒打记者。”恰逢其母亲过来叫他吃饭，突然听到“李宇春玉米棒打记者”，很生气，说：“这姑娘咋啦？出了名，就可以拿玉米棒打人啦？”亮亮说：“妈，不是李宇春打记者，是她的粉丝打记者。”母亲说：“呵，粉丝还能打人？”亮亮听后愕然。

（生活实录）

例④、⑤都是真实的生活故事。例④中的“青年”虽然很有孝心，但说话不得体，触动了老人最敏感的神经，致使其伯父“感动”之余又生“心酸”之情；例⑤中的母亲之所以产生误会，是因为她对在青年中广泛流传的“玉米”、“粉丝”等流行语缺乏认识，从而导致对修辞信息解码的失误。

（3）适切语体风格规范才能得体。

俄罗斯著名的语言学家、文艺学家巴赫金在《言语体裁问题》中认为，人们是按照一定的言语体裁说话的，“每一单个的表述，无疑是个人的，但使用语言的每一领域却锤炼出相对稳定的表达类型，我们称之为言语题材”①。“甚至在最随便、最不拘束的谈话中，我们的言语也带有一定的体裁形式，有时还带有体裁的套式和模式，这些东西和语言一样，都是现成的。”② 巴氏的“言语体裁”，即指语体及其下位分体。语体是“适应不同的交际领域、目的、对象和交际方式的需要，运用全民语言而形成的言语特点的综合体”③。一般来说，不同的交际领域运用不同的言语体式，形成不同的言语体裁，隶属于不同的语体。不同类型的语体由不同的语言特点组成。各种类型的语体都有相对稳定的特点，保持着各自的独立性，并形成了常规的语体风格规范。

上面我们论述了言语语体规范问题。言语语体是口语语体和书面语体的总称。适切言语语体规范，就是指在口语交际中，要运用口语；在书面语交际中，就要用书面语，不可错用。明代秀才买柴时本应该运用口语与卖柴人交谈，而他却运用了“荷薪者过来”、“其价如何”、“外实而内虚，烟多而焰少，请损之”一类的书面语而传为笑柄。

在口语语体中，按交际领域的不同又可分为日常口语语体和专题口语语体。日常

① 巴赫金．言语体裁问题．巴赫金全集（第四卷）．石家庄：河北教育出版社，1998. 140

② 巴赫金．言语体裁问题（相关笔记存稿）．巴赫金全集（第四卷）．石家庄：河北教育出版社，1998. 259

③ 黎运汉．现代汉语语体修辞学．南宁：广西教育出版社，1989. 5

口语语体的随意性强，专题口语语体如谈判、商业会谈、对话等，围绕一个话题，其语言要求比日常谈话语体要高。

书面语体又可分为文艺语体和非文艺语体。非文艺语体又包括政论语体、应用语体、科学语体，它们都有各自的语体规范，不能张冠李戴，必须严格遵守。这一点，上文已略有论述，我们还将在下一章中进一步阐述这一问题。

（4）切合话语角色言语规范才能得体。

出于舞台艺术的“角色”这一术语，被引进社会学、社会心理学和语言学等领域，逐渐形成了“角色理论”。“角色理论”认为，在言语交际中，交际双方都可以充当两类角色：一是社会角色，“社会角色是由一个人的社会地位、职业、年龄、经历等相对固定的特征共同构成，社会角色是相对固定的社会特征”；二是交际角色，是指“交际者在具体的交际情境中，与交际对象相对比从而显示出来的一种临时身份特征”[①]。交际角色常常是随着语境和交际对象的变化而不断变化的。在修辞活动中，我们要树立角色意识，准确把握自己的角色位置，并注意两种角色的转换应用，不断调整话语艺术，切合话语角色言语规范，才能收到好的交际效果。否则，不注意自己在言语交际中的角色位置，随意表达，就会闹出笑话。例如：

⑥A君大学毕业已五年了，在一个机关主管业务培训工作。一次，他需要请母校的方教授给他们的学员讲学。只见他拿起电话：

“喂，您是方教授吗?”

“是啊，请问您是哪位?”电话中传来了方教授的声音。

“我是您的学生。您能猜猜我是谁吗?”A君说道。

方教授犹豫了一下，就猜道：“您是××先生吧?”

“不对，允许您猜三遍。”A君继续说道。

方教授愕然……

（生活实录）

例⑥因师生分别了好几年，学生A君想与老师先攀谈攀谈，然后再导入正题，但是他本该主动自报家门，再与老师寒暄，而A君却用了一种与其交际角色格格不入的玩笑形式，给方教授出了个难题，自然会使“方教授愕然”。

值得注意的是，有的表达者虽然也有角色意识，但在修辞活动中，不注意择取符合自己话语角色的语言来表达，对一些词语一知半解就信手拈来乱用，也会闹笑话。例如：

---

① 赵毅，钱为钢．言语交际．上海：上海文艺出版社，2000. 28

⑦某业余作者带着他创作的电影剧本千里迢迢去见一位著名导演。导演生病，正躺在床上。作者恭恭敬敬地递上剧本道："请您拜读。"

导演是个生性幽默的人，接过本子来，说道："对不起，我正病着，'拜读'大概是比较难以从命了——我躺着读行不行?"

作者似乎感觉到了用语有错，一时却又想不起来错在哪里，只好连连告退道："您休息休息，等您病好了，我再上门赐教。"

例⑦是来自网络的一则笑话，之所以令人发笑，是因为表达者虽有角色意识，却对语言材料适用的角色关系认知不足，因此闹出笑话。类似这样，打上角色鲜明色彩的词语、句子很多，如日常交际用语中的一些称谓语和谦词敬语，它们都有很强的角色规范色彩，近些年高考试题中就经常出现这类考题，学生务必注意。

第四节　修辞的接受原则

在接受修辞活动中，也要遵守一定的接受原则。而要认知接受原则，有必要先了解修辞接受的含义及其过程。

一、修辞接受的含义及其过程

（一）修辞接受的重要性

修辞是一种言语行为。这种言语行为绝不是一个人的自言自语，而是为了传递一定的意图和情感的言语交际活动。在这一活动中，表达者将自己的意图通过编码将意图传递出去；接受者接受到话语信息，准确解码，作出反馈。因此，这个过程不仅是双向的，而且是一个动态的交际过程。如图 1－1 所示：

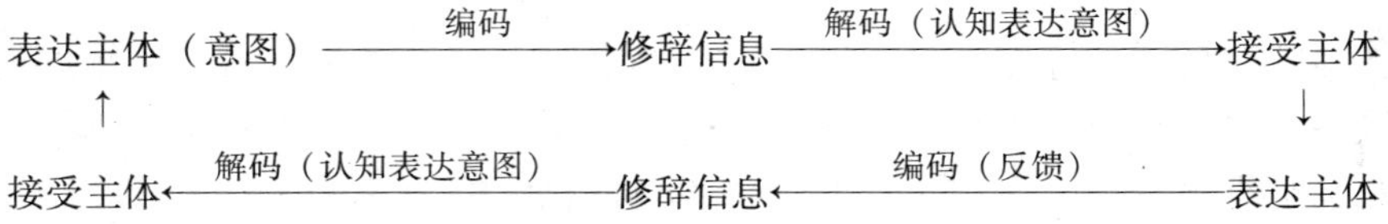

图 1－1

表达者在实施自己意图的时候，应该考虑如何表达才能收到最佳的效果；同样，接受者在接收信息的时候，也应考虑如何才能准确无误地接收他人的言语信息，收到最佳的接受效果，从而作出正确的反馈，使交际获得成功。表达和接受位于"修辞活动的两极"，表达重要，接受也重要。因为"表达者提供获取言语交际最佳效果的可能性，接受者完成由可能性向现实性的转化，接受不仅实现表达的价值，而且对表达产生至关重要的影响。接受即是修辞活动的前提。没有前提，修辞信息无需输出；没有结果，修辞信息等于没有输出”①。交际效果好不好，常常是以接受效果为评判标准的。因此，要使修辞活动获得成功，表达很重要，接受也很重要的道理就在于此。

修辞学在过去的研究中，十分重视表达修辞而忽略了接受修辞的研究。20 世纪 90 年代之后，一些学者呼吁要重视接受修辞研究，李军曾提出：“将表达和理解作为一个相互依赖、相互作用的整体过程来对待，从理解的角度去反观表达的要求、机制和规律”，要“从理解的方面开拓一片领地”②。虽然，从 20 世纪 80 年代末开始，刘焕辉的《言语交际学》、黎运汉的《公关语言学》、胡习之的《语言交际美学》等都设有专门的章节来论述修辞接受问题，有的学者还发表了修辞接受的论文，如曾毅平的《论聆听》、胡习之的《论语言接受的基本规律》等，但尽管如此，接受修辞比起表达修辞的研究来，可以说还是零星的、分散的，接受修辞就像“被委弃的灰姑娘”③。修辞表达与接受研究发展的不平衡，是应该引起重视的。正因为如此，谭学纯、唐跃、朱玲率先研究了接受修辞，他们所著的《接受修辞学》是我国第一部研究接受修辞的专著，填补了接受修辞的空白，意义非同寻常。

（二）接受过程的复杂性

从上图可以看出，修辞活动是一个双向互动的过程。当表达者表达的时候，伴随着一个表达语境的认知和生成的过程，表达者必须明确何时、何地、向何人以何种方式说何事，从而顺应或利用表达语境，使表达收到更好的效果。接受主体在接受话语信息进行解码时，理解语境也随之生成，接受主体除了以话语信息为直接依据外，还要注意与之相关联的其他因素构成的接受语境，如表达者的有关情况、话语生成的时空环境等。也就是说，在修辞交际中，表达主体在建构话语时伴随形成表达语境，接受主体在接受话语信息进行解码时也会伴随生成接受语境，而成功的言语交际应该是接受主体建构的接受语境与表达主体建构的表达语境相一致，只有“双方在认知语境上越趋同，交际也就越容易成功”④。因此，成功的修辞活动是建立在每一个信息互动的过程中的，即接受主体接受的信息和表达主体传递的信息应该是等值的。也就是说，表达主体将意图通过编码成为话语，被接受主体正确理解，并产生期望的语效。在这一过程中，“如果把说话人脑子里想要表达的意义表示为 M1，话语中实际包含的意义为 M2，听话人最终脑子里得到的意义为 M3，则上述信息模式就成了 M1→M2→M3 的过程。理想的言语交际就应该是 M1 = M2 = M3”⑤。事实上，大部分的言语交际

---

① 谭学纯，唐跃，朱玲. 接受修辞学. 上海：上海教育出版社，1992. 1

② 李军. 对修辞学研究视角的思考. 修辞学习，1996（4）

③ 谭学纯，唐跃，朱玲. 接受修辞学. 上海：上海教育出版社，1992. 2

④ 赵艳芳. 认知语言学. 上海：上海外语教育出版社，2002. 176

⑤ 赵毅，钱为钢. 言语交际学. 上海：三联书店，2004. 13

是怎么想就怎么编码，接受主体正确解码后，就能产生相应的言后果语效。

但是，言语交际毕竟是人与人之间的信息互动，它与通信传递不同，它会受到交际主体、语境和话语自身等诸多因素的干扰，致使接受主体接受的话语信息和表达主体表达的话语信息不等值，这种表达信息和接受信息的不等值就叫“信息差”。尽管言语交际最忌出现信息差，但信息差的产生又是不可避免的，它既有交际主体的原因，又有话语信息的载体——语言复杂的原因，还有语境等原因。也就是说，修辞活动要想获得成功，不仅要充分认知修辞过程中表达的复杂性，同时还要认知接受过程中的复杂性，因为它不是一个机械、简单、被动的接受过程，它必然会受许多复杂因素的制约。而接受过程的复杂性主要表现在以下四个方面：

首先，接受主体复杂。接受主体是言语交际中接受话语的人，而每个人都有区别于他人的特征，如年龄、性别、职业、地位、性格、观念、心理、文化素养、生活经历、气质风格等差异。因此，在接受过程中，出现信息差既可能是接受主体无意造成的，也可能与他们的有意为之密切相关。例如：

①张大妈在儿子家生病的当天，儿子家的电脑出了故障。儿媳妇坐在电脑桌前“噼噼啪啪”地敲了一阵子键盘后，断定说：“完了，染上病毒了！”张大妈吓了一跳，紧紧扯住儿子的手说：“儿啊，我没动你们那宝贝疙瘩，怎么还把病传给它啦?”

（《幽默与笑话·张大妈进城》，2001 年 7 月）

②中介商：您认为这套房子怎么样?

客　户：装修还不错。

（生活实录）

例①的接受主体张大妈对电脑知识缺乏，误将电脑病毒当成细菌病毒，因此在理解儿媳妇的话语时，出现了信息偏离，这是接受主体无意偏离产生的信息差；例②中，面向中介商的询问，接受主体应该对房子作出全面的评价，才是等值的信息反馈，但是该接受主体——客户只对其装修作出评价，而对房子的内部结构、价格等则只字不提，显然这是他为了回避或婉拒对方问话而有意作出的减值反馈，这是接受主体的有意偏离而产生的信息差。

其次，任何言语现象都是在一定的语境中进行的，表达的时候，表达者要建构以接受者为核心的表达语境；接受信息的时候，接受者也要建构以表达者为核心的接受语境，如表达者是什么人、背景是什么、表达的意图是什么等。而且，接受主体建构的接受语境与表达语境要尽量趋同，这样，信息差产生的可能性就相对要小；反之，就必然会产生信息差。例如：

③晚饭后，电视机在老婆的遥控器指挥下频繁地变换画面。我的眼睛适应不了这种快速变换的节奏，乐得躲进书房，在电脑前逍遥了。电脑刚打开，老婆的声音就追来了：

“有一点时间就趴到键盘上了，在这个家，是我重要还是电脑重要?”

我说：“一样一样。”

“什么一样一样，我是人，那是电脑。”

我打字，老婆不会帮我，电脑会。于是就说：“有时，人可没电脑聪明。”

“什么？我还不如你那破机器?”

我正修改稿子，电脑突然死机，让我奈何不了它。于是叹了口气：“要更新一下就好了。”

“你敢！”

（《更新，升级》，《广州日报》，2002－04－08）

例③中夫妻之间之所以产生误会，是因为“我”的表达语境与“老婆”的接受语境大相径庭，这就造成夫妻两人对“更新一下就好了”的信息差产生。

再次，信息载体——语言自身也很复杂。语言是音义结合的符号系统，在接受活动中，语言信息的多音多义等复杂因素也有可能导致信息差的产生。例如：

④齐书记：来，坐！坐！

白副市长：齐书记叫你坐，你就坐，你可是齐书记的老厮啊！

林秘书长：老白，你怎么胡说八道呢？齐书记是领导，我们只有在后面跟着学的份，怎么能当齐书记的老师，真是！

白副市长：老林，看把你吓得，我说是老厮，不是老师，就是小说《水浒》中的那个老厮。

齐书记：可树啊，别胡说八道。

林秘书长：老白啊，你真行。白市长你可真有想象力啊！你把我们做秘书工作的可是形象地总结出来了，我这个市委秘书长是老厮，其昌，你就是小厮。我们就跟司机班干部一样，要为齐书记服务啊，你说是不是，齐书记？

（电视剧《绝对权力》）

⑤星期日早上，老公正在睡懒觉，他的朋友林海突然来访，我连忙对两岁的儿子说：“去，叫爸爸！”

儿子迟疑地看了我一会儿，走到林海的面前，怯生生地叫了一声：“爸爸！……”

（《广州文摘报》，2004－11－02）

例④中林秘书长将“老斯”听成了“老师”，是因为老斯（si）和老师（shi）发音相近，因而容易产生信息差；例⑤中，两岁的小孩之所以产生误会，是因为“我”用的“叫”是一个多义词，它既可理解为“叫唤”又可理解为“称呼”，而两岁的孩子没有依赖语境对词义的定位能力，听妈妈发出“叫爸爸”的“命令”后，理解为后一种意思，因而，“怯生生地”对来人发出了令人啼笑皆非的信息。可见，语言自身的多义因素是导致产生信息差的重要原因之一。

最后，信息通道即信道也有可能是信息差产生的原因。口语交际信息传递的渠道是人的发音器官，发音器官正常，在传递口语信息时，就通畅；发音器官有故障，如口吃，就会使传递的信息受干扰。书面语是借助文字传递信息，而文字信息也会受表达者字迹的工整与否、传递的信道通畅与否等因素的干扰。例如：

⑥患者：医生，我——我晚上——睡——不不不——着——觉，请——开——点儿药吃 ——吃……

医生：什什什么——么——原——因因——引——起的？

患者：你你你——为——什什——么——学学学——我？

医生：我我我——没——学学学——你。

患者：你你你——学学——了。

……

（生活实录）

⑦某市有一霓虹灯广告牌上写着“双汇牌火腿肠”。由于线路原因，不久变成“双汇牌人腿肠”，稍后变成“双汇牌人腿”，最后是“又一片人腿”。

（刘凤玲、戴仲平《社会语用艺术》）

例⑥是发生在解放军某医院的真实故事，患者与医生均有口吃毛病，因此，医患之间产生了误会，是因为交流信息的信道——发音器官障碍所致；例⑦是一则家喻户晓的广告，但其文字信息是通过霓虹灯来传递的，而霓虹灯是通过电路来控制的，因部分电路先后出现了故障，致使广告信息不断发生变异：先是大众熟悉的“火腿肠”，后演变成让人心惊肉跳的“人腿肠”，进而转化为不知所云的“人腿”，最后发展成为令人毛骨悚然的“人腿残片”。如果说“人腿肠”和“人腿”因为与“双汇”这一家喻户晓的食品商标品名联系在一起，还能让人联想到这是一个残缺的食品广告的话，那么，“又一片人腿”则彻底偏离了原广告的基本信息，丧失了正常的交际功能。这种信息差的产生是因电路出现故障所致。

由上观之，接受过程是一种复杂的言语现象，它常常会受交际主体、语境、话语信息、信道等因素的干扰，从而导致产生信息差，降低言语交际的效果。因此，认知言语交际中造成信息偏离的干扰因素，掌握消除干扰的措施，是提高修辞交际效果的关键。

二、接受原则的内涵

接受原则包括两个分则：一是聆听原则，它是指口语交际时，接受者必须认真聆听对方话语才能准确理解并作出反馈，聆听原则是口语交际时必须遵守的接受原则；二是解读原则，它是针对书面交际而言的，接受者通过阅读他人的书面成品，了解作者的话语意图，以达到与表达者沟通的目的。语文阅读教学是典型的书面语修辞接受，它是教师带领学生与作者的共同对话，准确解读也必须遵循一定的接受原则。

（一）紧扣交际目的，认知表达意图是修辞接受成功的前提

任何修辞行为都是为一定的交际目的而进行。表达者为了一定的交际目的，选择适当的语言材料和言语形式，运用一定的修辞手段，传递自己的表达意图；接受者在接受修辞的活动中，认知表达意图，才能准确作出反馈。因此，认知表达者的交际意图，是促使言语交际成功的前提。而要认知表达者的交际意图就要：“披文以入情，沿波讨源，虽幽必显。世远莫见其面，觇文辄见其心。”① 这段话的意思是，在接受他人信息的言语活动中，接受者要沿着“文”的形式之“波”，然后才能探讨“文”情之源，理解作者的心灵。就是“修辞接受作为根据话语文章了解表达主体的思想感情的逆向的修辞手段运用活动，必须掌握话语文章所使用的语言，掌握该语言材料、组合规则、修辞手法以及语言表达技巧的包装着的思想感情”②。而这“思想感情”，即为表达主体的表达意图。请看下例：

① 20世纪90年代，美国前国务卿、时任美中友好协会会长基辛格博士下榻在上海新锦江大酒店。在一次晚宴上，当服务员端上来一盘烤鸭时，他突然用汉语向服务员提出问题：“这里是不是我当年与周恩来先生签订‘上海公报’的地方？你们对‘上海公报’怎样评价？”

面对这突如其来的发问，应该如何回答？如果针对第一个问题简单地回答“是”或“不是”，第二个问题回答“很好”，固然没错，但这是最好的回答吗？显然不是。而要准确回答这两个问题，首先，就应该索解基辛格提出这两个问题的意图是什么？只有这样，才能准确作答。服务员略加思考后回答道：

尊敬的基辛格博士：

这里虽然不是1972年我们敬爱的周总理与您签订“上海公报”的锦江饭店，

---

① 刘勰．文心雕龙·知音．上海：世界书局，1932

② 黎运汉，盛永生．汉语修辞学．广州：广东教育出版社，2000. 103

但它与我们新锦江近在咫尺，且都是由锦江集团管理的，我和其他一些员工又是从锦江饭店调配过来的。这盘烤鸭，还是出于当年曾为您提供过服务的那位厨师的手艺呢。说起“上海公报”，我知道这是中美双方领导人共同努力的结果。当然，您为中美建交所作出的贡献，我和许多同伴都是不会忘记的。我想，您一定会继续增进中美两国人民的友谊，为进一步改善两国关系作出新贡献的。谢谢您的光临！

基辛格博士听了这番话后，高兴地说：“听得我更想吃烤鸭了！”

……

基辛格之所以提出这两个问题，很明显，除了因故地重游情不自禁地引起了他对故地、故人、故事的怀念外，还想借此机会了解中国人民对“上海公报”的看法。因此，接受者就必须捕捉其意图，才能作出准确的反馈。而服务员的回答正是按照这一宗旨来组织话语的。首先，她利用“新锦江”与“老锦江”的种种关系，如地理位置、行政隶属、员工关系，满足了基辛格对故地、故人、故事的怀念，也使其对“新锦江”产生了亲切感、熟悉感，树立了“新锦江”的良好形象。其次，服务员由“上海公报”的签订谈及基辛格对中美建交所作出的贡献，表达了一名普通的中国人的感激之情；对于这一历史事件的洞悉，又表现了一名普通的中国人对国家民族事务的关注，从中可见中华民族的凝聚力。最后，服务员还着眼于未来，提出了自己的请求。这番回答出自一个普通服务员之口，令基辛格不仅震惊，还十分高兴。① 而这种好的交际效果的取得，完全得益于接受主体对表达主体交际意图的洞察。

上面是口语交际聆听的例子。书面语解读也是一样，认知表达者的意图是作出正确反馈的前提。语文教学中的阅读教学是典型的书面接受，如何捕捉作者的写作意图呢？可从两个方面入手：

宏观上，走入表达者的表达语境，大大利于对表达者题旨的洞察。例如《装在套子里的人》中有几句这样的话：“在别里科夫这类人的影响下，全城的人战战兢兢地生活了十年到十五年，什么事都怕，不敢写信，不敢交朋友，不敢看书，不敢周济穷人，不敢教人念书写字……”阅读这段文字后，人们定会发出疑问，别里科夫一类人为什么这样有威力，人们会这样怕他们？只要进入作者的表达语境，就不难理解。这篇小说揭示了18世纪末，沙皇亚历山大二世被刺身亡，继位的亚历山大三世加强了专制恐怖统治，禁锢人们的思想，禁止人们街谈巷议，警探密布全国，告密者横行，一切反动势力纠结在一起对抗进步潮流，竭力维护腐朽没落的沙皇统治。别里科夫就是被反动统治者禁锢在套子里苟且偷生并极力维护反动统治的典型代表，这就是人们害怕他的主要原因。又如郭沫若的《雷电颂》，接受者不进入修辞表达的宏观语境，

① 曾毅平．公关言语艺术．广州：暨南大学出版社，1996. 201

文中的“风”、“雷”、“电”为什么值得歌颂？它们象征什么？每一语篇都有其宏观语境，走入表达者的宏观语境，有利于对题旨的把握。

微观上，注意解读书面语篇中某些重要环节。

首先注意审视语篇的体式。掌握语篇属于何种语体或文体，有利于把握文章题旨。语篇的体式不同，其题旨表现也不同。如写人叙事的散文，其意图往往蕴涵在所记的人、事或物上，注意这一点也就抓住了文章的主旨。如《背影》是通过记述最不能忘怀的父亲的背影来抒发伟大的父爱。写景状物的散文主要特征是情景交融，由景由物及情，通过所写景物来抒发作者的某种情感，景和物是情的载体，即散文中写什么景和物、景和物如何安排，它们都受作者主观情感的支配，因此，阅读这类散文，抓住景和物的特征，有利于捕捉作者的表达意图。如老舍的《济南的冬天》是通过描绘济南的冬景来抒发对济南的热爱；《我的空中楼阁》是通过渲染“小屋”的清新优美来寄予作者对大自然的热爱和对独立安静生活的无比憧憬之情；小思的《蝉》全文虽然只有三百来字，描写蝉为了“等到一个夏天”却在黑暗中“等了17年”，从而揭示“为了生命的延续必须好好活着”的道理，就是这篇短文的表达意图。

其次注意审视语篇的结构，如标题、开头、结尾、每段的开头和结尾、语篇的脉络等，掌握这些有利于准确解读作者的意图。如在《紫藤萝瀑布》中，开头一句是“我不由得放慢了脚步”；结尾一句是“在这紫色和浅紫色的芳香中，我不觉加快了脚步”。为什么？它们有什么意蕴？文中分为“看花”、“忆花”和“悟花”三个部分：“看花”写看花的过程，按花瀑、花穗、花朵的顺序逐步深入地描绘紫藤萝花盛开的迷人景象；“忆花”先写眼前的花让“我”把原先的焦虑和悲痛化为喜悦，再写十多年前花儿遭受的苦难，最后以花儿经历劫难又焕发生机作结，照应前文；“悟花”由物及人，抒发对生命的感慨。可见，该文是通过对盛开的紫藤萝花及其过去遭遇的描述，揭示这样一个道理：人和花一样，都会遇到各种各样的不幸，但是，生命的长河是无止境的，人应勇于战胜不幸和挫折，豁达向上地生活，奋发进取地工作，这就是这篇散文的题旨。

再次要注意审视语篇中的关键词句。那些反复出现的词语、句子，对于捕捉表达者的写作宗旨有一定的帮助。如在《记念刘和珍君》中，作者反复说出自相矛盾的话语，当一学生问他“先生可曾写下文字”时，他表示“早觉得有写一点东西的必要了”，接着又感到“实在无话可说”，“哪里还有什么言语”，后来又两次表示“有写一点东西的必要了”，接着再表示“我还有什么话可说呢”，“但是，我还有要说的话”，文章结尾时又表示“呜呼，我说不出话”。这样反反复复，表面上看似自相矛盾，实则展现了作者对爱国学生刘和珍等人惨遭枪杀而“流言”不止的社会现状十分愤怒的跌宕起伏的情感，因此，不管作者表示“有要说的话”还是表示“无话可说”，都是他愤怒至极的情感的自然流露，也正是这种情感支配着作者的创作意图。《白杨礼赞》也反复咏赞白杨树“实在是一种不平凡的树”，这既是文章的脉络，也是寓含意旨的句子。此外，还要注意抓住语篇中某些关键句子，尤其是交代写作缘由及背景的句子，如《爱莲说》中的“予独爱莲”即是意旨所在；意在言外的句子，如《项链》中的“她原也是美丽的姑娘”；直接点题的句子，如《六国论》中的“六国破灭，非兵不利，弊在赂秦”，就是其意旨所在，等等。抓住这些，对于理解作者的表达意图大有好处。

（二）紧扣表达者言语的物质形式，是正确索解话语信息的关键

接受他人言语信息时，无论是接受口语信息还是书面语信息，都要以表达者言语的物质形式为依据。表达者言语的物质形式是汉语，就要用汉语的规范去理解；表达者讲的是方言，就要用他所使用的方言规范理解其话语；表达者的言语是英语，就要用英语规范理解其言语。总之，紧扣表达者言语的物质形式，是正确索解话语信息的关键。否则，如果用普通话的规范去聆听方言，定会出差错。例如：

②一位南方的旅客在东北某小站下了火车，他问一位当地人：“师傅，请问附近有旅馆吗?”“有，有，俺这疙瘩儿旅馆贼多！”当地人一口土话，音如洪钟。这位南方的旅客一听，心想，出门就怕贼惦记，不如到下一个站再投宿，于是马上迈腿又上了火车。而那个东北师傅也正纳闷儿：告诉他旅馆多，怎么反倒跑了，莫非此人想找地方开旅馆不成?

（刘凤玲、戴仲平《社会语用艺术》）

例②中的“师傅”是东北本地人，用本地方言“贼多”回答南方的旅客“附近有无旅馆”的问话，“旅馆贼多”即“旅馆很多”之意。而南方的旅客不了解东北师傅方言“贼多”的含义，按普通话的语音规范来理解，以为是小偷很多，原打算就在该站下车投宿，听说“旅馆贼多”后，又马上改变了下车的主意，从而致使答话者——“师傅”——也“纳闷”不解：明明告诉他“旅馆贼多”，为什么不下车了?难道他想来这儿开旅馆不成?这就是接受主体没有紧扣表达者的言语形式索解话语信息而导致信息差的产生。

书面语交际也是一样，也要依据表达主体话语的物质形式索解表达主体的表达意图，然后才能作出正确的反馈。传说西汉时蜀中才子司马相如赴长安赶考，被选为中郎将。他迷恋长安灯红酒绿的繁华生活，忘记了离家时曾在妻子卓文君面前的海誓山盟。直到第五年，才写了一封信给卓文君。而信的内容只有十三个数词，即从“一”到“十”以及“百”、“千”、“万”。

卓文君读了此信，完全明白司马相如的意图。于是，借助这十三个数词写了一首情意缠绵的诗：

③一别之后，两地相遥，说等三四月，却挨五六年，七弦琴，无心弹，八行书，

无可传，九连环从中断，十里长街望眼穿。百般思，千般念，万般无奈把郎怨。

万语千言对谁言？百无聊奈十依栏。重九登高望孤雁，八月中秋月圆人难圆。七月半，焚香秉烛问苍天，六月人人摇扇我心寒。五月石榴开花偏遭冷雨溅，四月枇杷未黄叶已残。三月桃花随着水流远，二月风筝线儿断。郎呀，巴不得下一世你为女来我为男。

接到丈夫寄来的由十三个数词组成的怪信，凭着书信中语码“亿”的缺失和双关修辞手法的运用，卓文君准确判断出丈夫迷恋长安灯红酒绿的生活，向自己传递了“无亿（无意）”的信息，准确捕捉到丈夫书信的表达意图后，卓文君情深意长地作出反馈，使司马相如最终回心转意。可见，依据表达主体话语的物质材料索解表达主体的表达意图，是修辞接受成功的关键。

（三）紧扣表达语境，是正确索解言语信息的保证

任何一次言语活动都是在一定的语境中进行，语境是言语赖以生存的场所。“没有语境，就无所谓语言”，而且“绝无例外”①。这是由语境的绝对功能决定的。

语境既然是言语生存的场所，那么，解读言语时就必须以语境为依据。要紧扣表达语境索解言语信息。具体做法可从以下几个方面入手：

1. 利用语境补足省略信息

语境具有补充功能，这是日本修辞学家西慎光正的观点。他认为，如果信息不足，语境可补充欠缺的信息。② 语境的这种补充功能可以使言语内容由含而不露转为含而不尽。正如谭学纯等在《接受修辞学》中所说的那样：“省略表达，不是为了压缩或舍弃表达者的‘意’，而是为了扩大‘意’的蕴涵。扩大了的意蕴，就需要接受者破译。要从压缩了的语言代码，甚至‘不著一字’的语言空白中，读解出文外之旨，象外之象。”③ 先请看一个实例：

④一位姑娘在挂着“考试委员会主席”牌子的门上轻轻地敲着。“可以进来吗?”

“行，行，进来，你有啥事?”

“我……迟到了。”

“什么事迟到了?”

“考试迟到了。”

“9 点钟考试，现在 11 点，你想干什么呢?”

① 西慎光正．语境研究论文集．北京：北京语言学院出版社，1992. 43

② 西慎光正．语境研究论文集．北京：北京语言学院出版社，1992. 43

③ 谭学纯，唐跃，朱玲．接受修辞学．上海：上海教育出版社，1992. 78

“考试。”

“考试？太好了，请你回去，准备它一年，明年不要再迟到了。”他转向秘书，“把证件还给这位公民，您叫什么？”

“米柳金娜……”

“交给米柳金娜……，对不起，您叫什么？”

“米——柳——金——娜？……对不起，您爸爸在哪儿工作？”

“在部里工作……”

“在哪里？……干吗那么激动，姑娘，你放心。迟到一两个小时，谁都可能会有的……而且，”他看了看手表，“看来，考试开始得早了一点……岂有此理！”他转向秘书，“这样，您去查一查，现在谁可以接受米柳金娜考试……或者改为明天？今天您累了……”

“到明天我会全部忘光的……”

“那好，您别激动，就今天考。”他要求秘书，“去准备一下。”

“谢谢。能让我给爸爸打个电话吗？她很着急。”

“好，我给您拨号码……”

“谢谢。电话号码是133，不，请拨号码……”

“您父亲的电话我很清楚……您说什么？133？……啊，我明白了，这是家里的电话号码。”

“这是办公室的电话号码，我家里没有电话。”

“怎么家里会没有电话？……您爸爸是谁？他在什么部工作？”

“在地方工业部，当会计。”

“会计？嗯……您知道，米柳金娜公民，迟到……迟到当然可以，但是您迟到了两个小时！这您明白吗？……还掉眼泪呢！您明白考试迟到意味着什么？制度是必须坚持的。”

秘书很快地走进来，“一切准备就绪，可以考试了。”

“考什么？考谁？……我叫您把证件还给这位公民，证件在哪？立刻去拿来……我给您爸爸打个电话，我要告诉他，下次要早点提醒您考试的时间……您说什么？不用打133，还有什么电话号码？”

“他此刻在我叔叔那里。”

“295——18——11。”

“好吧！叫您叔叔也关心侄女的考试时间……（对话筒）喂，您是谁？……什么秘书？哪个部？哟，您的叔叔是谁？”

“副部长。”姑娘哭了……

（初三类文阅读《我爸爸在部里工作》）

例④是一篇微型小说，全文只有七百多字，却运用了23个省略号。在这些省略号中，除了前两个省略号是常规的用法，表示说话时断时续和被别人抢白之外，其余21个省略号的运用都寓含了特殊的内涵。尤其是文中两段画线处的省略号的运用，正好形成鲜明的反义关系，前者尽显说话人阿谀奉承、溜须拍马的神态；后者摇身一变，尽显说话者板起面孔进行政治说教的神态。如果上文只有文字，没有这些省略号，则语尽意穷，而作者巧妙运用了这些省略号，它们配合文字将“考试委员会主席”的变色龙形象刻画得活灵活现，含不尽之意于省略之中，收到了耐人寻味、意味无穷的表达效果。

在语文教材中，这样的例子比比皆是。例如：

⑤“阿！闰土哥，你来了？……”

（鲁迅《故乡》）

例⑤是描写“我”与日夜思念的少年朋友见面时的情景，七个方块汉字，却用了五种标点符号，其中的问号与省略号是超常规运用，寓含着丰富的情感：闰土明明站在面前，却不敢相信他就是自己日夜思念的少年时的朋友；本来有千言万语要向他倾诉，而现实中的闰土却又令“我”欲言又止，不知从何说起？一个问号、一个省略号配合文字，将“我”见到日夜思念的少年时的朋友闰土时的欣喜、惊诧、怀疑、不安和悲凉等百感交集的心理与欲言又止的情态，淋漓尽致而又余味无穷地表现出来。倘若接受主体不依赖语境就体会不到这个句子中的问号和省略号的丰富内涵，而依赖语境就可以解读出其中的丰富韵味，这就是语境的补充功能。

2. 利用语境捕捉话外信息

言语交际信息包括语言信息和言语信息。语言信息是语言自身的含义信息；言语信息则是语境义，是一定语境临时赋予的意义。这种语境义是交际情境临时赋予言语即话语的一种外部意义。如“今天是星期天”，这个句子的语言义即指一周中的第七天是法定的休息日。但当这个句子进入一定的语境，就会产生不同的语境义：当部下正在加班，领导提醒说“今天是星期天”，这可能意味着领导关心部下要注意休息。当妻子在丈夫面前说：“今天是星期天。”则可能意味着应该你做家务，我该休息一天了。这就是不同语境给予语言的临时语境义，即话外义。

在言语交际中，不仅要准确听解他人的语言义，还要善于听解言语义，这就是俗话中常说的“锣鼓听声，听话听音”。例如：

⑥一天，住在同一幢楼的徐阿姨见到小玲的姐姐时说：“你家小玲真刻苦，每天晚上12点多钟了，我们都睡觉了，还听见她在练钢琴。”小玲姐姐说：“徐阿姨，对不起，影响您休息了。我让小玲今后晚上练琴早点结束好吗？”

例⑥中的徐阿姨赞扬小玲刻苦练习钢琴是假，因为夜里12点多了，练习钢琴影响了邻居们的休息，因此，徐阿姨巧妙地寓批评于赞扬之中，而小玲姐姐依据时间语境，听出了徐阿姨的话外音，作出了准确的反馈——马上向徐阿姨道歉。可见，准确接受表达者的话外信息，是作出正确反馈的前提。

在语文阅读教学中，这一点十分重要。善于捕捉作者的言外信息，就能品出作品的特殊意味，获取美感。而这种话外义常常寓于一个词、一个句子或者是一个言语片断中。例如：

⑦ 3月14日下午两点三刻，当代最伟大的思想家停止思想了。让他一个人留在房里，还不到两分钟，等我们再进去的时候，便发现他在安乐椅上安静地睡着了——但已经是永远地睡着了。

（恩格斯《在马克思墓前的讲话》）

⑧繁漪：好，你去吧！小心，现在，（望窗外，自语）暴风雨就要来了！

（曹禺《雷雨》）

例⑦中副词“还”、“已经”、“永远”的运用寓含着作者对马克思的去世感到十分突然和意外之情，“但已经”、“永远”则寓含着无可挽回而又无限惋惜的话外信息。例⑧是《雷雨》最后一幕中繁漪说的两句话，言在此，意在彼，表面指自然界的暴风雨即将来临，实则暗指周家的家庭冲突的暴风雨就要到来。

利用语境捕捉话外信息在语文教学中的实用价值很高，可以说这类现象比比皆是，如《祝福》中“你放着吧，祥林嫂”，其话外义就十分丰富。有的作品中哪怕是景物描写，也绝不是为写景而写景，如《林教头风雪山神庙》中风雪吹得正“紧”的描写，《党员登记表》中的景物描写等，都是作者借景寄情，因此，其言外义是丰富的。凡此种种，我们应该很好地捕捉，细细品味。

3. 利用语境索解变异言语信息

变异就是“在特定的语境中在遵守全民语言规范的基础上，为了交际的需要，而在个别地方突破规范，创造性地使用语言，这不仅不会引起混乱，妨碍交际，而且可以加强语言的表达效果，有利于交际任务的完成”①。变异是与常规相对而言的，是对常规的超越，有的语言学家称这种言语现象叫“扭曲的语言”，但这种“扭曲”只要自然得体，就能增强语言的表达效果。

语言的变异有一定的条件限制，它常常出现在文学语体中，其他语体用得较少甚至不能运用。语言变异出现在书面语的文学语体中，它常常成为作者用来塑造人物形

① 王德春．修辞学探索．北京：北京出版社，1983. 29

象的手段。如曹禺在《日出》中，为了塑造顾八奶奶的形象，运用了“所以，我顶悲剧、顶痛苦、顶热烈、顶没有法子办”的变异言语，让顾八奶奶胸无点墨，大谈“爱情”，却又语法不通、语义模糊，实际上什么都不懂的寄生虫形象跃然纸上。鲁迅在《药》中，让康大叔一进茶馆，就大声嚷嚷“老栓，吃了么，好了么，就是运气了你，你运气！”这里的“运气了你，你运气”，就是违反语法规范的语言变异现象，这是作者有意运用变异的语言来达到塑造康大叔凶残、粗鲁的刽子手形象的目的。

语言变异还常常是作者用来抒发情感的修辞手段。尤其是在诗歌中，诗人受澎湃感情的支配，常常超越常规的语言规范，以变异的言语形式表达激越的情感。如郭沫若的《凤凰涅槃》中“我们生动”、“我们雄浑”，“悠久便是你，悠久便是我，悠久便是他，悠久便是火。火便是你，火便是我，火便是他，火便是火”。这些言语的搭配是不符合语法规范的，也是违背逻辑事理的，而作者正是运用这些跳跃性极大的言语来表现诗中“凤凰”（喻中国）获得新生时那不可遏制的喜悦以及澎湃、奔放的激情。

在中学教材中，尤其是在诗歌中，类似这样的例子有很多。例如：

⑨我是你簇新的理想，刚从神话的蛛网里挣脱；我是你雪被下古莲的胚芽，我是你挂着眼泪的笑窝；我是你新刷出的雪白的起跑线；是绯红的黎明，正在喷薄；祖国啊！

我是你十亿分之一，是你九百六十万平方的总和。

（舒婷《祖国啊，我亲爱的祖国》）

例⑨的言语有的是不符合逻辑的，既然“是你十亿分之一”，怎么又“是你九百六十万平方的总和”呢？不好理解，而这恰恰是作者用变异的语言来传递其心中澎湃的激情。

在书面语中，有时还可借助标点符号的变异运用来代替文字传递信息，也是语言运用变异的一种表现。对于这种变异信息，更要依据上下文语境，才能准确解读其中的信息。例如：

⑩司长：“老高，你们的目的看来是要跨河东进，建个新车间，彻底改变目前生产的新布局，是吗？”

“是的！”高树回答得很干脆。

“能不能气魄更大一点？”

“……”高树愕然。

“搞一个配套的大工场，使你们厂翻一番！”

“！”高树怦然心动。

"不过，国家不给你们人民币。"

"?" 高树惊讶。

"你们可以用美元!"

"!!" 高树的呼吸急促起来。

"不急，不是给你们，而是借给你们。不是向国家借，而是向外国人借!"

（《现代文选读·事业之树》第二册）

例⑩是纺织部出口司张司长视察南通国棉二厂时与副厂长高树的对话。其中几处描写高树的反应不是用文字，而是用标点符号来替代。但我们完全可以凭借上下文语境解读出其丰富的内涵：当司长提出"能不能气魄更大一点"，作者以"……"表达高树感到意外而又一时不知如何回答的愕然情态；当司长提出"搞一个配套的大工场，使你们厂翻一番!"这现代设施和规模时，用"!"表达高树怦然心动；当司长表示国家不给人民币时，用"?"表达高树的困惑与失望；当司长表示"可以用美元"时，用"!!"表达高树由失望到兴奋的心理变化过程。在这里，作者妙用标点符号来替代文字的变异表达，不仅简洁、形象，而且新颖、耐人寻味。

此外，利用语境还可过滤冗余信息，其中包括过滤累赘信息和歧义信息等。因篇幅所限，不再赘述。

总之，在接受修辞活动中，我们在追求信息等值的同时，应注意不可避免的信息减值。"对于接受者来说，还不应满足于修辞信息的等值接受，而应该追求更新颖、更丰富的意味。"① 这就是西谚中常说的"有一千个读者，就有一千个哈姆雷特"，因为"作品一半是作者写的，一半是读者写的"，道理就在于此。

第五节　修辞学是语文教学的工具学科

一、语文教学的现状

（一）长期停留在静态的语言认知阶段

语文教学长期停留在静态的语言认知教学阶段，这一点，只要对语文教学的历史稍作回顾，就可看得很清楚。

据相关资料记载，在漫长的封建社会，语文尚未独立设科，与文、史、哲教育合为一体。如果说有语文教学，也是广义的大语文教学。长期以来，大语文教学包含了以下三大内容：

---

① 谭学纯，唐跃，朱玲．接受修辞学．上海：上海教育出版社，1992. 123

一是识字教学。因为识字是学习语文的基础，所以是启蒙教学的重点和难点。为了教儿童识字，古人常常采用整齐押韵的方法编写教材，如《三百千》（即《三字经》、《百家姓》、《千字文》的合称）一直沿用了1 000多年。教儿童识字2 000字左右，就为他们阅读打下了一定的基础。

二是阅读教学。在识字告一段落后，就进入读书阶段。《四书》、《五经》等儒家经典是必读的教材，同时还结合读一些《周礼》、《仪礼》、《尔雅》、《史记》等经书；而为了读懂经书，还要读《尔雅》、《说文解字》、《四书集注》等一类解读经典的工具书。此外，还教学生读《千家诗》、《咏史诗》，读一些散文，其间不乏诗歌和散文一类的文学知识。

三是作文教学。漫长的封建社会以应对科举考试教育为主，当学生读完《四书》、《五经》等书之后，就开始学写八股文和对对联。据说，这是学做试贴诗的准备工作。八股文和试贴诗都有范本供学生效仿，其中影响最大的有《唐诗三百首》、《文章规范》、《文章正宗》、《古文观止》等。

这一阶段，语文教学有两个特点：一是重字词的积累内化，因为古代汉语以单音节词为主，一个方块汉字常常就是一个词，认字和认识词语就紧密结合在一起；二是重读、写、背、练，轻篇章分析讲解，至于动态的语言运用，虽然也有对对联一类的动态语用活动，但其他则很少涉及。

近代社会废除了科举考试。1904年，清政府颁布《奏定学堂章程》，在全国开办新学堂，语文才开始独立设科。尤其是1919年“五四”运动爆发，语文教学受到较大的冲击，小学称“国语”，把识字教学和阅读教学结合起来；中学称“国文”，减少文言文，增加白话文，特别是增加了文学作品的分量，且大都是“五四”前后的新文学作品。此外，这一阶段的识字阅读工具也有所改进，广泛推行注音字母，为识字教学提供了较好的工具。

新中国成立以后，从小学到高中，统称“语文”。这一时期，语文教学也有一些重大的改革。如中学语文还划分了文学和汉语两科，意在分别进行系统的文学教学和汉语知识的教学，并编写了教科书。文学科和汉语科的分科教学于1955年在少数中学试验，1956年在全国中学实行，但到了1958年两科教学又停止，恢复了语文教学。

从上面对语文教学的简要回顾来看，语文教学长期重识字、重阅读（背诵为主）和重作文教学。语言教学虽然也贯穿整个语文教学过程，但比重不大。尽管20世纪50年代划分了文学和汉语两科教学，但仅实施了两年，而且这段时间的语言教学基本上是一种静态的语言认知教学。

（二）新课程改革存在的问题不容忽视

近些年来，在中学新课标的指引下，开展了“以学生为主体，以教师为主导”的教学改革，积极倡导“自主、探究、合作的学习方式”，为广大语文教师所理解、接受并付诸教学实践。不可否认，正确使用“研究性学习”，对培养学生创新精神和实践能力、提高学生语文素养确实起到了一定的作用，也取得了一定的成绩，这是应该充分肯定的。

但是，也应该看到，“这里面有许多问题值得商榷。强调自主学习，很明显有片面性，它意在淡化教师的指导作用，贬低接受性学习功能”①。有的教师说：“课堂教学热热闹闹，教学形式变化多端。一堂课的时间里，自主探讨、合作学习、分组讨论，学生忙得很，最后只落得一个对文本的粗放的解读与蜻蜓点水似的浏览。课堂上没有深刻的思考，没有思维火花碰撞的快乐，也没有体验人生哲理的妙悟；多了些表面上的喧哗与浮躁，而少了启迪心灵的愉悦。这样的课怎么看也不是一堂好的语文课。”② 况且，在多年的实践中出现的“重‘研究’而轻‘基础’”、“重‘形式’而轻‘实效’”、“重‘起始’而轻‘结尾’”、“重‘主体’而轻‘主导’”的“轻重失衡”现象，也是值得“警惕”的③。

总之，正如陈钟樑所说：“眼下的语文课越上越大，也越上越空了，远离了文本，也远离了最有魅力的语言。”④

其实，语文教育专家张志公早就指出，语文教学过程是老师“带领学生从文章里走个来回。就是说，首先把语言文字弄清楚，从而进入文章的思想内容，再从思想内容走出来，进一步理解语言文字是怎样组织运用的。”⑤ 他还说语文教学“不能喧宾夺主，热热闹闹搞了许多名堂，却没有把语言文字训练本身搞好”。这就一针见血地指出语文教学应该万变不离其宗，那就是学习“语言文字是怎样组织运用的”，怎样把“语言文字训练本身搞好”。改革教学方式固然重要，但语文教学存在的关键问题不是学生的学习方式问题，“过去的语文教学”问题主要出现“在结构上的错位，在比重上的失误，在角度上的偏差”⑥。至于“如何在结构上的错位，在比重上的失误”，不在本文论述的范畴；“在角度上的偏差”，我们则有同感。语文教学确实不在于课堂上的热热闹闹，而在于以课本为本，走进文本，扎扎实实地弄清“语言文字是怎样组织运用”的规律，“把语言文字训练本身搞好”，从而切实有效地提高学生的修辞语用能力。

（三）对语文教学的性质认识模糊

语文教学之所以出现上述问题，在于对语文教学的性质认识模糊。语文教学的内涵是什么？它是什么性质的教学，这个问题一直有争议，较集中的意见有两种：一种意见认为，语文教学是语言教学；另一种意见则认为，语文教学是言语教学。这两种

---

① 张厚感，李峰．平心说语文．中学语文，2008（7）

② 罗荣．语文教学当务之急是突出学生主体地位．语文教学与研究，2007（3）

③ 江巍波．警惕语文研究性学习的轻重失衡．语文教学与研究，2007（5）

④ 陈钟樑．回归自然，呼唤宁静．中学语文，2003（7）

⑤ 张志公．张志公文集（第3集）．广州：广东教育出版社，1991. 345

⑥ 李海林．言语教学论．上海：上海教育出版社，2000. 23

意见都有正确的一面，但都不够准确。我们认为，语文教学既不是语言教学，也不是言语教学，而是应用语言教学。修辞学是专门研究语言应用规律的科学，因此，语文教学应该是修辞语用规律的教学。但语文教学既离不开语言教学，也离不开言语教学，这是因为：

1. 语言教学——语文教学的基础

语文教学从文、史、哲教育中独立出来，确立了语文教学的地位，这是一大进步，因为它向语文教学的本质靠近了一步。尽管人们对语文教学的内涵看法至今仍存有分歧，但语文教学是语言教学，是关于自己母语的语言教学的认识在一段时间里是一致的。张良田的《语篇交际原理与语文教学》还持这一观点。他认为："从世界范围来讲，语文就是语言，但就语言的种类来讲，语文就是各民族的母语，对中国人来讲，语文就是汉语。实际上，我们既可称之为'语文'，也可称之为'语言'，或者称之为'汉语'，甚至可以称之为'母语'或'国语'。英国人和美国人将他们的母语称为'英语'，日本人将他们的母语称为'日本语'，便是有力的旁证。"① 他还说："语文就是语言，教学语文就是教学语言，语文教学就是语言教学。"② 我们认为，语文教学不等于语言教学，但它必须要以语言教学为基础。正如张良田所说，语文就是各民族的母语教学，对中国人来讲，母语就是汉语。那么，中国人学习语文首先就应该掌握汉语的内部结构规律。而汉语的内部结构规律主要是指语音、词汇、语法的规律。掌握语音的相关理论，从而指导汉字正确读音、朗读和听说训练，为音律美的表达和鉴赏奠定基础；掌握词汇理论，可以指导我们认知词义、词的结构规则、词语的语用色彩和词的各种类聚关系等，为我们运用词语奠定基础；语法是研究语言的结构规律，掌握语法理论，有利于我们认知汉语句子的结构规律，了解各种句型句类的面貌，为正确使用语言传递信息奠定基础。语音、词汇、语法是构成基础语言的三要素，它们的规律、规则是最基本的语言知识，对这种语言知识的认知和积累虽然是静态的和平面的，但又是必要的和必须的，因为它是动态语言运用的基础。如果连语言的面貌如何、结构怎样，比如最小的语用单位——词的意义是什么，它有哪些类型，有什么丰富内涵都一概不知，又怎么懂得运用丰富的词语来传递复杂的情感呢？假如连句子的基本面貌都毫无所知，又何谈对常式句与变式句的表达和理解呢？不了解语言的静态面貌，语言的动态运用就成了空中楼阁。

而现阶段的语文教学淡化了语言知识的教学，这是值得商榷的。

2. 言语教学——修辞的示范教学

如上所述，静态的语言认知和积累是必要的，但学生仅有静态的语言认知是远远不够的，因为语言只是交际的工具，认识这一工具和懂得使用这一工具不能画等号。

---

① 张良田．语篇交际原理与语文教学．长沙：湖南师范大学出版社，2003. 25

② 张良田．语篇交际原理与语文教学．长沙：湖南师范大学出版社，2003. 27

这就是说必须将静态的语言知识转化为言语能力。如何转化？就得靠言语实践。“在听说读写的实践中，感悟—领悟—积累—运用”①，靠“教师传授语文知识、训练语文技能和学生学习语文知识、掌握语文技能的共同活动”来转化②，而课堂的语文教学是促成这种转化、培养学生语用能力的主要途径。

课堂语文教学是通过一篇篇言语成品的范文教学来学习他人运用语言的成功经验。关于这一点，叶圣陶就明确指出课文是“例子”，是传授语言知识、训练语用能力、培养学生语感、进行人文教育和培养审美情趣的主要凭借。

中学语文教材中入选的语篇，大多是一些经典之作，是千百年来人们广为传诵的名篇，其中不少语篇的“情意与文字已臻于完美的境界”。它们承载着深刻的思想内涵和文化底蕴，体现出完美的艺术形式，是作者创造性修辞活动的完美结晶。我们在对这一篇篇言语成品进行教学时，不能满足或只停留在一般的词句解释或翻译过程（如文言文），还要着力引导学生“体会文章‘意念发展的途径’和‘辛苦经营的功力’”③，学习他人运用语言的成功经验，从而指导学生的言语实践、提高学生的言语能力，这才是课堂阅读教学的真正目的。因此，以李维鼎、李海林等为代表的学者认为，语文教学是为了培养学生的言语能力，是通过一篇篇言语成品进行的言语教学，“语文课就是言语课”。这些见解不无道理，是在“语言教学论”的基础上的一个质的飞跃，可以说基本上是正确的。

但是“语文课就是言语课”，不等于学生上了语文课就具备了言语能力。既然语文课是“在教师的精心组织下，主要通过对典型‘言语作品’的剖析、玩味与模仿，在各种‘言语行为’中不断内化各种收获，并外化为各种‘言语作品’，逐渐形成听说读写等‘言语能力’”④。也就是说，学生通过语文课的学习，还有一个“对典型‘言语作品’的剖析、玩味与模仿，在各种‘言语行为’中不断内化各种收获，并外化为各种‘言语作品’，逐渐形成听说读写等‘言语能力’”的过程，那么这一过程说得更准确些应该是教师对典型语篇的剖析和归纳，并总结他人成功的修辞经验，并升华为修辞规律，从而指导学生的言语实践、提高学生的言语能力的过程。因此，“语文课就是言语课”固然没错，但“语文课就是言语课”与学生具有听、说、读、写的言语交际能力是不能画等号的，因为还有必须经过总结、认知言语规律和参与言语实践等环节，才能转化成为学生的言语能力。

3. 认知修辞规律——语文教学的目标

语文教学不是语言教学，也不是言语教学，而应该是修辞规律的教学，或者说是

---

① 洪镇涛．是学习语言，还是研究语言．中学语文，1993（5）

② 刘占伦．语文概念的阐释．沈阳教育学院学报，1997（3）

③ 本良．文言文教学要多一点修辞眼光．修辞学习，1991（3）

④ 李维鼎．语文课就是“言语课”——再从语文学科的工具性说起．长沙水电师范学院社会科学学报，1994（1）

“教学生学修辞”，这是我们要重申的观点。之所以用“重申”一词，是因为这一观点不是我们首创，是著名的语言学家吕叔湘提出来的。早在1980年10月，吕叔湘在中国语言学会成立大会的报告《把我国的语言科学推向前进》中就高屋建瓴地指出：“语文教学的进一步发展就是要走上修辞学、风格学的道路。”可以说，吕叔湘从理论上为语文教学指明了发展方向，引起了修辞学界的共鸣。李延扬率先在《修辞学习》上发表了题为“语文教学应走修辞学之路”的文章，文中鲜明地指出了语文教学的性质，指出了语文教学就是“教学生学修辞”。我们认为，李延扬的这种见解无疑是正确的。

上文说过，语文教学不仅仅是语言教学，因为语言只是交际的工具，教学生认识交际工具绝不等于学生会使用这一工具；语文教学也不仅仅是言语教学，虽然课堂上的言语教学是在教学生读解他人的言语成品，但这只是为了学习他人言语的成功经验，培养语感，进而掌握传情达意的修辞规律。他人的修辞经验只能学习仿效，绝不等于学生自己就拥有了言语能力。而学生言语能力的获取，必须具备两个条件：一是掌握作为交际工具——语言的基本理论和基础知识，并通过对他人言语成品的阅读掌握修辞规律；二是必须通过大量的言语实践，如听、说、读、写的言语活动，将静态的语言知识和修辞规律转化为言语能力。所以我们说，语文课不是教语言，也不是教言语，而是教学生运用语言，语文教学应该是应用语言的教学。而修辞学是专门研究语言应用规律的科学，因此，语文教学应该是修辞语用规律的教学，换言之，是教学生“学修辞”，是教学生掌握修辞语用的规律和运用这些规律与原则来指导语言运用。

提倡“语文教学走修辞教学之路”，教学生“学修辞”，有些人难免会产生一些误解：

其一，错误认为修辞学是研究辞格之学，语文教学要走修辞学之路，就是在语文教学中大力讲授辞格，这就曲解了“语文教学走修辞教学之路”的真正内涵。

其二，倡导“语文教学走修辞教学之路”，是在语文教学中系统讲授修辞学，用修辞学来取代语文教学。显然，这种看法也曲解了“语文教学要走修辞教学之路”的真正内涵。

我们倡导“语文教学走修辞教学之路”、“教学生学修辞”，就是主张用修辞学的理论来指导语文教学，将修辞理论贯穿于语文教学的全过程，尤其是在课堂阅读教学中，让“修辞入文”，以修辞学的视野走进文本、融入文本，教学生学习他人运用语言传情达意的修辞经验以指导自己的言语实践，达到提高自身言语能力的目的。诚然，要使学生产生教学共鸣，少不了向学生讲授修辞学的原理原则、规律技巧一类的修辞理论知识，但这是为了使学生具有修辞学的视野来指导自己的言语实践所必需的，绝不是为了学习修辞而学修辞，更不是脱离言语实践空谈修辞。

总之，语文教学不是语言教学，但语言教学是其基础；语文教学也不是言语教学，但言语教学是示范，语文教学是教学生学习修辞语用规律的基础科学。

二、修辞学是语文教学的工具学科

修辞学对于语文教学不仅重要，简直可以说，它就是语文教学的一门工具学科。为什么？其理由如下：

（一）从修辞学的学科地位看

在“修辞学的性质”一节中，我们论述了修辞学与本体语言学的关系。本体语言学是研究语言自身规律的科学，它是语言学的基础学科，属于基础语言学，处于语言的基础层面上。语言是交际工具，没有语言，就没有工具可用。但语言≠语言运用，认识这一工具和学会使用这一工具不能画等号，仅仅认识了语言这一工具，不懂得它是如何使用的，正如我们认识了电脑却不会使用电脑一样，是会令人望洋兴叹的。

既然认知语言的面貌不等于会运用语言，而要学会运用语言，就得学习修辞，因为语言学与修辞学是工具和运用工具的关系。

修辞学是研究运用语言规律的科学，它研究在一定的语境中，表达者如何运用语言材料和修辞手段建构话语，得体地表达自己的意图；接受者如何正确地理解他人话语，以收到良好的交际效果。它是语言的应用学科，处在语言的应用层面上。修辞学既研究书面语，又研究口语；既研究积极修辞，又研究消极修辞；既研究表达修辞，又研究接受修辞；既研究综合性修辞，又研究具体领域个体修辞，等等。修辞学为语言运用提供了宝贵的原理、原则和十分丰富的规律、技巧，有重要的理论价值和实用价值。掌握修辞学理论和修辞技巧对于提高语言的表达效果、提高语言修养以及提高阅读、欣赏和分析作品的能力都有重要的作用。正如张志公所说，有些知识一旦知道了，就可以立刻或者很快转化为技能。修辞学是追求语言运用理想表达效果的法宝，是理解和鉴赏他人言语成品的金钥匙，语文教师掌握了修辞学，就等于掌握了语文教学的重要工具，不仅有利于捕捉他人言语成品的语义信息和审美信息，还有利于认知他人运用不同的修辞手段所生成的各种言语风格。

前面我们提到，吕叔湘的预言：“语文教学的进一步发展就要走上修辞学、风格学的道路。”那么，什么是语言风格学呢？语言风格“是人们运用语言的产物，是在主客观因素制导下运用语言表达手段的诸特点综合表现出来的气氛和格调”[①]。“运用语言表达手段”就是运用修辞手段，而“修辞手段是风格表达手段得以生成的物质基础”[②]。每一种发达的语言都有丰富的修辞手段，修辞手段作为增强表达效果的语言手段，对于一个民族来说是共同的，它存在于全民族的言语交际之中。一切具有风格功能的语言材料和修辞手段都是全民共有的，但是人们的言语却是千差万别的。即使同一内容的言语，也因不同的人选用了不同的语言材料和不同风格色彩的修辞手段而具

---

① 黎运汉．汉语风格学．广州：广东教育出版社，2000.7

② 黎运汉．修辞·语体·风格论文选．广州：暨南大学出版社，2004.4

有不同的特点。言语风格就是人们在选用不同的语言材料和不同的修辞手段等多方面的因素所显示出来的个性特点的综合。言语风格尤其是通过语言表达形式的物质标志所显示出来的言语风格，如豪放的还是柔婉的、简约的还是繁复的、蕴藉的还是明快的、藻丽的还是朴实的等。但无论哪种言语风格，它们无一不是通过语言运用这一修辞中介集中表现的结果。要研究语言风格学，必须掌握修辞方式、修辞手段与形成不同风格的物质关系，而特定的语言风格总是与特定的修辞手段相适应的。例如，要形成雄浑刚健的言语风格，在语言运用上，无论是语音、词汇、语法，还是选词、造句、缀段、谋篇，乃至辞格的运用都要适应开阔的境界和雄伟的气魄，因此，其语音修辞手段是声音高昂洪亮，节奏强劲明快，语气昂扬激越；词汇修辞手段是多用语义清晰、色彩鲜明、铺张扬厉、给人视野开阔之感的词语；在语法修辞手段方面，句式整齐，简短有力，酣畅奔放；在修辞手法方面，多用排比、夸张、层递、反复、对偶等以形成刚健雄浑的语言风格。

修辞学与语言风格学不仅关系密切，甚至可以说修辞学还是语言风格学的基础学科，这是因为修辞学的规律和技巧对于表达和鉴赏都有重大作用。对于表达，利于得心应手地运用一些特定的修辞手段创建某一风格；对于鉴赏，则对他人运用的修辞手段形成什么样的言语风格便会一目了然。

本体语言学、修辞学和语言风格学分别处在语言的不同层面上，而修辞学正处在启下承上的应用层面上（见图1－2）。

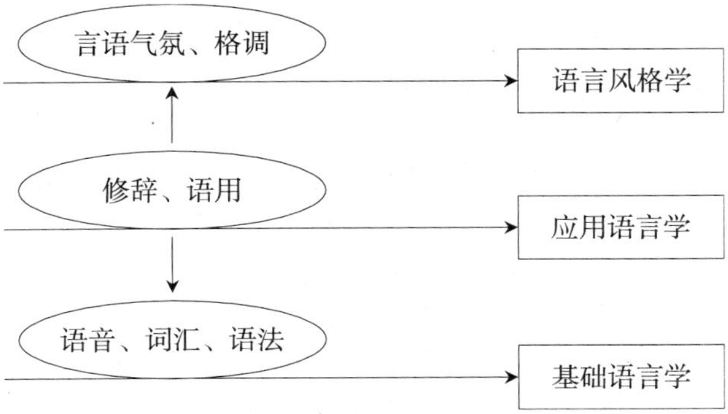

图1－2

（二）修辞学对语文教学具有直接高效的指导作用

1. 修辞学的理论利于认知言语交际的原理

修辞学的理论既包括修辞学的内涵、性质、研究对象和范围、原理原则，也包括修辞与语境、修辞与语体、修辞与语言风格，表达修辞与接受修辞等的理论和规律。掌握这些理论和规律，可以大大拓展我们的教学视野，利于语文教学尤其是语文阅读教学。

（1）利于把握得体的修辞语用原则。

修辞要得体，首先要切旨。正如上文所述，切旨就是修辞要切合题旨。题旨是指一篇文章或一席讲话的意旨和目的，任何言语活动都是为了特定的目的而进行的，表达是这样，接受也是这样。表达者在表达的时候，首先要考虑表达什么，达到什么目的；接受者在接受他人言语信息的时候，也要首先考虑表达者的言语意图是什么，应该作出怎样的反馈，这样，交际双方紧扣题旨进行，才能收到好的效果。

课堂阅读教学是典型的接受修辞活动。在读解他人的言语成品时，要紧扣题旨来进行。因为题旨制约着篇章的谋划、语段的组织、词句的斟酌、辞格的运用、语言风格的选择等。鲁迅的小说《故乡》，在篇章安排上用了大量的篇幅详细描写孩提时代记忆中的美好故乡，主要是为了与现实中的故乡作对比，从而为表现故乡“今不如昔”的题旨服务。《祝福》用倒叙的手法谋篇布局，生动地再现了祥林嫂的悲惨命运，其记叙手法用顺叙也未尝不可，其标题用“祥林嫂之死”或“祥林嫂”何尝离题？倘若这样，对于题旨的凸显作用就大大逊色了，鲁迅选用倒叙的表达手法不仅比顺叙的震撼力来得强烈，同时用“祝福”作标题则充满了讽刺意味。

切旨不仅表现在谋篇布局上，还可表现在字里行间，有时一个词语、一个句子、一个辞格乃至一个标点符号的运用，都要紧扣题旨，为题旨服务。例如：

①有几个“慈祥”的老板到小菜场去收集一些莴苣的菜叶，用盐一浸，就是她们难得的佳肴。

②蓬头，赤脚，一边扣着纽扣，几个睡眼惺忪的“懒虫”从楼上冲下来了。

③手脚像芦柴棒一般的瘦，身体像弓一般的弯，面色像死人一样的惨！咳着，喘着，淌着冷汗，还是被逼着在做工。

④粥菜？这是不可能有的。

（夏衍《包身工》）

例①中“慈祥”、“佳肴”两个褒词贬用，充满了讽刺色彩；例②作者有意将“蓬头，赤脚，一边扣着纽扣”这一状语提前，更加突出了包身工的悲惨命运；例③一串比喻的连用，凸显了包身工被压榨的惨状；例④不仅将宾语“粥菜”提前，还在其后巧用反问，这就强调了吃“粥菜”简直就是奢望，这是包身工想都不敢想的。可见，从词语的选择、句子的斟酌、辞格乃至标点符号的运用，无一不紧扣题旨，为深化并升华题旨服务。

修辞要得体，必须适切语境。上文已述，语境是指言语环境，它是言语行为赖以存在的环境。语境的内涵不仅丰富多彩，而且动态多变。在修辞活动中，要言随境迁，语随境移，表达是这样，接受也是这样。语文教学尤其是课堂阅读教学，必须对其言语涉及的语言语境和非语言语境等了如指掌，才能准确地领悟他人言语中蕴涵的语义。例如：

⑤“你放着罢，祥林嫂！”四婶慌忙大声说。

她像是受了炮烙似的缩手，脸色同时变作灰黑，再也不去取烛台，只是失神地站着。

（鲁迅《祝福》）

⑥葛朗台抓起女儿的手放在自己手中一拍。欧也妮，你绝不翻悔，你是有信用的姑娘，是不是？

噢！父亲……

（巴尔扎克《守财奴》）

如果对中国的文化背景不了解，那么就难以体会例⑤的含义，四婶为什么要“慌忙大声说”，并且将“你放着罢”放在称呼语之前；祥林嫂又为什么“像是受了炮烙似的缩手，脸色同时变作灰黑，再也不去取烛台，只是失神地站着”，只有了解了中国的文化背景，才能领悟这段文字丰富深刻的内涵。例⑥如果对作者笔下的主人公葛朗台的性格特征不了解，对其所在的社会——法国的政治、文化背景，特别是其法律制度不了解，那么对这一句子的理解就会大打折扣。而如果掌握了这一句子的上下文语境、时空语境和人文语境，就会为作者运用这一句子拍手叫绝！作者妙就妙在借助葛朗台的拍手动作，表示他信奉的“人生就是一笔交易”，甚至与女儿的关系也是交易，因此，他“抓起女儿的手放在自己手中一拍”，便意味着“拍手成交”。这就凸显了葛朗台的商人本性，将一个守财奴的形象活灵活现地呈现出来。

修辞要得体，必须适切语体。修辞要得体，要遵守语体风格规范。表达者在表达时首先要选择语体，是口语就要运用口语语体的语言，是书面语就要运用书面语语体的语言，不看语体，错用语料，如在公文语体运用描绘性语言，在文艺语体又运用严肃的法律语言，就会出现张冠李戴、语不对体的笑话。接受者在接受他人信息时，也要首先辨体，只有分清被接受的话语属什么语体，才能依体辨性，准确读解其中所传递的信息。

（2）利于认知双向的、动态的修辞过程。

修辞是一种言语行为。这种言语行为绝不是一个人的自言自语，而是为了传递一定的意图和情感的言语活动。这一活动是表达者将自己的意图借助语言符号进行编码传递给接受者，接受者解码从而获取他人信息的双向互动过程。上面这句话揭示了修辞的两个重要特性：一是双向性，二是动态性。

所谓双向性，是指表达者表达的时候，要面向自己的接受对象建构话语；接受者在接受表达者发出的言语信息时，也要面向表达者接受话语。表达和理解，互为指向，是一个双向的和互为转化的过程。关于这一点，陈望道早就有过论述：“写说者……和听读者各都成为交流现象上必不可少的要素”，表达者“从头就以传递给听读者为目的，也以影响到听读者为任务。对于听读者的理解、感受，乃至共鸣的可能性，从头就不能不考虑。”① 萨丕尔在《如何接触》中也有类似的论述：“交际双方互动时，每个人至少有两个主要方向：一是让对方对我有所反应，一是能让自己对对方有所反应。真实的接触就是指这两个方向都活动起来，且最后的结果是一致的。”这里，他们都看到了表达和理解的双向互动关系。巴赫金的“对话论”更强调了说者也是听者、听者也是说者的双向转化过程。他认为，对话不仅表现在双向交流中，即使是独白，也有对话，因为“任何说者本人在某种程度上也是应答者，因为他不是首次打破宇宙永恒沉默的第一个说话者”②。可见，修辞活动中的双向性特征是十分突出的。

表达者表达的时候要“面向接受对象”（听读者），要认知以接受对象为核心的表达语境。这是因为“听者在这个过程中具有积极的作用，他深刻地影响着说者的言语建构，影响着整个言语交际的进程”③。而表达语境主要由以下要素构成：A. “传递给听读者”什么意图？要“影响到听读者”什么？也就是如何收到“让对方对我有所反应”的预期，总之，就是要达到“表现自我，影响对方”④ 的目的。B. 接受对象是什么身份特征，与自己构成什么样的角色关系。C. 接受对象的性格为人、兴趣喜好、价值取向等心理特征，接受对象的文化水平和认知能力等。接受者接受他人的修辞信息时，也要建构以表达者为核心的接受语境。接受语境与表达语境相对应：A. 表达者的意图是什么，他是通过什么修辞手段来表达其意图的。B. 表达者是什么身份特征，与自己构成什么样的角色关系。C. 表达者的时空语境，其中包括表达者所处的政治背景和文化背景等。总之，表达者与接受者要有共同的“统觉背景”⑤，才能达到沟通的目的。

语文教学也是一样，语文教师在接受修辞的活动中，首先要建构接受语境，并尽量使接受语境与表达语境趋同，只有建构了趋同性的接受语境，才能准确地解读他人的修辞信息。而建构这种趋同性接受语境的有效方法，就是走入表达者的表达语境，这样，大大有利于对表达者“题旨和情境的洞察”。如朱自清为什么写《背影》，是因为他已经为自己的家人写了不少散文，有写他母亲的，有写他夫人的，还有不少是写他子女的，却唯独没有写他的父亲。朱自清觉得愧对父亲，于是写了《背影》，但

---

① 陈望道．修辞学发凡．上海：上海教育出版社，1979

② 巴赫金．言语体裁问题．巴赫金全集（第4卷）．石家庄：河北教育出版社，1998

③ 周燕．“听者”的重要性——巴赫金“对语论”对语文教学启示．课程·教材·教法，2007（12）

④ 张良田．语篇交际原理与语文教学．长沙：湖南师范大学出版社，2003

⑤ 巴赫金．言语体裁问题．巴赫金全集（第4卷）．石家庄：河北教育出版社，1998

又因父亲年龄大，性格冷静，也只能读懂相对通俗的文字①，因此，他通俗地、满怀深情地表达，实则是写给父亲看的，是与父亲的对话，这就是以表达主体为核心的接受语境。语文教师建构了这一接受语境，准确解读朱自清《背影》的写作意图及其表现意图的修辞手段，就会容易得多。

所谓动态性，是指任何一次修辞活动都处在动态的发展变化之中，这是因为修辞依赖语境而存活。构成语境的因素复杂多变，因此，不能千篇一律地用同一修辞模式表达，也不能千篇一律地用同一修辞模式接受。有时同样一句话，语境不同，修辞主体不同，就会产生不同的效果。如“给您增添麻烦了”是一句表示感谢或不安之意的客套话，但这一客套话于1972年9月被日本政府的田中角荣首相用在周恩来总理为他举行的酒宴上的答谢辞中：“过去的几十年间，日中关系经历了不幸的过程，其间，我国人民给中国人民添了很大的麻烦。”话语一出，立即引起了中国人民的强烈不满。为什么，就是表达主体变了，语境变了，千篇一律套用，当然就引来麻烦。诚然，田中角荣的表达绝不只是套用客套语失误的问题，还有其在外交上的意图。又如有句“大人不计小人过”的熟语，在言语交际中，用于比自己年龄大或地位高的接受者，对方可能会以“大人”自居，收到的效果也许会好；反之，用于比自己年龄小或地位低的接受者，那收到的效果也许就会适得其反。这就说明修辞是一种发展变化的动态活动，修辞主体切不可静态地看待它。

2. 修辞学揭示的规律、技巧，为语文教学提供了直接有用的技术手段

修辞学不仅研究语言运用的原理和原则，还研究语言运用的规律和技巧。如语音的修辞规律和技巧，有由语音要素形成的长短律、快慢律、轻重律、扬抑律以及各种声韵律；语音特征如双声叠韵形成的婉转铿锵的音响效果，拟声叠音形成的逼真绘声的音响效果的规律和技巧等。词汇修辞规律和技巧是指词汇系统中的修辞资源，如同义并用与反义衬用、褒词贬用与贬词褒用、大词小用与小词大用、词语的古今移用、熟语的巧用，以及文言词、方言词、外语词的夹用等形成的修辞色彩和修辞规律等。语法修辞规律和技巧，是指各种词类的活用，各种句型如主谓句、非主谓句的修辞特性与修辞色彩，各种句类如陈述句、祈使句、疑问句、感叹句的修辞特性与修辞色彩形成的修辞规律和技巧。

此外，人们还在各级语用单位的基础上总结出来的炼词、炼句的修辞规律和技巧，统一、照应、连贯等组段谋篇的修辞规律和技巧，以及人们在长期的语言应用中总结出来的语言优化模式——辞格等，都是修辞工作者在长期的言语实践中总结出来的十分丰富的修辞技巧与规律，它是语言运用的法宝，值得我们很好继承与运用。

语文教师掌握修辞规律与技巧能大大开阔视野，用这种修辞学视野进行语文教学尤其是课堂阅读教学时，就能从体式到篇章、从段落到句子、从句子到词语乃至标点

---

① 张良田．语篇交际原理与语文教学．长沙：湖南师范大学出版社，2003

符号等呈现出来的语言魅力皆可尽收眼底，从而得心应手地解读出表达者的意图。

例如鲁迅的小说《药》，我们用修辞学的眼光就能马上悟出作者在谋篇布局上的精妙之处：语篇中的主人公以华老栓、夏瑜命名，两姓氏连起来意指“华夏”，标题为“药”，实则表达寻找医治华夏的良药，可见作者运用双关手法谋篇。在语篇的脉络上，采用明暗双线脉络，明线写买药、吃药、谈药、药效之事，暗线写夏瑜被杀、血被吃、被纪念之实。在人物的描写上，通过“华大妈在枕头底下掏了半天，掏出一袋洋钱，交与老栓，老栓接了，抖抖地装入衣袋，又在外面按了两下”，在买药的路上，通过老栓还“按一按衣袋，硬硬的还在”等动作描写，传递了华家“竭其庐之人”来为小栓治病的信息；又如对刽子手康大叔的描写：“一个浑身黑色的人，站在老栓面前，眼光就像两把刀，刺得老栓缩小了一半。那人一只大手，向他摊着；一只手却撮着一个鲜红的馒头，那红的还在一点一点地往下滴”，这其中一系列的动词运用就将一个凶残、贪婪而又粗野的刽子手形象呈现在我们眼前，作者还多处对康大叔的外貌进行描写，“披一件玄色布衫”、“用很宽的玄色腰带”，称其为“一个浑身黑色的人”，从表面上看是对其人的外貌描写，实则是对其人从外到内“黑”的本质揭示。

有了修辞学的视野，哪怕是只言片语，我们也能依赖一定的语境解读出作者如何借助语言手段和修辞技巧传递的真情实感。如下面大家十分熟悉的语言小片断：

⑦“祥林嫂？怎么了？”
“老了。”
“死了？”我的心突然紧缩，几乎跳起来，脸色大约也变了色。

（鲁迅《祝福》）

这个言语片断，是由 21 个词和 10 个标点符号组成五个句子构成的最小的语段。用修辞学的眼光解读这个语段，便能发现作者运用修辞手段来传递的情感却是非常丰富的：几个句子都是短句，符合人物对话的口语特点。五个句子有三个疑问句，两个陈述句。三个疑问句中，前两个疑问句本可合并为常规的“祥林嫂怎么了”的主谓句来表达，但作者将它变成两个有疑问语气的非主谓句，这就突出了“我”既关注人又关注发生的事。当“我”得知“老了”的消息时，“我”没有承用“老了”这一词语，而是情不自禁地发出“死了”的反问，文中的“老”和“死”是一组临时同义词，在“老”和“死”的后面都附着两个时态助词“了”，这就将不同话语角色的语言心理跃然纸上。前者用“老了”为了避讳；后者用“死了”，并在“死了”后用反问语气，这就呈现出说话者希望这不是事实而又不得不正视事实的复杂语言心理，紧接着进一步陈述“我”的心理活动和面部表情，“心突然紧缩，几乎跳起来，脸色大约也变了色”，这些心理、动作和面部表情的描写更加强化了“我”对底层妇女悲惨命运的极大关切和同情。

总之，语文教师有了修辞学的视野，对于常规表达，能作出正面阐释；对于省略表达，能补足省略了的信息；对于变异表达，也能读解出其变异表达的韵味。这样，紧扣文本的语言，对学生反复进行语言规律和技巧知识的讲授与训练，就能切实有效地提高学生的阅读能力和表达能力。

由上观之，修辞学所揭示的修辞规律和技巧，无论是对于读解他人的言语成品，还是对于表达自己的意图，都是直接有效的技术手段。修辞学对于语文教学，无疑是直接提高教学效率的一门直接有用的工具学科。

第二章

语体与语文教学

第一节 语体的内涵与分类

一、语体的内涵

在日常生活中，人们讲究穿衣得体。因为得体，不仅使人看着顺眼，还能给人以美的享受。反之，如果一个参加短跑和游泳比赛的女郎身着拖地裙服，人们定会嘲笑她不合时宜。

如同穿衣一样，人们的言语也必须得体，而这里的“体”是指语体。

“语体”这一术语是舶来品，19 世纪初，捷克斯洛伐克最早研究了语体。到了 20 世纪 60 年代，苏联盛行语体研究。我国对语体的研究始于 20 世纪 50 年代，到了八、九十年代，迎来了语体研究的繁荣期。1985 年，复旦大学举办了我国第一次“语体学学术讨论会”，收到论文 50 多篇；1986 年于厦门，在华东修辞学会举办的年会上，又将“语体”作为会议的中心议题进行了专门讨论，参加这次会议的代表除了华东修辞学会的会员外，还有来自全国各地和海外学者近百人，收到与会者提交的论文好几十篇。这些论文由华东修辞学会结集为《语体论》于 1987 年出版。1986 年《修辞学习》从第 4 期起，还开辟了“语体”专栏，为语体学提供了研究的园地。这一时期，不仅论文的数量多，还有语体方面的专著出版，王德春的《语体略论》，黎运汉主编、刘凤玲和宗世海等参编的《现代汉语语体修辞学》就是最早的语体学方面的专著。尔后，语体学的研究便蓬勃地发展起来。

最早给“语体”下定义的是林裕文，他在《词汇·语法·修辞》中说：“由于交际的目的、内容、范围不同，在运用民族语言时也会产生一些特点，由这种特点综合而形成的风格类型叫做‘语体’，语体不是文章体裁，也不能把语体看作独立的语言。”正如李运富等评价的那样：“这个定义第一次明确地将‘语体’区别于‘文体’（文章体裁），从而揭示了语体的‘功能风格’即‘风格类型’的性质，影响很大。”①后来的学者都是在这一基础上不断完善语体的定义。比较早且有代表性的有以下几种：

（1）说话人、作者根据这些因素，结合实际，选择运用民族语言材料（词、句），自然就产生一些特点。这种特点综合而形成的类型，就是“语体”。②

（2）语体是由于交际方式和活动领域的不同而形成的言语特点的综合。③

（3）由于人类社会生活的复杂性，在不同的社会活动领域内进行交际时，由于不

① 李运富，林定川．二十世纪汉语修辞学综观．香港：香港新世纪出版社，1992. 282

② 张弓．现代汉语修辞学．天津：天津人民出版社，1963. 229

③ 唐松波．文体、语体、风格、修辞的相互关系．修辞和修辞教学．上海：上海教育出版社，1985. 213

同的交际环境，就各自形成了一系列运用语言材料的特点，这就是言语的功能变体，简称“语体”。①

（4）所谓语体，就是适应不同交际领域、目的、对象和方式的需要，运用全民语言而形成的言语特点的综合体。②

以上定义从交际目的、交际功能、题旨情境、交际环境等方面进一步明确了语体的内涵，基本上都是正确的。

二、语体与文体、语言风格的区别

（一）语体不是文体

语体与文体不是等同关系，这一点过去不少人认识有误，致使在某些教科书乃至辞典的解释上发生了差错，这是需要修正的。

语体不是文体。其区别主要表现在以下几个方面：

首先，它们的定义不同。语体是为适应不同交际领域、目的、对象和方式的需要，运用全民语言而形成的言语特点的综合体，它的研究对象是语言，属于语言学的范畴。而文体是指文章不同的体裁，用不同的表达手法形成不同的文体，如用记述的手法，形成记叙文；用议论的手法，形成议论文；用说明的手法，形成说明文。文体研究文章的样式、体裁，它属于写作学的研究范畴。

其次，它们研究的依据和结构要素不同。语体研究的依据既有书面语，又有口语；而文体只涉及书面语，不涉及口语。语体的构成要素是各层面语言使用的特点；而文体不仅包括语言使用的特点，还包括写作方法、内容主题的提炼等。

再次，从它们之间的关系来看，不全是一一对应关系。语体与文体不全是一一对应的关系，这句话有两层含义：

一是指语体与文体存在着一一对应的关系，但这种对应关系不是与单一文体形成对应，而是与“文体集合”形成一一对应的关系。“文体集合”是李熙宗提出来的一个术语。“它是指把相同交际领域中具有相近交际功能语言运用特点的文体作为一个整体来反映而形成的概念。对于众多的文体类别来说，它们都有着自己所适应的不同的交际领域，也具有不同的功用，当某些文体在适应领域上相同或相近、在功能上相似时，依照一定文体形式表达思想、组织言语结构就会表现出近似的语言特点，着眼于这些相似的语言特点，把这些文体作为一个整体，从而形成文体集合，所以‘文体集合’是一个以文体语言运用的特点为联系而形成的文体的集合概念。”③“‘文体集合’所具有的语言特点的综合体系，即语体”，“才跟一定的语体形成直接的一一对应关系。而作为该‘文体集合’的构成个体的文体并不跟语体形成一一对应关系，虽然

---

① 王德春．语体略论．福州：福建教育出版社，1987. 11

② 黎运汉．现代汉语语体修辞学．南宁：广西教育出版社，1989. 5

③ 李熙宗．文体与语体分类的关系．语言风格论集．南京：南京大学出版社，1994. 164

每个‘文体’都包含着或多或少的该语体的语言特点系列的某些因素。”① 李先生这种独到的见解，对于我们厘清语体与文体之间的对应关系有着重要的启发作用。

二是指语体与文体并不全是一一对应关系。因为同一文体可以是不同的语体。例如，社论、小评论、学术论文都是议论或驳论一类的议论文，属于议论文体，但它们并不属于同一语体，社论、小评论一类的议论文属于政论语体，而学术论文则属于科学语体。反之，同一语体也可以是不同的文体，如为着同一交际目的、有着共同的交际对象、应用于同一交际领域的广告语体，它们可以是不同的文体，用描写的手法做广告，是记叙文体；用说明的手法做广告，是说明文体；用议论的手法做广告，则属于议论文体。

表 2－1　书面语体与文体对应关系一览表

<table>
<tr><td rowspan="2"></td><td rowspan="2" colspan="3">语体</td><td colspan="2">文体</td></tr>
<tr><td>体裁</td><td>表达手法</td></tr>
<tr><td rowspan="6">书面语体</td><td rowspan="3">文艺语体</td><td colspan="2">韵文体</td><td>诗、词、歌、赋、说唱体、弹词、评书等</td><td>抒情结合记述、议论</td></tr>
<tr><td colspan="2">对白体</td><td>戏剧、影视、相声、对口词等</td><td>记叙、描写、抒情、议论</td></tr>
<tr><td colspan="2">散言体</td><td>散文、小说、日记等</td><td>记叙、描写结合议论、抒情</td></tr>
<tr><td rowspan="3">交融语体</td><td colspan="2">文艺政论语体</td><td>杂文</td><td>议论并结合记叙、描写</td></tr>
<tr><td colspan="2">文艺科学语体</td><td>科幻小说、科幻诗、科幻电影、科学散文等</td><td>记叙、描写兼说明</td></tr>
<tr><td colspan="2">其他语体</td><td>报告文学、文艺性传记</td><td>记叙、议论</td></tr>
<tr><td rowspan="4">书面语体</td><td rowspan="4">非文艺语体</td><td colspan="2">政论语体</td><td>社论、评论、宣言、编辑部文章</td><td>议论</td></tr>
<tr><td rowspan="2">科学语体</td><td>专门科学体</td><td>自然科学、社会科学论文、论著等</td><td>议论</td></tr>
<tr><td>通俗科学体</td><td>科普读物</td><td>说明、记叙</td></tr>
<tr><td colspan="2">应用语体（含公文语体）</td><td>社交书信、专用书信、启事、条据、公函、请示、批复、纪要、计划、总结、合同等</td><td>说明、记叙</td></tr>
</table>

① 李熙宗．文体与语体分类的关系．语言风格论集．南京：南京大学出版社，1994. 166

可见，语体与文体的区别是很大的，正如澳门大学程祥徽教授所说：“‘语’体、‘文’体一字之差，相距何止天壤!”① 所以我们务必分清。

尽管语体与文体有较大的区别，但它们之间毕竟有一定的联系。郑颐寿提出了“辞体”这一术语，就是将语体和文体统归为“辞体”，这是很有创意的。他在《辞章体裁风格学》② 中，将语体与文体进行比较，我们借鉴其部分观点，并根据语文教学以书面语为主的实际，将语体与“文体集合”的对应关系作一粗略梳理（见表2－1）。

（二）语体不是语体风格，也不是语言（或言语）风格

语体、语体风格和语言风格（或言语风格）这三个术语，常常混为一谈。而导致产生这种认识的原因，诚如程祥徽所说：“特定的人在特定的场合说话，首先考虑的是说得体的话。得体之‘体’，可以理解为语体之体。说得体的话，就是说合乎语体特征的话。语体特征，即语体风格。语体风格，即言语风格，言语风格常称风格。如此，风格、言语风格、语体风格很难分辨，外国人统以一个 style 指称之。”③

表2－2　语体学、语体风格和语言风格学的联系与区别一览表

<table>
<tr><th>语体学</th><th colspan="2">语言风格学</th></tr>
<tr><td>1. 语体学的内涵、成因、研究对象及范围</td><td colspan="2">1. 语言风格学的内涵、研究对象、范围</td></tr>
<tr><td>2. 语体学与修辞学、风格学的关系</td><td colspan="2">2. 语言风格学与修辞学、语体学的关系</td></tr>
<tr><td rowspan="4">3. 语体的类型及其相互之间的关系</td><td rowspan="4">3. 语言风格手段</td><td>语音</td></tr>
<tr><td>词汇</td></tr>
<tr><td>语法</td></tr>
<tr><td>辞格</td></tr>
<tr><td rowspan="5">4. 不同语体的不同风格特征（即语体风格）</td><td rowspan="5">4. 语言风格类型</td><td>表现风格</td></tr>
<tr><td>语体风格</td></tr>
<tr><td>时代风格</td></tr>
<tr><td>民族风格</td></tr>
<tr><td>个人风格</td></tr>
</table>

语体、语体风格和语言风格是三个既有联系又有区别的术语。语体可以独立成为

---

① 程祥徽．语体先行．澳门写作学刊，1993（8）

② 郑颐寿．辞章体裁风格学．广州：暨南大学出版社，2008. 238

③ 程祥徽．略论语体风格．修辞学习，1994（2）

语体学，语体学除了研究自身的内涵、性质、成因、类型外，还着重描写不同语体的修辞规律和各种语体的风格特征，研究各种语体之间相互渗透、相互融合的交叉关系等。言语风格也是一门独立的学科，叫做言语风格学（惯称“语言风格学”）。语言风格学除了要研究自身的内涵、成因、研究对象和范围外，还要研究言语风格的类型，如表现风格、语体风格、时代风格、民族风格、个人风格等。可见，语体风格既是语体学研究的主要内容，又是言语风格学的风格类型之一。因此，语体风格既是语体学的下位概念，又是语言风格学的下位概念，语体风格与语体学、语言风格学构成的关系都是属与种的关系。

语体学、语体风格和语言风格学的联系与区别，只要列表作一对照（见表 2 - 2），就清晰可辨了。

三、语体的分类

语体分类有一定的标准，李嘉耀指出：“根据语体的性质，在语体分类上大致可采用三种标准：一、用外部因素作标准；二、用内部因素作标准；三、把外部因素同内部因素结合起来作标准。”① 这里所说的“外部因素”即指交际领域、交际目的、对象和方式等，内部因素即指语言的特点。我们认为语体的分类应采用第三种标准，即将外部因素和内部因素结合起来的标准。

根据上述标准，语体可分为三大类型：口语语体、书面语体和交融语体。这三大语体都各有不同的下位分体（见下图），“下位分体”，苏联著名语言学家巴赫金称之为“言语体裁”②，李熙宗称之为“语文体式”③，我们称之为“言语体式”，简称为“体式”。这些言语体式（言语体裁或语文体式）各有各的语体特征。这里，我们首先分析口语语体、书面语体的特征。交融语体有上位层次和下位层次的交融语体之分，上位层次的交融语体如课堂教学语体、外交事务语体和专题演讲语体，它们是口语和书面语交融后的产物；下位层次的交融语体中的文艺科学语体和文艺政论语体等与中学语文教学关系密切，其风格特征我们也将研究。

---

① 李嘉耀．关于划分语体类型的几点想法．修辞学习，1987（4）

② 张会森．从语体到“言语体裁”．修辞学习，2007（5）

③ 李熙宗．语文体式与语体的关系及其实践功用．修辞学习，2009（6）

- 语体
  - 口语语体
    - 交谈语体
      - 日常交谈语体：日常交往、聊天、交谈
      - 专门交谈语体：接待、谈判、营销、对话
    - 演讲语体
      - 论说型演讲语体：政治演讲、论辩演讲
      - 礼仪型演讲语体：各种礼仪场合的讲话
    - 实况视播语体
      - 现场实况广播体：实况广播解说
      - 现场实况视播体：实况电视串播、解说
  - 交融语体
    - 课堂教学语体
    - 专题演讲语体
    - 外交事务语体
  - 书面语体
    - 文艺语体
      - 韵文体
      - 对白体
      - 散言体
    - 交融语体
      - 文艺科学语体
      - 文艺政论语体
      - 文艺传记语体
      - 报告文学语体
    - 非文艺语体
      - 应用语体（事务语体）
        - 法规通报体
        - 契约函电体
        - 广告说明体
      - 政论语体
        - 论说体
        - 评论体
      - 科学语体
        - 专门科学体
        - 通俗科学体（说明科学体）
        - 辞书体

第二节　口语语体

一、口语语体及其特征

口语语体是适应口语交际的需要，运用全民语言而形成的言语特点的综合体。这种综合体相对于书面语体来说，有其自身的特征。

首先，口语语体的最典型特征是其现想现说的即兴性，这是它和书面语体的区别所在。口语语体不像书面语体那样，可以仔细推敲、反复琢磨，口语语体都是即兴的现想现说，这就难免粗糙疏漏，或啰唆重复，或语流时断时续，甚至还会出现词不达意的现象。

其次，口语语体还有简略性的特点。这是因为交际双方常常在同一时空环境中，如早晨见面时的招呼语："吃了吗?""吃了。"语言简洁利索。在一问一答的话轮中，修辞双方都有意省略了主语，这是因为可以借助语境，交际对象就在眼前，若说成"你吃过早餐了吗"，"我已经吃过早餐了"反倒显得拖泥带水了。

再次，口语语体还有通俗明晰的语体特征。由于口语语体都是借助有声语言，而有声语言声过即逝，这就要求表达主体在择词造句时多用通俗易懂的口语词，多用短句，这样接受者才能易于接受，快速、准确地作出反馈。否则，接受者听不明白，就达不到沟通、交流信息的目的。

最后，口语语体的另一个典型特征是语言生动活泼。口语语体与书面语体相比，有两个得天独厚的优势：一是表达主体可以通过对语音的高低快慢、轻重缓急的驾驭，使其生动活泼。这一点，周国光在二十多年前就指出了语音的独特魅力："由于语音本身包含了许多要素，所以它具有极强的表现力。无论是强烈细腻的感情，还是多种多样的语气，都可以运用不同的语音手段表达出来。"① 二是只要人们开口说话，就会不自觉地运用体态动作辅助，传情达意，从而使其生动活泼。

紧扣口语语体的上述特征，尤其是紧扣其即兴性特征，我们将口语语体分为三大类型，即交谈语体、演讲语体、实况视播语体。

二、口语语体下位分体及其特征

（一）交谈语体

交谈语体是适应日常交际的需要，运用全民语言而形成的口头交谈语体。交谈语体又可分为两类：

1. 日常交谈语体

日常交谈语体是适应日常交际的需要，运用全民语言而形成的口头交谈语体。如日常交往中的聊天、交谈等。日常交谈语体最能集中地体现口语语体的特征。例如：

（1）广泛性。

日常交谈语体具有广泛性特征。这表现在使用的人员广泛，无论男女老少，"几乎无时无地不在说话，几乎无时无地不在靠有声语言传达着自己的思想、要求、愿望，几乎无时无地不在通过有声语言了解别人、了解社会、了解自然，这就决定了广泛性是日常谈话语体的一大基本特征"。它是"运用最广泛，覆盖面最大、最基本的一种交际体式"②。

---

① 周国光．汉语语音修辞学发凡．徐州师范学院学报，1986（3）

② 黎运汉．现代汉语语体修辞学．南宁：广西教育出版社，1987. 49

（2）随意性。

随意性是指口语语体不像书面语言那样，要围绕一定的中心或话题，要精心选择、加工、调整、修饰语言，十分讲究语言的严密性和体系性。日常交谈语体可以想到什么说什么，上至天文地理，下至鸡毛蒜皮，都可以随心所欲，不事雕饰，畅所欲言。

（3）粗略性和生动性。

这类日常交谈语体最集中地体现口语语体的特征，这方面上文已有所论述，在此不再赘述。

2. 专门交谈语体

它是适应特定的交际目的、交际对象和交际场合，运用全民语言而形成的即兴的口头交谈语体，如谈判、专题讨论、切磋、商谈、对话等。交谈语体因其有即兴性的特征，因而归属于谈话语体。但其特征与日常交谈语体有一定的区别：首先，其目的性很强，常常是一事一议，而不能随意转移话题；其次，专门交谈语体的言语要比日常交谈语体简练，有时又不失庄重、典雅，这是因其受交际目的和交际场合的制约，它常常是经过表达主体大脑认真加工后的现想现说，而不是随意乱说，但又因其是即兴的口语表达，有时难免会出现粗糙疏漏的现象。

（二）演讲语体

演讲语体是运用口头形式说明事理、抒发情感而产生的运用全民语言而形成的言语特点的综合体。演讲语体是用来反映生活、宣传主张、传播知识、揭示真理的，它具有宣传、教育、启迪的功能。因此，演讲语体是一种宣传鼓动语体。这种语体按内容可分为论说型、礼仪型两种下位类型。但无论是哪种类型的演讲，它们都有其共性特征：

1. 简明性

演讲语言必须简明。简明，就是简洁明晰。演讲是面向大众进行宣传教育的，一方面要注意节省听众的时间，语言不简洁，就如鲁迅所说："浪费别人的时间就等于谋财害命。"另一方面，演讲是诉诸人们听觉的有声语言，有声语言声过即逝，要使别人一听就懂，否则演讲中哪怕其中一两个词听不清楚，都会间断听众的听觉和思维的序列，从而大大影响演讲效果。因此，演讲语言既要简洁又要明晰。

2. 可听性

古希腊的演讲艺术家、文艺理论家和修辞学家亚里士多德在《修辞学》中指出："恰当的演说……要把声调加以适当安排，借以表达不同的情绪——什么时候说得最响亮，什么时候说得柔和，或者介于两者之间；什么时候说得最低，根据不同的主题，采用不同的节奏，这就是演说家所应当记在心中的三件事——音量、音高和节奏。"这段话指出了演讲者的语言要使语速快慢有致、声音强弱得宜、语音停顿得当、音律优美和谐。这样的演讲语言就会悦耳动听，具有可听性。

3. 生动性

演讲语言除了具有上述两个语言特征外，还要具有魅力，这样才能产生“磁性”，吸引听众。而这要求演讲语言必须具有形象感、变化感和幽默感。所谓“形象感”，是指演讲者在说明事理、抒发情感的时候，不靠空洞的标语口号，也不靠生硬的政治说教，而是将抽象道理和形象思维有机地结合起来，寓理于形、寓情于形，这样的演讲语言才形象可感。所谓“变化感”，是指演讲语言要活泼多变，各种句式和句类、各种辞格交替运用，使语言多姿多彩，具有变化感。在此基础上，在一定的语境中，演讲者倘若还能运用一些风趣、诙谐且耐人寻味的语言，那就可以产生幽默感，让人们在笑声中受到德的熏陶、智的启迪。

（三）实况视播语体

以广播、电视等通信工具为媒介，配合现场进行口头信息传播，运用全民语言而形成的言语特点的综合体，叫做实况视播语体。如体坛比赛的实况解说、各种娱乐庆典活动中节目主持人的即兴串播、记者实地采访时的口头直播等，都属于实况视播语体。实况视播语体是与日常交谈语体、演讲语体并列的口头分体，它虽不如日常交谈语体、演讲语体使用的人数多，范围大，但是其时空效应却是相当惊人的。也就是说，在实况转播中，信息传递的速度之快，接收的人数之多，信息的覆盖面之广，在受众中的影响力之大，是前两种口头语体难以望其项背的。随着电信事业的迅猛发展，实况视播已走进家家户户，成为人民大众了解现场实况的最好途径。

实况视播有两种形式：一种是只通过现场音响进行的实况广播，另一种是通过电视画面进行的实况视播。不管哪种形式的实况转播，作为配合现场服务的实况视播语体，它们都要迅速、准确、形象地传递现场实况信息。其语言有以下三个主要特征：

1. 简明性

实况视播语体必须简洁明晰，其原因有三：

首先，从其自身的特点来看，实况视播语体是以视播工具为媒介来传递现场实况信息，是口耳相传的有声语言。有声语言稍纵即逝，听不清楚时，不允许重复几遍并仔细琢磨，因此，实况视播语言必须简洁明晰，要能让人一听就懂。

其次，从现场实况的需要来看，一方面，实况视播自身能传递部分信息，无须用语言重复啰唆；另一方面，现场实况异彩纷呈、变化迅速，解说语言受现场实况的制约，若主持人语言繁杂冗长，那么它在与现场音响、画面的配合时往往会顾此失彼，或者出现解说语言落后于实况的“马后炮”现象，闹出笑话，影响现场转播的效果。

再次，从收看的对象来看，实况转播面向亿万公众，而这些公众不仅有男女老少之分，还有文化高低之别，只有语言简明，才能让不同层次的人一听就懂。所以，其语言务必具有简明性。

2. 灵活性

实况视播语体的灵活性，就是指节目主持人的语言要根据现场情况，做到随机应变：或顺应自然，“逢山砍柴，遇水脱鞋”，相随而应，即兴吐玉；或针对打乱既定步骤的突发因素，用恰当得体的话语扭转方向，转化性质，化“危”为安。这就要求其语言具有灵活性的特征。如中央电视台文艺栏目主持人倪萍第一次主持春节晚会，晚会中，接到许多从海内外打来的电报电话。为了增添现场气氛，把即将到来的零点高潮推上去，她匆匆地从导演手中接过了电报，连看一眼的时间都没有就走上主持台。她用激昂的语调说：

①亲爱的朋友们：我手里拿的是刚刚收到的四封电报，第一封是侨居马尼拉的，第二封是……，第三封是……，第……

倪萍读到第四封电报时，才发现自己手里已经空了，这时她用余光看见了导演在台下正拿着这份电报向她示意，此时，她既不能下台拿，导演又不能上台送给她，但观众已经听得清清楚楚，她说的是四封电报，怎么办？此时，倪萍急中生智，只见她合起手中的电报说：

今天晚上，打到直播现场的电报不计其数，特别是海外华人，他们都想在这个合家欢乐的夜晚为祖国亲人送上他们的祝福，由于时间关系，在这里我就不一一宣读了。海外侨胞们，你们的问候，祖国人民都接受了，也请允许我代表祖国人民向远离亲人的海外侨胞祝福，祝全世界的中华儿女万事如意！

（根据倪萍《日子》一书整理）

中央电视台春节晚会是全世界华夏儿女寄予厚望的欢乐时刻，理所当然应当完美，如果在时间上出现空缺，就会造成不能原谅的失误。而倪萍以其临场的应变能力，在瞬间弥补了可能发生的失误，恰到好处地顺着电报展开话题，满怀深情地表达着海内外儿女的深情厚谊，又天衣无缝地收住话题，做到了化“险”为夷。这就是视播语言的灵活性。

3. 生动性

现场实况转播，尤其是通过电视的实况转播，画面图像已生动鲜明、多姿多彩，直接作用于人们的视觉，若进行现场转播的节目主持人的语言单调乏味，不仅起不到画龙点睛的作用，反而会成为噪音污染，增加受众的听觉负担。反之，如果节目主持人能用形象生动的言语烘托气氛、渲染感情、绘声绘色地描绘或评议现场那一幅幅活生生的画面，就能产生“强磁”，吸引公众，大大增强实况转播的效果。因此，实况视播语体中主持人的语言常视其语境尽可能地做到生动形象，这就要求实况视播语体还具有生动性的语体特征。例如：

②我是个作家——那就是大家不要用专业主持人的标准来要求我；我是个外来的和尚——那就是请土地爷多关照了；我还是个八十岁学吹打的和尚——那就是要请大家海涵我的皱纹和并不苗条的身材了。

（蒋丽萍的自我介绍）

③冰面上那神奇的舞姿，像是把我们带到了那广阔无垠的原野，看到一对对美丽的天鹅在草原上掠过；又像把我们带到了宁静的湖边，看到了一双双水鸟在水面上自由自在地划游……

（世界花样滑冰赛解说词）

例②是作家蒋丽萍为浙江钱江电视台当客串主持人的自我介绍，介绍语由三个工整的排比句组成，融合比喻、夸张、层递等辞格，巧妙地表达她做节目主持人的三个顾虑，生动形象而又活泼风趣。例③中的实况解说语言不是干巴巴地介绍表演者的姓名、年龄、体育生涯等情况，而是结合画面上花样滑冰运动员的动人表演展开丰富的联想，用连喻把花样滑冰运动员那充满魅力的、活泼欢快的舞姿描绘出来，展现了如诗如画般的双重意境，从多个角度来增强实况画面的表现力和感染力，使观众不仅在视觉上而且在听觉上都得到极大的满足和享受。

以上我们简要地分析了口语和口语下位三个主要分体的语体特征。在三个下位分体中，它们各自又有下位的言语体裁，限于篇幅，就不再作进一步的细致分析了。

第三节　书面语体

一、书面语体的内涵与特征

书面语体又叫书卷语体，它是适应书面交际的需要，运用全民语言而形成的言语特点的综合体。书面语体较口语语体，有不同的风格特征，主要表现在以下三个方面：

一是简明扼要。书面语体是通过文字记录语言来传递信息的，这就正如鲁迅所说：“语文和口语不能完全相同，讲的时候，可以夹许多‘这个这个’、‘那个那个’之类，其实并无意义，到写作时，为了时间、纸张的经济和意义的分明，就要分别删去的，所以文章一定应该比口语简洁，然而明了，有些不同，并非文章的害处。”[①] 其中，“语文”即指书面语言。这段话说明了书面语体必须要求简明扼要的道理。

---

① 鲁迅．答曹聚仁先生信．鲁迅全集（第6卷）．北京：人民文学出版社，1973. 80

二是严谨周密。书面语体是通过文字记录语言供他人阅读的。由于交际对象不在同一时空环境中，表达者的思想情感不能通过语音、语气、语调等有效地传递出来，也不能通过面部表情、手势等体态语辅助传情，这要求书面语体必须充分考虑用词的精确和严密、造句的准确等，这就使书面语体具有严谨周密的特征。

三是体系严密。书面语体又可分文艺语体、非文艺语体和交融语体三大类型（见图2－1）。文艺语体下位有三个分体：韵文体、对白体、散言体。非文艺语体下位也有三个分体：事务语体、政论语体、科学语体。交融语体如前所述，有课堂教学语体和外交事务语体等，这是上位层次的交融语体，而文艺科学语体、文艺政论语体、文艺传记语体和报告文学语体则是下位层次的交融语体。虽然这三大语体都是书面语体，有一定的共性，但是它们毕竟是适应不同交际领域运用全民语言而形成的互不相同的言语特点的综合体。由于它们各自的职能不同，因而在语言手段的选择上都各有自己的特点，彼此不能互相乱用，都受自身严密的体系特征制约。

二、书面语体的类型及其风格特征

（一）文艺语体

文艺语体又称文学语体或艺术语体。它是适应文艺交际领域的需要，运用全民语言而形成的言语特点的综合体。

1. 文艺语体的特征

（1）形象性。

文艺语体要运用形象思维来刻画各种典型的艺术形象、描绘动人的场面和情节、艺术地再现生活，使读者如临其境、如观其人、如闻其声、如睹其物，这就要求文艺语体用形象化的语言来再现纷繁复杂的大千世界，展现多姿多彩的社会生活，使抽象的概念具体化、平面的东西立体化、静态的事物动态化。因此，形象性是文艺语体的本质特征，是表达主体将自己的审美感受传递给读者，是读者借以体会作者意图的媒介物。

关于文艺作品的形象性，秦牧在《语林采英》中有两处论述了这一问题。他说："陀思妥耶夫斯基曾经这样解释形象性：'有个小银元落在地上。'这种句子不够好，应该写成：'有个小银元，从桌子上滚了下来，在地下叮叮当当地跳着。'我们比较一下，后者用的字数不是要比前者多得多么？然而，使用这些描绘事物的文字是完全值得的。如果没有这种形象刻画，文学作品给人的形象感也就消失了。"他还说："如果把梁山伯和祝英台那样的故事简化为：'少女祝英台扮成男子去求学，和梁山伯要好，祝英台有意以身相许，但是梁山伯却忽略了她的许多暗示，没有及时向她求婚。等到后来，祝英台被父亲强令许配给另一个男子，梁山伯赶来求婚时一切已经迟了。梁山伯悲哀而死，祝英台在出嫁的那天，路过他墓地时也殉情自尽了。'这样一百多个字虽然也把那个故事的梗概讲了出来，但丧失了许多形象细节，味同嚼蜡，没有任何感人的力量可言了。”[①] 在这里，秦牧运用了形象的言语阐释了文艺语体形象性的具体内涵，使人印象深刻。

文艺语体形象性的语言手段，主要有以下几个方面：在语音上，可大量运用拟声词、象声词、叠音词、语气词、感叹词、双声叠韵词等，使笔下典型活灵活现；在词汇上，多用形象传神的词语，如动词、形容词或色彩词以及成语、谚语、歇后语等，使笔下典型栩栩如生；在语法上，大量运用描绘性定语和状语，常常运用变格句式，如定语后置、宾语前置或主谓易序等来传递笔下典型人物的特定情感；在辞格的选用上，大量选用充满形象色彩的辞格，如比喻、夸张、比拟、仿拟、借代等，使笔下的典型形象可感。语言大师们如鲁迅、朱自清、老舍等深谙这一点，在他们的小说、散文中，这些使语言形象化的手段随处可见。

（2）情感性。

“一切艺术都是情感的模式，都是作者对外界事物感受、体验然后判断、选择的结果。它们都是作者的物化形式，外观形式。文学也不例外。一切文学作品都经过作者心灵的浸泡、洗涤，深深地烙上了作者种种复杂的思想、情绪、意念，或爱或憎，或喜或怒，或褒或贬，或平静或激烈，或低沉或高昂，或悲喜交加，赞扬中有批判，批判中有同情。”[②] 总之，一切文艺作品都是作者情感的寄托物，都是“为情而造文”。如《背影》、《荷叶母亲》寄托的是子女对父母的一片深情，《沁园春·雪》抒发了作者热爱祖国山河的豪迈之情，《天净沙·秋思》抒发的是游子思乡之情，《江城子·密州出猎》抒发的是报国之情……总之，任何文艺作品都是作者有感而发的，是作者寄予情感的媒介，并通过这一媒介从情感上来感染和打动读者，这就要求文艺语体必须具有情感性的特征。

关于文学作品的情感性，著名作家高晓声在《且说陈奂生》中曾说过这样的话：“作家写小说，恰恰不是想用理性去教育读者，而是想用感情去影响读者、感动读者，起到潜移默化的作用。”他还说：“我写《陈奂生上城》，不是预先有了概念，不是为了证实这个概念，而是在生活中接触了一些人和事，有所触发，有所感动，并且认为这些人和事对读者也有触发、感动作用，于是才写它。在写的时候，我就竭力抓住最能感人的东西来写……以求得感情的充分表达和意义的完整深化。”[③] 可见，任何文学作品都是作者“为情而造文”的结晶。而文艺语体的情感性总是通过语言这一载体表现出来。请看奥莱尔的微型小说《在柏林》：

①一列火车缓慢地驶出柏林，车厢里尽是妇女和孩子，几乎看不到一个健壮

---

① 秦牧．语林采英．广州：花城出版社，1983. 85

② 黎运汉．现代汉语语体修辞学．南宁：广西教育出版社，1987. 49

③ 高晓声．教师教学用书．北京：人民教育出版社，2001. 72

的男子。在一节车厢里，坐着一位头发灰白的战时后备役老兵，坐在他身旁的是个身体虚弱而多病的老妇人。显然，她在独自沉思，旅客们听到她在数着："一、二、三——"声音盖过了车轮"咔嚓咔嚓"声。停顿了一会儿，她又不时重复地数起来。两个小姑娘看到这种奇特的举动，指手画脚，不假思索地嗤笑起来。一个老头狠狠扫了她们一眼，随即车厢里平静了。

"一、二、三"这个神志不清的老妇人重复数着。两个小姑娘再次傻笑起来。这时，那位头发灰白的后备役老兵挺了挺身板，开口了。

"小姐"他说，"当我告诉你们那位可怜的妇人是我的妻子时，你们大概不会再笑了。我们刚刚失去三个儿子，他们是在战争中死去的。现在轮到我自己上前线了。在我走之前，我总得把他们的母亲送进疯人院吧。"

车厢里一片寂静，静得可怕。

上面这篇不到400字的微型小说，以典型的人物形象揭示了战争的残酷、揭示了战争给人类带来的重大灾难这一主题。这篇用"血"写成的作品，饱含着作者鲜明的爱憎和怜悯之情，读之令人受到强烈的震撼和感染。

文艺语体的情感性还可以通过各种词语的运用，如褒贬色彩词语、同义词语、反义词语、叠音词语、儿化词语等，来传递作者强烈鲜明的情感。例如：

②这腰鼓，使冰冷的空气立即变得燥热了，使恬静的阳光立即变得飞溅了，使困倦的世界立即变得亢奋了。

使人想起：落日照大旗，马鸣风啸啸！

使人想起：千里的雷声万里的闪！

使人想起：晦暗了又明晰，明晰了又晦暗，尔后最终永远明晰了的大彻大悟！

容不得束缚，容不得羁绊，容不得闭塞。是挣脱了、冲破了、撞开了的那么一股子劲！

好一个安塞腰鼓！

百十个腰鼓发出沉重的响声，碰撞在四野长着酸枣树的山崖上，山崖蓦然变成牛皮鼓面了，只听见隆隆，隆隆。

……

隆隆隆隆的豪壮的柔情，隆隆隆隆的严肃的思索，隆隆隆隆的犁尖翻起杂着草根的土浪，隆隆隆隆的阵痛的发生和排解……

好一个安塞腰鼓！

（刘成章《安塞腰鼓》）

例②中，作者运用了“冰冷”与“燥热”、“恬静”与“飞溅”、“困倦”与“亢奋”、“明晰”与“晦暗”这类反义词语或临时反义词语，运用了“束缚”、“羁绊”、“闭塞”、“挣脱”、“冲破”、“撞开”这类同义词语或临时同义词语，运用了“隆隆”与“隆隆隆隆”等叠音词语来描绘安塞腰鼓的壮丽场面，令读者深深感受到其鲜明的情感在字里行间流淌乃至在喷射。

文艺语体的情感性还表现在对修辞手法的选用上，如运用呼告、比拟、夸张、委婉、排比、反复、讳饰等，我们都能从字里行间捕捉到作者情感跳动的脉搏。

（3）模糊性。

文艺语体还有模糊性，这是其显著的特征。文艺语体之所以具有模糊性，其原因有客观外在原因和主观内在原因。

客观外在原因：世界上的事物是纷繁的，而纷繁的事物没有一一对应的词语去表现。例如，世界上的可辨色彩有七百万种，但是语言中的颜色名称却十分有限。红、绿、黄、蓝、白、紫一类的单纯词只有几十种，据说法语中的颜色词较多，有人对《法语词典》中的颜色词作了统计，也只有191个颜色词。而这区区有限的颜色词要表达几百万种颜色，这就使得每一个颜色词的外延宽泛，必然有很大的模糊性。更何况不少词语本身就具有模糊性，如时间名词：现在、过去、将来，副词：很、最、较，形容词：高、多、大，等等。

主观内在原因：文艺语体的形象性特征决定了它要大量运用形象化的表达手段，如比喻、双关、象征、委婉、夸张等；此外，文艺语体常常会出现借助一定语境的省略等，这些表达手段的运用都具有形象性而缺少精确性，因此，这就使文艺语体打上了模糊性的烙印。例如，《故乡》中开头一句：“苍黄的天底下，远处横着几个萧索的荒村。”其中的“苍黄”、“天底下”、“远处”、“几个”、“萧索”、“荒村”都是模糊词语。类似这样的模糊词语、模糊句子在文艺作品中比比皆是，可见其模糊性的特征十分明显。

（4）多样性。

文艺语体还具有多样性的特点。多样性主要表现在以下几个方面：

①言语体裁多样。文艺语体包括三大分体，即韵文体、对白体和散言体。而每一分体又可以再细分小类，韵文体可分为格律体、自由体、说唱体；对白体可分为戏剧体、影视体、相声体；散言体可分为散文体、小说体、日记体。每个小类都有自己的面目和仪态，色彩缤纷。

②语言繁丰多姿。文艺语体可以使用各种语音手段、词汇手段和语法手段来传情达意，还可使用各种各样的辞格来增强其表达效果。

③风格多种多样。文艺语体风格多样，或平实或绚丽，或简约或繁丰，或明朗或婉约，或沉郁或豪放，都可在文艺语体中展现自己的独特个性。

（5）变异性。

所谓变异性，是指在特定的语境中，表达主体故意运用表面上有悖语言规范、语体规范和逻辑规范的语言来传情达意，以收到特殊的表达效果和接受效果，这样的修辞艺术，我们称之为“语言变异”。变异性是文艺语体的独有特性。

所谓有悖语言规范，是指故意违反语音、词汇和语法规范，这种有悖语言规范只要适切自然，使人感到它们不仅不是语病，反而觉得变得好，变得增强了语言的表达效果。例如：

③哥儿，有画儿的“三哼经”，我给你买来了。

（鲁迅《阿长与〈山海经〉》）

④昨夜雨疏风骤。浓睡不消残酒。试问卷帘人，却道“海棠依旧”。知否，知否？应是绿肥红瘦！

（李清照《如梦令》）

例③中的阿长把“山海经”说成“三哼经”，是其发音的生活实录，作者援引阿长的语音误读是为了刻画其形象，从而将阿长的文化程度通过一个读音真实地呈现出来。例④中的“绿肥红瘦”是词汇搭配变异，其中的“绿”指代海棠叶、“红”指代海棠花，作者这样表达，一方面是词自身音节的要求，另一方面是为了突出为花而悲、以花自喻，伤春惜春，慨叹自己的青春易逝的复杂心情。

所谓有悖语体规范，是指本该用甲语体的体式却用了乙语体的体式来表达，表面上看去语不对体，实则是作者的独具匠心，因此，能收到更为奇特的表达效果。例如：

⑤伊利微娜的弟弟佛莱特陪她的丈夫巴布去非洲打猎。不久，她接获弟弟的电报：“巴布猎狮身死——佛莱特。”

伊利微娜悲不自胜，回电给弟弟：“运其尸回家。”三个星期后，从非洲运来了一个大包裹，里面是一只狮尸。她又赶发了一封电报：“狮收到，弟误，请运回巴布尸。”

很快得到了非洲的回电：“无误，巴布在狮腹内——佛莱特。”

（［美］佚名《三封电报》）

例⑤是一篇在美国获得“文字最简短，情节最曲折”征文大奖的微型小说。开篇用一句话交代了人物、地点、事件，然后以三封电报构成事件的发生和发展，其中小说的开端惊心动魄，情节的发展悬念顿生，结局更是令人大出意外。小说篇幅极为短小，只有150余字，却具有小说的各种特征，有鲜明的人物形象，有跌宕的故事情节，有耐人寻味的主题思想。倘若这一小说按常规的小说体裁来表达，那么，就绝不是150余字所能传达的。而作者运用了小说的变异体式，将其移植在应用语体中，用三封电报构成递进情节，不仅形式奇特，而且言简意赅、内涵丰富。

所谓有悖逻辑规范，是指不符合逻辑的规则、规律，但这是作者有意为之，以达到引人注意、加深印象的表达效果。如有的标题命名为“贫穷的富翁”、“最熟悉的陌生人”等就是故意违背逻辑的不矛盾律，达到引人注意的目的。

综上所述，形象性、情感性、模糊性、变异性、多样性是文艺语体的五个主要特征。

2. 文艺语体的类型

文艺语体有三个下位分体：韵文体、对白体和散言体，它们除了具有文艺语体的共性之外，还各具自己的个性。

（1）韵文体。

韵文体是指具有节奏或韵律一类的文学语体。它包括诗、词、曲等。韵文体为了声音和谐，须精心选择韵部，调节节奏，以形成铿锵悦耳的音律美，因此，音乐性是韵文体的主要特征。正因为韵文体要求有一定的节奏或韵律，为了适应这一点，有时它常常突破语法常规和逻辑常规，如改变词性、变换语序、省略句子成分，或者故意违反逻辑规律，这就使其具有了变异性。同时，韵文体还要根据不同的题旨，充分利用结构形式为题旨服务，因此，在结构上它还追求新颖奇特的建构美。

（2）对白体。

对白体是指以口语对白为主要表现形式的一种文学语体。它包括相声、小品、影视剧、戏曲等。对白体由于以口语对白形式表现，因此其语言要求是通俗易懂、句子简短，还要求在口语化的基础上不乏含蓄、幽默。

（3）散言体。

“散言体是与韵文体相对，凡是不要求押韵且句子表现为整散结合的文学体式，都属散言体。”① 它包括散文、小说、随笔、游记、传记一类的文学语体。散言体自由灵活，用词、造句、设格都无拘无束，篇章结构也不拘一格、自由洒脱，起承转合平稳布局亦可，结构跳跃跌宕起伏也行。顺叙、倒叙、插叙均可按需运用。

（二）非文艺语体

非文艺语体与文艺语体相对，郑颐寿称其为“实用语体”，但他将政论语体排除在外。我们认为，称之“实用语体”容易与应用语体相混淆。况且，根据中学书面语体的教学实际，称非文学语体，且分为应用、政论、科学三个下位分体，与中学相关的文体的对应关系就更清楚些，因此，我们认为称非文艺语体（或非文学语体）更好。

---

① 黎运汉，盛永生．现代汉语修辞学．广州：广东教育出版社，2006. 480

1. 应用语体

应用语体又叫事务语体，它是适应公私事务交际领域，运用全民语言而形成的言语特点的综合体。其“目的是沟通彼此之间的事务关系，使社会生活正规化和秩序化”①。事务语体有以下三个特征：

（1）准确性。

俗话说：“一字入公文，九牛拔不出。”准确是应用语体，尤其是公文的生命。一个句子、一个词，哪怕是一个标点符号，都不能随意乱用，否则会造成严重后果。据历史记载，清政府与德国签订胶济条约时，就是因为“沿铁路线左右三十里内煤铁等矿，德国有权开采”一句中的歧义，致使德国钻了空子。

（2）简要性。

应用语体适应于公私事务的交往，表述不需描绘雕饰，有话则长，无话则短，简明扼要。应用语体在长时间的流传习用中，已经形成了一整套的语言模式，在词语的运用上有固定体式框架语，如“为了”、“根据”、“遵照”、“收接”、“谨悉”一类的引述语；“拟请”、“特此提请”、“即请查照”、“请批示”一类的期请语；“特通知如下”、“特批复如下”一类的表述语；“为安”、“为荷”、“此复”、“此致敬礼”一类的结束语等。在句式的使用上也有一些常用的模式，如“照此办理，不可有误”一类的祈使句；“通过学习，大家提高了认识”一类的陈述句；“凡有下列行为之一者，不得参加本次抽奖，一、……二、……”一类的省略句等。在篇章结构上的“分条”、“引据”、“撮要”等，甚至有时还使用附件、附图、附表的方式，都是使其语言简明扼要的表达手段。

（3）程式性。

应用语体涵盖面广，有公约、制度、守则、须知、通报一类的法规体，有契约、合同、介绍信一类的条据体，有公告、通知、命令、批复、指示一类的告示体，有电报、电话、信函一类的函电体。它们皆属于应用语体的范畴，但各有各的格式，也各有各的语言特征。尤其是公文还分上行文、下行文、平行文，它们均有自己的语言特点，要对号入座，切忌张冠李戴。

2. 政论语体

政论语体是为了适应宣传、鼓动、教育等目的的需要，运用全民语言而形成的言语特点的综合体。政论语体又可称为宣传鼓动语体。它包括各种政治性专论、社论、评论、短评、宣言，领导的报告、讲话等。政论语体有三个主要特征：

（1）逻辑性。

“政论语体是以论辩说理为主要内容的言语体式，主要是运用逻辑思维来表达思想的，它要通过事实材料的透辟分析、正确的推理、严密的论证来阐明观点，表明赞

---

① 黎运汉．修辞·语体·风格论文选．广州：暨南大学出版社，2004. 153

成什么或反对什么，因此语言必须周密、严谨，富有逻辑性。”① 政论语体严密的逻辑性表现在概念明确、判断正确、论证严密等方面。所谓概念明确，是指运用的词语，尤其是政治术语要准确，要能反映事物的本质属性；所谓判断正确，是指作者在运用概念进行判断得出结论时应恰当，是什么就是什么，不偏不倚、不重不轻，展现出严密的逻辑性；所谓论证严密，是指组织论据进行论证时，要严谨周密，论点和论据之间的逻辑关系越紧密，论点就越突出，说服力也就越强。

（2）文学性。

政论语体在宣传政治主张时，不是从抽象到抽象，“而应该把抽象的理论和富有文采的表现形式结合起来”②，让真理插上“优美的语言翅膀，才能远走高飞”。因此，优秀的政论语体常用文学的笔法，调遣各种修辞手段来增强语言的文学色彩，从而增强政论语体的感染力和说服力。例如：

⑥以前我们新疆人可能羊肉吃得太多，太老实；牛肉也吃得太多，行动太迟缓。要适应改革开放的需要，改变原有的落后面貌，就要学习广东人多吃鱼，欢蹦乱跳跃龙门，增强自己的活力；学习吃鸽子，吃鸡翅，抓紧时间赶快腾飞；学习吃螃蟹，在国内外大搞横向联合；学习吃鸡爪，抓经济工作，抓观念转变；学习吃甲鱼，增强对各种变化的承受能力。至于牛肉、羊肉，我们还要继续吃，只有保证经济发展的持续后劲和诚实的科学态度，我们的经济工作才能做好。

例⑥是艾沙在全国市长会议上的讲话，开篇以吃羊肉、牛肉为喻，先取其愚钝和迟缓的特征，后取其有耐力、有后劲、诚实的相似点，一正一反，摇曳多姿。而在这一正一反的比喻之中，又连用六个比喻，不是为了描绘，而是为了说理。以吃鱼喻活力；以吃鸽子、吃鸡翅喻腾飞；以吃螃蟹喻在国内外大搞横向联合；以吃鸡爪喻抓经济工作，抓观念转变；以吃甲鱼喻增强承受能力。这一连串比喻的运用使要说的道理形象可感，大大增强了其说服力。

（3）鼓动性。

政论语体除了宣传政治主张、从理论上说服听众之外，还要从情感上打动听众，也就是说，不仅要使人信服，还要使人行动起来。这就要求政论语体的语言必须具有鼓动性。而要达到此目的，可以运用描绘性的词语，运用一些情感强烈的句式，如感叹句、反诘句、祈使句或引经据典等，都能达到鼓动他人的目的。

3. 科学语体

科学语体是适应科学领域交际的需要，运用全民语言而形成的言语特点的综合

① 黎运汉．现代汉语语体修辞学．南宁：广西教育出版社，1987. 413

② 黎运汉．现代汉语语体修辞学．南宁：广西教育出版社，1987. 413

体。科学语体服务于自然科学和社会科学各领域，准确而系统地记述和论证这些领域的各种自然、社会现象和规律，为科学技术和生产领域服务。科学语体内部又可分专门科学语体、通俗科学语体和文艺科学语体三个分体。①专门科学语体是运用论证的手法向专业人员或具有相当科学知识的人准确而系统地叙述自然、社会或思维现象，论证它们的规律性，如各种专业学术论文、学术专著等。②通俗科学语体即说明科学语体，是指一些非文艺性的科普读物，它用说明或记叙的手法向非专业人员或不太熟悉某一门科学的人通俗易懂地介绍某个科学问题，把科学知识普及到广大群众中去。通俗科学语体不像专门科学语体那样专业性强，也不像文艺科学语体那样生动有趣，它是介于两者之间的一种语体，各种教科书和自然现象的说明文如《看云识天气》、《中国石拱桥》、《苏州园林》、《故宫博物院》、《大自然的语言》等就属于这一类。③文艺科学语体重在运用描绘的手法说明科学知识，如《说屏》、《桥之美》、《化石吟》、《喂——出来》等。上述三种科学语体，由于其交际对象和交际目的不同，在语言运用上也有较大的差异，表现出不同的语言特征致使其语体的归属不同。专门科学语体和通俗科学语体，同属于科学语体；而文艺科学语体则隶属于交融语体的范畴。因此，本节的科学语体即指专门科学语体和通俗科学语体。它们的共同特征是：

（1）客观性。

科学语体“主要是运用概念系统论述自然现象、社会现象和人类思维规律，使读者对其获得理性的认识，而不是感动读者的心灵，因而它需要真知灼见、诉诸理智，而不需要诉诸感情。它要求冷静、客观、直线地反映自己研究的问题和结果，科学地揭示事物的本质特征”①。科学语体的客观性表现在它常常使用的是常规的、正面的、客观的语言，尽量避免或不用表情性的表达手段。在词语的选用上，科学语体大量使用无任何感情色彩的科学术语。在句式的选用上，多用陈述句，少用疑问句，几乎不用感叹句和祈使句；多用常式句，少用变式句。在修辞手法的选用上，多用强化逻辑论证的修辞手法，如排比、对比、反衬等，慎用甚至不用比喻、比拟、借代一类描绘性的辞格，杜绝夸张、仿拟等修辞手法的运用，因为这些修辞手法与科学语体的客观性、科学性是相悖的。

（2）单一性。

单一性是指科学语体的语言从词语到句子都要语义单一，不能产生歧义。科学语体大量运用术语，而这些术语都是单义的，含义固定，概念明确。如物理方面的频率、频带、超声波、电子、分贝等，生物方面的干细胞、因子、染色体、基因生物工程等，它们都意义单一，不容含混，不允许出现可此可彼的两种意义。在句子方面，科学语体的句式严密而很少变化，要求精确表达，因此，其句式表现出完全句多，省略句少；长句多，短句少；常式句多，变式句少；有各种限制成分构成的句子（单句

---

① 黎运汉．修辞·语体·风格论文选．广州：暨南大学出版社，2004. 203

或复句）多，简单句少。而这些语言特点的存在都是为了一个目的——语义单一，不产生歧义。

（3）逻辑性。

科学语体由于诉诸理智，以逻辑思维阐述科学现象、论证科学规律，所以强调要概念准确、推理连贯、论证严谨、结构完整，因此，其语言具有严密的逻辑性特征。例如：

⑦工程技术的科学叫做应用科学，是应用自然科学中基础学科的理论来解决生产斗争中出现的问题的学问。当然，基础学科中也有好多道理是从生产实践中总结提高而来的；而且没有工农业生产，基础学科研究也无法搞下去。所以基础学科之为基础，是就其现代自然科学中的位置而言的。我们一般提出六门基础学科：天文、地理、生物、数学、物理、化学。这六门是不是都是一样的基础呢？也不是。从严密的综合科学体系讲，最基础的是两门学问。一门物理，是研究物质运动的基本学问。一门数学，是指导我们推理、演算的学问。

（钱学森《现代自然科学中的基础学科》）

例⑦为了论证现代自然科学中的基础学科，先说明“工程技术的科学叫做应用科学，是应用自然科学中基础学科的理论来解决生产斗争中出现的问题的学问”，后承接说明“基础学科之为基础，是就其在现代自然科学中的位置而言的”，进而转折说明“我们一般提出六门基础学科”，“这六门是不是都是一样的基础呢？也不是”，那么是什么？“最基础的是两门学问。”而为什么是这两门学问呢？作者进而阐明因为物理“是研究物质运动的基本学问”，数学“是指导我们推理、演算的学问”。这样环环相扣，逻辑严密，准确地阐明了“现代自然科学中的基础学科”这一问题。

综上所述，客观性、单一性、逻辑性就是科学语体的主要特征。

第四节　交融语体

交融语体是语体体系中客观存在的一类语体。研究语体只注重研究口语语体和书面语体，就不能准确认识语体体系的全貌，因此，必须重视对交融语体的研究。而要认知交融语体，就要了解其产生的途径。而要认知其产生的途径，就有必要先认知语体交叉现象。

一、语体交叉的内涵及其方式

（一）语体交叉的内涵

一般来说，不同的交际领域运用不同的言语体式形成不同的言语体裁——不同的语体。不同类型的语体由不同的语言特点组成。各种类型的语体都有相对稳定的特点，保持着各自的独立性，并形成了常规的言语体式和风格规范。在言语交际中，各类语体都以其自身的特点互相区别开来，具有一定的封闭性和排他性。

但是，任何事物都不是孤立存在的，语体也一样，也处在对立统一的辩证关系之中。在言语活动中，当表达主体感到恪守语体常规风格规范还不足以表达自己的思想和情感时，为了追求一种更佳的表达效果，常常有意打破语体常规风格规范的框架，利用语体之间的相互渗透、相互借用、相互融合等特点，从而产生一些言语表达的新形式。这类对语体的择用和巧用现象，我们称之为“语体交叉”。

（二）语体交叉的方式

语体交叉的方式主要有以下三种：

1. 渗透式

由于表情达意的需要，在甲语体中有意渗透乙语体或丙语体的个别组成要素或部分组成要素，而又不改变甲语体的风格特征的语体交叉方式，叫做渗透式。

渗透式是表达主体有意利用乙语体或丙语体的个别要素来为甲语体增色加彩，如同人们在精美的外衣上再扣上别致的胸花，起点缀作用。点缀的地方正是两种不同语体的交叉点，而这交叉点很明显，它能显示出熠熠光彩，使语言产生不同寻常的表达效果。例如：

①鸿渐心里想，糟了！这一介绍就算经她家庭代表审定批准做候补女婿了。

（钱钟书《围城》）

②腊腊略停了一下，“我可不是爸爸那种旧式农民。老兄，莫看错皇历咧，你的‘小九九’，怎赶得上我的‘微积分’？”

（楚良《玛丽娜一世》）

例①是文艺语体，渗透了公文体“审定批准”、“候补”的词语，使语言风趣、幽默。例②中，兄嫂想在妹妹身上打主意，拨个人的小算盘，而作为妹妹的腊腊又不甘心忍受兄嫂枕头算盘的束缚。在这里，作者为了表现两种看不见、摸不着的思想冲突，巧妙地运用“小九九”和“微积分”两个数学术语来喻代，这就使抽象的思想冲突具体化，形象可感。

上述两例都是表达主体借用乙语体的个别词语或句子来点缀甲语体，其交叉点是一点或一线，这种渗透方式又可称为词句渗透。

但是，有时甲语体借用乙语体或丙语体的组成要素，已不是个别的词、短语或句子，而是为了描写某一场面或某一情节的需要运用乙语体或丙语体的部分要素组成的语段，这可称为语段渗透。语段渗透的交叉点不是一点，而是一个局部的交叉面，因此，它比词句渗透更富有表现力。例如：

③五月敬告亲友：张氏五月，遵循我国“男大当婚，女大当嫁”之古训，坚持当代恋爱婚姻自由、他人不得从中干涉的原则，为慰老父老母急欲择婿的爱女之心，五月本人通过“择优录取”之优选法，已经选定某厂青年姓南名生为终身伴侣，为此，特向全家发布公告为“定婚凭证”。五月与南生何时何地举行婚礼，目前尚无可奉告。

公告发布人　张五月

（顾啸《名门望族》）

例③是中篇小说《名门望族》中的一段话。作者通过描写离休干部、原省委组织部长膝下三男三女、两房媳妇的不同生活经历和对待“大树底下好乘凉”的不同态度，从侧面反映了改革形势下的社会变化和各种人物的精神面貌。作者着力塑造了小女五月的可爱形象：她在事业上奋发进取，勇于开拓，不靠大树乘凉。在处理个人婚姻大事时，不落俗套，毅然爱上了一个普通工人。在向家人禀告时，本该用祈请的语气和礼貌、亲切的口语与家人商量，但是她却用一个充满公文辞藻、外交辞令和科学术语的“新闻公告”来宣布个人的终身大事。若孤立看去，似乎语不对体，仔细品味，却又深感曲尽其妙。作者巧妙地运用语体的片断渗透来增添人物的风采，使五月大胆、果断、俏皮、幽默的鲜明形象跃然纸上，收到了寓庄于谐、亦庄亦谐的表达效果。

由上观之，无论是词句渗透还是语段渗透，都是表达主体有意超越语体对词语、句子乃至语段（句群）言语风格规范的框架，故意造成语体色彩的不协调，在传递基本信息的同时，依赖一定的语境，收到寓繁于简、寓直于曲、寓庄于谐等多种美感信息的效果。

2. 移植式

在言语活动中，甲语体不用自己的体式来表达，而移植在乙语体中，用乙语体的体式来替代，这种语体交叉方式叫做移植式，又可叫做借用式。

移植式不是表达主体信手拈来随便替用，而是对语体的精心择用。从表面上看，两种语体交叉的关系不明显，实际上，它们也有交叉点，但不是一点一线或一个局部的小交叉面，而是乙语体的语言结构和甲语体所要表达的信息结构形成的交叉面。这交叉面隐蔽着，要靠读者去细心体会。表达主体正是利用乙语体的语言结构和甲语体所要表达的信息结构在体式上的脱节、对立来获取奇特的表达效果。例如：

④患者吴诚信的就诊报告

姓名：吴诚信

性别：男亦可，女亦可

年龄：生于20世纪60年代或70年代

职业：待定

确诊方法：中西结合

望诊：

脸色：无甚大碍，就是不会脸红。即使是“落井下石”后，也是脸不变色。

眼睛：眼珠缺乏灵活性，只能侧视或向“钱”看。目光狡黠。

鼻子：鼻头上翘，鼻孔变大，嗅觉间歇性失灵。只能闻官气、贵气，而不能闻民气、贫气。

把脉：

脉搏沉、快、促、紧、滑、涩……典型的吹牛皮后心悸，早搏导致心脏衰竭先兆。

透视：

肝肺呈现出暗色，甚至变黑。2. 脊椎有弯曲迹象。

血样采集：

患者血色呈暗红色，血色分子结构多种多样，有“才”、有“貌”、有“钱”、有“思”，其中前三者居多，唯独缺“信”、“诚”细胞，血小板几乎没有。

基因鉴定：

经过精密仪器测试，患者的基因已经发生变异。已不能显示系何族子孙，“信、义、忠”结构已被破坏。虽然基因测试确定不出系何族，但其行动都具有浓厚的小农意识，表现为见了五斗米就折腰（当然，脊椎已查明有问题），钩心斗角，尔虞我诈，挖人墙角，落井下石。

治疗方法：

1. 换血：注入大量“人文”氧气，替换体内有害健康的“拜金主义”二氧化碳。

2. 每天早晚一次扪心自问，摸摸自己的良心在否。

3. 阅读大量杂文，唤醒其诚信意识。

医生建议：

此病例不是首次发现，十分具有代表性，望患者注意，切莫相互传染。

医生（签章）

（《高考佳作欣赏》，《广州日报》，2001－07－30）

例④中，作者妙就妙在把自己的真情实感移植在一篇医生的“就诊报告”中，从表面上看，是医生的一份病历记录，而实则通过“望诊”、“把脉”、“透视”、“血样采集”四种方式，把“无诚信”一类人的特征入木三分地刻画出来。作者又通过“基因鉴定”，含蓄地揭示了“无诚信”一类人丧失诚信的原因，提出了恢复诚信的治疗方法，这样，就从“是什么、为什么、怎么做”三个方面进行了全面的阐释，加上作者妙用双关、反语等修辞手法，这就使全文语言诙谐辛辣、鞭辟入里，收到的表达效果比用常规的议论或记叙方式，不仅显得新颖、别具一格，且活泼风趣又耐人寻味。

可见，语体移植式是表达主体趋新求异的审美心理的展现，它可以使语言新颖奇特，收到引人入胜的表达效果。

3. 融合式

融合式是交融语体产生的途径。甲乙两种语体水乳交融地融合在一起，这种语体交叉方式叫做融合式。

融合式既然是甲乙两种语体交叉融合，因而有交叉点，但又不是一点一线或一个交叉面，而是甲乙两种语体组成要素纵横交错，像织布机上的经纬线似的交织在一起，形成一种新的语体结构，即交融语体。交融语体是在各类单一语体的基础上发展起来的，它是两种单一语体相互渗透、相互作用而形成的语体。典型的交融语体有文艺政论语体和文艺科学语体等。文艺政论语体是文艺语体和政论语体的交叉融合，如杂文等；文艺科学语体是文艺语体和科学语体交融后的结晶，如科幻小说、科幻诗等。

交融语体与各类单一语体一样，也是人们在长期的言语交际中逐步形成的，它同样具有独立性、系统性和稳固性的特点，与口语语体和书面语体齐肩并存，自立于汉语语体之林。

由上观之，语体交叉的三种方式是表达主体对语体的精心择用和巧用。这种对语体的择用和巧用，对于丰富文学语言和交际用语、拓展语体研究的空间、建构汉语交融语体体系有着不可低估的语用价值。

二、交融语体的特性

如上文所述，交融语体是由语体交叉中的融合方式产生的，它是表达主体感到运用常规的言语体式不足以表达自己的思想或情感时，故意越出语体规范框架的束缚，通过将两种或两种以上语体的交汇融合锻造出来的新语体，它们就有两种或两种以上语体的优质基因融合在一起，因而这种交融语体还显示出以下两个优质特征：

（一）互补性

所谓互补性，是指甲乙两种语体在相互交叉融合时，对其特点不是兼收并蓄，而是根据特定的题旨情境，取“长”补“短”、扬“长”避“短”，明显地表现出互为补充、互为完善、互相促进，共同发展成为新语体的特点。因此，由语体融合方式产生的交融语体，既有甲语体的特点，又有乙语体的特点；既不同于甲语体，又不同于乙语体。它们是两种语体的优质基因交融后形成的新的语体特点系列。例如：

①字典公公家里吵吵闹闹，吵个不停的是标点符号。……

首先发言的是感叹号，听它们的嗓门就像铜鼓敲：“伙伴们，我的感情最强烈，文章里没有谁比我重要!”

感叹号的话招来一阵嘲笑，顶不服气的是小问号：“哼，要是没有我来发问，怎能引起读者的思考?”小逗号说得头头是道，它和顿号一起反驳小问号：“要是我们不把句号隔开，文章就像一根长长的面条。”

学问深的要算省略号，它的话总是那么深奥：“要讲我的作用么，不说大家也知道。”水平高的要数句号，它总爱留在后面作总结报告：“只有我才算文章的主角，没有我话就说得没完没了。”

大家争得个不可开交，字典公公把意见发表：“孩子们，你们都很重要，少一个，我们的文章就没这么美妙。”……

（《语文·字典公公家里的吵吵闹闹》小学三年级上册）

例①中将各种标点符号的功能用形象的词句、生动的拟人手法、意趣横生的语言表达出来，形成了既有科学语体的科学性又有文学语体的形象性的文艺科学语体。这种语体是为了达到特定的交际目的和服务于特定对象的需要，熔文学语体和科学语体于一炉，同时吸收这两种语体中某些优点，使之互相补充，共同发展而成的新语体——文艺科学语体。

（二）整体性

所谓整体性，是指甲乙两种语体的组成要素交叉融合时，不是块块拼凑或堆砌，而是经过重组、建构，在新的基础上重新组合起来的语体体系。例如文艺政论语体，是文艺语体与政论语体交叉融合的产物。因此，它在语言运用上既有文艺语体的特征，也有政论语体的特征。但并不是说，文艺政论语体的特征 = 文学语体的特征 + 政论语体的特征。它不是两种语体特征的简单加合，也不是一种语体为另一种语体某些不足的补合，而是两种语体特征作为新语体的基因，经过重新排列组合成为既有文学性又有政论性特征的新型语体——文艺政论语体。例如：

②跳蚤来吮血，虽然可恶，而一声不响的就是一口，何等直接爽快。蚊子便不然了，一针叮进皮肤，自然还可以算得有点彻底的，但当未叮之前，要哼哼地发一大篇议论，却使人觉得讨厌。如果所哼的是在说明人血应该给它充饥的理由，那可更其讨厌了。幸而我不懂。

（鲁迅《夏三虫》）

③苟活者在淡红的血色中，会依稀看见微茫的希望，真的猛士，将更奋然而前行。

（鲁迅《记念刘和珍君》）

例②、例③都是鲁迅先生的杂文，它属于熔文学和政论于一炉、汇情和理于一体的文艺政论语体。文中既吸收了政论语体中以理服人的政论性特点，又吸收了文艺语体中形象性的特点。而这两种特点表现在思维方式上是逻辑思维与形象思维的有机结合。这种结合不是块块并列或重叠，而是“以逻辑论证为经，以形象（画面）为纬”① 的纵横交织。

可见，互补性和整体性是融合式语体交叉形成交融语体的特有手段，也是交融语体得以生成的基本条件。

三、交融语体例析

在本章第一节语体类型中，我们已阐明交融语体有上位交融语体和下位交融语体。上位交融语体是指口语语体与书面语体的交融，典型的上位交融语体有课堂教学语体和外交事务语体；下位交融语体主要是指书面语体内部各种语体的交融，如文艺政论语体、文艺科学语体就是典型的下位交融语体，文艺传记体是文艺语体与应用语体的交融；报告文学也是文艺语体和新闻语体交融后的产物。掌握交融语体除了利于认知语体体系的全貌外，对语文教学还有直接的指导作用。限于篇幅，我们只对上位层次的课堂教学语体和下位层次的文艺政论语体与文艺科学语体的风格特征略作简要分析。

（一）课堂教学语体及其特征

课堂教学语体是教师在课堂上用以传道、授业、解惑的教学语言，这种语言有自己特定的特点，而这些特点的综合体即为课堂教学语体，简称教学语体。正如苏联语言学家 B. B. 维诺格拉多夫所说的那样：“像辩论、讨论、讲课、报告、答疑等这类语篇形式，一般是在口语和书面语成分多种多样交替、混用、相互渗透的基础上建立起来的。”② 这与我们的看法不谋而合。既然教学语体是语体上位层次的口语语体和书面语体交汇融合后的产物，因此，它必然有口语语体的特征，又有书面语体的某些特征。具体表现在以下几个方面：

1. 教学形式的口语性

课堂教学语体具有口头语言的特点，首先在于“它是教师在一定的时间（上课）、

---

① 阎庆生．鲁迅杂文的艺术特质．西安：陕西人民出版社，1983. 160

② 张会森．苏联的口头学术言语研究．修辞学习，1988（5）

一定的场合（课堂）、一定的范围（师生之间）、面对一定的听众对象（学生），采用口头语言表达形式所进行的对众讲话”①。而这种讲话又有别于日常口语语体。它是一种有书面提纲，经过表达主体加工了的以有声语言为交流方式的口头语体。这就是教学语体的口语性特征。

2. 教学内容的书面性

所谓教学内容的书面性，是指教学语言必须服从书面教材内容的需要与制约。“教材是按照教育的一般的和具体的培养规格，依据受教育者身心发展的程度和特点，从浩瀚的人类知识海洋中精心选择、反复推敲、不断加工而成的，足以促进学生成长发展的书面语言。”② 教学语言“不可能，也不应该完全脱离教材，另起炉灶”。教学语言必须以书面教材为蓝本，“在教材语言的基础上进行诠释、演绎、归纳、分析、引申、生发”③，因此，课堂教学中大量沿用教材中的书面语言，而对教材中大量的书面语言，教师“要尽量熟悉教材内容，吃透教材精神，抓住本质要点，把它们变成讲课中得心应手、信手拈来的有声语言”④。可见，教材的书面语言是教学语言的灵魂与支柱。

教学内容的书面性，还因为有精美的板书呈现在课堂教学中，这也是书面语的特征之一。

3. 教学过程的双向互动性

教学语体是在课堂上，教师将知识传递给学生，学生作出反馈再传递给教师的双向互动活动，特别是在以“学生为主体，教师为主导”的今天，整个教学过程更是以教师为主导的启发诱导以及学生探究思考的双向互动过程。

4. 教学语言的艺术性

教法上的艺术性主要从语言艺术来体现。也就是说，教学语体追求理想的教学效果，而理想的教学效果大都通过语言来实现。因此，优秀的教师特别注重语言在准确、明晰、规范的基础上，还追求多方面的语言艺术：

（1）形象生动。

一堂课上得成功还是失败，教师的语言是关键。有的教师讲起课来，语音沉闷、语无伦次甚至词不达意，令人听后如坠云里雾里；有的教师讲起课来，虽然条理分明，语言也通畅流利，但语言乏味，令学生听后仍然提不起精神；而有的教师讲起课来，条分缕析、妙语联珠、意趣横生，令人久听不厌，感到这样的课堂教学不仅是一种智的启迪、德的熏陶，而且还是一种美的享受。可见，教学语言除了准确、明晰、

---

① 倪宝元．语言学与语文教育．上海：上海教育出版社，1994. 370

② 倪宝元．语言学与语文教育．上海：上海教育出版社，1994. 375

③ 倪宝元．语言学与语文教育．上海：上海教育出版社，1994. 375

④ 于漪．语文教苑耕耘录．福州：福建教育出版社，1984

规范之外，还要求形象生动，这样才能产生强磁，吸引学生。

要使教学语言形象生动，首先在语音驾驭上要善于声情并茂。声，指语文教师在声音上的处理，不应该平铺直叙、平淡无奇，而应该根据教材内容及其语言风格来确定课堂的节奏，使有声语言起伏有致、缓急得当，奏出优美的旋律，拨动学生的心弦。如朱自清的《绿》与《荷塘月色》，虽然都是散文，又都是同一时期的作品，写作手法也都一样，但《绿》一文写的景色是素淡朦胧的，表现了淡淡的喜悦和哀愁；《荷塘月色》一文写的景色则是浓丽清新的，感情是强烈奔放的。因此，讲授这两篇课文时，课堂的节奏就应有所不同，前者宜用轻柔凝重的节奏；后者宜用明快热烈的节奏。这样，不同的语篇注意不同的风格节奏，使教学语言声音起伏跌宕，富有音律美和变化美，就能产生引力，吸引学生。

教学语言的声音美尚且不够，因为语文教材大部分是以情感人的文学作品，而文学作品之所以美，主要在于一个“情”字。因此，讲授文学作品时，教师还要倾注“情”，只有情真意切才能诱人、动人和夺人。否则，再优美感人的作品，教师只停留在诠释、讲解上，未能动之以情，没有活的“激情”，这样的教学语言必然苍白无力。优秀的语文教师在讲解诗词歌赋乃至散文小说时，应该满怀深情地、绘声绘色地再现作品中的人物情境，使学生如临其境、如见其人。据说当年闻一多先生的教学，当讲到屈原等大诗人的爱国爱民的诗篇时，他通过讲授和朗读深切地感染着学生，学生描述他讲诗、读诗，就像大提琴低音弦的颤动与共鸣，像夏里亚宾唱着《伏尔加船夫曲》时纤夫由远而近的歌声；联系到国民党黑暗现实时，又像雄狮怒吼，使你的血液为之沸腾、拳头为之紧握，喉中感到需要行动的干渴，这就是闻一多先生带着浓厚的情感，并使用有声语言所达到的艺术效果，因此至今使人记忆犹新。

其次，巧用各种辞格是使教学语言形象生动的重要手段。例如，有一位语文教师为了讲授复句知识，他请了两位学生站在讲台前，面向大家，然后问道：“这两个同学，从学校这个特定的环境来看，应属于什么关系？”大家回答说：“是同学关系。”接着，这位老师又站到那两位同学的一边，问大家：“现在又增加了一个‘分句’，请大家再划一下层次，并说明关系。”不待思考，大家都异口同声地回答说：“第一层是在老师和同学之间，是师生关系；第二层是在学生之间，是同学关系。”就这样，经过教师的即席比拟，抽象的定义显得形象可感，大大增添了教学语言的形象直观性。

再次，妙析辞趣也能使教学语言形象生动。辞趣是附在语言文字意义上、声音上和形体上的风致。语文教师要善于抓住教材中作者所精心制作的图表、符号（包括活用了的标点符号）之类的辞趣现象进行剖析，从而使教学语言生动活泼、形象传神。

此外，现代化多媒体的辅助演示，通过音乐、动画、图片、现场 DV 的录影、电影剪辑等呈现和挖掘文本的审美资源，也能给学生以视觉、听觉和动态的综合审美感受，使教学生动形象。如上《苏州园林》一课，“如果教师仅凭一本教材在那里大讲特讲，纵使你讲得口干舌燥，学生依然云里雾里，但如果利用多媒体将真实的苏州园林呈现出来，再配以优美的解说词，那效果就大不相同”①。

（2）启发诱导。

“学起于思，思源于疑。教学的根本在于引导学生思考，而思考的起点却是疑问。”②

上文提过，在倡导以“学生为主体、教师为主导”研究性学习的今天，启发诱导就显得更为重要。启发诱导的主要方法是提问。提问有提问的艺术，要善于提问，要问得恰当、问得有效。如某教师在教《故乡》一文时，设计了三个问题：一是少年闰土和中年闰土形象的对比，发生了哪些变化？二是二十年前的杨二嫂和二十年后的杨二嫂对比，发生了哪些变化？三是记忆中的故乡和现实目睹的故乡的对比，发生了哪些变化？引起这些变化的原因是什么？通过对这三个问题的对比解读，使学生理解了旧中国在三座大山重压之下农民的悲惨命运和农村日益破败的现实，从而更深刻地掌握《故乡》的篇旨。

提问要有针对性，要根据不同的对象提出不同的问题，不能太浅，太浅不具有启发性；也不能太深，太深脱离了学生的实际，同样会启而不发，达不到启发诱导的目的。如某教师讲授《孔乙己》，在分析了孔乙己这一人物形象之后，给学生一个思考题：“联系时代背景，联系鲁迅的小说《伤逝》，剖析那个时代知识分子共同的病态弱点。”这一思考题“如果从文本角度分析孔乙己身上的弱点，是初中学生能理解的，但是从时代背景的角度来剖析，就脱离了学生心理特点及解析水平的实际”③。可见，提问要问得恰当，才能达到预期的目的。

提问有多种类型，如设问、反问、梯问、奇问、较问等，要因材、因人施问，才能真正收到启发诱导的效果。限于篇幅，在此不多赘述。

（二）文艺政论语体及其特征

文艺政论语体是运用文学的表达手法对社会生活进行评论的一种体式，它是“文艺性和政论性文字的杂交品”④，因此，它既有政论语体的政论性又有文艺语体的艺术性的部分特征。

1. 政论语体的政论性

政论语体是用来宣传真理、批驳谬误、抨击论敌、教育群众，以达到动员群众、为共同目标而奋斗的一种言语体式。因此，政论性是政论语体的最根本特征。而所谓政论性是指这类语体具有鲜明的政治色彩、论辩性及宣传鼓动性。这句话有三层含义：

---

① 田卫华．语文教师应促进文本审美因素的活化．语文教学与研究，2007（8）

② 倪宝元．语言学与语文教育．上海：上海教育出版社，1994. 440

③ 陈连林．语文课堂中问题“预设”的可能维度．语文学习，2008（5）

④ 潘颂德．试论鲁迅杂文的体式．延边大学学报，1984（1）

一是指鲜明的政治色彩，赞成什么，反对什么，不能模糊不清，要旗帜鲜明。如鲁迅的杂文大都具有这一特色。他在《“丧家的”“资本家的乏走狗”》一文中，以狗为喻，在论述落水狗、叭儿狗、丧家狗、乏走狗的特征时，不仅界限十分清晰、准确，且提出“无论它在岸上或水中”都要“痛打落水狗”的鲜明主张，因而使其政治色彩鲜明。

二是指其以论辩说理为主要形式。也就是说，文艺政论语体说理要通过对事实材料的透辟分析、正确的推理和严密的论证来阐明观点，因此，其语言周密、严谨，富有极强的逻辑性。这一点，鲁迅杂文更是典范。或单刀直入，层层逼进；或欲擒故纵，后发制人；或以退为进，重拳出击，无不置论敌于死地。如他在《文学和出汗》一文中，先引出梁实秋的反面论点、论据后，再采用了先驳论据的釜底抽薪法，紧接着他又采用直攻论题的方法进行层层批驳，并指出其论据的实质。这样环环相扣，无不展示其论证严密的逻辑性。

三是指其具有宣传鼓动性。文艺政论语体是为特定的思想、特定的现实斗争服务的，它是与敌人进行斗争的匕首和投枪，是教育人民、团结人民的武器，是揭露社会阴暗面、促进社会文明与发展的工具。因此，文艺政论语体必须具有宣传鼓动性。

要使文艺政论语体具有宣传鼓动性，就要注意运用短句、感叹句、反诘句等来表达强烈情感。例如鲁迅的杂文就大量运用短句，短者十字八字或三字两字，乃至独词句。如“活该!”“呸!”等，这些短句字字千钧，有力地打击了敌人。鲁迅的杂文还善于运用感叹句、反诘句、祈使句等来抒发强烈的情感，这样的例子在其杂文中比比皆是，因而使杂文极富战斗性和鼓动性。

2. 文艺语体的艺术性

为了增强吸引力和说服力，文艺政论语体还要巧妙借助文艺语体的形象性、情感性等特征来增添其说服力和感染力。

（1）形象性。

形象性是文艺语体的本质特征。文艺政论语体要求说理，但说理不是空洞抽象的概念演绎，也不是冰冷生硬的判断推理，而是将要说的道理寓于形象之中，用形象来说理使读者既受到无可辩驳的逻辑说服，又受到生动具体的形象感染。如鲁迅的杂文就善于寓理于形。他针砭时弊，有时所写的常常是“一鼻、一嘴、一毛”，但合起来就是形象的全体，并将这些形象投入论证中去，使论证产生更强的说服力和感染力。如鲁迅为帮闲文人画像：有“落水而已，并没有死，你不打它，它就不死，还会爬上来继续作恶”的落水狗；有“虽然是狗，样子像猫”“骑墙”，本性“像狼”的叭儿狗；还有“不知道主子是谁”即使“无人豢养，饿得精瘦”，还是“遇见所有的阔人都驯良，遇见所有的穷人都狂吠”的丧家狗，此外还有癞皮狗、势利狗等几十类狗的形象，都是作者根据现实生活中各类人物的特点提炼勾画而成，惟妙惟肖、栩栩如生，生动地再现这类帮闲文人的形态、神情和心理特征，达到“用艺术的形象来铸奸”[1]、用具体的形象来说理的目的。

（2）情感性。

文艺政论语体具有情感性的特征，但不是抽象、空洞的情感抒发，它常常是借叙述事情来抒发内心情感。如鲁迅在《为了忘却的记念》中，通过记述五位作家为革命献身的事迹，尤其是通过一次见面、一件衣服、一只饭碗、一言一笑的追述，饱含着作者沉重而又难以忘怀的情感；在《记念刘和珍君》中，作者把惨案的见闻与自己深切的感受和愤怒的心情糅合在一起，字里行间使读者强烈地感受到作者胸中澎湃的、炽热的爱与恨。

文艺政论语体的情感性还可以借议论来抒情。如鲁迅的不少杂文就是通过对事物的理性认识来抒发强烈的内心感受，即借议论来抒情。例如：

①沉默呵！沉默呵！不在沉默中爆发，就在沉默中灭亡。

（鲁迅《记念刘和珍君》）

②有缺点的战士终竟是战士，完美的苍蝇也终竟不过是苍蝇。

（鲁迅《战士和苍蝇》）

③魔鬼手上，总有漏光的处所，掩不住光明。

（鲁迅《随感录四十》）

④石在，火种是不会绝的。

[鲁迅《“题未定”草（六至九）》]

上面各例都饱含着作者对现实清醒的理性认知。这些智慧的结晶、情感的花朵，在鲁迅的杂文中比比皆是，无处不闪烁着睿智的火花，使人读之心动、思之明理。

综上可以看出，文艺政论语体既有政论语体特性，又有文艺语体特性。因为有政论语体的政论性，所以它有驳不倒的逻辑力量，能以理服人；因为有文艺语体的艺术性，所以它有生动形象的艺术感染力，能以情感人。

（三）文艺科学语体及其特征

文艺科学语体是适应普及科学知识的需要，运用文艺的手法来描写科学、表现科学而形成的言语特点的综合体。它大体包括科学小品、科学故事、科学童话、科学诗、科学相声、科幻小说等。文艺科学语体是科学语体和文艺语体水乳交融后的新型交融语体。因此，它既有科学语体的科学性，又有文艺语体的艺术性。

---

① 《茅盾全集》编辑委员会．茅盾全集（21）．北京：人民文学出版社，1991. 526

1. 科学语体的科学性

科学语体是为了阐述科学现象，揭示其内在规律，以促进科学研究的普及与发展。而文艺科学语体是面向特定的群体，培养科学兴趣、普及科学知识，它必须尊重科学，因此，科学性是文艺科学语体的本质特征。

科学语体的科学性主要体现在以下两个方面：

（1）客观性。

文艺科学语体虽然可以运用文学的手法，但它不能任意改变科学的客观事实，科学性制约了其文学手段的运用，不夸大、不缩小，事实是什么就是什么，不能凭主观想象，违反科学规律，其材料、观点、分析和结论必须正确。因此，文艺科学语体必须准确、客观地反映科学现象、揭示科学规律，这就使其具有客观性的特征。

（2）准确性。

文艺科学语体虽然不像专门科学语体专业性那样强，那样严谨、周密，但它必须尊重科学事实。因此，其语言讲究准确，这样才能使读者正确了解和掌握科学知识，达到普及科学知识的目的。否则，脱离了科学事实基础而胡编乱造，就会误导读者。

当然，我们强调科学的准确真实性，不等于不需要科学幻想，科学幻想是在科学真实的基础上展开联想，而胡乱编造科学是无根据、无科学的瞎说。想象、幻想运用于文艺科学语体，它就不能原原本本地照着科学现象原来的样子去写，而允许有虚构的情节和夸张。有些科普作品故事情节和人物都是虚构的，但是作品中反映的科学现象却完全是有现实依据的。

2. 文艺语体的艺术性

文艺语体的艺术性主要体现在以下三个方面：

（1）形象性。

要使抽象的科学知识具体化，使深奥的科学知识浅显化，就要用极其通俗的语言深入浅出地阐述，用形象生动的语言增强吸引力，因此其语言必须具有形象性。而要使文艺科学语体具有形象性，运用有形象色彩的词语、句子和辞格都可达此目的。如郑文光的《宇宙里有些什么》，作者用萤火虫比喻闪烁着寒光的小星星，说明星体给人的表象情况；用大海里的水滴作比喻，说明恒星在宇宙里所占空间极其微小，进而说明宇宙的广阔；用铁饼和环作比喻，说明银河系的整体形状和人从地球上看到的银河的形状相似。作者用人们熟悉的事物作喻体，使语言生动、具体、形象，有助于人们了解宇宙的特征。例如：

⑤百合花代表纯洁，康乃馨代表温情，非洲菊代表支持，红玫瑰代表浓浓爱意……我们常年相互赠送这些花卉，以表达自己的一份心意和美好的祝愿。但是我们似乎曾经还想过送点什么更特别的花，比如蓝色的月季、有香味的菊花、娇小的迷你向日葵，甚至有红色心形图案的白玫瑰……这些如果在过去也许都是我

们认为不可能实现的梦想，但是现在蓬勃发展的新型生物技术却有可能让我们美梦成真！

（小祥《送你一束转基因花》）

例⑤大量运用具有形象色彩的名词性词语，如百合花、康乃馨、非洲菊、红玫瑰、蓝色的月季、有香味的菊花、娇小的迷你向日葵、有红色心形图案的白玫瑰等，它们形象鲜明、色彩缤纷、香味扑鼻，因而形象可感。

（2）趣味性。

文艺科学语体是面向大众，尤其是面向青少年宣传、普及科学知识，而要收到更好的普及效果，平淡无奇、枯燥乏味的东西是无能为力的，这就需要作者在科学真实的基础上展开想象的翅膀，运用文艺的笔法增强作品的故事性、趣味性，使作品写得引人入胜，趣味盎然，这样才能激起大家学习科学知识的兴趣。因此，文艺科学语体必须具有趣味性。

文艺科学语体的趣味性表现在其善于借助科幻小说、科幻诗、科幻影视等表现形式，引人入胜。例如：

⑥蚕姑娘

春天天气暖洋洋，蚕卵里钻出蚕姑娘。

又黑又小的蚕姑娘，吃了几天桑叶，就睡在蚕床上，不吃也不动，脱下黑衣裳。醒了，醒了，变成黄姑娘。

又黄又瘦的蚕姑娘，吃了几天桑叶，又睡在蚕床上，不吃也不动，脱下黄衣裳。醒了，醒了，变成白姑娘。

又白又嫩的蚕姑娘，吃了几天桑叶，又睡在蚕床上，脱下旧衣裳，换上新衣裳。醒了，醒了，身体渐渐长胖。

又白又胖的蚕姑娘，吃了几天桑叶，又睡在蚕床上，脱下旧衣裳，换上新衣裳。醒了，醒了，身体渐渐发亮。

睡了四次的蚕姑娘，吃了几天桑叶，就爬到蚕山上，吐出白丝，盖间新房。成了，成了，茧子真漂亮。

茧子里头的蚕姑娘，一声也不响。过了好几天，茧子开了窗。变了，变了，变成蛾姑娘。

（小学《语文》第三册）

例⑥中，作者将家蚕的养殖过程用形象的词句、生动的拟人手法、整齐的排比句式和富有音律美的诗歌语言来表现，朗朗上口，意趣横生，既深入浅出地说明了家蚕生长过程的科学知识，又收到了引人入胜的艺术效果。

可见，文艺科学语体是为了达到特定的交际目的和服务于特定对象的需要，熔文艺语体和科学语体于一炉，同时吸收这两种语体中某些优点，使之互相补充，更加完善，共同发展而成的典型交融语体。

上面我们较详细地论述了交融语体产生的途径、典型交融语体的类型及其特征，它对于语文教学是有着重要价值的，应引起我们的高度重视。

第五节　“语体先行”与语文教学

1962 年，著名修辞学家张弓曾对常敬宇说过这样一段话：“语体是现在语文教学中的一个重要问题。学习语文而不懂得语体的功能和特点，就不会使用汉语。我们的日常谈话、写文章都离不开语体，可以说语体是我们用汉语表达思想和言语交际必须遵守的体式。可惜我们的语文教学，只偏重语文知识的讲授，却不重视语体的教学。”[①] 张弓对语体在语文教学中的作用早就为我们指明了努力的方向。今天重温他的教诲，仍具有重要的指导意义。

那么，如何将语体引进语文教学呢？我们认为，需“语体先行”统率语文教学。

一、“语体先行”的内涵

尽管笔者于 1991 年在中学语文教师培训（后称“继续教育”）中，讲授“修辞学与语文教学”时，就开始试行“语体先行”的教学策略，但明确提出“语体先行”这一主张并见之于论文的是著名的语言学家——澳门大学教授程祥徽。他在《语体先行——学习张弓先生关于语体的论述》中认为：“在交际中不论你使用何种语言（甚至在同一交际场合使用不同的语言），首先要服从的是语体。”“交际者首先服从的是交际场合的那种特定的气氛，比如不能在立法局会议上吟诗唱曲，在辩论问题时一般采取论证语体。”[②] 这与我们的想法不谋而合，程祥徽的主张更坚定了我们的做法，因此，我们沿用“语体先行”这个术语，并倡导以“语体先行”来统率语文教学。因为“语体先行”对于语文教学，既是一种语用意识，又是一条语用原则，还是一种语用策略。

“语体先行”首先是一种语用意识。意识是“客观世界在人脑中的主观映像。……在心理学上，意识一般指自觉的心理活动，即人对客观现实的自觉反映”[③]。

---

① 常敬宇．语体的性质及语用功能．修辞学习，1994（4）

② 程祥徽．语体先行——学习张弓先生关于语体的论述．澳门写作，1993. 8

③ 辞海．上海：上海辞书出版社，2002

“人的意识不仅反映客观世界，并且能反过来作用于客观世界。”① 语体意识是人们在不同的语境中运用语言形成定型体式的感性认知。这种感性认知不仅反映语体面貌，还会反过来作用于人们的言语行为。这是因为人们在开口说话、动手写文章之前，必须“辞以体为先”。而“辞以体为先”即“语体先行”。所以，用“语体先行”的意识指导我们的言语行为，能使我们的言语适切得体。

“语体先行”又是一条修辞语用原则，这是因为修辞语用的一个重要原则就是得体性原则。而得体性原则中最重要的一个内涵，就是修辞语用要符合语体规范。而“语体先行”实际上强调了“以体为先”、“得体为上”的修辞语用的原则。

“语体先行”还是一种语用策略，这是因为它在语文教学中，对于培养学生的修辞语用能力和提高学生听、说、读、写水平是一条最佳途径，能收到事半功倍的教学效果。

总之，“语体先行”既是一种意识，又是一种语用原则，还是一种语用策略。三者之间，意识是修辞语用的前提，有了“语体先行”的意识后，才能明确实施“语体先行”的修辞语用原则和策略。

二、“语体先行”的功用

既然语体意识是决定修辞语用原则和策略的前提，因此，在这里我们探讨“语体先行”的功用就是强调“语体先行”意识的功用。

（一）树立“语体先行”意识，有利于课堂阅读教学

阅读教学是语文教学中一个十分重要的环节，有了“语体先行”意识，能大大提高阅读教学的效率。

现行的中学语文教材大都将同一文体或语体编在同一单元，以语体的视野去审视，这有利于厘清每一语篇乃至每个单元的语体属性。如读解一篇公文和一篇散文，就懂得公文和散文是两类不同的语体，它们的交际目的、交际领域以及运用语言材料和语言手段各不相同，从而形成的语体特征也大不相同。前者讲究准确简练，格式性强；后者讲究形象生动，抒情性浓。带着这个“纲”去读解这两类语体时，就会发现，公文为了实现其处理日常事务、解决实际问题的功用，无论是在用词、造句还是在语气乃至格式等方面都有自己的特征：在词语运用上，多用单义词语，慎用转义词语，并且常用各种习惯用语和体式框架语；大量运用陈述句，适当使用祈使句，一般不用疑问句、感叹句；适当使用排比、对偶、层递、比喻等辞格，不用夸张、模拟、双关、反语之类的辞格；公文还讲究对号入座，平行文、上行文、下行文在用词造句和谋篇布局上均有较大的差异。散文则是为了抒发一定的情感，其语言都会紧扣一个“情”字来组织。如朱自清的《春》，虽然全文只有633个字（标点符号不计），除了

① 现代汉语词典．北京：商务印书馆，1977. 1221

运用拟人手法来谋篇布局外，文中还运用比喻、顶真、回环一类的辞格来表示盼春、绘春、颂春之情，运用21对叠音词表现了对“春”的亲昵色彩等，无不抒发了他对春天浓浓的喜爱之情。可见，有了语体意识，对理解他人言语成品的题旨以及实现其题旨运用的修辞手段皆可尽收眼底，这样就能增强对他人言语成品的广度和深度意蕴的挖掘。

树立“语体先行”意识，对于一些表面相似的言语现象也能分辨它们不同的语体属性。如闻一多的《最后一次演讲》和江泽民的《在庆祝北京大学建校一百周年大会上的讲话》，表面上看起来都是演讲，都应属于口语语体的演讲体，实则不然，它们的语体属性迥异。前者是地道的即兴口语语体，因此，口语词多，语气词多，感叹词多，短句多，篇幅短小精悍，战斗性强；后者则是书面语体的口语形式，也就是说，它是一篇纪念性文章，属于书面语体中的应用语体，因而其书面语体色彩相当浓厚。

树立“语体先行”意识，对于内容相同、语体属性不同的言语现象也能依体辨性，准确认知它们的修辞特征。例如，同样是描写秋色的作品，在语文教材中既有诗、词，还有散文等。如《登高》、《山居秋暝》、《沁园春·长沙》、《故都的秋》、《秋夜》、《秋色赋》等，虽然它们都是文艺语体，都有形象性、情感性、模糊性和变异性等共同的特征，但它们毕竟是文艺语体下位层次上的不同的言语体裁（或叫语文体式、言语体式），因此，对于秋诗、秋词一类的韵文体还应着重抓住其音乐性的特征进行分析。

（二）树立“语体先行”意识，有利于口语交际教学和书面语写作教学

中学语文教学除了课堂阅读教学外，还分“口语交际教学”和“写作教学”。其中“口语交际教学”和“写作教学”的提法，我们认为不甚科学。因为“口语交际教学”和“写作教学”是两个不同的范畴，不能并列在一起，在“写作教学”之前加上“书面语”三字，成为“口语交际教学”和“书面语写作教学”就严密了。这样能使学生树立从“口语——书面语”的整体认识。

口语交际和书面语交际的本质区别在于口语的两个最显著的特征：一是其现想现说的即兴性，二是其借助有声语言传递信息和借助体态语辅助传情的生动性。至于简略性、多变性，则是口语语体的次要特征，况且不是每一种口语语体都有这两种次要特征，例如，有的专题口语语体就没有多变性的特点。书面语体也有两个突出的特征：一是严谨、周密，二是体系性强。正因为书面语有这两个显著特征，致使我们在书面语写作时，从体式、篇章乃至词语都要对号入座，要反复斟酌。一般情况下，公文不能写成诗歌，学术论文不能写成小说，很多人都已懂得这个道理，并用之于实践，这就是语体意识已作用于人们言语行为的结果。

有了“语体先行”意识，在口语交际教学中，教学生把握其语体规范，掌握作为口语载体——有声语言的特征，掌握口语谋篇布局、造句用词的规律，掌握附在有声语言上能大大增强表达效果的副语言和体态语的表达规律与技巧，并通过大量的口语语体及其下位言语体裁的训练，如演讲、辩论、谈判、讨论、访谈、对话以及参加社会各种口语交际的言语实践，来提高口语表达能力。

有了“语体先行”意识，在书面语写作教学中，就能牢牢掌握文艺语体和非文艺语体的本质区别。在文艺语体中，掌握诗歌一类韵文体、戏剧一类对白体和散文、小说一类散言体的差异；在非文艺语体中，又能对政论语体、科学语体和应用语体的特征加以细分。同时，再掌握写作教学中的记叙、描写、议论、抒情、说明等表达手法在各种语体中的适用性和局限性。这样既能从宏观上掌握各种语体特征，又能从微观上掌握构成这些特征的语言手段和修辞技巧，从而纲举目张，收到事半功倍的书面语写作教学效果。这一点，限于篇幅，不能展开讨论，但它对于语文教学却有着十分重要的价值，值得投入更大精力去研究。

在书面语写作教学中，还有一个重要环节，那就是作文评改，有无语体意识也举足轻重。近些年高考出现的满分佳作，如“患者吴诚信的就诊报告”[①]，这篇文章确实写得好。但好在哪里？请看相关人士的评论：

> ①本文形式新颖，有极强的创新色彩。文章通过“望诊”、“把脉”、“透视”、“血样采集”四种方式，由表及里地刻画出丧失诚信者的特点，通过“基因鉴定”含蓄地揭示出“丧失诚信”的原因，“治疗方法”和“医生建议”则提出了恢复诚信的基本方法，全文层层深入，从是什么、为什么、怎么办三个方面进行了全面阐释，思路清晰，用语诙谐，且不乏令人深思的语句，不失为一篇佳作。
>
> （《高考佳作欣赏》，《广州日报》，2001－07－30）

例①这则评语尽管已算写得较好，但我们还是觉得有明显的不足，显得就事论事，只知其然，而不知其所以然。为什么呢？原因就在于评论者的语体意识淡薄，尤其是对交融语体的知识欠缺所致，因此，评语虽然已触及了“形式新颖，有极强的创新色彩”问题，但仍没有抓住“好”的关键，只能从语篇的表象上来评论。这篇作文好的关键在哪里呢？正如我们在上文中评价的那样，好就好在作者把自己的真情实感移植在一篇医生的“就诊报告”中，表面上看是医生的一份病历记录，实则是借用医生的诊断来为社会上缺乏诚信的人开处方，加上作者妙用双关、反语等修辞手法，这就使全文语言诙谐辛辣、鞭辟入里，收到的表达效果与用常规的议论文或记叙文相比，不仅显得新颖、别具一格，且活泼风趣而更耐人寻味。

类似这样，运用语体移植手段获得高考作文满分早已不是凤毛麟角。学生们已经懂得将自己的真情实感移植在日记体中，如《一个落榜考生的日记》；或移植在书信

① 语例见第 88 页

中，如《谏屈原书》，等等。这是学生们趋新求异的审美心理的展现，语文教师应该充分利用这些佳作进行准确的评论和引导，使学生们从感性认识上升到理性认知，这样举一反三，就能大大提高学生的书面语写作能力。

可见，“语体先行”无论是对课堂阅读教学、口语交际教学还是对书面语写作教学，都有不可忽视的作用。

三、课堂阅读教学与“语体先行”策略

上文说过，“语体先行”是一种意识，有了这种意识，就能自觉实施“辞以体为先”，即“语体先行”的语用原则和策略。语文教学分课堂阅读教学、口语交际教学和书面语写作教学各个环节。在这些环节中，实施“语体先行”的语用原则和策略，能大大提高教学质量，尤其是在课堂阅读教学中，以“语体先行”为指导，能提高教学效率，收到事半功倍的教学效果。因此，我们以课堂阅读教学中实施“语体先行”为重点进行论述。那么，如何在课堂阅读教学中实施“语体先行”呢？我们认为，以语体为经、修辞为纬，对每一语篇从大到小地剖析语体修辞的规律，这样就能纲举目张。在教学中，要着重抓好以下几个重要环节：

（一）辨语体

阅读他人的言语成品，首先要辨体。辨体很重要，这一点，明代的吴讷在《文章辨体·凡例》中说过：“文章以体制为先，精工次之。失其体制虽浮声徊响，抽黄对白，极其精工，不可谓之文矣。”明代徐师曾在《文体明辨·序》中引用了陈洪漠类似的论述：“文莫先乎辨体，体正而后意以经之，气以贯之，辞以饰之。体者，文之干也；意者，文之帅也；气者，文之翼也；辞者，文之华也。体弗慎则文庞，意弗立则文舛，气弗冒则文萎，辞弗修则文芜。”这段话告诉我们，“文章以体制为先”，只有先辨“体”，才谈得上语言使用的问题，这是有一定道理的。

分辨语体是课堂语篇教学中的第一个环节。因为“任何言语现实（说一席话、写一张请假条等）都是以一定的语体面貌出现的，没有驾于语体之上的言语活动”①，也就没有驾驭语体之上的言语。

上文提到，语体分为三大类：文艺语体、非文艺语体和交融语体。文艺语体和非文艺语体各有各的语体特征，交融语体是一类新型结构的语体，也有其典型的语体特征。在文艺语体内部，无论是韵文体、对白体还是散言体都有各自的语体特征；在非文艺语体内部，政论语体、科学语体和应用语体也各有自己不同的面貌。语文教师从语体的角度对文艺语体和非文艺语体及其下位言语体裁的修辞特性进行条分缕析的分辨，就能使学生细心体会不同语体的修辞个性，培养学生对语体的感性认识，这样经历多次语体体验，从初中到高中，步步深化、强化，语体意识就会起到潜移默化的作

① 郑远汉．语体研究中的几个问题．语体论．合肥：安徽教育出版社，1987. 24

用，久而久之，学生对语体的感性认识就能上升为理性认识，从而掌握各种语体的修辞规律，达到举一反三的目的。

分辨语体，还要注意分辨交融语体。因为交融语体在中学语文教材中所占比例不小，主要体现在文艺传记体、文艺科学体和文艺政论体中。文艺传记体，如司马迁的《史记》中就选取了13篇（含语文读本）文章进入教材，可以说达到入选作家作品之最。这一类作品为什么比例这么大，应该如何教？这是每个语文老师应该考虑的问题。我们翻阅了部分教参，可以说尚未看到从交融语体的角度来分析它的特点的。其实，这一类语篇是人物传记体和文艺语体的交融，也就是说，司马迁运用文艺手法来记叙人物的生平事迹。有关这一点，笔者于1989年在《语体交叉》中曾指出："司马迁的《史记》，本是人物传记，实用语体之属，但作者独具匠心，将实用语言与文学语言熔于一炉，以历史人物为中心，将翔实的史料进行排比、归纳，淋漓尽致地塑造出一百来个人物形象，有血有肉，栩栩如生，被后人誉为'史家之绝唱，无韵之《离骚》'。"① 文学传记体既然是两种语体水乳交融后形成的一种新型的交融语体，那么，它既有传记体的真实性，但又不囿于传记体的制约，它可以描写、可以刻画，有的地方还可以在不失真实的基础上来点儿夸张；也就是说，大多文学的表达手法，它都可以施用，其文学性又十分强，从而使其具有极高的史学价值和文学价值，也许正是这一点，才使得《史记》中多篇文章被选进了语文教材。

此外，如《桥之美》、《绿色蝈蝈》、《喂，出来》、《化石吟》一类的文艺科学体，是典型的交融语体；如《包身工》、《消逝的仙湖》一类的报告文学，也属于交融语体。对于它们的教学，有了正确的交融语体意识和实施"语体先行"的策略之后，语文教师的视野会更开阔，教起来不但准确，而且会更得心应手。

要能准确分辨语体，对走进作者的表达语境会有一定的帮助，因为任何修辞语用活动都要因情定体，这个"情"即指情境。表达主体根据一定的情境选择语体是"先于话语发生前内在的认知和交流中的语用应变"② 的。而选择语体比选择词句更为重要，选择词语、句子对增强语言的表达效果只是局部的、微观的，而选择语体则在宏观上对语篇的表达效果起着决定性的作用。表达者在表达的时候，语境是制约其言语行为的最直接因素。社会文化、自然风光、人文景观以及表达者自身的思维定式、人生态度、情感个性、审美情趣、价值标准、气质风度、语言风格等，都是表达语境构成的重要因素，都对表达者的言语行为有着至关重要的影响和制约作用。因此，接受者走入作者的表达语境，不仅要研究表达者的交际动机、交际目的，还要研究其表达背景、社会文化背景对他们的制约与影响，这样才能帮助我们准确地把握表达者选择语体的动机与目的。如鲁迅之所以选用杂文体式，完全是因为当时社会的白色恐怖致

---

① 黎运汉．现代汉语语体修辞学．南宁：广西教育出版社，1989. 466

② 丁金国．语体风格认知与解读．北京：文化教育出版社，2006

使他要“破帽遮颜过闹市”，隐蔽地发表自己的看法，而又要起到“匕首”和“投枪”的作用，因此，他巧妙地借助文学手法来寄托自己的情感，从而开创了杂文这种融政论和文艺于一体的交融语体。这种交融语体既有政论语体的政论性、战斗性，又有文艺语体的形象性、模糊性。鲁迅之所以选择文艺政论体作为其情感抒发的最好载体是当时他所处的语境使然。

推而论之，毛泽东主席在抗日战争时期发表了一系列号召性、战斗性、鼓动性强的政论文章，也是“中华民族到了最危急”的语境使然；蒲松龄之所以写出许多光怪陆离的鬼狐故事，这与他亲眼目睹科举制度的腐败，选择寓言这种言语体裁来寄托自己对真善美的向往不无关系。

可见，接受者走进表达者的语境，就能准确地把握作者选择语体的意图，从而对正确辨认语篇的语体类属是大有裨益的。

（二）析篇章

每一语篇都以一定的言语体裁从属于一定的语体。明确每一语篇的语体属性之后，就要根据其语体属性进行篇章修辞手段的剖析。这又可分为以下三个步骤：

1. 查结构

如果说一个语篇的题旨是其灵魂、材料是其血肉，那么，结构就是其骨骼。“没有坚实的骨骼，血肉便无处依托，灵魂也就无处寄托。只有找到了恰当完美的结构形式，才能把文章的观点和材料、叙述和议论、情节和场面等串联编织起来，使作品成为完整有机的整体。”① 这段话形象地说明了结构在语篇中的地位和作用。

结构由层次与段落、开头与结尾、过渡与照应等要素构成。有关层次我们下面独立阐述，开头和结尾、过渡和照应等，有的将在“谋篇”一章阐述。这里着重探索语篇的宏观结构。尽管天下文章“定体则无”，但“大体需有”，每一语篇在形体上总是有自己的结构模式。而要了解语篇的结构模式，需将语体和文体结合起来考察。

关于文体的划分，有“二分说”、“三分说”、“四分说”。“二分说”是“把文学作品与文章分开。文学作品一般分为小说、散文、诗歌、剧本，文章则分为记叙文、议论文、说明文、应用文。”② “三分说”，即将文体分为记叙文、议论文、说明文。“四分说”是在“三分说”的基础上增加了应用文。

上述文体分类，虽说法不一，但对我们寻找语体与文体的对应关系却有帮助。一般情况下，就书面语体来说，文艺语体与文学作品相对应，应用语体与应用文相对应，政论语体与议论文相对应，科学语体分为专门科学语体和通俗科学语体，专门科学语体与议论文相对应，而通俗科学语体则与说明文相对应。

政论语体、专门科学语体既然与议论文相对应，那么它们的语篇结构也与议论文

---

① 徐丹晖．写作与语言艺术教程．北京：北京广播学院出版社，2002. 178

② 曾祥芹．文章学与语文教学．上海：上海教育出版社，1995. 365

的结构相对应，是“总论——分论——结论”结构，带着这一结构模式阅读政论语体或专门科学语体一类文章，如《理想的阶梯》、《短评·写作指导》等，其结构就会一目了然。

通俗科学语体和说明文相对应，或按照事物的构造、形态来说明，如《人民英雄纪念碑》；或按事物的发展变化来说明，如《看云识天气》；或按操作过程、现象原理来说明，如《景泰蓝制作》等，使行文一目了然。

应用语体与应用文相对应，结构模式也与应用文相对应，其程式性很强，表现出一文一式的结构。

文艺语体中的小说体、戏剧体、叙事诗以及叙事散文等，常常运用记叙的手法来写人叙事，因此，其文章结构或按时间先后，或按空间方位，或按事态发展的顺序来组织结构。如戏剧《雷雨》就是按时间的推移和事情的发展顺序来安排结构；小说《药》是按时间的推移和情节的发展来安排结构；叙事散文《背影》是按时间和空间交叉的方法来安排结构；抒情散文如《白杨礼赞》等则是按表达者的认知或情感的发展变化来安排结构。

总之，我们在查看语篇结构时，要将语体与文体结合起来，具体问题具体分析，这样对任何语体（包括文体）的结构都能了然于胸。

2. *理脉络*

脉络就是文章的线索。脉络对于文章，是“人们思维、思想感情活动的一种载体，任何语篇，不管有无情节，不管篇幅长短、头绪繁简，总应该有一条与思维逻辑、思想感情的发展相一致的主线贯穿其中”①。这段话告诉我们，脉络不仅明显地存在于戏剧、小说等有完整情节的文艺语体之中，也存在于诗歌、抒情散文等非叙事性的文学作品之中，还存在于非文学作品之中。总之，任何一个语篇都有自己的脉络。

尽管任何语篇都有自己的脉络，但脉络有显、隐之分。显性脉络往往有明显的语言标志，或有起、承、转、合作用的各种词语和句子作标志；或有序数词语、并列词语、并列句式等为脉络标志。隐性脉络较隐蔽，但只要与语体对应，就可清晰辨出。如文艺语体中的小说、戏剧，其故事情节就是它们的脉络；情感发展变化就是诗歌、散文的脉络；“提出问题——分析问题——解决问题”是政论语体的脉络；“见解、主张——理由——证明——结论”则是科学语体的脉络。应用语体的脉络要视具体语篇作具体分析，其脉络因体裁（文体）不同而不同，哪怕是一张小小收据，向谁收的，收到什么，什么时间收到的，是谁收的，就是收据的脉络。

3. *分层次*

层次又称“意义段”、“结构段”或“部分”，它是展现表达者对文章内容安排的次序。表达者“在运思谋篇时，还要考虑的是文章的层次问题，分几个大层，每一大

---

① 杨荫浒．文章结构论．长春：吉林文史出版社，1990. 317

层又分几个小层，如何安排才最合理、最妥帖。层次考虑好了，文章结构才有最可靠的保障”①。

层次主要有时间先后层次、空间方位层次、逻辑事理层次和时空交叉层次等。层次安排受语体的制约。政论语体、专门科学语体的层次“必须表现出论证、推理中的逻辑过程和步骤，表现出总论点和分论点，以及分论点之间的联系和顺序，以表示它们之间平列的、总分的、从属的、因果的等关系”②。因此，它们常常运用逻辑的层次来组织材料构成篇章，如《花儿为什么这样红》是并列的层次，《谈骨气》是总—分—总的层次，《事事关心》、《我的老师》是层递的层次，《继续保持艰苦奋斗的作风》则是因果的层次。小说、戏剧、叙事散文等是以记叙表达为主的文艺语体，是按人物、事物、景物各个发展阶段或不同的侧面去考虑层次。大多数情况下离不开事物纵向的发展变化过程，即使文中有插入部分以揭示事物的来龙去脉，也仍然要表现出时间上的先后顺序，因此，它们常常是按时间先后层次、空间方位层次或时空交叉层次来安排内容，如《故乡》、《小桔灯》、《雷雨》、《一件珍贵的衬衫》等。通俗科学语体和应用说明语体要表现出认识事物的程序，因此其层次或按空间方位层次，如《雄伟的人民大会堂》；或按时间先后层次，如《从甲骨文到口袋图书馆》；或按时空交叉层次，如《人民英雄永垂不朽》等。总之，层次的安排要充分考虑语体的特点，这样才能取得最佳的表达效果。

（三）品语言

根据不同语体的不同特征，分析其修辞要求和修辞手段，尤其要抓住语篇中精彩而又含义丰富的段落、句子、词语深入分析并细细品味，从而捕捉作者字里行间隐含的重要信息。当然，品味语言要紧扣语体，因为从语言材料的选择、各种修辞手段的运用乃至篇章的谋划都以语体为依托，在一定的语体中存活。

一般来说，政论语体常常是严密的论证和形象的描绘交织在一起，因此，品味这类语体时，应抓住其色彩鲜明的词语，思维缜密的长句，鼓动性、号召力强的反诘句、感叹句、祈使句，以及为了增强说服力和感染力而运用的各种描绘性手段等进行剖析。科学语体则应品其准确的词语、单义的术语、严密的句式和内容的科学性。应用语体则重点品其语言的准确性、一事一文的简明性和行文的模式性。文艺语体的语言就更加丰富多彩，其语言的形象性、音乐性、模糊性和变异性等均值得我们好好品味。反之，即使是同一修辞现象，也因其语体不同，表达功能各异。例如比喻，文艺语体运用它是为了再现人和事物的生动形象；政论语体是为了化抽象为具体；科学语体是为了通俗易懂；事务语体尤其是公文语体则是为了使语言简洁明了。

在语文阅读教学中，品味语言的方法多种多样，但万变不离其宗，我们在品味语

---

① 杨荫浒．文章结构论．长春：吉林文史出版社，1990.59

② 杨荫浒．文章结构论．长春：吉林文史出版社，1990.60

言时，应注意以下几个环节：

1. 注重品味美词丽句

所谓“美”，不仅仅指词句的华丽这种狭义上的美，还指广义上的美。这种广义美的衡量标准就是陈望道所说的“用得恰当便是美”。在语文教材中，只要是紧扣题旨情境而又能深化语篇主题和中心的地方就是美。尤其是当出现以下情况时，更要引起重视，仔细琢磨作者运用语言的独到之处。具体表现在以下三个方面：

（1）繁复啰唆。

本可用简洁的语言来表达，可作者故意运用啰唆、繁复的语言来表现，那么，这个地方就应该仔细品味其精妙之处。例如：

①在我的后园里，可以看见墙外有两株树，一株是枣树，另一株还是枣树。

（鲁迅《藤野先生》）

②我的不远千里，要从杭州赶上青岛，更要从青岛赶上北平来的理由，也不过想饱尝一尝这“秋”，这故都的秋味。

（郁达夫《故都的秋》）

例①表面上看去啰唆，完全可以改成“……可以看见墙外有两株枣树”，这样文字虽然简洁了，但作者要表现的单调、冷寂的氛围就荡然无存了。例②也可以改为“我的不远千里从杭州赶上北平来的理由”，虽显得干脆利落一些，但表达效果逊色许多，这是因为原句看似啰唆、繁复，但它既能突出北平是北国赏秋的最佳处，又能充分表现出作者为了一览故都的秋不顾行程遥远和一路的辗转艰辛，这样就将作者对故都之秋的追寻、热切期盼、喜爱之情都呈现出来了。

（2）自相矛盾。

故意将自相矛盾的词语、句子用在一起，那么，这里就应该引起重视，仔细品味作者的精妙之处。例如：

③我到现在终于没有见——大约孔乙己的确死了。

（鲁迅《孔乙己》）

④刘和珍君是我的学生，……她不是，苟活到现在的我的学生，是为了中国而死的中国青年。

（鲁迅《记念刘和珍君》）

例③中的“大约”是表推测的语气副词，“的确”则是表肯定的语气副词，乍一看去，自相矛盾，但只要细细品味，又觉得作者用得巧妙："大约"一词中寓含着孔乙己的地位卑微，是死是活，无人问津；"的确"则寓含着明确的推理和判断，因为孔乙己好吃懒做，哪怕只有一口气，爬都要爬到咸亨酒店来赊酒喝，然而从初冬到第二年的端午，再到中秋，再到年关，整整一年没见孔乙己来，看来他"的确死了"。例④中的"是我的"和"不是……我的"两个反义短语的运用，既有作者对刘和珍由衷的敬意并以有这样的学生而自豪之意，又表现了作者的谦恭和深沉的自责之情。上面两例都是作者有意将两个看似矛盾而实不矛盾的词语并列在一起，因而才能产生更加耐人寻味的表达效果。

（3）貌似语病。

表面上看去，似乎不符合语言规范，实则是作者有意为之，那么，这里也是值得细细品味之处。例如：

⑤看着这种饲养小姑娘的谋利制度……

（夏衍《包身工》）

⑥这是一条幽僻的路：白天也少人走，夜里更加寂寞。

（朱自清《荷塘月色》）

例⑤中的"饲养小姑娘"显然不搭配，而作者故意这样运用是为了深刻地揭示包身工不被当人而被当作猪一类的动物的悲惨命运。例⑥写景本应用"寂静"，而这里用了"寂寞"，看似不妥，实则有意融入作者的心境，不失为精妙之笔。

2. 注意品味辞格、辞趣的魅力与情趣

辞格是修辞学独有的言语现象，它丰富多彩，魅力深厚。凡是辞格运用的地方，都有其独特的修辞效果，我们要紧扣语体，好好品味其深厚魅力。例如：

⑦中国军人的屠戮妇婴的伟绩，八国联军的武功，不幸全被这几缕血痕抹杀了。

（鲁迅《记念刘和珍君》）

⑧酒店里的人大笑了，阿Q看见自己的"勋业"得到了赏识，便愈加兴高采烈起来，"和尚动得，我动不得"，他扭住伊的面颊。

（鲁迅《阿Q正传》）

例⑦中的"伟绩"、"武功"实指其"罪恶"、"暴行"，是反语。例⑧中的"勋业"本指功勋业绩或重大功劳、成就之意，这里用在阿Q调戏小尼姑的事情上，显然是大词小用，它是降用辞格的应用。类似这样正话反说或反话正说、大词小用或小词大用等许多辞格现象，常常是意在言外，是值得细细品味的地方。

辞趣“就是语言文字本身的情趣的利用”，“便是如何利用语言文字的意义上、声音上、形体上附着的风致来增强话语文章的情韵问题”[①]。辞趣有三种类型：意趣、音趣和形趣。掌握它们，有利于读解他人言语成品中的深层信息，增添情趣。如在鲁迅的《阿 Q 正传》中，其中“Q”偏用一英文字母，“单从形体来看，这个字体多像阿 Q 的脑袋：生过癞疮的头后吊着一根细细的小辫子”[②]，就收到了形象鲜明而又有个性的视觉效果。此外，一些活用了的标点符号也是辞趣的一种，语文教材中活用的标点符号大量存在，有关这一点，我们将在第八章详细论述。

此外，还有许多品味语言的方法，如寓静于动、寓繁于简、寓抽象于具体等，限于篇幅，不再赘述。

总之，我们在读解他人言语成品时，当感到其语言或简明精练，或繁复丰赡；或明快质朴，或含蓄委婉；或形象生动，或幽默风趣；或故意模糊，或突破常规……那一定是作者匠心独运之处，我们就应该抓住这些语言，深入剖析作者运用每一修辞手段对传情达意的作用。

综上所述，我们提出以“语体先行”来统率语文教学，并深信这种教学对于提高学生的修辞语用能力能起到事半功倍的效果。

---

① 陈望道．修辞学发凡．上海：上海教育出版社，1979. 229

② 阮显忠．论图示格．《修辞学发凡》与中国修辞学．上海：复旦大学出版社，1983. 339

第三章

语篇修辞与语文教学

第一节　语篇的内涵、格局与修辞要求

一、语篇的内涵和研究概况

（一）语篇的内涵

语篇是西方语言学中的一个术语，它的内涵有好几种。有的语言学家认为，“语篇既指书面语言，又指口头语言”；有的认为，“只指书面语言，不包括口头语言”；还有的认为，“用语篇专指书面语言，用话语专指口头语言”①。我们采用后一种说法，口语中的一席席话，叫做话篇；书面语中首尾完整的一篇篇文章，叫做语篇，它是书面语言的最大单位，是语文教学的主要形式，因此它是本书重点研究的对象。

在过去，汉语“语篇”的说法较少，常常叫做“篇章”。其实，篇章是两个概念，一指“篇”，即语篇；二指“章”，即章节。这一点可从刘勰的《文心雕龙》得到印证：“夫人之立言，因字而生句，积句而成章，积章而成篇。”可见，篇和章在我国古代就是两个概念，“篇”大于“章”，“章”是“篇”的构件，它是最大的意义段，如章回小说，每一章就是一个最大的意义段。最小的意义段，称为语段。语段将在下一章讨论。这里先研究语篇。

（二）语篇的研究概况

西方的“语篇学研究”又叫篇章语言学或话语分析。20世纪二三十年代，欧洲的一批语言学家开始注意语篇的研究问题。五六十年代，美国的哈里斯和英国的韩扎德分别发表了语篇研究的论文。到了七八十年代，语篇研究已蓬勃发展起来，成为一门独立的学科，其标志是出版了两本有代表性的杂志（*Discourse Processes*，1978；*Text*，1981）和五本教材，还出版了四卷本的《话语分析手册》。语篇学研究已初具规模，并从“基础研究逐步转向应用研究”，“成为已很有影响的语言分支学科”②。

西方语篇研究的视角比较广阔。从范围看，它既指口语，又指书面语；既指大到首尾完整洋洋洒洒的数十万、上百万字的著作，又指小到完成特定交际目的的句子；既研究独白，又研究对话；既研究比句子大的语言单位的特征，又研究句子自身内部的结构，如主题、述题表达；既研究语篇的宏观范畴与切分，又研究语篇的微观交代、照应等具体规则和规律，等等。

“国内的语篇学研究，开始得较早，但发展得较晚。”③ 我们同意这一观点。

---

① 黄国文．语篇分析概要．长沙：湖南教育出版社，1988. 3

② 聂仁发．现代汉语语篇研究．湖南师范大学博士学位论文，2002

③ 吴启主．汉语构件语法语篇学．长沙：岳麓书社，2000. 316

之所以说汉语语篇学研究"开始得较早"，是因为汉语的语篇研究早于西方的语篇研究，最早可以追溯到我国古代文论的研究。如南北朝刘勰的《文心雕龙》中研究篇章的就有《附会》、《章句》等。又如宋朝陈骙的《文则》，对篇章的原则、表达手法有较多的论述，关于"文与意"的关系，提出"辞以意为主，故辞有缓有急，有轻有重，皆生乎意也"；主张"文贵贴切自然"、"贵明确"、"贵其简"、"贵通俗"、"贵恰当"；总结了"数人行事"论，"起事"、"尽事"论；总结了列举分承、总提分述的修辞规律；总结了连贯、照应等谋篇布局的规律，等等。正如陈骙所说："徒讽诵而弗考，犹终日饮食而不知味"，因此他"得以恣阅古书，始知古人之作"，"其则著矣"。可见，我们的祖先早就注意并进行过潜心的篇章研究了，这些足以说明汉语篇章研究确实是源远流长的。

到了20世纪20年代，黎锦熙的《新著国文语法》就专设一章对段落和语篇进行分析；60年代初，黎锦熙和刘世儒合著的《汉语语法教材·第三编》第二部分——"段落篇章和总图解"，就论述了句群的构成及类型、段落的构成及联络方式，还具体分析了两篇文章。此外，还有好几位语言大师都倡导建立辞章学，如吕叔湘曾说："我们能够建立起来自己的汉语词（辞）章学。"张志公也在1983年就倡导建立辞章学，认为辞章学"是综合考察和研究语言运用的科学"，"它研究……从很小的语言片断直至完整的篇章"[①]，可以说，"汉语语篇学在他们那里已经初具规模了"[②]。

之所以说汉语语篇学研究发展较晚，是因为直到20世纪80年代才又被重视起来。这首先表现在语法学界冲破了句子研究的藩篱，扩大到了句群研究，把句群写进了语法的教科书中。当时，研究句群可以说掀起了高潮，发表和出版了不少高质量的论文、论著。如吴为章、田小琳除了主编《句群与句群教学论文集》外，还出版了多部句群方面的高质量的著作，颇受同行好评；与此同时，沈开木的《现代汉语话语语言学》（1996）、吴启主的《实用汉语篇章学》（1987）和《汉语构件语法语篇学》（2000）等都是语法学界的语篇研究成果，其影响甚为深远。

在修辞学界，对篇章的研究也值得充分肯定。近四十年来，修辞学界突破了对词、句修辞的研究而扩展到篇章修辞的研究。这里最值得称赞的是海峡两岸的部分学者致力于篇章语言艺术的研究——辞章学的研究，并已取得了令人瞩目的成就。在大陆，最突出的是华东地区以郑颐寿为首的一批学者，他们已出版了《辞章学概论》、《辞章学导论》、《辞章学新论》、《辞章学发凡》、《大学辞章学》、《辞章学论文集》、《辞章学艺术示范》、《段落的组织》、《篇章的修辞》等近千万字的辞章学专著。这些著作虽与西方研究的视角不太相同，但突出地折射出汉语篇章的民族特色。可以说，是集古今篇章研究之大成的系列鸿著。在台湾，就笔者掌握的资料来看，对篇章研究

---

① 张志公．现代汉语讲座．北京：知识出版社，1985

② 吴启主．汉语构件语法语篇学．长沙：岳麓书社，2000. 316

得最深入细致而又取得卓著成果的当数陈满铭教授和他的高足仇小屏博士。陈满铭对文章章法进行了多年的潜心研究，总结了章法的系列规律，形成了较完整的体系。他出版了《文章结构分析》、《文章的体裁》、《词林韵藻》、《诗词新论》、《国文教学论丛》、《唐宋诗词评注》、《词曲选注》、《作文教学指导》等多部著作；仇小屏出版了《文章章法论》、《篇章结构类型论》（上、下）等，这些成果无论是从宏观上对辞章章法的归纳，还是从微观上对单一语篇的分析，都充满创见，令人耳目一新，是具有极大实用价值的好书。

二、语篇的格局

语篇的格局又称“布局”或“布格”，是指语篇的间架结构，安排所选用的材料以布置篇章的格局。语篇的格局很重要，朱光潜将文章布局比喻成打仗，他说：“在战争中，我常注意用兵，觉得它和作文的诀窍完全相同。……在调兵布阵时，步、骑、炮、工、辎须有联络照应，将、校、尉、士、卒须按部就班，全战线的中坚与侧翼，前锋与后备，尤须有条不紊。虽是精锐，如果摆布不周密，纪律不严明，那也就成为乌合之众，打不来胜仗。文章的布局也就是一种阵势，每一段就是一个队伍，摆在最得力的地方，才可以发挥最大的效用。”① 文章写作也和打仗一样，先布局谋篇，才能写出好文章。

那么，语篇有无一定的格局呢？这个问题，历来看法就不一致。有的人认为，天下的文章结构千变万化，没有一定的格局。而有的人却认为，语篇有一定的格局，并归纳了“三准”、“四法”之类的基本类型。所谓“三准”，出于刘勰的《文心雕龙·熔裁篇》，他说：“凡思绪初发，辞采苦杂，心非权衡，势必轻重，是以草创鸿笔，先标三准：履端于始，则设情以位体；举正于中，则酌事以取类；归余于终，则撮辞以举要。”这段话是说在开始写文章时，要建立纲领方法，先定三个标准，就是按照“始、中、终”三个部分，分别以“情、事、辞”来表现，这就是“三准”之说。所谓“四法”是从范梈的《诗法》中来：“诗有四法：起要平直，承要春容，转要变化，合要渊永。”这里说的虽是诗法，但人们将它用于文章方面，这就成为后人提及的起、承、转、合“四法”：“起”，是“起下也”，就是文章记叙的开头或提出论说的问题；“承”，是承接文章的开头而过渡展开；“转”，就是一层意思陈述完后再转到另一层意思，即推进一层，转出他意；“合”，就是文章的收合结尾，即写出事情的结局或得出解决问题的结论和办法，使文章的结构完整。到了元代，又有人把这四种布局增加到六种，即将“转”按内容和功能又细分为铺、叙、过。铺，指从理论上发挥；叙，即叙事；过，即过渡，成为“起、承、铺、叙、过、结”六种。

上述的“三准”和“四法”，说法各异，但它们却有相通之处。“三准”中的

---

① 朱光潜．美学文集（第2卷）．上海：上海文艺出版社，1982. 290

"始"、"终"就是"四法"中的"起"、"合";"三准"中的"中",虽然比较笼统,但也与"四法"中的"承"、"转"相对应。可见,尽管天下的文章面貌各异,但它们大体符合"三准"、"四法"的规律,因为它们概括了汉语语篇格局的基本面貌。

起、承、转、合是汉语语篇的基本格局,尽管有人发生过质疑,甚至有人认为它是"陋人之法",但它客观存在于汉语语篇中。正如霍四通所说:"起、承、转、合基本上反映了交际过程的各个环节,兼顾了'衔接'和'变化'两个方面的含义,且能涵盖更多语体,体现了各类文体的内在篇章结构要求。"我们"不能不承认它的客观存在"①。聂仁发也说:"早期的汉语语篇研究中有关宏观结构的内容大都继承了'起承转合'的思想","这些经验对于分析语篇的结构有重要意义,在后来的汉语语篇研究中产生了积极的影响"②。因此,我们仍然坚持"起、承、转、合是汉语语篇的格局"的观点。

三、语篇的修辞要求

上面我们论述了语篇的基本格局,它对于表达与阅读至关重要。也许有人会认为,这是文章学的内容,与修辞无关。有关这一点,我们在第一章"修辞学与文章学的关系"中就已阐明。篇章是一个边缘地带,是文章学、修辞学共同研究的对象。文章学研究篇章结构,是从宏观上考量文章的立意布局、材料取舍等问题;而修辞学研究篇章结构,是从语言运用表达效果的角度来研究适用于篇章、段落的表达手段和技巧,它是从微观上具体实施文章学的宏观蓝图,是写作学直接有用的技术手段。所以,我们在谋篇时,要注意如下修辞要求:

(一)紧扣意旨

我们在组段成篇的时候,不是材料的罗列堆砌,而要"从客观存在的题材中升华出意旨来"③。这个"意旨"就是一个语篇的题旨、中心。文章的中心意旨制约着人们的语言运用,这就是常说的"文以意为先"的道理。只有意在笔先,才能做到辞随意遣。这一点刘勰在《文心雕龙·附会篇》中就有论述,他说:"何谓'附会'?谓总文理,统首尾,定与夺,合涯际,弥纶一篇,使杂而不越者也。若筑室之需基构,裁衣自待缝缉矣。"就是说,综合全篇的布局使其条理井然,联结开头和结尾使其首尾连贯,决定写什么和不写什么,内容虽多,文辞虽杂,都不能越出语篇的意旨,要把各部分都融合起来,组成一个有机的整体,使其天衣无缝。曾国藩也说:"一篇之内,端绪不宜繁多,譬之万山磅礴,必有主峰;龙衮九章,但挈一领。否则,首尾冲

---

① 霍四通. 篇章层面的汉英对比修辞研究三题. 修辞学论文集(第12集). 哈尔滨:黑龙江人民出版社,2009

② 聂仁发. 汉语语篇研究回顾与展望. 宁波大学学报,2009(5)

③ 郑颐寿. 辞章学概论. 福州:福建教育出版社,1986. 57

决，陈意芜杂，兹足戒也。”[①] 这段话也强调一篇文章必须有一个中心，有了中心，就能“整派者依源，理枝者循干”，“驱万途于同归，贞百虑于一致；使纵理虽繁，而无倒置之乖；群言虽多，而无棼丝之乱。扶阳而出条，顺阴而藏迹；首尾周密，表里一体”[②]。

语篇要说明的中心意旨，“若就其安置的部位论，却不出置于篇首、篇腹、篇末与篇外等四种形式”[③]。

中心意旨位于篇首者，往往先将意旨做个总括，“以开门见山的形式”[④] 出现，这是最常见的一种形式，各种语体和各种文体都可运用。如毛泽东的《改造我们的学习》，开篇就提出了中心论点：“我主张将我们全党的学习方法和学习制度改造一下”，就是这篇议论文的中心意旨。

中心意旨位于篇腹者，“虽不像见于篇首、篇末与篇外者那么多见，但也不乏其作”[⑤]。如《闻官军收河南河北》，这一语篇的中心意旨不在篇首，也不在篇尾，而在语篇中间的“喜欲狂”三字，整个语篇都是紧扣“喜欲狂”的具体表现来构思的。

中心意旨位于篇末者，常以总结、归纳、强调的形式出现，这是出现在各种言语体裁中较普遍的现象。如《念奴娇·赤壁怀古》通过写赤壁江山如画的美景，并由景而及三国当年破曹的英雄豪杰，反思自己年华虚度，从而发出“人生如梦”的深切感慨，就是其意旨。

有时，中心意旨在语篇中不直接抛出，而意在言外；也就是说，这类语篇的意旨不在篇内，而在篇外。要靠读者“从客观存在的题材中升华出意旨来”。在语文教材中，许多小说的意旨就在篇外，如《药》、《陈奂生上城》、《项链》等，都是意在言外的佳作。

寻找语篇的中心意旨，还有语体和文体的差异。一般情况下，政论语体与议论文相对应。议论文的中心论点就是其语篇的中心。围绕中心论点论证，就是围绕中心意旨进行论证。而议论文的中心论点有时在语篇的开头，有时在语篇的末尾，有时在语篇的中间，有时题目就是中心论点。找到了中心论点，紧扣中心意旨来论述就好办了。

通俗科学语体与说明文相对应，任何一篇说明文都为了说明事物或事理，那么，“说明什么”就是这一说明文的中心。如《看云识天气》，说明的事物是如何通过“看云”来识别天气，因此“看云识天气”就是这一语篇的中心意旨。

文艺语体与记叙文相对应，它往往通过记叙的人或事来表达自己的写作意图，而

---

① 曾国藩．复陈右铭书．引自蒋建文．从作文原则谈作文方法．台北：台湾商务印书馆，1995. 160

② 刘勰．文心雕龙·附会

③ 陈满铭．谈主旨见于篇外的几篇课文．国文教学论丛．台北：万卷楼图书公司，1998. 111

④ 陈满铭．谈篇旨教学．国文教学论丛·续编．台北：万卷楼图书公司．1998. 4

⑤ 陈满铭．谈主旨见于篇外的几篇课文．国文教学论丛．台北：万卷楼图书公司，1998. 93

写作意图就是这一语篇的中心意旨。文艺语体尤其是小说体，作者总是把自己的真实意图隐藏在所写的人和事物形象的深处，这样既含蓄又耐人寻味。如《孔乙己》、《陈奂生上城》等，无不如此。当然，不是任何记叙人或事物的语篇都是含蓄的模式，也有直截了当揭示语篇的意旨的。如魏巍的《谁是最可爱的人》，作者通过记叙三件事：一是书堂站战斗，表现志愿军战士对祖国的爱和对敌人的恨；二是马玉祥的故事，表现出对朝鲜人民的深刻同情；三是记叙战士的艰苦生活，表现志愿军战士的高贵品质和宽广美丽的灵魂。这三个故事在志愿军的意志、品质和气质三个方面，都是直接紧扣“志愿军战士是我们最可爱的人”这一语篇的中心意旨来记叙的。

应用语体与应用文相对应，常常一文一事，什么意图，直截了当表达出来，不需拐弯抹角。其语篇的意旨位置也是比较灵活的，既可置于篇首，也可放在篇末，有时其标题就表达了其意旨。

总之，中心意旨是语篇的灵魂。有了灵魂，语篇才有语用价值。我们在谋篇布局时，注意提升语篇的意旨，也就提升了语篇的语用价值。

（二）脉络贯通

脉络原指人的经络或血管，它是人体的命脉。文章用“脉络”来引申语篇的条理线索，意指作者建构语篇的思路要像人的经络或血管一样自然通畅。

脉络贯通很重要。《文心雕龙·章句》中说：“章句在篇，如茧之抽绪，原始要终，体必鳞次。启行之辞，逆萌中篇之意，绝笔之言，追媵前句之首；故能外文绮变，内义脉注，附萼相衔，首尾一体。”其中的“内义脉注”说的就是脉络，指一个语篇的意义线索要贯通。

一个语篇，不管其分为多少个段落来表述，一定要有一条脉络横亘其间，这样才能使整个语篇形成一个有机的整体。如魏巍的《我的老师》，作者回忆了他读书时的七件小事。从表面上看，这七件小事既写了课内的，又写到课外的；既写了校内的，又写到校外的；既写了平时的，又写到假期的，看似零散，实则有一条对老师的认识的主线横亘其间，并将这七件小事连缀起来。

脉络的形态多种多样，可以从多种角度来分类：

从脉络的数量分，有单线、双线之分。文艺语体中的小说、戏剧常以这种方式安排脉络。例如，莫泊桑的《我的叔叔于勒》就有两条脉络：一条是写菲利普一家如何“盼望于勒—赞扬于勒—遇见于勒—躲避于勒”；另一条则是按于勒“挥霍家产—被迫出国—指望发财—最后破产”来安排。《我与地坛》也有两条脉络：一条写地坛的宽广、博大以及“我”的成长到成熟；另一条写母亲无私、深沉、伟大的爱。

从脉络的隐、显分，可分为明线和暗线两条脉络。这种脉络多用于文艺语体。例如，鲁迅的《药》就有两条脉络：一条是“买药—吃药—谈药—药效”这条明线，另一条是夏瑜“被杀—血被吃—上坟”这条暗线，明线只起连缀材料的作用，而暗线则起剖析事件、揭示主题的作用。可以说，凡有两条脉络的语篇，其两条脉络一般都有明暗之分、主次之别。如上面提到的《我的叔叔于勒》中的两条脉络，也有明暗之分，明线是写菲利普一家，暗线是写于勒。《藤野先生》也有明暗两条脉络，明线是作者回忆与藤野先生的相识、相处与离别，暗线则是表达作者的爱国情怀。

从脉络的功能分，可分为意脉、语脉、情脉和物脉四种。

意脉是语篇的意义线索。人物、事件、时间、地点、开头、发展、结局是记叙文的脉络，如莫泊桑的《项链》就是紧扣借项链、赔项链、假项链的意脉展开故事情节的。文章的大小事理、内在联系的条理是议论文的脉络。客观事物的不同性质、状态、成因、功用等特征是说明文的意脉。哪怕一个请假条，也有自己的意脉：向谁请假、为什么请假、请多久假等就是其意脉。

语脉是语篇中起连贯作用的词语或句子，它是脉络在语言形式上的标志。如契诃夫的小说《装在套子里的人》，就是以主人翁别里科夫出现了九次的口头禅“千万别闹出什么乱子来”为全文的语脉。《白杨礼赞》也以多次在文中出现的“我赞美白杨树”、“白杨树实在是不平凡的树”为其语脉，凡此种种，不胜枚举。

情脉是指作者寄予语篇的感情线索，或由浅入深，或由淡到浓，或由明到暗，或由贬到褒，等等。如魏巍的《我的老师》就有一条由浅入深对老师感情发展的主线，将七件小事连缀起来，把自己对老师真挚深厚的爱呈现在读者面前。鲁迅的《阿长与〈山海经〉》也有一条作者对阿长由淡到浓的情感脉络横亘其间。总之，任何文学作品都是作者情感的寄托，因此都应有一条情感脉络，只是有的明显、有的隐蔽罢了。如莫怀戚的《散步》，通过记叙一家三代人的散步细节，将一家人其乐融融的亲情倾注在字里行间，成为一条情脉横贯其中。而鲁迅的《药》，通过对华家和花白胡子等人的描写，充分表达了作者哀其不幸、怒其不争的强烈情感却是十分隐蔽的，这与作者所处的政治背景不无关系。

物脉是指以客观事物为语篇的线索，整个语篇紧扣这一事物来组织。如袁鹰的散文《天山路》，“路”是其物脉，贯穿全文，把一些风马牛不相及的材料，像张骞的车骑、班超的鞍马、岑参的苦吟、李益的低唱、列车的飞驰、白杨的挺拔、红柳的飘曳……联系起来，组成一首天山的赞歌。这一类语篇有很多，如《百合花》中的百合花被、《党员登记表》中的登记表等，都是以客观存在的事物为物脉来组织语篇的。此外，《羚羊木雕》、《一件珍贵的衬衫》、《小桔灯》、《周总理办公室的灯光》、《项链》、《七根火柴》等皆属于这一类。物脉应用极广，尤其是通俗说明语体，要说明的事物即为其物脉。

总之，我们无论是在建构语篇还是在读解他人的语篇时，都要理清语篇的脉络，只有这样才能切实有效地认知语篇的结构。

（三）层次清晰

刘勰在《文心雕龙·章句》中说：“裁章贵于顺序。”就是说，在一个语篇中，如何将要表达的内容有条不紊地组织起来，先说什么，后说什么，这里有一个顺序问题。而这个“顺序”就是层次。“层次又称‘意义段’、‘结构段’或‘部分’”①，语篇就是由这些“意义段”或“部分”按一定的顺序组织起来的。

要使语篇层次清晰，既要掌握层次的类型，又要注意层次的适用范围。

1. 时间先后层次

时间先后层次就是按时间顺序安排层次。时间先后层次又可细分为两种：

（1）今昔层次。

A. 昔—今层次。由昔而今，从过去到现在，这是按时间顺序来安排层次，是一种顺叙层次。昔—今层次多适用于写人记事一类的记叙性语篇，如文艺语体中的小说和戏剧，实用语体中的人物传记等。例如：

> ①30 年前，一个年轻人离开故乡，开始创造自己的前途。他动身的第一站，就是去拜访本族的族长，请求指点。老族长正在练字，他听说本族有位后辈即将踏上人生的征途，就写了三个字：不要怕。然后抬起头，望着年轻人说：“孩子，人生的秘诀只有六个字，今天就告诉你三个，供你前半生享用。”
>
> 30 年后，这个从前的年轻人已经是人到中年，有了一些成就，也添了很多伤心事。归程漫漫，回到家乡，他又去拜访那位族长。他到了族长家里，才知道老人家几年前已经去世，家里的人取出一个密封的信封对他说：“这是族长生前留给你的，他说，你有一天一定会再回来。”回乡的游子这才想起来，30 年前在这里只听到人生的一半秘诀，拆开信封，里面赫然又是三个字：不要悔。

例①是 2010 年安徽八校第一次联考的阅读题。这段文字是按“30 年前”和“30 年后”两段时间的先后来安排，井然有序，层次清晰。

语文教材中，如《范进中举》、《药》等语篇都属于这一类。

除了写人记事一类的记叙性语篇可按时间先后层次来安排外，有时论说文的层次也可按时间先后层次来安排。如《曹刿论战》就是按战前、战中和战后的时间先后层次来安排，其层次非常清晰。通讯报道一类的纪实性文体也常常是按时间顺序来安排文章的结构层次。如《月亮上的足迹》即属这一类。

B. 今—昔层次。由今而昔，由现在追述过去，这是一种倒叙的层次。如《一件珍贵的衬衫》、《琐忆》等即属于这一类。

C. 今—昔—今层次。由现在，再追述过去，然后再到现在，这种今昔交错的层次，即为今—昔—今层次。如《背影》、《祝福》等即属于这一类。

（2）久暂层次。

久暂层次是台湾学者仇小屏提出来的。该层次是从时间的长久和短暂的角度来分

---

① 徐丹晖．写作与语言艺术教程．北京：北京广播学院出版社，2002. 183

类的，其中有最久、次久、短暂、极短的时间区别。今昔层次着重过去与现在，而久暂层次则着力于时间的悠长与短暂相映成趣。

A. 由暂而久。即“由短暂的一刹那开始，再将时间不断地拉长、拉久”①。例如：

②云母屏风烛影深，长河渐落晓星沉。
嫦娥应悔偷灵药，碧海青天夜夜心。

（李商隐《嫦娥》）

例②第一句表示的时间最短暂，即指眼前发生的事；第二句较为短暂，指一段时间的事情；第三句是久远之事，指嫦娥偷吃灵药，奔向月宫；第四句最久，指嫦娥在月宫中的寂寞难耐的心情。仇小屏分析例②用“极暂”、“暂”、“久”、“极久”来概括，这就是由暂而久层次。

B. 由久而暂。“‘久’就是指长时间，‘暂’就是指短时间”，即将悠长的时间逐步浓缩到一刹那，“焦点是集中在最短的一刹那”②。例如：

③少小离家老大回，乡音未改鬓毛衰。
儿童相见不相识，笑问客从何处来。

（贺知章《回乡偶书》）

例③共四句诗，而这四个句子表达的时间是不同的：

第一句，书写由“少小”离家至“老大”回家的几十年光阴，时间最长久。

第二句，几十年过后虽已到“鬓毛衰”之时，但“乡音无改”，这里着重表达了变与不变的次久现状。

第三句，书写眼前发生的事，“儿童相见不相识”，时间短暂。

第四句，发生的时间还在第三句之后，更为短暂，即眼前发生的事。

仇小屏分析上例用“最久”、“久”、“短暂”、“极暂”来概括，这就是由久而暂层次。这是很有创意的。

了解时间层次的内在差异，我们在组织语料表达思想时，可采用时间的先后和久暂层次来安排，在阅读他人的书面语语篇时也能把握作者的层次脉络，这样才不至于眉毛胡子一把抓，理不出头绪来。

2. 空间方位层次

空间方位层次即按空间方位的顺序来安排层次。它又可分远近、高低、内外、上

---

① 仇小屏．篇章结构类型论．台北：万卷楼图书公司，1998. 47

② 仇小屏．篇章结构类型论．台北：万卷楼图书公司，1998. 47

下、左右、大小等，也可从状态变化或视角转换的角度来记述说明。空间方位层次多用于文艺语体中的诗歌体、戏剧体、小说体。例如：

④月落乌啼霜满天，江枫渔火对愁眠。
姑苏城外寒山寺，夜半钟声到客船。

（张继《枫桥夜泊》）

例④这首诗就是按空间转换来安排层次的。前两句写近景：第一句先写近处仰望所见月落、乌啼、霜满天的景象；第二句再写平视所见江枫、渔火、愁眠的景象。第三、四句写远景：第三句写姑苏城外的寒山寺，第四句再通过听觉带出由寒山寺传来的钟声。作者就是通过借助远近的自然景物描写来寄托浓浓的思乡之情。

观光游记一类的语篇多用空间方位层次。如碧野的《天山景物记》，不仅全篇采用的是空间方位层次，就连篇中的小标题也体现了空间方位的特点。

说明一类的语篇也常用这种层次。如《从宜宾到重庆》即按长江流向，从宜宾至泸州再到重庆，按上游到下游的空间方位顺序来安排文章的层次。

3. 逻辑事理层次

逻辑事理层次即按照事物自身内在规律安排层次。逻辑事理层次，从语体来看，多用于政论语体和科学语体；从文体来看，多用于议论文和说明文。逻辑事理层次有并列、承接、因果、层进、总分等，它既是层次安排的手法，又是布局谋篇的手段，因此，我们将其放在下一节论述。

4. 交融层次

交融层次即上述几种层次的综合运用。其中又分为两种：

第一种是时间与空间层次的交融，或先时间后空间的层次，或先空间后时间的层次。如《从百草园到三味书屋》，作者就是按小时候到入学时的时间层次和从百草园到三味书屋的空间层次的交叉融合来安排文章层次的。《藤野先生》的作者也以在日本求学经历的先后顺序和从东京到仙台到回中国的空间顺序来安排文章层次的。《人民英雄永垂不朽》介绍十幅浮雕是按事件发生的时间顺序和从东、南、西、北的方位顺序来安排文章层次的。

第二种是时间与逻辑层次的交融。如《一件珍贵的衬衫》回忆衬衫来历部分按时间层次来记叙整个过程，又是按事件的因果逻辑关系来安排文章层次的，因此，它也是一种交融层次。

（四）照应周密

语篇讲究照应，“照应就是文章后面内容对前面内容的比照、照顾、呼应”[①]。照

① 杨荫浒．文章结构论．长春：吉林文史出版社，1990. 245

应能使语篇更加周密、严谨，浑然一体。一篇文章，照应的地方越多，语篇的结构就显得越周密、严谨。

近些年来，语篇的照应研究成为汉语界关注的热点。学者们对照应的定义、照应形式的分类、先行词与照应词的关系、线性和层次性的关系等问题作了比较深入的探讨。郑庆君在《汉语话语研究新探——〈骆驼祥子〉的句际关系和话语结构研究》中专立一章分析了其内部的照应系统，可以说这是一部具体体现了汉语照应最新研究成果的佳作。

文章学对汉语的照应研究可谓是历史悠久，成果丰硕。我们借鉴相关学科的研究成果，结合汉语语篇实际来考察，语篇的照应可以从多个角度来分类。

1. 从照应的位置分

（1）扣题照应。

扣题照应即紧扣题目的照应。它又可分为：

①开篇扣题照应。即语篇一开始就紧扣题目，照应题目。这种照应在语文教材中比比皆是，如《背影》、《故乡》、《改造我们的学习》等。

②篇中扣题照应。即指在文章中关键处紧密扣题，形成照应。这是一种最常见的照应，不少语篇都是这种照应。如茅盾的《白杨礼赞》一文中多次出现“白杨树实在是不平凡的”、“我赞美白杨树”的扣题照应。又如：

> ⑤方志敏思索着，苦恼着……虽然彼此并不认识，然而他读过鲁迅先生的文章，深信鲁迅先生对革命事业的忠诚，决定把生命的最后时刻写成的信件和文稿，送到鲁迅先生的手里。
>
> （唐弢《同志的信任》）

例⑤“深信”一词出现在篇中，紧扣题目，形成照应。

③篇末扣题照应。即在文章的末尾处照应题目。例如：

> ⑥……朋友！你是这样爱我们的祖国，爱我们的伟大领袖毛主席，你一定会爱我们的战士——他们确实是我们最可爱的人！
>
> （魏巍《谁是最可爱的人》）

例⑥的文章题目是“谁是最可爱的人”，设定了悬念，文章结尾则明确表明“我们的战士是最可爱的人”，这样问与答浑然一体，形成了篇末扣题照应。

（2）首尾照应。

或为了突出题旨，或为了形成一种圆合之美，有意在语篇的开头与结尾处构成照应，即为首尾照应。如张锋的《化石吟》就是首尾照应：

⑦ 开头：逝去万载的世界可否重现？
沉睡亿年的石头能否说话？
长眠地下刚苏醒的化石啊，
请向我一一讲述那奇幻的神话。
结尾：逝去万载的世界又重现，
沉睡亿年的石头说了话。
长眠地下刚苏醒的化石啊，
你讲的故事多么令人神往、惊讶！

像例⑦这样的首尾照应在语文教材中比比皆是，如《花儿为什么这样红》、《再别康桥》、《一件小事》、《紫藤萝瀑布》、《匆匆》等，皆属于这一类首尾照应。

（3）综合照应。

综合照应即上述几种照应的综合运用。例如：

⑧笑，是心情愉快的一种表现，对于健康是有益的。笑，是一种复杂的神经反射作用，当外界的一种笑料变成信号，通过感官传到大脑皮层，大脑皮层接到信号，就会立刻指挥肌肉或一部分肌肉动作起来。

小则嫣然一笑，笑容可掬，这不过是一种轻微的肌肉动作，一般的微笑，就是这样。

大则是爽朗的笑，放声的笑，不仅脸部肌肉动作，就是发声器官也动作起来。捧腹大笑，手舞足蹈甚至全身肌肉、骨骼都动起来了。

笑在胸膛，能扩张胸肌，肺部加强了运动，使人呼吸正常。

笑在肚子里，腹部收缩而又张开，及时产生胃液，帮助消化，增进食欲，促进人体的新陈代谢。

笑在心脏，血管的肌肉加强了运动，使血液循环加强，淋巴循环加快，使人面色红润，神采奕奕。

笑在全身，全身肌肉都动作起来，兴奋之余，使人睡眠充足，精神饱满。

（高士其《笑》）

例⑧是一篇说明文，属于通俗科学语体。文章虽然短小，但其照应却十分严密。既有开篇扣题照应，又有首尾照应，如第一句“笑，是心情愉快的一种表现，对于健康是有益的”，下面用“小则嫣然一笑……”和“大则是爽朗的笑，放声的笑……”照应第一句中的前半句，“笑”的具体表现，前呼后应且一呼二应；然后又用“笑在胸膛……”、“笑在肚子里……”、“笑在心脏……”、“笑在全身……”四个并列的自然段照应第一句的后半句，说明“笑，对于健康是有益的”的具体表现，也是前呼后应且一呼四应。全文因照应十分严密，其浑然一体的严谨结构也就自然地呈现出来。

2. 从照应的隐显分

（1）显性照应。

在语篇布局中，照应的关系明显，即为显性照应，又叫显应。

显应关系之所以“显”，是因为其有明显的语言标志来显示其照应关系，这些语言标志是或相同，或相反，或相关，或相释的词语、句子、语段等，使其照应关系明显。例如：

⑨清人袁枚有诗曰：“赖有岳于双少保，人间始觉重西湖。”

“重西湖”，因为岳飞、于谦，又不仅仅因为岳飞、于谦，还因为苏东坡。最重杭州的人，不是你，不是我，是杭州太守苏东坡。山上的鸟都认识他，水里的鱼都认识他！他在杭州抒发情怀的诗就有400首！……

“重西湖”，还因为抗清英雄张苍水的临刑绝呼：“好山色!”张苍水“带镣上街行，告别众乡亲”——官巷口的刑场，杭州百姓已是素衣素服，白茫茫一片来送行……

“重西湖”，还因为西湖的山水留下过鲁迅的足迹。白娘子的传说引发他为普通民众追求心灵自由的呼喊，激发起这位反封建战士的斗志。……

“重西湖”，还因为杭人为明日杭城绘制一幅幅蓝图。杭州人说：西湖不仅是杭州的西湖、浙江的西湖，更是中国的西湖，世界的西湖。……

例⑨摘自2007年上海高考阅读题的后半部分，文中省略号为笔者所加，第一个句子是承上启下的过渡句，并以“重西湖”为语言标志提挈下文，而后面四个自然段都以“重西湖”作为起始句，与上面的过渡句“重西湖”形成同语照应，且为一呼四应，照应关系十分明显，这是一种显性照应。

（2）隐性照应。

隐性照应又叫“伏应”。“伏”是埋伏，“应”是照应。这种照应关系不显山露水，要靠读者细心领悟方能觉察。这类照应在文艺语体中，尤其是戏剧语体中运用最多。李渔在他的剧论《闲情偶书》中说：“每编一折，必须前顾数折，后顾数折；顾前者，欲其照应；顾后者，便于埋伏。照应、埋伏，不止照应一人，埋伏一事，凡是此剧中有名之人，关涉之事，与前此后此所说的话，节节俱要想到。”其中，“顾前者，与其照应”，即指前后照应；“顾后者，便于埋伏”，指的就是“伏应”。例如：

⑩鲁　贵：我等太太还有什么事要吩咐。

繁　漪：（忽然想起来）有，你跟老爷回完话之后，你出去叫一个电灯匠来。

刚才我听说藤萝架上的旧电线落下来了，走电，叫他赶快收拾一下，不要电了人。

（曹禺《雷雨》）

周朴园：藤萝架那边的电线，太太叫人来修理了么？

仆　人：叫了，电灯匠说下着大雨，不好修理，明天再来。

周朴园：那不危险么？

仆　人：可不是么？刚才大少爷的狗走过那儿，碰着那根电线，就给电死了。现在那儿已经用绳子圈起来，没有人走那儿。

……

四　凤：我糊里糊涂又跑到这儿，走到花园那电线杆底下，我想死了算了。我知道一碰那根电线，就可以什么都忘了。

（曹禺《雷雨》）

例⑩是曹禺《雷雨》的最后一幕，写四凤和二少爷被电死了。这一结局其实并不突然，因为作者在第二幕和第四幕中就连续巧妙地埋下了伏笔。

“伏应”必须有“伏”，有“伏”才有“应”，有“伏”无“应”，语篇就会残缺；有“应”无“伏”，就会令人看不明白。如莫泊桑的《项链》，语篇结尾揭示了项链是假的这一令人震惊的“结果”。其实，细心的读者不难发现，这一结果的产生并非突然，因为在文章前面有三处埋下了伏笔：一是借项链时，佛来思节夫人“取出一个大匣子，拿过来打开了”，并随意让她挑选；二是玛蒂尔德到珠宝店去查找同样的项链，珠宝店的老板回答说“我只卖出这个盒子”，这就意味着并没有卖出过这挂“贵重”的项链；三是玛蒂尔德还项链时，“佛来思节夫人没有打开盒子”，项链是否是出借的那条，在佛来思节夫人看来，似乎并不重要。这三处的伏笔，“伏”得巧妙而不露痕迹，因此至文章末尾揭示项链“是假的，至多值五百法郎”时，就更具震撼力。这是典型的隐性照应，即“伏应”。

此外，从照应的内容还可分为环境照应、细节照应和性格照应。这些原属文章写作的内容，因为有如何照应的技巧问题，所以也与修辞密切相关。环境照应是“在描写人物所处的环境时，有意识地造成前后呼应、对照，以对人物的性格发展、故事情节的推进起映衬、连贯作用”[①]。如莫泊桑的《我的叔叔于勒》，对菲利普一家人在轮船上遇见于勒时前后环境的描写，将菲利普夫妇从希望的巅峰跌落至失望的谷底的心理变化过程鲜明地折射出来，从而将菲利普夫妇认钱不认人、“唯钱是亲”的心理揭示出来。细节照应是“通过某些物件、动作、事项等富有特征性的细节在作品的前后

---

① 刘锡庆，李保初．写作技法辞典．北京：商务印书馆，1998. 538

构成照应的技法”①。如高晓声在《陈奂生上城》中，对陈奂生在招待所交钱前后的细节描写，揭示了“我们离现代精神文明的水准还有很远，我们还有很长的路要走”这一深刻主题。性格照应是“为了表现人物性格及发展变化，而着意造成前后呼应、对照的技法”②。如《水浒传》中的“拼命三郎”石秀是一个性格坦率、正直、疾恶如仇、义无反顾但又沉着机敏的人；鲁达和李逵虽都是鲁莽个性之人，但鲁达鲁莽中带有机警、精明和豪爽，而李逵则粗鲁、蛮干甚至还有几分幼稚。他们的这些性格在文中多处形成照应，从而很好地表现了他们各自的人物特征。

（五）繁简得宜

语篇的繁简是指叙述的详略，它是指选材而言。构成语篇的内容多了，就需要剪裁，这本是文章学管辖的范围，但这些材料放在什么位置说、怎样说、说详细些还是简略些，这样就与修辞密切相关了。

清朝的吴祺曾说：“善用笔者，或纵之千言而不厌其详；约之数十言而不见其简。详之至而使人不见其可删；简之至而使人不见有可益，斯为妙也。”③ 这段话就是说，文章当繁则繁，当简则简。而“衡量繁简得体的语言表达尺度是辞达。‘辞达，则二三言非不足；辞未达，则千百言而非有余’”④。如《曹刿论战》重在一个“论”字，因此，战前与鲁庄公讨论战略思想和战后说明如何选择战机写得具体详尽；而对战争过程却一笔带过，十分简略。这样繁简得宜，能很好地突出中心，充分表现曹刿非凡的战略思想。可见，繁简得宜历来受到重视，它是谋篇的一个重要手段。

文章当繁则繁，繁可以细致地写景状物。如鲁迅的《故乡》就用了大量的篇幅详细描写孩提时代记忆中故乡的情景，而对现实的故乡却寥寥几笔，一带而过，这是为了说明故乡今不如昔。而他在《秋夜》一开头就用了繁笔：“在我的后园，可以看见墙外有两株树，一株是枣树，还有一株也是枣树。”这里运用繁笔写景，意味深长。有人认为：“这两株枣树既是构成作品意境和情绪基调的主导形象，又是引发作者创作动机的媒介，触发灵感的客观物象。”⑤ 这话不无道理。

繁可以细腻地刻画人物。如《林黛玉进贾府》，作者在描写众人眼中的黛玉和黛玉眼中的众人时，就运用了繁笔，洋洋洒洒，用墨如泼，不仅呈现了黛玉的形象，而且使贾宝玉、王熙凤等众人物的形象栩栩如生地跃然纸上。朱自清的《背影》，详写第一次看见父亲的背影情况，而对第二次父亲的背影却寥寥几笔，这就从篇幅上显示了语篇的重点，从而引起读者的注意。鲁迅的《祝福》，作者让祥林嫂再三重复“我真傻，真的”，“我单知道下雪的时候野兽在山坳里没有食吃，会到村里来，我不知道

---

① 刘锡庆，李保初．写作技法辞典．北京：商务印书馆，1998. 538

② 刘锡庆，李保初．写作技法辞典．北京：商务印书馆，1998. 538

③ 杨荫浒．文章结构论．长春：吉林文史出版社，1990. 252

④ 杨荫浒．文章结构论．长春：吉林文史出版社，1990. 252

⑤ 杨荫浒．文章结构论．长春：吉林文史出版社，1990. 245

春天也会有。我一清早起来就开了门……”这些类似的话，在《祝福》中前后出现了四次，看似繁复，实则也是作者为了刻画祥林嫂形象有意安排的，可以说她每一次的诉说都是字字血、声声泪，起到催人泪下的感染作用。

繁还可以酣畅淋漓地抒发情感。例如：

⑪于是看小旦唱，看花旦唱，看老生唱，看不知什么角色唱，看一大班人乱打，看两三个人互打，从九点多到十点，从十点到十一点，从十一点半到十二点，然而叫天竟还没有来。

（鲁迅《社戏》）

⑫亲爱的朋友们，当你坐上早晨第一列电车驰向工厂的时候，当你扛上犁耙走向田野的时候，当你喝完一杯豆浆、提着书包走向学校的时候，当你坐在办公桌前开始这一天工作的时候，当你往孩子口里塞苹果的时候，当你和爱人一起散步的时候……朋友，你是否意识到你是在幸福之中呢？

（魏巍《谁是最可爱的人》）

例⑪是写去看叫天的戏的一段描写，作者运用繁笔，看起来啰唆累赘，实际上这正是作者故意借助繁复的表达来呈现“我”焦急等待而引发的烦躁不安心理。例⑫是大家十分熟悉的言语片断，作者运用了一组排比句抒发幸福生活来之不易的强烈情感，读之令人受到极大的感染。

繁还可以含蓄委婉地传情达意。例如第一次世界大战时，美国的许多青年不愿当兵。一位心理学家应邀到青年中去演讲，如何才能达到动员青年踊跃报名的目的，经过反复思考，这位心理学家是这样演讲的：

⑬当兵有两种可能：一种是留在后方，一种是送到前线。留在后方不用担心。送到前线又有两种可能：一种是轻伤，一种是重伤。轻伤不用担心。重伤的话又有两种可能：一种是能治好，一种是不能治好。能治好的不必担心。治不好也有两种可能：一种是死不了，一种是死了。不死的话不必担心，死了嘛……也好，因为已经死了，还有什么好担心的呢？

例⑬中心理学家为了达到演讲的目的，面对特定的交际对象，采用层层剥笋的方法，一层一层地向内深入，剥到最后见到的笋心很小，从而说明当兵一定会有牺牲，但绝不能说“当兵等于死”，“当兵等于死”的可能性就像笋心那样，是比较小的。这里，心理学家将一个严肃的政治问题置于繁复铺陈的言语艺术之中，采用剥笋脱壳的方法来表现，这不仅增加了语言的情趣，而且具有极强的逻辑说服力。

文章当简则简。简不等于内容空乏，思想苍白。简就是要惜墨如金、以简驭繁、辞约意丰。达到“句有可削，足见其疏；字不得简，乃知其密”① 的目标，达到无可删削的程度，便可说是惜墨如金了。范仲淹的《岳阳楼记》详写骚人墨客式的“物喜”、“己卑”，而作者所向往的“先天下之忧而忧，后天下之乐而乐”的境界却只字未提，但余音袅袅，令读者思而得之，从而达到经久不忘的效果。台湾作家周素珊的短文《第一次真好》，不仅从静态的角度详细描写了第一次看见硕果累累的柚子树时的喜悦与新奇，还从动态的角度详细描绘了第一次看小鸟孵出的过程，而对“第一次去露营”、“第一次动手做饭”、“第一次坐飞机”、“第一次看见雪”、“第一次看见自己的作品用铅字印出来”等则一笔带过，这样繁简得宜，使文章富于变化，多姿多彩。

语篇繁简得当，在古典名著中比比皆是。如司马迁的《陈涉世家》，作者为陈涉作传，要书写的事件很多，但他并未按陈涉的生活经历泛泛来写，而是选取典型材料精心安排。如对其少年生活经历的陈述，只选取了他佣耕垄上的言行，表现了他胸怀大志；写起义军进攻的路线以及政权的建立，也只寥寥几笔，惜墨如金；而对起义前的准备和经过，却细细道来，文字详尽，这是繁简得宜的佳作。类似这样的语篇还有很多，如杜牧的《阿房宫赋》、欧阳修的《醉翁亭记》、贾谊的《过秦论》等，都是紧扣题旨、繁简得宜的典范。

第二节　语篇建构的艺术手法

语篇建构的艺术手法，最常用的有以下两大类：

一、借助修辞手法建构语篇

修辞手法又叫辞格，它不仅可以用来构词造句，还可以用来建构语篇，它是“章之明靡”、“篇之彪炳”的重要修辞手法。用这些修辞手法来谋篇，正如倪祥和所说，它们“并非都是孤零零、毫不相干的，而是相互联系着的”②。倪祥和还把用来谋篇的辞格从内在的联系归纳为四大系统：用比系统、排叠系统、对衬系统和问答系统。这种独到的见解对于掌握辞格谋篇的手法及其修辞效果大有好处。

（一）用比系统与谋篇

用比系统即指运用比兴、比拟、象征、夸张、示现等辞格来建构语篇而形成的谋篇体系。

---

① 刘勰．文心雕龙·熔裁

② 倪祥和．修辞手法与篇章．修辞学研究（第2集）．合肥：安徽教育出版社，1983. 348

1. 比兴法

这是两种谋篇的方法。因为刘勰在《文心雕龙·比兴》中，把比兴看作比喻，认为“兴”是含义委婉的托喻。因此，我们沿用“比兴”这个术语。

“比”此指比喻，即用比喻手法谋篇，可以收到形象生动的表达效果。如鲁迅的《夏三虫》就是比喻谋篇。为了抨击敌人，将社会上形形色色的敌人比喻成夏天的三种寄生虫，把它们吸吮人血的神态刻画得淋漓尽致。在中学语文教材中，也不乏运用比喻谋篇的，如毛泽东的《愚公移山》、流沙河的《理想》等，皆是比喻谋篇。

“兴”，就是“先言他物以引起所咏之词也”。它是借助一种事物来引出所要咏叹的另一事物。说得通俗些，“‘兴’实际上就是触景生情”，是作者“就眼前的景物发生联想，来抒写自己的情绪或烘托环境和气氛”①。如朱自清的《匆匆》就是先言他物：“燕子去了，有再来的时候；杨柳枯了，有再青的时候；桃花谢了，有再开的时候”，以引起所咏之词——“我们的日子为什么一去不复返呢?”又如《孔雀东南飞》中是用孔雀起兴——“孔雀东南飞，五里一徘徊”来表现夫妻的别情愁绪，也是“兴”起谋篇。

2. 比拟法

比拟就是把人当作物，或把物当作人，或把此物拟作彼物的修辞格。用比拟手法谋篇能收到生动活泼、形象可感的修辞效果。例如朱自清的《春》，是把春天当作人来写，生动活泼。张晓风的《行道树》，也用拟人手法建构语篇，让行道树自白，展现其无私奉献的情怀，从而揭示“神圣的事业总是痛苦的，但是唯有这种痛苦把深沉给予我们”的人生哲理。郑愁予的《雨说》，采用拟人手法构篇，让“雨”对生活在中国大地上的儿童喃喃细语，使人感受到“雨”这位爱的使者亲切、温柔的形象。

3. 象征法

象征是通过某一特定形象以表现与之相似或相近的形象或情感，其特点是利用象征的事物（象征体）和被象征的事物（被象征体）之间的某种类似对应关系，使被象征体得到含蓄而形象的展现。用象征手法谋篇，可以达到化抽象为具体、化理念为形象的表达效果，从而强化语篇的可感性、含蓄性。用象征手法谋篇广泛地用于文学作品中，特别是诗歌和散文多用此法。如毛泽东的《卜算子·咏梅》、鲁迅的《秋夜》、瞿秋白的《一种云》、郭沫若的《银杏》、袁鹰的《井冈翠竹》、高尔基的《海燕》、茅盾的《白杨礼赞》、杨朔的《荔枝蜜》等都是用象征手法谋篇。此外，文学作品中的寓言、童话也有不少用象征手法谋篇。需要说明的是，象征是文学作品中广泛运用的一种艺术手法，它是否属于辞格，意见有分歧，我们在这里将其当作辞格来看待。

---

① 徐炳昌．篇章的修辞．福州：福建教育出版社，1986. 76

4. 示现法

将不在眼前的人和事物陈述得如临其境、如见其人、如睹其形，这种修辞手法即为示现。用示现手法谋篇，可将过去的、未来的和想象中的事物描写得活灵活现、栩栩如生，以增强语言的感染力。如鲁迅的《故乡》，就是运用了示现手法追述过去故乡的人和事：金黄的圆月、海边的沙地、碧绿的西瓜、少年的朋友、天真的游戏等，读之如见其人其事，大大增强了语篇的表现力。

（二）排叠系统与谋篇

排叠系统即指运用排比、层进、反复等辞格来建构语篇而形成的谋篇体系。

1. 排比法

排比法即通过“排段”的形式来建构语篇。它有“首同、尾同、首尾呼应三式并有复排段的形式存在”[①]。例如：

①我愿意是急流……
我愿意是荒林……
我愿意是废墟……
我愿意是草屋……
我愿意是云朵……

（裴多菲《我愿意是急流》）

例①是著名诗人裴多菲的诗，全诗共五节，每节诗各有八句，每节开头都用结构相同的排比来衔接各节诗构成篇章，这就将诗歌的并列层次清晰地呈现出来，从五个方面抒发了诗人为“我的爱人”甘于奉献之情，这是用首同式排比法构篇。

2. 层进法

层进法即按人们认识事物由表及里、由浅入深等过程来建构语篇。例如：

②一个小男孩在水池边伤心地哭泣，好心人关切地问他为何哭泣，小男孩说：“我唯一的一枚硬币掉进水里了。”好心人劝道：“别哭了，孩子，我给你一枚硬币吧。”可是，小男孩接过硬币后，哭得更伤心了。好心人甚是纳闷，小男孩说道：“假如我的那枚硬币没有掉进水里，我现在就有两枚硬币了。”

芸芸众生中，钟情于“假如”，懊恼于“假如”的人实在不少。

股民对小男孩说：两枚硬币算什么？假如我能早点出手，就不会赔三千元了。老板对小股民说，三千元算什么？假如不是我一时疏忽，那笔八万元的生意就不会泡汤了。比尔·盖茨对老板说，八万元算什么？假如我能减少一次小小的

---

① 张寿康．篇章修辞方式刍议．修辞学论文集（第3集）．福州：福建人民出版社，1984. 262

失误，我便能少损失数百万美元。

拿破仑对比尔·盖茨说，假如不是我决策失误，根本就不会兵败滑铁卢。希特勒的妈妈对拿破仑说，假如不是医生劝我不要堕胎，我想根本就不会发生第二次世界大战。上帝说：假如不是我造了亚当和夏娃，哪里还有什么人类？

因此说：尽管世上喜爱用“假如”的人很多，但世上能够“假如”的事情是没有的。

（尹玉生《假如》）

例②为了说明“喜爱用‘假如’的人很多，但世上能够‘假如’的事情是没有的”这样一种事实，作者将一些材料按层层递进的手法组织起来，层次清晰，很有说服力。

语文教材中，也不乏运用层进手法谋篇的。例如《宇宙里有些什么》，在介绍恒星、太阳系、银河系、恒星系等天体时，就是采用层层递进的手段建构语篇，使其层次清晰。又如马克·吐温的《竞选州长》，描写对手对“我”的攻击、诽谤，可谓层层升级，最后达到登峰造极、无以复加的程度，从而揭示资本主义制度下竞选的虚伪和丑恶。再如鲁迅的《“丧家的”“资本家的乏走狗”》，先论证论敌是资本家的走狗，再进而论证他们是丧家狗，最后再论证他们还是乏走狗，这样层层递进将论敌批驳得体无完肤。

3. 反复法

反复法就是通过一些语句的反复运用、前后照应来建构语篇。例如：

③花儿为什么这样红？首先有它的物质基础。……

花儿为什么这样红？还需要用物理学原理来解释。……

花儿为什么这样红？还有它生理上的需要。……

花儿为什么这样红？用进化的观点来考察，它有一个发展的过程。……

花儿为什么这样红？从达尔文的自然选择学说来看，昆虫起到了重要的作用。……

花儿为什么这样红？最后要归功于人工选择种子。……

花儿这样红，是大自然的杰作，更是人工培育的成果。……

（贾祖璋《花儿为什么这样红》）

例③是一篇通俗科学说明文，省略号为笔者所加。文中反复用“花儿为什么这样红”来衔接各部分，并自成段落，从而为科学解释这种生物现象起提挈下文的作用，使其并列层次清晰可见。

4. 顶真法

顶真法即以上一段的结尾做下一段的开头，用邻接段落首尾蝉接的修辞手法来建构语篇。例如：

④望三门，三门开：
黄河东去不回来。
……
但见那：辈辈艄公洒泪去，
却不见黄河女儿梳妆来！

梳妆来呵，梳妆来！
——黄河女儿头发白。
……
登三门，向东海，
问我青春何时来？

何时来呵何时来？
……

（贺敬之《三门峡——梳妆台》）

例④是典型的顶真建构语篇。运用顶真的手法建构语篇，结构紧凑，语气贯通，利于表达回环复沓的思想感情，增强节奏感，是诗歌、散文中常用的一种谋篇技巧。

5. 同字法

“为了把话说得和谐悦耳，顺口易记，把相同的字放在三个以上的词（或句）的开头（或末尾），这样的修辞手法，叫同字。”① 例如：

⑤或连若相从；或蹙若相斗；或妥若弭伏；或竦若惊雄；或散若瓦解；或赴若辐辏；或翩若船游；或决若马骤；或背若相恶；或相若相佑；或乱若抽笋；或……

（韩愈《南山诗》）

⑥入境广州观车头，飞抵桂林观山头，转至西安观坟头，游览北京观城墙头，过往天津观码头，远足青海观源头，参拜西藏观佛头，故都南京观石头，醉游上海观人头，莫忘杭州观丫头。

（《导游上口韵——头字篇》，《中国民航报》，1997－08－07）

---

① 黄民裕．辞格汇编．长沙：湖南人民出版社，1984．135

例⑤用了51个“或”字构成首同式语篇，展现了登高远眺，群山怪状奇形、千姿百态、雄伟瑰丽的磅礴气势，给人以独特的审美享受。例⑥是尾同式同字，不仅贴切、风趣，而且读起来朗朗上口，听起来和谐悦耳，令人印象深刻。

（三）对衬系统与谋篇

对衬系统即运用对比、对照、映照、衬托、双关等辞格来建构语篇而形成的谋篇体系。

1. 对比法

对比法即用前后或今昔对比的方式谋篇。例如：

⑦某地有两山相邻，每座山上都有一个看林人，他们都很年轻，都想好好干，好调回山下。东山看林人小王除每天照例巡山外，还去山后的空山坡上栽树，勤勤恳恳；西山的小李每天巡视山，只是不种树，小树长大要很多年，他想把力出在这些大树上。

一次两人下山去城里林业局汇报工作，有知情人向他俩透露，要从他二人中选一个调回局里。小王和小李文化、能力相当，得到这个消息回去后都努力做好本职工作，暗地里互相较劲，都想超过对方。可是山上除了看山护林并没有可以表现的地方，于是小王更加卖力地栽树，小李也不辞劳苦地统计西山上各种树木的数目和成长情况，以期汇报工作时得到领导赏识。有时两人会在两座山的衔接处相遇，客套两句之后，便默默地站上一会儿，然后各自融入自己的那片山林。

又一个春天来了。东山新栽的树显出了一片勃勃生机，小王心里高兴极了。东风不停地刮，小王便早早地预防火灾，虽然当时还没有进入森林火险高发期。西山的小李却没有把防火列到重要的日程上，有几次，小王想提醒他，可每次都是话到嘴边又咽下去了。

没过几天，由于疏于防范，西山着了火，大火吞噬着片片山林，东山却安然无恙。小王暗自庆幸自己的超前意识，心想这下可压过西山的小李了。此时，小李正率众与山火搏斗，关键时刻他不惜以身体去扑火，他的精神极大地鼓舞了群众，山火被很快地扑灭，大片山林保住了。

这场山火，使西山四分之一的山林被烧毁。在与大火的搏斗中涌现出了一大批英雄人物，而看林人小李的事迹更为突出，被指定去市里做报告。一时间大报小报纷纷报道，连电视台都采访小李了。

不久小李便受到上级嘉奖，半个月后，他被调进了市局。东山小王由于防患于未然，所以没有发生山火，也就没有小李那么多动人的事迹，依旧留在山上。

五年后，小李步步高升，小王依然在东山看山护林植树，他这些年种的几十万株树已绿遍山坡。一次小李作为副局长去山上察看林木情况，在两山衔接处与小王不期而遇。

在那里相对无言，一如当年。

满山的树也一样沉寂。

（包利民《山上山下》）

例⑦这篇微型小说，形体虽小却寓意深刻。作者笔下塑造的两个人物形象，尽管他们的“文化、能力相当”，但两种性格，两种为人。一个事业心强，勤勤恳恳，忠于职守，有远见卓识和实干精神，但性格内向，不善于宣传自己，结果默默无闻留守山上；另一个缺乏远见，也欠缺兢兢业业的实干精神，但性格外向，善于总结并能随机应变，更能抓住机遇表现自己，因此不仅调下山进了林业局，还当上了副局长。这样的结局令读者震撼之后，掩卷深思又十分耐人寻味，无不为小王和这个时代的择贤制度感到遗憾。这篇小说之所以能有这样丰富的意在言外的表达效果，是与作者巧用对比的手法建构语篇分不开的。

语文教材中也有不少课文运用对比手法谋篇。例如《挖荠菜》就是运用新老两代人对荠菜不同的认识态度，突出文章意旨。《伤仲永》是通过5岁的天才和20岁的庸才的对比来揭示“成才的关键在于后天”的中心意旨。此外，《故乡》、《一件小事》、《从百草园到三味书屋》、《范进中举》、《我的叔叔于勒》、《羚羊木雕》、《风筝》等均用对比手法来谋篇。

2. 比照法

比照法即用比较、对照的手法谋篇。对比强调比较、权衡，常用于事物外部特点的比较；对照强调相互映照、参照，多为突出事物的本质特征，它能起比较和揭示的作用。

比照法谋篇分为横比和纵比两类。

横比是此事物和彼事物相比照，或同一事物的此方面同彼方面相比照，通过比照来揭示事物的本质或说明事物的本质特征。如鲁迅的《拿来主义》，就是横比式谋篇，把“送去主义”和“拿来主义”相对比，揭露“送去主义”的来源、实质、罪恶、危害；剖析了“拿来主义”的正确性和重要意义，两者对比，是非、褒贬、爱憎十分鲜明。又如《有的人——纪念鲁迅有感》，通过生与死的对比，鲜明地表达了“压迫人民的反动统治阶级虽生犹死，为人民利益而死的鲁迅虽死犹生”的不同生命价值，作者在每一节诗中都采用前后两句的横式对比谋篇，使鲁迅的形象跃然纸上。

纵比式是现在和过去或现在和将来相对比，通过对比表现事物的发展变化。如鲁迅的《故乡》就是纵比谋篇，通过故乡的过去和现在纵比，说明故乡今不如昔；通过少年闰土和中年闰土的变化进行纵比，深刻地揭示劳动人民在痛苦中挣扎的社会现实。此外，莫泊桑的《我的叔叔于勒》，也是通过约瑟夫父母对于勒不同的态度的前后纵比，揭示资本主义社会的人情冷暖，抨击人和人之间只有金钱关系的社会现实。

纵横两种比照也可在同一篇章中同时运用。如鲁迅的《一件小事》，有“我”对

“人”的态度前后不同的纵比，又有“我”与车夫对受伤老女人不同态度、不同感情的横比。纵横对比结合在一起很好地表现了语篇的意旨。

3. 衬托法

衬托法是为了突出某一描写对象而着意刻画与之相关的对象，对所要描写的对象起比照作用。衬托是一种常用的谋篇手法，早在三千多年前我国第一部诗歌总集《诗经》中，就娴熟地运用了这一手法。语文教材中也不乏运用衬托手法的篇章，如都德的《最后一课》，就是用小弗郎士的言行举止来衬托其老师韩曼尔先生的爱国主义精神，这是正衬。还有运用反衬和正反同时相衬来谋篇的。如《阎典史传》就是正反同时相衬，以陈明远等众宾形象，从正面衬托阎应元的雄才伟略；以叛将逆臣等反面人物形象，反衬阎应元的高风亮节。

4. 双关法

双关法即用“言在此意在彼”的手法谋篇。如鲁迅的小说《药》，从文章结构明线与暗线的设置到华、夏两家姓氏寓意“华夏”的安排，再到以“药”为标题的点睛之笔，都寓含着作者寻找医治“华夏”良药的良苦用心，是言在此、意在彼的双关手法谋篇。

（四）问答系统与谋篇

问答系统即指运用设问、反问、呼告等辞格来建构语篇而形成的谋篇体系。

1. 设问法

设问是一种无疑而问、明知故问或自问自答的修辞方法。它是有意发出的提问，用这种手法来谋篇，以引起他人注意，起提挈下文的作用。如屈原的《天问》，全篇提出170多个疑难问题，均以先设问，后作答的设问手法谋篇，其构思瑰丽雄奇、意境广博深邃、气势恢弘磅礴，作品的奇特在中国文学作品中是绝无仅有的。

语文教材中也有运用设问谋篇的。例如：

> ⑧逝去万载的世界可否重现？
> 沉睡亿年的石头能否说话？
>
> （张锋《化石吟》）

> ⑨人的正确思想是从哪里来的？是从天上掉下来的吗？不是。是自己头脑里固有的吗？不是，人的正确思想，只能从社会实践中来，只能从社会的生产斗争、阶级斗争和科学实验这三项实践中来。
>
> （毛泽东《人的正确思想是从哪里来的》）

例⑧、例⑨都以设问谋篇，自问自答，以引起注意或达到引人入胜的目的。

2. 反问法

反问是一种用疑问方式表达确定内容的谋篇手法，它只问不答，答案就在问话的反面。例如：

⑩太阳太阳我问你，敢不敢来比一比？我们出工老半天，你睡懒觉迟迟起。我们摸黑才回来，你早收工进地里。太阳太阳我问你，敢不敢来比一比？……

（民歌《向太阳挑战》）

例⑩用反问建构语篇，起加强语势的作用，这种谋篇手法常用于诗歌一类文艺语体。

3. 呼告法

全篇由呼告的修辞手法组合而成。如柯岩的《周总理，你在哪里》，全篇由“周总理”、“呵，总理”、“总理呵”呼告语领起组合而成[①]，就是说，直接用呼喊、发问来提挈下文，下文就顺着这股激情的潮流进行描述、议论和抒情，这样易使人受到激情的感染。

语文教材中运用呼告来谋篇，还有郭沫若的《银杏》。该文用呼告和“你”的称呼，这就把对银杏的盛赞之情——其实是对中华民族的民族气节和精神的盛赞之情，亲切而又强烈地呈现出来。

以上从四大体系分析了辞格的谋篇手法。需要强调的是，上述辞格谋篇手法常常可以兼而用之，如《向太阳挑战》既可看成反问，又可看成比拟谋篇。李玲修的《啊，友情》，通篇将友情当作人来呼唤、描写和歌颂，抒发了作者对友情回归的渴望和向往，是呼告谋篇，也可看成比拟谋篇。此外，辞格谋篇既可以用于语篇的整体，又可用于语篇的某一局部——章节。

二、借助逻辑关系建构语篇

在事物的内部常常存在着一定的逻辑关系，借助逻辑关系建构语篇，可使语篇层次清晰。常用的手法有以下几种：

（一）并列关系

语篇的各个“部分”关系并列，没有主次之分。它常用序数词语“第一”、“第二”、“第三”……或“一”、“二”、“三”……来连缀各“部分”组成语篇。如毛泽东的《改造我们的学习》，开篇提出论点后，就按一、二、三、四的并列结构进行论述，使其层次清晰。碧野的《天山景物记》也以四组小标题，分门别类地描写了天山独特的自然景色，使其层次井然。

① 张寿康. 篇章修辞方式刍议. 修辞学论文集（第3集）. 福州：福建人民出版社，1984. 262

（二）承接关系

语篇的各个部分按时间、空间或逻辑事理上的顺序来表达，使其条理清晰，层次井然。例如：

①某人圣诞节前夕买了一大桶好酒放在屋外。

第二天他发现少了四分之一，便在酒桶上贴了“不许偷酒”四个字。

第三天酒又少了四分之一，他非常生气，又贴了“偷酒者杀无赦”六个字。

第四天他的酒还是被偷，只剩下了四分之一，他的肺都快要气炸了！

他的一个朋友知道了此事，就对他说：“笨蛋，你不会在酒桶上贴上‘尿桶’二字吗？看谁还偷喝！”他觉得挺有道理，就照办了。

第五天他哭了——酒桶满了。

（民间笑话）

例①虽然是一则口头流传的笑话，但其建构语篇的手法按时间先后顺序来承接，是十分典型的。

（三）因果关系

因果关系又可分为以下两小类：

（1）由因到果。语篇先陈述原因，后陈述结果。如《愚公移山》就是先陈述原因：“太行王屋二山，方七百里，高万仞”，北山愚公“面山而居，惩山北之塞，出入之迂也”，结果是导致愚公产生率领子孙“移山”的想法和做法。这是由因到果的关系谋篇。

（2）由果到因。先讲结果，再追述原因。如《六国论》即先陈述“六国破灭，非兵不利，战不善，弊在赂秦”的结果，然后从正反两个方面分述原因：“弊在赂秦”，“赂秦而力亏，破灭之道也”；“不赂者以赂者丧，盖失强援，不能独完”。这是按由果到因的结构层次来论证六国灭亡的原因，从而总结历史教训，达到向北宋统治者进言的目的。

（四）总分关系

这是使用频率最高的谋篇布局方法。它多用于政论语体、科学语体，有时也用于其他语体。总分式又可分为三小类：

（1）先总后分式。即先总说以统领全文，然后再紧扣中心分别陈述的方式。如沈复的《童趣》，开篇以“余忆童稚时，能张目对日，明察秋毫，见藐小之物必细察其纹，故时有物外之趣”为总写，后分写观蚊成鹤、神游山林、鞭打虾蟆这三件事，是典型的先总后分层次。此外，《散步》、《谈骨气》等皆属于这一类。

（2）先分后总式。即先围绕中心分别述说，然后再总结归纳。即人们常说的归纳式。如《生于忧患，死于安乐》就属于先分说，分说又分为正反两个方面，然后再总说的建构语篇方式。

（3）先总后分再总式。即先总说，以统领全文；后分说，即紧扣中心意旨分别进行述说；然后再总说，作结论，收束全篇。请看实例：

②杂文是诛伐邪恶、匡正时弊的武器，又是一种可使读者开阔眼界、增长知识、陶冶情操的文体。由于此，杂文有三忌。

一忌教条八股。老八股不好，新八股更坏。数十年来，读者苦八股之害久矣。装腔作势，穿衣戴帽，废话连篇，无的放矢。

二忌一个怕字。杂文是投枪和匕首，它必然要有一点气势和锋芒。写文章顾虑多端，怕这怕那，四平八稳，那么，杂文就等于钝刀割肉，就不能起诛伐和匡正的武器作用。

三忌冗长。杂文姓短，几十字，几百字，最多“千字文”也就可以了。这是我国散文的好传统。刘禹锡的《陋室铭》只有八十一个字，魏征的《谏太宗十思疏》也不过三百七十二个字。杂文可以“单打一”，一篇文章讲一件事，不必求全，不必面面俱到，要短而精，不要长而漫，不要让“懒婆忍受的裹脚布”混入杂文之林。

郑板桥写过一副对联“删繁就简三秋树，领新标异二月花”。这两句话很值得深思。

（夏衍《杂文三忌》）

例②第一个自然段先总说，说明杂文的作用；第二至第四个自然段是分说，分别说明“三忌”的具体内容，并各自独立成段；最后又以郑板桥的对联作结，进一步深化中心意旨。全文先总后分再总，提倡什么，反对什么，为什么反对，论述得清清楚楚，这是一则短小精悍的议论文，也是“总—分—总”的典型范例。语文教材中，如《核舟记》、《桥之美》、《理想》、《行道树》、《夏感》、《看云识天气》、《中国石拱桥》、《食物从何处来》、《花儿为什么这样红》、《六国论》、《故宫博物院》、《谁是最可爱的人》等皆属这类方式谋篇。

总分关系谋篇不仅是一类使用频率很高的谋篇方式，还是一种最基本的谋篇方式。也就是说，即使是并列、承接等谋篇方式，也常常离不开“先总说”或者最后的“再总说”的结构模式。请看下例：

③诗人说：“教师的生命像一个长长的句子，艰辛是定语，耐心是状语，热情是补语，无私是谓语，奉献是宾语。”我说，教师的生命其实如百合，展开是一朵花，凝聚成一枚果！开着是风景，碾碎是良药！

危难之时见真情，关键时刻真英雄。在刚刚过去的汶川大地震中，我们看到了很多老师放弃了转瞬即逝的逃生机会，用他们的沉着、机智，甚至鲜血和生命，维护师尊，铸造师魂，为不少孩子赢得了生存的希望和机会，奏响了一曲曲荡气回肠的颂歌，让我们再一次读懂了“师德”二字的博大与崇高！

我们怎能忘记在什邡龙居小学的废墟中，一位年轻的女教师的身体断成两截，脸部血肉模糊，可她的双手紧紧拥着两个学生！人们怎么掰也无法掰开她紧紧搂住学生的双手。这位老师名叫向倩，去年大学毕业，到什邡龙居小学当英语老师。地震发生时，她正在疏散学生离开教室。看到有两个学生手足无措，她大步跑过去，一手搂住一个，朝门外冲。教学楼突然垮塌，她和几名学生被埋在废墟中……

我们怎能忘记在汶川县映秀镇小学垮塌的镇小学教学楼的一角……

我们怎能忘记在绵阳市平武县南坝小学的废墟中……

我们又怎能忘记德阳市东汽中学遇难教师谭千秋“双臂张开着趴在课桌上，身下死死地护着4个学生”，4个学生都获救了，他却不幸遇难；什邡市师古镇民主小学一年级女教师袁文婷，为了拯救学生，青春定格在26岁……

“师德表天地，素心育英才”，这些可亲可敬的师者离我们远去了，可是他们却铸造了不朽的师魂。君不见，在地震的废墟上，已悄然立起了无数丰碑，这些丰碑上镌刻着一个又一个英雄的名字，也留下了这些普通教师们一段段壮怀激烈的故事。他们保护学生的每一种“姿势”，都将永远定格，镌刻在被救学生的脑海里，镌刻在亿万人民的心中。

例③是一篇高考优秀作文，为了节省篇幅，文中省略号为笔者所加。从整个语篇来看，它是先总说、后分说、再总说的结构，但其中分说部分是并列结构。

此外，还有选择、转折关系建构语篇，限于篇幅，此处不再赘述。

第三节　语篇构件的修辞技巧

郑文贞在《篇章修辞学》中认为，文章的标题、开头、结尾是篇章的特殊构件。我们十分赞同这一观点。承接这一说法，本节将探讨这些特殊构件的修辞技巧。

一、语篇标题的修辞技巧

（一）语篇标题的重要性

语篇的标题又叫题目，是文章的眉眼。清代著名诗人郑板桥在《板桥家书》中对文章的题目有过精辟的论述：“作诗非难，命题为难。题高则诗高，题矮则诗矮，不可不慎也。”这就道出了文章题目的重要作用。事实正如此，一些好的文章题目，如

"少陵诗高绝千古，自不必言，即其命题，已早据百尺楼上矣。……'哀江头'、'哀王孙'，伤亡国也；'新婚别'、'无家别'……悲戍役也；'兵车行'、'丽人行'，乱之始也；……'北征'、'洗兵马'，喜复国望太平也。只一开卷，阅其题次，一种忧国忧民忽悲忽喜之情，以及宗庙丘墟、关山劳戍之苦，宛然在目。其题如此，其诗有不痛必入骨者乎？"这里，郑板桥以杜甫的诗为例，将其题目的魅力阐述得十分清楚。

（二）语篇标题的要求

好的标题首先表现在能用准确的语言概括文章的宗旨。如吕叔湘有一篇《古今言殊》的文章，不仅谈到了古今语言之"殊"，还谈到了古今语言的发展演变情况，因此，后来易名为《语言的演变》，就更准确地表现了文章的内容。可见，准确是语篇标题的第一要求。

其次，语篇标题要求简明。简明就是用言简意赅的语言传递明晰的信息。陈君积在《标题修改举隅》① 中举了一个例子，说报纸上有一篇文章是报道八路军救护两个日本小姑娘的事迹，初题是"战火中救孤送孤"，显然，此题虽简不明。二题为"怀念异邦二弱女"，何"异邦"？何"弱女"？标题简而不明。三题为"小姑娘，你在哪里"，此题虽然比前两则标题明确了些，但仍有求明之处。最后标题定为"日本小姑娘，你在哪里"，这一命名既简又明，饱含深情，文章发表后，在日本引起极大的反响，人们都纷纷加入寻找日本小姑娘的行列。可见，语篇标题要既简又明。

语篇标题在简洁的基础上，还要求新颖、生动。新颖，是指标题不能千篇一律，都是老面孔；生动，即要求语篇的标题能使人产生形象的联想。当然，标题名称要因文而异，应用语体、科学语体和政论语体不必苛求这一点，而文艺语体若能在准确、简明的基础上再做到新颖、生动就更富有吸引力。如《孔雀东南飞》，原名为《古诗为焦仲卿妻作》，显然，修改后的标题要新颖、生动、形象。

最后，标题还要求寓意丰富、深刻且耐人寻味。这一要求当然也要看语体。科学语体、政论语体和应用语体也不必苛求这一点，但文艺语体，尤其是诗歌、散文、小说、戏剧能做到这一点则更佳。因为文艺语体是文学，而文学是语言的艺术。大凡艺术，常常要求做到含而不露，让他人去琢磨、寻味，从中悟出其深厚的韵味，从而收到使人印象深刻、经久不忘的艺术效果。语文教材中，如《雷雨》、《祝福》、《药》等标题皆做到了这一点。

（三）语篇标题的修辞技巧

语篇标题的命名艺术虽然有语体的差异，但它们还是有共同的地方。就是说，无论哪种语体，都离不开以下三类命名方法：

1. 写实法

写实法即标题直截了当地提示文章内容的命题方法。它可用于各种语体。如语文

---

① 语文月报，1986－11－08

教材中的《劝学》、《长亭送别》、《石头城》、《我与地坛》、《烛之武退秦师》、《边城》、《蜀道难》、《蝈蝈与蛐蛐》、《归园田居》、《范进中举》、《中国石拱桥》、《晏子使楚》、《笑》、《再别康桥》、《荷塘月色》、《林黛玉进贾府》、《窦娥冤》、《济南的冬天》、《陈毅市长》、《陈涉世家》、《白雪歌送武判官归京》、《故乡》、《孔乙己》、《老王》、《我的叔叔于勒》、《守财奴》、《散步》、《桥之美》、《三峡》等，皆属于这一类命题。

写实法命题还可细分为以下几类：

（1）本名+文体名。

这一类标题在语篇的命名上打上文体的标记，常以“本名+文体名”的形式出现，如《岳阳楼记》、《捕蛇者说》、《滕王阁序》、《过秦论》、《秋风辞》、《赤壁赋》、《前出师表》、《中山狼传》、《讳辩》等，其中记、说、序、论、辞、赋、表、传、辩都是文体的名称，这是古代盛行的一种命题方法。这种命题方法在中学语文教材中所占比例最大。

（2）取自篇章原句。

取自篇章原句即摘取语篇中最有代表性的语句作为标题。如聂华苓的《亲爱的爸爸妈妈》，乍一看以为是作者抒发父爱、母爱一类的散文，读后方知是作者选取了被纳粹分子残杀的300名孩子们的最后一句呼喊，这个标题不仅令人心酸、震撼，而且能收到令人过目难忘、印象深刻的效果。这类命名还有《风筝》、《背影》、《故乡》、《项链》、《陈奂生进城》、《我的老师》、《纪念白求恩》、《济南的冬天》、《安塞腰鼓》等，它们都是源自语篇自身，是直接表述主题的一类命名。

（3）借用成语。

成语是一种相沿习用的固定短语，它简洁凝练，为大众所熟悉。借用成语作标题，能收到以少概多、简洁明晰的表达效果。如《鞠躬尽瘁》是描写焦裕禄全心全意为人民服务的事迹，但文章不用其名字命题，而是借用能高度概括语篇主人翁崇高品质的成语来命题，不仅概括力强，而且意义鲜明。这类标题语文教材中还有《塞翁失马》、《画蛇添足》、《得道多助，失道寡助》等。

（4）运用辞格。

运用辞格即借用修辞手法来命题。如《食物从何处来》，即用设问命题；《中国人失掉自信力了吗》，即用反问命题，等等。

2. 写意法

文章的本意不从标题上直接表露出来，而是蕴涵于其中，让人们自己去联想、去琢磨意会，它多用于文艺语体。写意法最常用以下几种手法：

（1）辞格法。

辞格法即运用各种修辞手法来命题，它有如下几种常用手法：

比喻法。如《变色龙》、《路标》、《紫藤萝瀑布》等。

引用法。如《春蚕到死丝方尽》、《生于忧患，死于安乐》等。

双关法。如《药》、《装在套子里的人》、《雷雨》等。

比拟法。如《黎明的通知》等。

象征法。如《海燕》、《银杏》、《松树的风格》、《雪》、《白杨礼赞》、《井冈翠竹》等。

设问法。如《花儿为什么这样红》、《人的正确思想是从哪里来的》等。

借代法。如《百合花》，该语篇是以借被和铺被展开故事情节、塑造人物形象、表现主题的，这里借百合花代被子，是借代命题。

（2）引线法。

这类命题常常以某一事物为线索，引起所写之辞。如《一件珍贵的衬衫》、《珍珠赋》、《小米的回忆》、《春》、《黄桥烧饼》等。这类命题与写实性命题有交叉，但侧重点不同。

（3）意象法。

这类标题对文章的内容加以发挥，以揭示其更深的内涵，起画龙点睛的作用。如《鸿门宴》、《蜡烛》、《孔雀东南飞》、《泪珠与珍珠》等即属这一类。

3. 意实兼表法

这类命题一部分写意，一部分写实。如《爸爸的花儿落了》、《我爱韶山的红杜鹃》等，都是标题的前半部分写实，后半部分写意。

以上几类是标题命名的主要方法。

二、语篇开头的修辞技巧

清人李渔在《闲情偶寄》中说："开卷之初，当以奇句夺目，使之一见而惊，不敢弃也。"国内外的许多名著正有"奇句夺目"之效，如《三国演义》始于桃园三结义，是因为作者敬刘抑曹，要表达的是封建的正统观念；《水浒传》起于踢球发迹的高俅，是因为全书在于描写官逼民反，揭露封建统治阶级的罪恶；《红楼梦》从刘姥姥进大观园写起，是想通过这个小人物介绍贾府；列夫·托尔斯泰的《安娜·卡列妮娜》以富有哲理的警句开头"幸福的家庭都是相似的，一切不幸的家庭各有各的不幸"，别开生面，引人入胜，确有"使人一见而惊，不敢弃也"之效。上述这些开头，都是成功的开头，因此，它们给读者留下了十分深刻的印象，确实呈现出"凤头"的惊人魅力。

那么，语篇开头有哪些修辞技巧呢？

语篇的开头，即为"起"。它因不同的写作目的、不同的语体和不同的风格有不同的开头方法，要因文而异。但就前贤总结的经验，万变不离其宗，语篇开头不外乎以下两大类：

（一）明起

这类开头因言语体裁的不同而面貌各异，但它们的共同特点是不兜圈子，开门见山。例如：

①朋友，你到过天山吗？天山是我们祖国西北边疆的一条大山脉，连绵几千里……

（碧野《天山景物记》）

②这里发表的是一些思索的片断。思索是随时随地都有的，而记录全在清晨。室外，一藤桌、一藤椅，晨曦乍上，清气袭人，这是我最酷爱的时间，最酷爱的所在，当然也有我最酷爱的心境，故将这些片断统名之为平明小札。

（刘白羽《平明小札》）

③六国破灭，非兵不利，战不善，弊在赂秦。

（苏洵《六国论》）

④白杨树实在不平凡，我赞美白杨树！

（茅盾《白杨礼赞》）

⑤苏州园林据说有一百多处，我到过的不过十多处……

（叶圣陶《苏州园林》）

上面五个例子，从文体来看，既有记叙文、议论文，还有说明文；从语体来看，既有文艺语体，又有非文艺语体，即应用语体、政论语体、科学语体。其语篇的开头都是单刀直入，开门见山。例①用设问开头，直奔主题；例②解说写作情况，阐释题目；例③开篇就提出中心论点，点明题旨；例④开篇紧扣标题，赞美白杨；例⑤开篇给人以苏州园林的全貌，直截了当。

明起一类开头，常常是先提出全篇话题，引人思考，这是使用频率较高的也是最简明的一种开篇方式，易于理解，在此不再赘述。

（二）曲起

这类开头不是单刀直入，而是采用委婉的手法，或隐晦曲折，或曲径通幽，或拐弯抹角，或意在言外，或先扬后抑，或欲擒故纵，对题意虽不明说，却是暗合。这种开头常用于文艺语体。曲起的方法较多，如比兴就是曲起开头的常用手法。例如：

⑥今年杭州的第一朵荷花开了。这是杭州电视台《都市报道》的头条新闻。主持人建议市民到西泠桥边，把荷花一天天长大的过程拍下来。也是这一天，杭州的《都市快报》有篇醒目的报道，叫做《第一朵荷花开了》。不知道还有哪个城市会这样，把荷花初绽列为头条新闻？杭州会。这是对美的希冀和对美的体会！

杭州还有什么？

杭州有茶。……

杭州有音乐。……

杭州还有树。……

杭州更多的是公园。……

杭州最不缺少的，是文化。……

例⑥是2007年上海高考题的前半部分，文中省略号为笔者所加。这一语篇的开头就是先从他物说起，以引发自己要说的事物——杭州的独特之处，从而达到赞扬杭州的目的。这种手法在语文教材中并不少见，如杨朔的《海市》，本来是写山东沿海人民建设新生活的情景，开头却写了一段海市蜃楼，这是借自然变幻的美景来渲染人民现实生活之美。这是比兴法开头，即先用他事他物起笔，然后归到本题，从而达到曲径通幽的目的。

衬托也是曲起的一种常用手法。例如：

⑦天亮了，雨停了。

草地的气候就是怪，明明是月朗星稀的好天气，忽然一阵冷风吹来，浓云像从平地上冒出来，霎时把天遮得严严的，接着就有一场暴雨，夹杂着栗子般大的冰雹，不分点地倾泻下来。

（王愿坚《七根火柴》）

例⑦中的无名英雄知道这七根火柴关系着千万个同志的生命，语篇开头作适当的环境描写，从侧面交代了在这种恶劣条件下保存七根火柴的艰辛，这就从正面衬托了英雄人物的高大形象。这类开头有很多，如鲁迅的《祝福》，先描绘了鲁镇迎接新年的热闹景象，而就在这热闹的景象中，祥林嫂却悲惨地、悄悄地死去了。显然，作者故意运用了“以乐景写哀，以哀景写乐，以倍增其哀乐”的手法，从而使语篇的开头收到奇峰异起、出人意料、气势不凡的效果。

双关也是曲起的一种开篇方法。例如：

⑧我早已想写一点文字，来记念几个青年作家。这并非为了别的，只因为两年以来，悲愤总时时来袭击我的心，至今没有停止，我很想借此竦身一摇，将悲

哀摆脱，给自己轻松一下，照直说，就是我将要将他们忘却了。

（鲁迅《为了忘却的记念》）

例⑧开篇说明写作原因，“早已想写一点文字”，以“将悲哀摆脱，给自己轻松一下”，使自己“将他们忘却”。表面上是明起开篇，但实际上不是为了“忘却”，而是为了“记念”，为了不忘却，这才是作者写作的真实原因。这是言在此，意在彼的曲起法开头。

曲起开头的方法较多，限于篇幅，恕不赘述。

三、语篇结尾的修辞技巧

如果说良好的开端等于成功的一半，那么，良好的结尾才能使语篇收局圆满。这一点，宋代姜夔在《白石诗说》中说：“一篇全在结尾，如截奔马。”这不仅说明了语篇的结尾很重要，而且贵在“如截奔马”，干脆利索，贵在“撞钟”一样“响亮”，以收到“余音绕梁，三日不绝”之效。国外也有不少名人论述过这一点。古罗马诗人奥维得说：“凡事的收尾贵重如皇冠。”俄国著名作家契诃夫也说过：“谁……发明了新的结局，谁就开辟了新纪元。”[①] 可见，结尾和开头一样重要。

那么，什么样的结尾才是好结尾？这要因文而异。但总体来说，文章结尾的修辞技巧不外乎以下两大类：

（一）点题结

点题结是指直接点出题旨，即白居易主张的“卒章显其志”。

点题结最常用的手法是概括强调式。即在末尾对全文进行概括，把要说的事情、要阐明的思想概括而鲜明地告诉读者，收到“卒章显其志”的语效。这一类结尾适用于政论语体、科学语体、应用语体及演讲等领域。例如：

①呜呼！灭六国者，六国是也，非秦也。族秦者，秦也，非天下也。嗟夫，使六国各爱其人，则足以拒秦。秦复爱六国之人，则递三世，可至万世而为君，谁得而灭族也？秦人不暇自哀，而后人哀之。后人哀之而不鉴之，亦使后人而复哀后人也。

（杜牧《阿房宫赋》）

②余闻而愈悲。孔子曰：“苛政猛于虎也。”吾尝疑乎是，今以蒋氏观之，犹信。呜呼！孰知赋敛之毒有甚于蛇者乎！故为之说，以俟夫观人风者得焉。

（柳宗元《捕蛇者说》）

---

① 杨荫浒．文章结构论．长春：吉林文史出版社，1990．77

例①作者认为，灭六国的就是六国自己，族秦国的也是秦国自己，因为他们不爱恤他们的人民，如果能爱恤他们的人民，那么，六国不会灭亡，秦国也不会灭亡，这就是他们失败的关键。正是出于此，作者在语篇结尾用了一个“鉴”字，既哀叹前人不以为鉴，又奉劝当世者警戒，以古鉴今，这就做到了结尾点睛，这是属于强调概括式的理结。例②在引用孔子“苛政猛于虎”的基础上，进一步发表议论，以议论事理作结，是为了进一步阐明意旨、揭示主题，得出“赋敛之毒有甚于蛇者”的结论，并以此作结，这就更进一步强化了语篇的意旨，也起到了画龙点睛的作用。

抒发情感也是点题结的方式之一，即在篇末发表感叹，直接点题。例如：

③虽然我们埋葬了别里科夫，可是这种装在套子里的人却还有许多，将来还不知道有多少呢！

（契诃夫《装在套子里的人》）

例③以鲜明的感叹作结，达到强化语势、篇末点题的目的。

（二）余音结

余音结是指语篇结尾时不把话说尽或太直白，而是给读者或听众以思考的空间，体会其中的韵味，从而达到回味无穷的目的。

余音结常采用以下手法：

1. 景结

景结即以写景作结，引人思索，耐人寻味。例如归有光的《项脊轩志》，以“庭有枇杷树，吾妻死之年所手植也，今已亭亭如盖矣”结束全文，表达了作者睹物思人，触景生情，言虽有尽却意味深长，令人掩卷兴叹；又如《药》的结尾：“他们走不上二三十步远，忽然听得背后‘哑——’的一声大叫，两个人都悚然地回过头，只见那只乌鸦张开两翅，一挫身，直向着远处的天空，箭也似的飞去了。”这也是景结，大有余音绕梁之效。

2. 情结

情结即注入作者的感情作结。例如杨朔的名篇《荔枝蜜》的结尾：“这黑夜，我做了个奇怪的梦，梦见自己变成一只小蜜蜂。”作者由采蜜的蜜蜂而写到插秧的农民，由农民而写到“我”，由“我”而写到梦想成为小蜜蜂，表现了“我”下决心像小蜜蜂采蜜一样，从头学起。这就把个人的感情融入作品描写的境界中，真可谓曲尽其妙，这样的结尾也就余味无穷。

3. 事结

事结是以陈述事情作结。例如都德的《最后一课》就是用这种方法结尾。当韩麦尔先生给孩子们上完最后一堂法语课、习题课和历史课时，教堂的钟声敲了十二下，宣告着最后一课结束的时刻来到了。这时窗外士兵收操的号声，暗示着法兰西正在遭受着侵略蹂躏，作者巧妙地通过韩麦尔先生的背影和手势以及他的一些简单的动作和语言，表现了他内心深处的痛苦和对祖国的无限热爱与眷恋。作者以这种方式作结，则耐人寻味。又如鲁迅《孔乙已》的结尾："自此以后，又长久没有看见孔乙己。到了年关，掌柜取下粉板说，'孔乙己还欠十九个钱呢！'到第二年的端午，又说，'孔乙己还欠十九个钱呢！'到中秋节可是没有说，再到年关也没有见他——大约孔乙己的确死了。"这里以陈述事实作结，让人们去思考，意味深长。

4. 理结

理结以议论事理作结，是为了进一步阐明意旨、揭示主题。例如夏衍《包身工》中的结尾："索洛警告美国人当心枕木下的尸首，我也想警告某一些人，当心呻吟着的那些锭子上的冤魂。"即以议论作结，意在言外，韵味无穷。

5. 综合结

综合结即上述几种手法结合运用。例如鲁迅的《故乡》："我在朦胧中，眼前展开一片海边碧绿的沙地来，上面深蓝的天空中挂着一轮金黄的圆月。我想，希望本无所谓有，无所谓无的。这正如地上的路，走的人多了，也便成了路。"即先写景，然后以议论事理作结，属于综合手法作结，这就收到了"余音绕梁，三日不绝"之效。

此外，余音结还常用修辞手法结尾，如借助比喻、对比、象征、引用等手法，含蓄结尾。例如《驿路梨花》的结尾，引用了陆游的一句诗"驿路梨花处处开"，既形象地点了题，象征着"雷锋精神处处发扬"，又使结尾含蓄而充满了诗情画意。

第四节　语篇修辞与语文教学

前面三节谈的是语篇修辞理论与语篇修辞技艺，本节分别从接受和表达的角度论述语篇修辞理论与技艺在中学语文篇章分析中的具体指导作用。

一、从接受的角度析篇

下面从语篇结构、繁简处理、谋篇艺术等几个方面进行论析。

（一）从语篇结构的视角辨析段落的价值，读解文本的意旨

张志公曾呼吁："作品的结构、组织、条理、层次、内在的逻辑性等，应该使学生充分地理解，并且能够在自己的写作中注意到这些方面。"① 辞章学家郑颐寿也指出："表达者修辞水平的高低，决定于言语结构能力的大小；接受者鉴识修养水平的

① 张志公．重视提高学生写作能力的问题．见孟宪范．语文教学论集．福州：福建教育出版社，1985. 235

高低，决定于对言语结构分析、理解的深浅”，而“言语结构，也就是辞章结构”①，也是本文中所说的语篇结构。两位语言学家都强调了语篇结构分析对于写作和理解文章的重要性。

从培养学生的应试能力看，升学考试语文试卷中常出现分析语篇结构层次的命题。如2008年全国高考湖北卷文学作品阅读理解（季羡林《雾》）第19题，题目是：本文以雾为线索展开，请具体分析文章的行文思路。该题主要考查考生对文章思路和结构的梳理能力。2008年高考语文江西卷现代文阅读（萧乾的《朦胧的敬慕——悼念鲁迅先生》）第17题，要求指出文章的结构方式，并作简要分析。这些命题形式也提醒教师要重视语篇结构的分析，运用整体思维指导学生在文本繁复的形式中抽取其线条明朗的骨架，解剖语篇局部与局部、局部与整体的组织形式和逻辑语义关系，把握文本的思路。

台湾章法学家陈满铭认为：“一篇文章是由各个节、段所组合而成的，而每个节、段对中心意旨都负有各自的任务、功能与价值。这就像一部机器一样，要由每个机件提供不同的服务，才能好好运转，发挥它的整体功效。因此要掌握一篇文章整体的功用，凸显中心的意旨，便必须辨明各节、段所负的任务、功能与价值。教学时如要做到这一点，求助于结构分析，是最便利的。”②从语篇结构的视角辨析段落的价值，实际上就是在梳理语篇宏观结构的基础上，把段落的理解与语篇整体结合起来，分析段落之间的语义关联，辨明单个段落对语篇整体的建设作用，这样分析更有助于深究内容、领会语篇意旨。

下面就以《项脊轩志》的“论”这部分的理解为例。

①项脊生曰：“蜀清守丹穴，利甲天下，其后秦皇帝筑女怀清台。刘玄德与曹操争天下，诸葛孔明起陇中。方二人之昧昧于一隅也，世何足以知之？余区区处败屋中，方扬眉瞬目，谓有奇景。人知之者，其谓与井之蛙何异？”

这里之所以选择《项脊轩志》为例，是因为该文入选高中语文教材时，原文的“论”这段被删减了，而在教学实践中，有些教师虽然对这一部分内容作了补充，但在段旨的理解上存在分歧。比如，有的教学设计理解为：“在妇女地位十分低下的明代社会，作者将蜀清和诸葛亮相提并论，无疑是一种先进的民主思想。同时，从文中对母亲和亡妻的深沉怀念中不难看出作者对封建社会女性命运的深切同情。”③ 有些网上教案认为，这是“一段读来令人伤心的自我解嘲的文字”，是“世俗观念对归有光

① 郑颐寿．辞章学发凡．福州：海峡文艺出版社，2005. 303

② 陈满铭．谈课文结构分析的重要．国文教学论丛·续篇．台北：万卷楼图书公司，1998. 162

③ 李蓉．《项脊轩志》教学设计．语文建设，2005（12）

的深深的漠视”。

可以说，对“论”这段话的理解直接关系对文本意旨的准确把握。若要切实引导学生贴近作者的真实情感和写作意图，需要从语篇结构的视角辨析段落的价值。

第一步，分析语篇结构，直接读解各段段旨，辨明段的语篇建构价值。

《项脊轩志》一文共分三大部分。以人教版为蓝本，原文本来应有 7 个自然段，教材所删除的“论”是第 5 自然段。第 1 至 4 自然段属于第一部分“叙”。第 1 自然段紧扣“可喜”平叙了项脊轩修葺前后的环境变化；第 2、3、4 自然段则紧扣“可悲”追叙了项脊轩的变迁、在项脊轩内母亲关爱“我”和祖母教诲“我”的往事、小轩多次遭火未焚之事。第一部分在层次结构上是以“余居此，多可喜，亦多可悲”为中心，平叙和追叙的内容为分述，构成总分式的结构关系，又在语义上为第二部分“论”铺垫蓄势。而第 5 自然段“论”作为第二部分，是在第一部分“叙”的基础上阐发的，即借蜀清、诸葛亮成功之前的处境和经历来自励，表明自己尽管身处项脊轩这一陋室之中，但对自己未来功成名就、大展宏图的人生仍充满了美好而自信的憧憬。第三部分的“叙”包括第 6、7 自然段，所叙述的事情在结构上也紧扣前文的“余居此，多可喜，亦多可悲”，补叙婚后亡妻在轩中的生活细节，表现的是“可喜”；叙妻亡、项脊轩的变迁及亡妻手植之树已成材的情景，紧扣“可悲”。前面所叙的“可喜”是为了反衬突出后面所叙的“可悲”，由此抒写对亡妻的深切怀念之情。综观整篇文章，第一、三部分的“叙”在章法上都是先叙“可喜”之事，后叙“可悲”之事，保持了这两部分叙事思路的前后一致性。同时，这两部分具体的人、事、景的叙述属于实写，而第二部分的说理、抒情属于虚写，这三个部分的布局安排构成了一个结构平衡、匀称的语篇，使语篇的整体结构布局呈现出“叙—论—叙”的变化之美、实与虚的相间之美。

第二步是通过各部分之间的语义连贯分析，并结合归有光身处的特定社会时代背景及其人生际遇等表达语境因素，进一步确定“论”的思想内涵，准确归纳全文意旨。

第一部分中“借书满架，偃仰啸歌”，“久不见若影，何竟日默默在此，大类女郎也”，“余扃牖而居”等，所叙的这些内容勾勒出一个闭门苦读的青年形象，为第二部分的议论蓄势；而此处的议论则照应了前文所叙，在语义结构安排上使前文的“叙”有了落脚点。这样，通过前后的连贯清晰地再现了青年归有光的抱负和追求。同时，“论”的安排也使作者青年时的理想和中年时的境遇形成隐性的对比。从作品的写作时间来看，该文第 1 至 5 自然段约写于 18 岁，第 5 自然段的“论”抒写了青年归有光兼济天下的伟大抱负和重振家业的使命感，第 6、7 自然段则写于 15 年后，而此时的归有光已步入中年，他经历了一连串的科举失利。这样，结合后文的补叙时作者的心境和遭遇，我们可以从这段话表层所洋溢的“可喜”之情中推导出文章深层隐含着的作者难以倾诉的“可悲”。

因此，只有站在语篇结构的分析视角，梳理“论”这一部分与前后两部分“叙”之间的内在语义关联，才可以确定它是第一部分“叙”的照应之笔，具有收束的功能，又与第三部分的补叙形成隐性的对比，是读者把握全文主旨的关键语段。通过这种解读视角，学生才能在作品的前后对比分析中深入理解到作者悲的不只是家庭的衰败、亲人离去的凄凉和孤苦，还有因怀才不遇、功名未成、有负亲人抚育和期望的苦闷、抑郁之情，而这种苦闷、抑郁之情才是作为一个传统读书人内心最深的伤痛。若离开语篇结构的整体性来解读文本，只能是天马行空、无所依托，难免会出现理解偏差或解意不全的情况。

在阅读教学中，有必要在阅读方法上指导学生细细地研究篇章结构布局，并体会段落在语篇中的价值，深究文章的底蕴。通过这样的教学途径，才有可能接近言语形式分析和内容解读的双向教学目标。

（二）从繁简处理技巧的分析把握语篇立意

语篇立意就是确定文章或作品的主题，而主题是语篇的意义核心，它是多元的，包括思想观点、情感态度、审美意义。可以说，主题是一篇文章或文学作品的灵魂。主题内涵的丰富、深浅必然会影响语篇繁简的处理。关于文章的繁简处理，清代顾炎武在《日知录》中曾指出：“子曰：‘辞达而已矣’。辞主乎达，不论繁与简也。繁简之论兴而文亡矣。”也就是说，写文章应根据立意的需要裁剪、安排语篇的繁简，而不能轻内容、重形式，为追求繁简效果而繁简。从言语表达的角度看，“繁和简是修辞的重要手段。繁笔和简笔相互为用，目的都是为了把文章的中心精确地表示出来。繁简得当，便能各得其妙”①。“文章的繁和简是指叙述的详略、描写的细致或粗略。”② 繁简处理有常规的技巧，也有偏离常规的技巧，教师要注意区别和归纳，并以分析语篇的繁简处理作为一个切入点，引导学生准确、深入地理解语篇的主题。

1. 繁简处理的常规技巧

关于繁简处理的具体方法，郑文贞在《篇章修辞学》中分析了“实写与虚写、正写与侧写、详叙与概叙、列举与概全、分说与合说”在繁简用笔上的一般规律。这里将前三组归入繁简处理的常规技巧，略作介绍。

（1）实写为繁，虚写为简。

叙事需要做到虚实结合。生动具体地写景、状物、叙述事件的始末，就是所谓的实写；而用来衬托、呼应实写的想象之笔、议论抒情之笔就是虚写。常规的修辞处理技巧是实写用繁笔，虚写用简笔，虚写为实写服务。文章贵在以实带虚，虚中见实，相辅相成，使文章疏密有度，形成波澜。例如，《荷花淀》以简笔虚写女人们的成长，而以繁笔实写夫妻话别、冒险探夫、战场重逢三个场景来突出人情美、自然美的主题

① 徐炳昌．篇章的修辞．福州：福建教育出版社，1986. 63
② 徐炳昌．篇章的修辞．福州：福建教育出版社，1986. 57

思想。又如，《荷塘月色》中以实写为主，用繁笔描绘了作者眼前所见的荷塘上的月色、月色下的荷塘、荷塘四周的景物，给读者以身临其境的艺术感受，也借此实景衬托作者赏景时的愉悦心境。同时，作者又善用简笔，巧妙地穿插自己在观赏荷塘月色时的淡淡喜悦和淡淡哀愁的心境变化，想象江南采莲的画面，借以抒发作者对江南的山水和生活情趣的思念之情、对现实的一种无奈之情。

（2）正写为繁，侧写为简。

就描写的角度而言，一般来说，对语篇中主要对象的活动、语言、心理、外貌等，多用繁笔从正面做细致入微的描写；而侧面描写对于主要对象只是一种补充、辅助的作用，多使用简笔去叙写主要对象周围的人物或景物，以此来衬托主要对象。在语篇中，若侧面描写运用得好的话，也可以收到以少胜多的表意效果。因此，分析人物和语篇主题都不可忽略那些着墨不多的侧面描写。例如，《鲁提辖拳打镇关西》一文中，鲁提辖三拳打倒镇关西是情节的高潮部分，主要运用正面描写和侧面描写来塑造鲁提辖这一人物形象。关于“打”这一行为和过程，从正面描写了“三拳”，每一拳都按照“打前骂—打的位置—打的结果—郑屠的反应或状态描写”这样的思路来工笔细描，而目击者店小二、卖肉的主顾及路人的反应则属于侧面描写。小说正是通过正写繁笔和侧写简笔的巧妙配合，刻画出鲁提辖这位勇而有谋、武艺高强的英雄形象。

（3）详述为繁，概述为简。

在语篇中，与主题有关的事件、景物需用墨如泼，详细叙述、描绘；次要内容则应惜墨如金，概括描述。例如，杜牧的《阿房宫赋》，开篇“六王毕，四海一，蜀山兀，阿房出”，仅用十二字简述建阿房宫的背景。写宫内的声色歌舞与对民间的极度搜刮，则纵笔铺陈，突出了文章的主题，即批判秦始皇的纵欲、奢侈，揭示秦朝二世而亡的原因。

2. 繁简处理的偏离技巧

与常规技巧相比，繁简处理的偏离技巧仅见于文艺语体中，且使用频率不高。偏离常规的繁简处理技巧可使语篇组织更具匠心，更能隐蔽地表现语篇丰富、深刻的内涵。下面具体介绍教材中出现的两类繁简处理的偏离技巧。

（1）实写为简，虚写为繁。

有时，在繁简处理上，实写的内容用简笔，虚写的内容用繁笔，反倒更能适应语篇整体的行文思路，满足语篇主题有效表达的需要。例如：

②北京的冬季，地上还有积雪，灰黑色的秃树枝丫杈于晴朗的天空中，而远处有一二风筝浮动，在我是一种惊异和悲哀。

故乡的风筝时节，是春二月，倘听到沙沙的风轮声，仰头便能看见一个淡墨色的蟹风筝或嫩蓝色的蜈蚣风筝。还有寂寞的瓦片风筝，没有风轮，又放得很低，伶仃地显出憔悴可怜模样。但此时地上的杨柳已经发芽，早的山桃也已吐蕾，和孩子们的天上的点缀相照应，达成一片春日的温和。我现在在哪里呢？四面都还是严冬的肃杀，而久经诀别的故乡的久经逝去的春天，却就在这天空中荡漾了。

（鲁迅《风筝》）

对于眼前的、现实的“北京的冬季”，在例②开头语段简笔轻描，又在第二段中一笔带过，点出自己正处在“严冬的肃杀”中。而对于记忆中的故乡二月的春天，则工笔细描，侧重写空中的风筝，有色彩，有飞动时的声音、形态及给人的感受，而天空的热闹景象与地面发芽的杨柳、吐蕾的山桃又营造出“春日的温和”。实简虚繁的用笔安排更能突出作者对儿时所感受到的故乡那充满着“春日的温和”的怀念。从语篇的结构布局看，以繁笔描述想象、记忆中的景象，也为后文回忆小弟弟爱风筝、“我”折断风筝等做了充分的铺垫。

（2）正写为简，侧写为繁。

正面叙写中心人物、描写主体景物时使用简笔，而以大量的篇幅写其他似乎无关的琐碎事情和景物，以此从侧面烘托文章的主要人物、主体景物，这样处理在突出主题方面有时可以收到特别的效果。对于这种繁简处理形式，教师要抓住那些使用繁笔叙写的次要内容，分析其对语篇主题的作用。例如，游记散文《小石潭记》，写小石潭，潭中的水本应是写作的主体对象，但整段文字除了第一段中以极简练之笔写“水尤清洌”外，没有一处写水，却处处见水。写潭中石头“全石以为底”，能清晰判断水底石头的完整，这足以说明潭水的清澈；游鱼“可百许头，皆若空游无所依。日光下澈，影布石上，佁然不动，俶尔远逝，往来翕忽。似与游者相乐”，潭中鱼无所羁绊的“空游”，日照下的鱼影，鱼的休憩与游动的姿态，这些景象清晰在目也皆因潭水的澄净。语篇正是通过繁笔来写石绘鱼，从侧面突出潭水的清澈透明。

（三）鉴赏并随文归纳谋篇的艺术

从高考作文要求看，20 世纪 90 年代初国家教委考试中心“高考作文评分误差控制”课题组制定了《关于高考作文语言水平测定的几点意见》，正式确定作文语言项评分以“规范、得体、连贯”为基本要求。“当前，高考作文评价标准把体现语篇分析成果的术语‘连贯’作为评价作文语言组织的一个基准，表明作文语言评价对象已超出句子通顺与否的问题，还关涉句段、语篇的表层形式衔接和深层语义关联。”①

从学生语篇组织的现状看，“不少学生害怕作文，不是不会组词成句，而是苦于不知如何积句成段、积段成篇。作文中的前言不搭后语或文意阻滞不畅，可说是通病了，十分需要通过以连贯为基准的评价，使学生得到语篇组织方面的切实指导和有效训练”②。

---

①② 雷良启，余应源．作文语言的评价基准．语文学习，1998（10）

因此，从高考的作文要求和学生的言语运用能力的培养目标来看，应重视讲授语篇衔接连贯的语言知识。关于词语、句子的篇章衔接用法，将在后面几章分别介绍，这里侧重谈谈如何在篇章阅读中随文讲授辞格谋篇的手法和语篇的照应方法。

1. 辞格谋篇的运用和修辞效果

辞格谋篇大大增强了语篇建构的艺术美。关于辞格谋篇知识方面的教学，不仅要重视分析单篇文章如何运用辞格谋篇及其谋篇效果，更应通过不同形式的比较将分散在各篇中的同类辞格衔接手法进行整合。

（1）比较同类辞格在谋篇上的异同。

在实际运用中，即使是同类辞格，也会因意旨和表达意图的不同，在谋篇中呈现出不同的表现形式。有比较才有鉴别，教师有针对性地比较那些运用了同一类辞格谋篇的语篇，区别它们在具体运用中的表现形式和修辞效果，可以使学生对某一类辞格谋篇的运用情况形成比较系统的认识，也便于他们灵活掌握辞格谋篇的运用方法。限于篇幅，下面仅以反复、比照法为例谈谈如何在阅读教学中传授辞格谋篇的手法。

反复是一种使用范围较广的谋篇手法。我们以粤教版普高课标实验教材《语文》（必修2）第二单元的诗歌和歌词为例，抓住单元选文在谋篇上的共同点和不同点，分析反复谋篇手法的不同表现形式和修辞效果。内容归纳如下表所示：

<table>
<tr><th colspan="2">反复谋篇的技巧类型</th><th>语例</th><th>修辞效果</th></tr>
<tr><td rowspan="3">首尾呼应式反复</td><td>首尾两节
完全相同的反复</td><td>《雨巷》：撑着油纸伞，独自
彷徨在悠长、悠长
又寂寥的雨巷
我希望逢着
一个丁香一样地
结着愁怨的姑娘</td><td rowspan="3">1. 突出重点，强调作者的思想情感。
2. 首尾反复可使诗歌首尾形成相互照应，语篇结构严密、圆合。</td></tr>
<tr><td>首尾两节部分
相同的反复</td><td>①《长江之歌》首尾两节的后半部分：
“我们赞美长江，你是无穷的源泉；
我们依恋长江，你有母亲的情怀。”
②《死水》首尾两节的第一句完全相同的反复：
“这是一沟绝望的死水。”</td></tr>
<tr><td>首尾两节
相近的反复</td><td>《再别康桥》首尾两节中开头两行结构形式相同，只变换了一个词，且“轻轻”与“悄悄”在诗中的语境义基本相同；首尾两节收尾词“云彩”的反复进一步强化了两节之间的呼应。</td></tr>
</table>

（续上表）

反复谋篇的技巧类型		语例	修辞效果
段同式反复	诗节的结构和用词完全相同的间隔反复	《雪落在中国的土地上》： “雪落在中国的土地上， 寒冷在封锁着中国呀……”	1. 段同式反复能清晰显示层次脉络。 2. 形成回环往复的旋律美。
	各诗节结构相同、用词有部分相同的连续反复	《那就是我》：我思恋故乡的…… 还有…… 噢，妈妈—— 如果 …… 那就是我，那就是我。	
扣题式反复	开头和结尾两节均扣题，形成反复	《我和春天有一个约会》开头：我几乎忘了和春天有一个约会。 结尾：我想起和春天有一个约会。	可以使诗歌的首尾或各节与题目密切照应；突出语篇的重点。
	诗行中出现多节扣题，形成文章与标题之间、各诗节之间的反复	《热爱生命》： 第一节：仍在反复地低语：热爱生命。 第三节：上面仍会刻着：热爱生命。 第三节：要后代以我为榜样：热爱生命。 最后一节：就在于：相信未来，热爱生命。	

通过比较鉴赏，整合了分散在各语篇中的反复谋篇手法，有助于学生较为全面地认识和灵活地掌握这一辞格谋篇手法。

就比照法来讲，这种手法在语篇建构中使用频率高，阅读时重在分析比照法的次类——横比式、纵比式在篇章组织中的具体运用和凸显意旨方面的作用。

横比式在表现形式上有显性对比和隐性对比两种形式。相比较而言，隐性对比难以判断，其意旨也在篇外。例如，乔治·桑的《冬天之美》运用显性对比的手法概述了乡村冬天之美和大都市冬天之丑，并将英国人到乡下过冬的明智之举与法国富翁们留守都市过冬的愚蠢、悖谬行为进行对比，以凸显作者对乡村冬天的热爱。而孙犁的《荷花淀》是一篇战争题材的小说，作者却用带有几分诗情画意的笔调来描写战斗场面，但这并非美化战争，而是想通过宁静、和谐、富饶的土地和善良、淳朴的人们来反衬日本帝国主义侵略战争的惨无人道，侵略者对美、对人类文明的毁灭。通过这隐性的横向对比，作者把自然与人情描写得越美，就越能显示出战争的残酷。

关于纵比式的比照谋篇手法：可依时间先后顺序，以“昔—今”的结构模式展开比照；可按“今—昔—今”的结构模式，将过去的事情或景象以补叙的方式穿插在中间。例如，《最后一课》主人公小弗郎士对待上课的态度是：之前讨厌学法语，甚至为此逃课；但不准学法语的法令以及韩麦尔先生对法语的深情热爱，使得他开始热爱法语了。他对待老师的态度是从怕老师到理解、同情并敬爱老师。他从幼稚不懂事到热爱祖国。文章按时间顺序把这些内容以“昔—今”的结构模式进行比照，深刻地表现出在国土沦丧、失去自由的法兰西，即使是一个不懂事的孩子，也对祖国充满着无限的热爱之情，而法兰西民族的伟大凝聚力也由此得以充分展现。

对于综合运用纵横比照手法的语篇，关键是理清哪些部分是横比式、哪些部分是纵比式，其语篇表意效果如何。例如，《品质》一文并用纵横比照手法谋篇，横比式表现为：通过“我”穿靴子的切身感受，比较出格斯拉制作的靴子与大公司卖的靴子在质量上的优劣。纵比式是：一方面，格斯拉的处境日益艰难，因生活的艰难导致过早衰老；但另一方面，他对鞋的品质追求却仍然不变，坚持将靴子做到尽善尽美，一直到生命的最后。他的这种品质是通过“我”穿他制作的靴子所获得的感受间接表现出来的，即第二次定做的靴子“比以前格外经穿”（两年穿不坏），第三次定做的靴子“比以前更结实”（简直穿不坏），最后一次定做的靴子（也就是格斯拉生前制作的最后几双靴子）是“曾定做过的最好的靴子”。这变与不变的鲜明对比有力地展现了格斯拉作为一个底层劳动者的优秀品质，即能始终坚持一贯的做人准则，恪守着职业尊严和道德。

（2）比较不同语体运用辞格谋篇的区别。

辞格谋篇表现出明显的语体差异。一般来说，上节所列的四类辞格系统中的任何一种辞格手段都可用来组织文艺语体的篇章，但并不都适合政论语体、应用语体、科学语体。比如，文艺语体中常用的比拟谋篇、比兴谋篇、象征谋篇法就不适合非文艺语体。而以打动或说服听者、读者为目的的政论语体、应用语体，则更需要使用有语言标志的谋篇手段，从而使语篇连贯、严谨。像排叠系统中的排比、反复法，问答系统中的设问法在这两类语体中就比较常用。

其实，即使是同一种辞格谋篇，在不同语体中也有不同的表现形式。下面以设问法在演讲体和韵文体中谋篇运用为例，谈谈辞格谋篇的语体制约性。

③……<u>何以由于这个纪念会，便知诸君的前程是很远大呢？诸君今晚为什么要来纪念黄花岗的七十二烈士呢？</u>就当时的事业说，七十二烈士所做的事，是失败的，不是成功的。十四年前的今日，是七十二烈士为国流血的一日，是革命党惨淡悲歌的一日。所以这个三月十九日，就是七十二烈士失败的一日，我们还要来纪念，<u>所纪念的是在哪一点呢？是不是要纪念他们的失败呢？失败还有什么价值可以纪念呢？</u>我们现在所纪念的这一点，不是在他们当时事业的成败，是在那一般烈士当时所立的志气。

<u>七十二烈士在当时立了什么志气呢？</u>……革命党不过是几百人，用几百人

去打几万人，那般烈士知道要得什么结果呢？……他们为什么用心要这样苦呢？……因为看见了这种种危险，所以明知道后果是失败，还要去做。所存在的希望是什么呢？就是以身殉国，来唤醒一般醉生梦死的人民……这就是七十二烈士以死唤醒国民，为国服务的志气，达到了目的。

我们今天来纪念他们，便应该学他们的勇气，更加扩充，为国家，为人民，为社会，为世界来服务。诸君是学者，是有知识阶级，知道人类的道德观念，现在进步到了什么程度？……要学他们的志气，尤其要学他们的道德观念。

诸君要学他们的道德观念，是从什么地方学起呢？简单地说，就是要从学问上去学起……

（孙中山《在岭南大学黄花岗纪念会的演说》）

例③演说稿属于典型的设问谋篇，每一段都采用“设问—解答”的结构模式。第一段以两问共答、三问共答的结构形式，提出此时缅怀这些烈士的意义，不在于其成败，而是为了纪念他们的志气。第二段以四个一问一答的形式逐层铺开，阐释烈士们的志气内涵，赞美烈士们以身殉国的勇气。第三段以问的形式引出对当时背景的分析，为后文强调青年学子尤其需要学习烈士们那种舍身为人民服务的道德观念做铺垫。第四段也以一问一答的形式进一步指明青年学子应如何学习烈士们的道德观念。这些问句的谋篇作用：一是设立段落的主话题，转换段落内部的次话题，推进段落话题的展开，使文章观点和论据水到渠成地推出；二是各问句之间有着严密的层进式逻辑关系，“设问—解答”的结构形式清晰地显示了语篇的层次脉络，使得上下文衔接紧密；三是简短形式的问句更能提醒听众注意后文将展开的内容，切合演讲体的用语要求；四是不同类型问句的运用不仅使语篇句式富有变化，还增强了演讲的气势，更有助于抒发演讲者沉痛而昂扬的情感。总体看来，该文使用的问句数量虽多，但还是属于常规的语篇结构形式。

相比较而言，韵文体的篇章组织要求有变化，甚至追求一种陌生化的艺术效果。下面这首现代诗也是运用设问谋篇，但在语篇的组织和衔接上却表现出对常规的偏离。例如：

④告诉我，欢乐是什么颜色？
像白鸽的羽翅，还是燕子的红嘴？
欢乐是什么声音？像一声芦笛？
还是从簌簌的松声到潺潺的流水？

是不是可握住的？如温情的手？
可看见的，如亮着爱怜的眼光？

会不会使心灵微微地颤抖?
或者静静地流泪，如同悲伤?

欢乐是怎么来的? 从什么地方?
萤火虫一样飞在朦胧的树荫?
香气一样散自蔷薇的花瓣上?
它来时，脚上响不响着铃声?

对于欢乐，我的心是盲人的目，
但它是不是可爱的，如我的忧郁?

（何其芳《欢乐》）

例④整首诗连用十五个设问句，形成只问不答的全问句式语篇。而多类问句的穿插运用，使语篇形式呈现出整齐中有变化的结构美，在语气上也显得亲切和谐。在表意和篇章功能方面，画线处的特殊问句设立了明确的话题，并推进了话题的转换，具有提挈下文的作用。语篇中的是非、选择和一般问句具有的描绘功能，在语义上紧承特殊问句，问中隐含着相应的答案，即从颜色、声音、气息、触觉、嗅觉等不同角度，用各种具体形象来比喻欢乐这种抽象的情感，让读者能从各种具体形象中把握“欢乐”的真正内涵。

教学中讲清楚辞格谋篇手法在不同语体中的运用差别，有助于培养学生规范使用辞格谋篇手法的语用意识。

2. 体会语篇照应的匠心

任何一篇连贯的文章都存在照应的安排，并且同一语篇的照应是多层面、多角度的，体现在各个段落、层次等语篇要素之间的语义内容彼此呼应，不同的语篇还会根据表意的需要而侧重于不同的照应方式，读解文章时可用不同的方法分析文章所用的照应技巧及其篇章表达效果。

（1）借助语言标志判断语篇照应。

显性照应有明显的语言标志来表现前后文之间在语义内容上的比照、呼应关系。从语言单位的运用看，词语、句子甚至语段都可以成为语篇照应的语言标志，但在实际运用中有形式、语义两个方面的条件限制。鉴赏文章要善于抓住语言标志并结合语义分析，引导学生判断、分析语篇的照应艺术和表达效果，这将有助于提高学生独立鉴赏谋篇艺术的能力，掌握语篇照应的常用语言手段。

①依据文字相同的语句判断语篇照应。

在语篇中，常借助完全相同的词语、句子或者部分相同的句子来标示扣题照应、前后文的照应关系。因此，阅读时，可在文章中寻找相同的词语或句子，以此判断语篇照应关系。

一是抓住作为照应标志的词语。在语篇中，重复使用相同的名词、名词性短语指称同一人或事物，可形成前后文指称性照应。例如，小说《药》中名词“灯笼”前后出现了四次：第一次是老栓半夜打着灯笼上路买药；第二次是写天色微亮，老栓熄灭了灯笼，在等药；第三次是黑衣人抢过灯笼，撕破灯罩包裹人血馒头；第四次是老栓舍不得扔掉灯笼，用来引火煎药。第一、二、四次有关灯笼的细节描写衬托了老栓的勤劳、谨慎、细心和节俭；同时，前两次关于灯笼的交代又为黑衣人（刽子手）扯下灯笼纸包裹人血馒头埋下伏笔。第三次关于灯笼的细节安排，生动地刻画出黑衣人的粗暴、急躁、凶恶。“灯笼”的四次出现形成了小物件的细节照应。

在语篇中，用于陈述与人相关的特征性行为、形容与事物有关的某种特征的词语复现，也可形成陈述性照应。例如，《药》一文中七次穿插描写了小栓的咳嗽，在吃“药”之前出现两次：“一阵咳嗽”，“一通咳嗽”；在吃“药”之后出现五次：“又是一阵咳嗽”，“咳着睡了”，“嚷得里面睡着的小栓也合伙咳嗽起来”，“两手按了胸口，不住的咳嗽”，“拼命咳嗽”。吃药前的咳嗽描写说明了老栓早起的原因。吃药后的五次咳嗽描写，且每次咳嗽的状况都不同，暗示小栓吃了所谓的“包好”的药之后反倒加重了病情，同一动词“咳嗽”的反复出现形成了动作行为的细节照应，有力地嘲讽了康大叔那番表功的话，使他的大话、假话不攻自破。

二是抓住作为照应标志的句子。在同一语篇中重复使用完全相同的句子或者用词大同小异、句义相同的句子，这些句子用于叙述同一件事、描写同一人物或景物或场景、抒写同一情感态度，形成前后文的照应关系。例如：

⑤画着人面的兽，九头的蛇，三脚的鸟，生着翅膀的人，没有头而以两乳当作眼睛的怪物……（第19自然段）

略略一翻，人面的兽，九头的蛇，……果然都在内。（第25自然段）

但那是我最为心爱的宝书，看起来，确是人面的兽；九头的蛇；一脚的牛；袋子似的帝江；没有头而“以乳为目，以脐为口”，还要“执干戚而舞”的刑天。（第28自然段）

（鲁迅《阿长与〈山海经〉》）

例⑤三次描述《山海经》里的绘图，这些大同小异的句子清晰地标示了这三处内容的照应关系。第一次关于《山海经》中的一些图画描述是通过一个远房的叔祖的介绍而获知的，意在表明《山海经》对我的吸引力就在于书中的那些图画。第二次略述是印证远房的叔祖对《山海经》内容的描绘，同时说明长妈妈给我买的《山海经》正是我梦寐以求的绘图版。第三次描述最为详细，意在进一步强调长妈妈所买的那本《山海经》在童年鲁迅和成年鲁迅心目中的重要位置，更由此突出我对长妈妈的感激、怀念之情。

②依据结构相同的语句判断语篇照应。

在语篇中，具有某种语义关联的两个或多个句子所表达的内容可以形成照应，而句子的结构相同或基本相同可以强化这种照应关系。

一是同构句式，语义上具有递进或因果关系，可构成相互照应关系。例如：

⑥玩的时候倒是没有什么的，但一坐下，我就记得绘图的《山海经》。（第21 自然段）

过了十多天……她穿着新的蓝布衫回来了，一见面，就将一包书递给我，高兴地说："哥儿，有画儿的'三哼经'，我给你买来了。"（第 23 自然段）

（鲁迅《阿长与〈山海经〉》）

例⑥中第一组"一……就……"的句式表明了我对《山海经》的痴迷和渴慕，突出了《山海经》是"我"童年时梦寐以求的东西，为后文长妈妈给我买《山海经》、我对她充满感激而终身难忘做了铺垫。第 23 自然段在语义上与前文我对《山海经》的渴慕形成因果关系，即长妈妈知我所需，告假回家时还能惦记着买我急于想看的《山海经》。而"一……就……"的句式不仅表现出她把书买回来后想让我高兴的急切心情，还在句子结构形式上强化了与前文的照应关系。

二是同构句式，两个彼此照应的部分语义上存在相反、相对关系，而句式的同构进一步强化了前后部分语义的反差和相对关系，使照应更为严密。例如：

⑦篇首：一向讨厌母鸡。

篇尾：我不敢再讨厌母鸡了。

（老舍《母鸡》）

⑧篇首：我不由停住了脚步。

篇尾：在这浅紫色的光辉和浅紫色的芳香中，我不觉加快了脚步。

（宗璞《紫藤萝瀑布》）

例⑦中，这两个句子语义相反，句式结构大致相同，首尾形成照应，使语篇显得完整、严密。例⑧也是同构句式，充当状语的副词"不由"和"不觉"属于同义词，谓语动词"停住"和"加快"是广义的对义词，使语篇构成首尾照应。

因此，读解文章处于不同语段位置、具有语义关联的同构句式，也可以作为判断语篇照应布局的重要语言依据。

③抓住言异义同的语句判断语篇照应。

若两个语言单位（句子或语段）表义相同或基本相同，在言语形式上大异小同，小同之处仅在于个别词语是同素词、广义的近义词或具有相互解释关系，也可以将这两个语言单位确定为具有同义关系的照应。例如：

⑨最惹眼的是屹立在庄外临河的空地上的一座戏台，模糊在远处的月夜中，可空间几乎分不出界限，我疑心画上见过的仙境，就在这里出现了。（第 14 自然段）

回望戏台在灯火光中，却又如初来未到时候一般，又飘渺得像一座仙山楼阁，满被红霞罩着了。（第 22 自然段）

（鲁迅《社戏》）

例⑨中，这两个句子的言语形式不同，但表达的意思基本相同，都是写远望戏台给人的飘渺、朦胧如仙境般的感受。句中两个广义的同义词语“仙境”和“仙山楼阁”巧妙地把第 14 自然段来时的感觉和第 22 自然段返程回望戏台的感受联系在一起。

④根据设问语句判断语篇照应。

抓住篇首、段首出现的设问句，在后文寻找能够释疑的语句，由此可确定前后内容的照应关系。例如：

⑩今天翩然而至了。你可曾思索过：今天又是什么？

今天，是昨天所未尝得到，而明天又行将失去的东西。今天是从昨天而来的，然而不属于过去；今天将要向明天迸发，然而又不属于未来。

今天，只属于今天它自己。

今天是活生生的，实实在在的。今天充满色彩、声音、生气和活力。——有风，也有水；有花，也有草；有阳光和云朵，有山岳和海洋；还有原野和森林，还有月亮和星星……

创造的汗水，进军的鼓点，奋战的吼声，胜利的欢呼……使今天显得格外迷人。

今天，书声琅琅，歌声飞扬。

今天，列车奔驰，钢花飞溅。

今天，庄稼在贪婪地吮吸大地母亲的乳汁；

石油钻探平台的钻头在起劲地向大陆架的岩层伸延……

啊，这就是今天！朝气蓬勃的今天，龙腾虎跃的今天！今天是为了诞生希望和奇迹而存在的。谁也不要辜负这洒满阳光的日子！

抓住今天吧！紧紧地把它抓住吧！今天，我们要有所作为，有所进步，有所登攀！

（岑桑《今天》）

例⑩的这篇短文在篇首提出问题：今天是什么？后文紧承该问题逐层给予回答，并在倒数第2自然段总结性概括“今天”的内涵。

（2）借助语义关系分析语篇的隐性照应。

显性照应有语言标志显示其照应关系，读解文章时抓住语言标志就可判断出。而隐性照应，伏笔和应笔之间在距离安排上有一定的间隔，一般跨越了多个句子、语段甚至意义段，加之缺乏明显的语言标志，显得暗藏而不外露，学生不容易梳理清楚。读解文章时需要通过揣摩语句的深层含义，从语义关联上发现语篇中的伏应安排，领会作者隐性照应的匠心。例如，孙犁的《荷花淀》中，在夫妻话别一幕中，水生说：“……他们不敢回来，怕家里的人拖尾巴，公推我代表，回来和家里人说一说。他们全觉得你还开明一些。”这句话不仅间接表达了丈夫对妻子一贯支持自己抗日的充分肯定，以争取自己这次上前线的要求能够再次得到妻子的理解和支持，也在语篇前后语义关联方面为后面水生嫂对几个女人商量出去探望上前线的丈夫提出反对意见埋下了伏笔。当几个女人商量探望丈夫时，其他人都找借口去马庄看丈夫，水生嫂却说：“听他说，鬼子要在同口安据点……”水生嫂说的是半截子话，其言外之意就是现在外面局势很紧张，最好不要出去探望水生他们，以免给他们添乱。水生嫂的言语表现了她对男人们上前线抗日的理解和支持，也正好印证了前文“他们全觉得你还开明一些”这一肯定评价。这照应之笔不仅使水生嫂的形象更为鲜活、丰满，也使小说在情节推进上显得更为自然、连贯、严密。

又如，小说《药》中七次穿插描写了小栓的咳嗽，且愈咳愈厉害，为后文华大妈清明上坟埋下伏笔，前后形成语义承递的照应关系。

另外，有的隐性照应表现为“设悬—释疑”的形式。这种照应其实是一种隐性的问与答的组合形式，即前文虽然没有明确提出问题，但后文内容的安排却能解释前文所设的疑窦或阐释前文所提的话题。例如：

⑪老头子每天夜里在水淀出入，……他对苇塘里的负责同志说：你什么也靠给我，我什么也靠给水上的能耐，一切保险。（第5自然段）

老头子过于自信和自尊。……（第6自然段）

（孙犁《芦花荡》）

例⑪中，画线句子为后文情节的发展设下悬疑，为何用“过于自信和自尊”评价老头子？文中第23至33自然段中写老头子负责护送的两个女孩子中，大女孩被敌人的子弹打中，受了伤，老头子觉得无脸见人。这个情节安排正好阐释了前文所作的评价，使前后文形成隐性照应。

《触龙说赵太后》、《廉颇蔺相如列传》、《醉翁亭记》、《石壕吏》、《杜十娘怒沉百宝箱》等语篇都是随手设伏、适时照应的典范，这里就不一一分析了。

就当前的中学语文教材编写体例来看，多以人文教育为主线，语文知识短文非常有限，这种编排体例在凸显语文学科的人文性的同时却淡化了语文的工具性。因此，随文点拨语篇组织方面的知识可视为对当前教材工具性淡化的有效补充。谋篇艺术的分析采用渗透式的教法，水到渠成地向学生阐述语篇修辞的基本要求，引导学生认知、归纳组建语篇的语言手段。对学生来说，以具体文本为依托所获得的谋篇手段知识更为牢固，也更容易转化为言语能力。

二、从表达的角度看语篇建构

语篇是交际单位，建构语篇需要在某种言语体裁的框架内传递信息、抒发情感。巴赫金认为："言语体裁与表述紧密联系在一起，凡是有言语活动的地方，都必定具有一定的言语体裁。"① "说话者面对的不仅是必须遵循的全民语言形式（词汇和语法体系），而且还有它必须遵循的表述形式，即言语体裁；而后者对于相互理解来说也像语言形式一样是必不可少的。"② 由此看来，交际主体必须具备语篇交际意识，能根据特定语境得体地选择言语体裁类型、组建语篇，才有可能实现有效的交际。

培养学生具备这一能力也是语文教学的目标之一。因此，在阅读文章时，不能只关注文本写了什么、怎样组织语篇的，还应从表达的角度思考影响作者选择言语体裁类型、建构语篇的语境因素和语篇的交际功效。让学生明白写文章不仅要关注语篇内部的立意、选材、布局、遣词造句，还要关注语篇外部，也就是语篇的宏观结构层面要适应语境，要考虑言语体裁类型和结构安排的交际效果。因为写文章不仅为真情而写，更为交际或者为实用而写。

（一）看语篇组织对语境的适应性

为培养学生的语篇交际意识，教师可充分利用教材在单元组合上的特点进行同一言语体裁不同语篇形式的比较，考察分析语篇构建对语境的适应性。

这里以义务教育版语文九年级上册第四单元为例作具体介绍。该单元的选文皆为书信体，包括《给女儿的信》、《给儿子的一封信》、《致蒋经国先生信》、《就英法联军远征中国给巴特勒上尉的信》。对于这些书信的解读，需要结合作者的表达动机、文本直接接受对象、交际双方的角色关系及所处的社会、时代背景等语境因素，分析语篇表述角度、语气是否切合交际双方的角色关系，措辞和语篇组织形式是否具有可接受性，使学生更深刻地理解语篇的建构与语境的适应关系。

在《给女儿的信》中，作者——苏联教育家苏霍姆林斯基与自己十四岁的女儿谈的是爱情这个简单而又深奥的话题，这对少女来说是比较敏感而又难以理解的。选择

---

① 沈华柱．对话的妙悟——巴赫金语言哲学思想研究．上海：上海三联书店，2005. 34

② 巴赫金．巴赫金全集（第4卷）．石家庄：河北教育出版社，1998. 164

以书信的语篇形式进行书面的交流，并把深奥的道理蕴涵在浅显的童话故事中，更便于女儿在阅读童话中领悟爱情的丰富内涵。书信以充满诗意的笔调描述故事的情节，目的是让女儿在美的语言中感受爱情这一人类至美至纯的情感，同时委婉地暗示女儿应当如何善待爱情。

在《给儿子的一封信》中，写作背景是因儿子的学校组织“进入十四岁”的仪式，要求家长给孩子写一封信。作者刘亚洲从这一仪式意识到“十四岁”也是“人生的一个台阶”，在这个重要关口给儿子写这封信，目的是企盼儿子把握好自己的人生方向，书写辉煌的生命篇章。语篇结构是层进式，先指出十四岁是“人生的一个台阶”，为后文展开说理分析、提出希冀做铺垫。第二部分充分肯定了儿子身上的两个优点，最后一部分对儿子在个人品质修养方面的发展提出两点希望，这种语篇组织思路体现出清晰的逻辑事理层次。作者和受信人是父子关系，但表达者能以一种平等的态度和语气表达对儿子优点的欣赏，以委婉的语气指出儿子的不足。书信中列举了儿子成长中点点滴滴的小事，这不仅把父亲对儿子的优点和缺点分析表现得真实、具体，有效地增强了亲情教育的力量，还能使受信人——儿子感受到深厚、博大而贴心的父爱。

廖承志的《致蒋经国先生信》写于20世纪80年代初，是一封在特定时代背景中所写的公开信。写信人廖承志是党和国家的领导人，他长期致力于巩固和发展包括台湾同胞、港澳同胞、海外侨胞在内的爱国统一战线。考虑到收信人的特殊性和信件的公开性，在语篇类型上选用带有文言色彩的书信，使行文显得典雅、庄重。作者的写信目的是劝说蒋经国为实现祖国和平统一作出贡献。因此，在语篇的组织上，一是注重说理的逻辑性，“愿弟慎思”、“望弟再思”、“尚望三思”这三句话分别作为书信主体部分三个语段的结束语，既表明了劝说和平统一的三个理由的重要性，又清晰地显示了说理的层次和结构的严谨。二是注重情感的表露，这封公开信以个人私谊切入，开头畅叙阔别情思，结尾又以年老怀旧晓之以情，使得首尾在叙述角度和情感上照应、圆合，亦切合廖蒋两人的多年世交关系。信中规劝之言，能站在对方的角度进行分析，显得情真意切；反驳蒋经国错误言论时，批评中肯、说理透彻、语气委婉，切合对方的接受心理。此信在海峡两岸，尤其是在国民党内部和台湾同胞中产生了重大而深远的影响。

《就英法联军远征中国给巴特勒上尉的信》是以英法联军侵华战争为背景，巴特勒上尉本想利用雨果的显赫声望，让雨果为远征中国的所谓胜利捧场。作为一个法国人，雨果并没有站在法国政府的立场来美誉那场侵华战争，而是运用比照谋篇法，通过圆明园的神奇壮丽和精美绝伦来有力地反衬英法联军侵略中国的强盗行径，并义正词严地谴责侵略者的暴行和无耻嘴脸。该信在描述和评价侵略者的暴行时言辞中充满了强烈的反讽语气，从表层看，这对特定交际对象——巴特勒及法国政府来说不具可接受性，但在深层次上却适应了整个人类的立场、良知，对法国人民、世界人民来说具有可接受性。与前三篇书信相比，这篇书信的建构完全背离了交际对象的特定心理需求，而要理解作者为何这样组织语篇，应紧扣其表达动机作出深层次的分析，这也有助于学生更好地理解全篇意旨、认识雨果。

虽说“一千个读者就有一千个哈姆雷特”，但教师在阅读教学中，只有引导学生联系人文语境、时空语境等因素，才能使学生最大限度地接近作者的表达意图，理解语篇作为一个交际单位是如何适应语境要求建构的。

（二）看言语体裁类型、语篇结构与交际功效的关系

所谓交际功效就是言语体裁类型选择和形式构架能有效地实现写作主体的意图，能够在接受方产生写作主体所期待的言后效应，或者能满足接受方的心理需求。指导学生建构语篇，进行得体的交际，有必要讲清楚言语体裁类型、语篇结构与交际功效的关系。

1. 认识言语体裁类型的选用与交际功效的关系

每一类语体都包含系列言语体裁，且每一类言语体裁都有相对稳定的组织结构规律，具有特定的交际功能。在实际交际中，不仅需要根据特定的语境选择语体，还要考虑具体言语体裁类型的选择问题，即面对同一个话题或信息的传递时，选用哪类言语体裁能够达到有效的交际。例如，2008 年 9 月 27 日，海南文昌市一根水泥电线杆被大货车撞成两截，悬在空中摇摇欲坠。居民向有关单位呼吁十天无人管，无奈之下，便在水泥杆上张贴“启事”：

⑫寻局长启事

兹因文昌市锦山镇主街道有一电信线路水泥电杆，十日前被车辆撞坏，摇摇欲坠、险象横生，行人车辆随时都可能有灭顶之灾。险情早已逐级上报有关部门，但时过多日未见动静。水泥电线杆还是四十五度斜竖在大街上，并且底部已脱离原基几十厘米。行人在惊呼危险的同时，都在问：有关部门哪里去了？主管领导哪里去了？路见险情，唯有拔笔求助。居民特贴寻人启事，唯请主管局长身司其职，排除水泥杆险情……谁是局长？局长在哪里？你对市民应有一个交代。局长哪里去了？紧急寻找！

锦山镇居民

2008 年 10 月 7 日

（《海南特区报》，转引自天涯网，2008－10－07）

这份启事被网民称为“史上最牛的寻人启事”。从语篇的交际功效看，这则耐人寻味的“寻人启事”一经贴出，立即引得数百群众止步观看。记者后来联系上了文昌某公司负责线路抢修的符某。符某称，一根电线杆被撞坏了并不是什么大事情。不过，他最后表示，将在 10 月 8 日派人去抢修，“今天是来不及了，一时派不出人手来”（《海南特区报》10 月 7 日报道）。另外，还引起了网民在论坛上展开热烈的讨论，其批评矛头直指地方政府为民服务意识薄弱，政策执行理念有待提高。

这份启事之所以能产生这么大的交际功效，最关键的是因为言语体裁的选择。从内容看，本该用“报告”语篇向有关主管部门反映情况，但文昌市锦山镇的居民苦于反映的问题得不到相关主管部门及时、有效的反应和回复，而选用适合公开张贴、广泛告知的“寻人启事”这一言语体裁，以便引起上级主管部门的注意和重视。

可以说，认识言语体裁类型的选用与交际功效之间的关系是学生在表达过程中有效选择言语体裁、建构语篇的前提。最直接的就体现在中考、高考时，面对同一话题的写作，文章的出彩不仅在于立意的高低、选材的典型、情感的真实、语言的质朴或优美，还在于言语体裁的选用。

从中考、高考的应试情况看，获取高分的也多是那些在言语体裁选用方面有新意的作文。例如，2003 年高考全国卷满分作文《“公正杯”中学生电视辩论赛总决赛》，该文最可贵之处在于作者匠心独运地选择了演讲语体中的辩论陈词。作者选择辩论陈词语篇，不仅在于这位考生能准确认知这类言语体裁的交际功能，即该类语篇可在有限的空间论述相当多的论点，又可避免陷入论述繁复、条理不清的通病。更为重要的是，他考虑到了作文的直接接受主体是阅卷老师，在评阅了数量众多的记叙文、议论文、散文语篇之后，他们的阅读心理已趋于语篇类型重复疲倦，渴望看到语篇形式新颖、有创意的作文。

2. 认识语篇结构与交际功效的关系

语篇是一个交际表意单位，并且，“语篇在情景中的功能通常是以一定的语义结构来实现的，语篇的功能与语篇结构的这种对应关系使语篇形成许多较稳定的结构模式”[①]。而语篇结构主要是指语篇的宏观结构，“体现语篇的直接成分之间的关系”，“是语篇对内容的展示方式，而不是内容本身”[②]；并且，每一类言语体裁，在言语实践中已形成了多种相对稳定的语篇结构形式。例如，新闻报道语体的下位分体——消息体，完整的语篇结构成分包括标题、电头或消息头、导语、主体或正文、结语。其语篇结构形式趋于模式化，主要的结构形式包含倒金字塔式、悬念式、编年体式、综合式等几种，它们各有不同的交际功能。同一言语体裁的不同语篇因为所选用的语篇结构不同，所产生的交际功效也有差异。

为提高学生在写作中对语篇结构的关注度，有必要从语篇交际的视角把言语体裁类型和题材相同、语篇结构不同的文章作比较，让学生在甄别中深入认识语篇结构与语篇交际功效存在的密切关系。

粤教版普通高中课程标准实验教科书《新闻阅读与写作》中的消息《别了，“不列颠尼亚”》记录了香港主权回归、末任港督乘“不列颠尼亚”号撤离香港的最后时

---

① 张德禄．语言的功能与文体．北京：高等教育出版社，2005. 77

② 聂仁发．现代汉语语篇研究．湖南师范大学博士学位论文，2002. 18 ~ 20

刻。作者在语篇建构上没有采用最常见的倒金字塔结构，而是选择了倒金字塔与金字塔并用的结构。在阅读这则消息时，教师有必要引导学生建构以作者为中心的接受语境，思考影响作者选择这种特殊的语篇结构形式的语境因素有哪些？它能产生怎样的语篇交际功效？从事件语境看，被英国殖民者占领了一个半世纪的香港回归祖国的仪式是个特别重大的事件，其中，英方撤离香港过程中的每个细节也显得极其重要，符合使用“倒金字塔式 + 金字塔式”结构谋篇的条件；接受对象——亿万中国人民及世界人民，他们关注香港回归仪式的整个过程。从作者的写作动机看，一是他需要选择最佳角度和语篇结构形式全面报道这一重大的历史时刻，以满足广大读者的阅读需求；二是作为一个新闻工作者的历史责任感使然。这里采用“倒金字塔式 + 金字塔式”的语篇结构，导语部分概述了核心事件——“不列颠尼亚”号驶离维多利亚港湾，使读者在开篇就了解了新闻事实的焦点信息；主体部分按照时间顺序细致地描述了查尔斯王子、末任港督撤离香港的整个过程，并适时穿插相关的背景介绍，这样安排既增强了新闻事实的现场感，也能满足读者对所有细节的阅读需求，吸引读者阅读全文；篇末带有总结评论性的结尾又能让读者产生意味深长之感。

《中国恢复对香港行使主权，江泽民宣告香港进入新时代》报道的是同一新闻事件，但侧重于香港主权回归交接仪式的报道。在阅读上一篇消息时，可补充作比较分析。这则消息采用“倒金字塔式 + 金字塔式 + 倒金字塔式”的语篇结构。开头三段属于导语部分，以“倒金字塔式”结构交代了整个新闻事件中最核心的内容：评述香港政权交接仪式的举行的重大历史意义；江泽民庄严宣布香港回归祖国；中外嘉宾的热烈反应和这个庄严时刻的全球直播。主体部分从第四段开始，运用“金字塔式”结构，按时间顺序，从 6 月 30 日 23 时 42 分至零时 10 分，依次介绍交接仪式的全过程，并穿插了两个相关的事件背景。从倒数第三段开始，又转入了“倒金字塔式”结构，补叙与会各国人士，港、澳、台地区和华侨、华人代表，以及世界各地媒体记者的采访报道。该文采用这种复杂的语篇结构，既突出了最重要的信息，又保持了事件主体“交接仪式”过程的自然顺序。这与读者希望先了解最重要的信息，又希望了解仪式过程的细节的需求也是一致的。而结尾补叙的内容，按照正常的语义顺序，本应衔接于第五段后面，但因其信息地位次于交接过程中的主体事件，这样安排容易消解读者对主体事件的注意力。文章以“倒金字塔式”结构将这些内容安排在篇末，可使前文中关于交接仪式过程的报道更显紧凑，也更能凸显交接仪式中的主体事件。

其实，学生对于某一语篇的建构过程、结构模式及交际功效的认识和理解，需要经历一个反复的过程。因此，在阅读教学中，特别是对那些非文艺语体、交融语体类的语篇，教师应坚持以这一教学思维来指导文章分析，才能使学生逐渐掌握从宏观层面建构语篇的方法。

三、有针对性地补充教材在介绍不同言语体裁规范知识方面的不足

研读教材，了解教材的编写理念，从教材的整体编写特点出发分阶段确定每一学期的言语体裁类型训练目标，对于有效培养学生的语篇交际意识和言语体裁的运用能力是非常有必要的。

就人教版七年级至九年级语文教材而言，这套教材的“综合性学习·写作·口语交际”板块要求学生练习的言语体裁类型是多样的，除传统的三大文体外，还包括应用语体中的建议、书信、调查报告、总结、呼吁书（倡议书）、“司机指南”、“自然日志”、前言、编后记、读书计划、名人简介、研究报告、专题小论文；演讲语体中的辩论、说服类演讲词；新闻报道语体中的消息、通讯、短评；导游语体中的导游词；文艺语体中的故事新编、日记、人物小传、诗歌、小小说；文艺科技体中的科学小品、科学童话；广告语体中的公益广告；辞书体中的方言词条和小说人物词典。教材的这种编写要求，拓宽了教师的写作指导视野，让他们意识到光靠传统的三大类文体训练是不能真正解决实际问题，不能让语文走向生活的，对学生语篇表达能力的培养应该是多方面的，不能为应考而局限于传统的三大类文体。同时，也可以让学生看到生活的各个方面都需要写作，任何生活领域都是学习写作的重要实践课堂。而丰富、多样的语篇类型练习不仅能有效地激发学生写作的热情，还能使学生的作文变得越来越贴近生活的实际，更能让学生真正地以交际的眼光来看待写作。

当然，要切实有效地达到教材编写者所设定的目标，还需要语文教师能熟知各类言语体裁的语体属性、交际功能、语篇结构、组织方法及语言表达要求，具备指导这些语篇写作的驾驭能力。

例如，八年级下册第六单元习作的言语体裁类型为导游词，但教材未编入导游词范文，更无关于导游词写作的知识短文。新课标《点对点作文》编入了两篇导游词，但在写作方法指导和范文点评中均未提及导游词的语篇建构方法。针对这种编写的不足，教师需补充该类体裁的相关知识。因为，虽然导游词与游记散文的写作对象相同，在自然景物和人文景观的介绍与描绘方面两类言语体裁有相近之处，但它们分属于不同的语体类型。游记散文属于文艺语体，而导游词属于导游语体，它“具有规范性、综合性、多重功能性、现场性等一系列特点”①。完整的语篇结构包括称谓语、开场白、正文、结束语、现场提示语、导游示意图六个部分，简略一些的也必须由称谓语、开场白、正文、结束语四部分构成。在内容处理上，要突出所要介绍的自然风光、人文景观的个性和特色。在行文思路上，要根据实际游览景观，按照特定游览路线进行有条理的介绍。遣词造句能兼具书面语和口语的风格，融合叙述、描写、说明、议论、抒情等多种表达方式。写作导游词只有从以上几个方面考虑，才能满足导

① 韩荔华．导游语言概论．北京：旅游教育出版社，2005.11

游人员作现场讲解和旅游者查阅景点信息的双向交际功能。像这种特殊语篇，教师若不了解其语体属性和言语体裁特点，就可能在写作指导上与游记散文相混淆，而缺乏专门的导游词语篇规范指导和实例感知，学生可能会走入游记散文写作的误区。如果是这样，那么教材要求学生写作导游词也就失去了其真正的编写意义。

类似上述言语体裁类型补充教学应该是一种比较常用且非常必要的写作指导教学策略。因为初中阶段教材所要求的语篇习作大多数都存在类似导游词那样的编写不足。而缺乏相应的语篇示例、语篇结构模式和功能的认知，学生是很难写出符合体裁要求的文章的。

因此，对于教材中那些有明确言语体裁训练要求，但未介绍相关知识的一些言语体裁类型，教师应有意识、有目的地进行补充教学，这样既可帮助学生认识多类言语体裁的语篇特点、语体规范及其交际功效，又可培养学生灵活选用不同言语体裁构建语篇进行交际的能力。

第四章

语段修辞与语文教学

第一节　语段的内涵与类型

一、语段的内涵

（一）什么是语段

语段，又叫句群、句组。它是由两个或两个以上在意义上有密切联系、在结构上各自独立的句子组成的语言片断。从语段的定义可以看出它具有以下三个特性：

（1）语义上的向心性。向心性是指构成语段的几个句子所处的位置不同，发挥的作用也不同，但它们必须都指向并表达中心语义。例如：

①1）从全书来看，《水浒》的结构不是有机的结构。2）我们可以把若干主要人物的故事分别编为各自独立的短篇或中篇而无割裂之感。3）但是，从一个人物的故事看来，《水浒》的结构是严密的，甚至也是有机的。4）在这一点上，足可证明《水浒》当其尚为口头文学的时候是同一母题而各自独立的许多故事。

（茅盾《谈〈水浒〉的人物和结构》）

例①的语段由四个句子组成。第一句是整个语段论述的中心，中间两句分别指向中心语义：第二句论述为什么不是“有机的结构”的原因，第三句用“但是”做转折论述，最后一句紧扣中心语义作结，指出从全书看《水浒》的结构虽不是有机的结构，但它是“同一母题而各自独立的许多故事”。可见，构成语段的几个句子都是表达并指向中心语义的。

（2）结构上的整体性。整体性是指语段中的几个句子，是由相应的语法手段组合起来，表达有一个中心语义的完整意思，具有完整性的特征。例如：

②1）我对松树怀有敬意的更重要的原因却是它那种自我牺牲的精神。2）你看，松树的干是用途极广的木材，并且是很好的造纸原料；松树的叶子可以提制挥发油；松树的脂液可制松香、松节油，是很重要的工业原料；松树的根和枝又是很好的燃料。3）更不用说在夏季，它用自己枝叶挡住炎炎烈日，叫人们在如盖的绿荫下休憩；在黑夜，它可以劈成碎片做成火把，照亮人们前进的路。4）总之一句话，为了人类，它的确是做到了“粉身碎骨”的地步了。

（陶铸《松树的风格》）

例②是由四个句子构成的语段。第一句是总说，提出“我对松树怀有敬意的更重要的原因却是它那种自我牺牲的精神”这一话题；第二、三两句分别说明松树自我牺牲的精神的具体表现；最后一句是总说，照应第一句，指出松树“为了人类，它的确是做到了‘粉身碎骨’的地步”。这个语段的四个句子，用“总—分—总”的语法结构组织起来，使其成为一个有机的整体，从而体现出整体性的特征。

（3）形式上的多句调性。语段有两个或两个以上的句子，因此，就有两个或两个以上的句调。这是语段在形式上的标志。如例①、例②都是由四个句子构成的语段，有四个同一句调。又如：

③理想问题，实际上是一个人的世界观的问题。一个人活在世界上，应该具有什么样的奋斗目标呢？什么样的社会才是最理想的社会呢？这是和一个人的世界观密切联系着的。

（陶铸《崇高的理想》）

例③是由四个句子构成的语段，但有两种句调，一种是陈述的句调，一种是疑问的句调。

（二）语段的构成

1. 语段的主干句

构成语段的几个句子，它们分别处于不同的位置，各司其职：

（1）起始句，又叫始发句或发端句。它是一个语段中的第一句话，总是位于语段的开头。例如：

④人们对于蜜蜂的赞美，尤其充满哲理的情趣。在思想史上、艺术史上，许许多多人都歌颂过蜜蜂。这不仅仅是因为蜜蜂能够酿蜜，而且也由于，蜜蜂酿蜜的方法，给人以重要的启示。它能够博采，又能够提炼，终于，黄澄澄、香喷喷的蜜糖给酿造出来了。它的酿蜜可以说是一种卓越的创造。

（秦牧《蜜蜂的赞美》）

例④由五个句子组成，第一句就是起始句，提出要论述的问题。

（2）后续句，又叫支撑句或扩展句。它是陈述起始句提出的问题或按起始句指示的方向述说的句子。后续句可以由一个句子组成，但大多情况下不止一句。如例①至例③中的第二、三句就是后续句，它们分别由两个句子充当后续句；例④中第二至四句是后续句，由三个句子充当后续句。

（3）终止句，又叫总结句。它是起结束话题作用的句子，位于语段的末尾。如上面四例的最后一句，都是终止句。

需要注意的是，语段一般都有起始句，但不一定都有后续句或终止句。例如：

⑤复眼构造的精巧、功能的奇异，在某些方面为人眼所不及。因此，复眼已成为人们极感兴趣的研究对象，给了人们种种有益的启示。

（王谷岩《眼睛与仿生学》）

⑥像这样的教师，我们怎么会不喜欢她，怎么会不愿意和她亲近呢？我们见了她不由得就围上去。即使她写字的时候，我们也默默地看着她，连她握铅笔的姿势都急于模仿。

（魏巍《我的老师》）

例⑤只有起始句、终止句，没有后续句；例⑥是由三个句子构成的语段，第一句是起始句，第二、三句是后续句，陈述喜欢、愿意与老师亲近的具体表现，这个语段没有终止句。

2. 语段的核心句——中心句

语段中表核心语义的句子即为中心句，又叫主题句。中心句位于语段的各个位置，与起始句、后续句、终止句有一定的联系：

（1）中心句与起始句重合。当中心句处于语段的段首时，它与起始句重合，这时它“身兼二职”，既是起始句，又是中心句，提出要论述的中心话题，起提挈下文的作用。如例①、例②和例③中的第一句既是起始句，又是中心句。

（2）中心句与终止句重合。当中心句位于语段的结尾时，它就与终止句重合。例如：

⑦当美国人受到日本朋友特别正式的礼遇时，他们会感到局促不安。另一方面，美国人很随便地对日本人表示欢迎，日本人很可能觉得是受到了某种侮辱。其实，这些欢迎形式都是表示对别人的尊重。美国人和日本人对人们相互的关系看法不同，这样也就有了表示尊重的不同方式。

（李绍林《汉语写作实用修辞》）

例⑦由四个句子组成，其中第四句既是终止句，又是中心句。

（3）中心句与后续句重合。有时，中心句既不在语段的开头，也不在语段的结尾，而在语段的中间。例如：

⑧ 三味书屋是三间小花厅。还没进门，迎面先扑来一阵清香。那清香纯净疏淡，像是桂花香，又像是兰花香。细想又都不像。因为小寒前后，桂花早已开过，兰花却还要迟些日子才开。是什么香呢？据说，“三味”是把经书比作五谷，

史书比作蔬菜，子书比作点心的。也许是书香？

（张松林《现代范文语法分析》）

例⑧是由八个句子组成的语段。中心句不在开头，也不在末尾，而是第二句“迎面先扑来一阵清香”。中心句前的句子先交代背景情况，中心句后的六个句子都是围绕中心句“扑来一阵清香”来陈述的。这里的中心句与后续句重合。

中心句位于语段中间的情况，远没有位于段首和段尾的多。关于这一点，陈望道曾有过论述：“一段中主要的句，却该安放在什么位置呢？对于这问题，我认为句在段中正如词在句中，段中重要的句依据同样的理由也该安放在段首或段末。”①

还要提醒注意的是，不是所有的语段都有中心句，如叙述性语段、描写性语段往往没有中心句。语段可以没有中心句，但一定有中心语义，这中心语义就是语段的中心。因此，寻找几个句子意义上的内在联系就是寻找中心语义。例如：

⑨海鸥在暴风雨来临之前呻吟着，——呻吟着，它们在大海上飞窜，想把自己对暴风雨的恐惧，掩藏到大海深处。

海鸭也在呻吟着，——它们这些海鸭啊，享受不了生活的战斗的欢乐，轰隆隆的雷声就把它们吓坏了。

蠢笨的企鹅，胆怯地把肥胖的身体躲藏在悬崖底下……只有那高傲的海燕，勇敢地、自由自在地，在泛起白沫的大海上飞翔！

（高尔基《海燕》）

例⑨没有中心句，也没有关联词语来衔接，它们之所以能构成一个语段，是因为它们都紧扣暴风雨来临时海鸥、海鸭、企鹅这三种动物和海燕截然不同的表现这一中心语义来表达，而文中鲜明的对比在意念上的联系使它们构成了一个语段。

3. 语段的附加句——过渡句和插说句

（1）过渡句，即在一个语段中起过渡作用的句子。例如：

⑩今年杭州的第一朵荷花开了。这是杭州电视台《都市报道》的头条新闻。主持人建议市民到西泠桥边，把荷花一天天长大的过程拍下来。也是这一天，杭州的《都市快报》有篇醒目的报道，叫做《第一朵荷花开了》。不知道还有哪个城市会这样，把荷花初绽列为头条新闻？杭州会。这是对美的希冀和对美的体会！

杭州还有什么？

---

① 陈望道．陈望道语文论集．上海：上海教育出版社，1980. 99

杭州有茶。……

……

例⑩中“杭州还有什么?”是过渡句，为下文“杭州有茶”、“杭州有音乐”、“杭州还有树”等几个自然段的描写起承上启下的作用。

（2）插说句，又叫补充句。它是一个语段中主要起补充说明作用的句子，有的也用作提示、呼唤等，是独立于语段结构之外的句子。插说句要根据情况而定，大部分语段没有插说句。例如：

⑪“假病！老子给你医！”打杂的一手抓住“芦柴棒”的头发，狠命地把她提起来往地上一摔，“芦柴棒”手脚着地，打杂的跟上去就是一脚，踢在她的腿上，照例又是第二、第三脚。可是打杂的很快地就停止了。后来，据说，那是因为“芦柴棒”那突出的腿骨，碰痛了他的脚趾。打杂的恼了，顺手夺过一盆另一个包身工正在抹桌子的冷水，迎头泼在“芦柴棒”的头上。这是冬天，外面在刮寒风，“芦柴棒”遭了这意外的一泼，反射似地跳了起来，于是在门口刷牙的老板娘笑了：“瞧！还不是假病！病了会好好地爬起来？一盆冷水就医好了！”

这只是常有的例子的一个。

（夏衍《包身工》）

例⑪最后一句“这只是常有的例子的一个”即为补充说明的插说句，而正因为这一插说句的运用，对包身工的悲惨命运起了更加深刻的揭示作用。

二、语段的地位和作用

（一）语段位于从句子到语篇的中间位置，起承上启下的作用

人们借助语言传递信息，语言中能够表达一个完整意思的语言单位就是句子。但句子只能传递简单的信息，满足不了纷繁复杂的大千世界言语交际的需要。因此，将句子与句子组合成语段，再将语段和语段组合成章篇，是社会言语生活的常态。但人们如果只会选词造句，即只懂得句法知识，那是远远不够的，还要懂得“怎样把好些句子组织起来成为一段”，“注意一下段之中句子与句子的联系情况，这对于提高读书和作文的能力是有帮助的”[①]。张志公这里所说的“段之中句子与句子的联系”，就是指句子与句子连缀成段的“情况”，这“情况”值得我们探索、总结，找出其规律，以指导我们的“读书和作文”。

---

① 张志公．语法学习讲话．上海：上海教育出版社，1963

语段位于从句子到语篇的中间位置，如图 4 –1 所示：

句子（单句、复句）≤段≤章≤篇

图 4 –1

图 4 –1 中的“段”的内涵丰富，它可包括以下内容：

段

语段 ≤ 自然段 ≤ 意义段

（最小意义段） （段落） （最大意义段，又叫“部分”）

图 4 –2

如果我们将图 4 –1 和图 4 –2 合并在一起，就成为：

句子（单句、复句）< 语段 ≤自然段 ≤意义段 ≤章 ≤篇

（最小意义段） （段落） （最大意义段）

图 4 –3

从上面三个图（独句段没有概括在内）可以看出，语段一头连接着句子，另一头还连接着章和篇，它处于承上启下的位置。而我们只要弄清语段是如何组织的，它有哪些修辞要求和规律，章和篇的组织与谋划就会迎刃而解，因为语段是章和篇的雏形，它们的章法基本相同。

（二）语段是修辞语用活动的最重要的语言语境

修辞学是研究在一定的语境中运用最恰当的语言材料、语言形式来表达思想内容的规律的学科，它是一门语言运用的学科，而语言运用离不开语境，这就是说，修辞离不开语境。语境是修辞学研究的核心。上文已经提到，语境可以分为语言语境和非语言语境。语言语境在口语中是指前言后语，在书面语中是指上下文。语段所处的特殊位置，其一头连接着句子，句子就成为语段的上文语境；一头连接着章和篇，章和篇就是语段的下文语境。表达者在连句成段的时候，怎样连缀才能收到理想的表达效果，这不仅仅只涉及语段的上文语境——遣词造句问题，还要涉及它的下文语境——组章成篇问题。也就是说，语段既要受上文语境词句的制约，又要受下文语境章和篇的制约。反过来说，语段既是选词造句的下文语境，又是布局谋篇的上文语境。这就使语段成为最重要的语言语境。

修辞活动中如何将句子连缀成段，这一点，早在20世纪80年代，刘焕辉就精辟地论述过了。他认为语段表达的意思“并不是各句意义的简单相加，而是句与句之间关联配合的结果”①。事实确是这样，有这样一个小故事：

①清朝大才子纪晓岚有一次到军机大臣、文华殿大学士和珅家去，两人对起诗来，纪晓岚张口吟了一句：“一片两片三四片”，和珅听了，大笑不止；纪晓岚又吟道：“五片六片七八片”，和珅更是一番嘲讽；纪晓岚又吟道：“九片十片片片飞，飞入芦花看不见。”和珅听了，吓了一跳，连声称妙。

例①中，若孤立地看纪晓岚作的前两句诗，确实没有什么诗意，但与第三、四句连缀之后，意境顿出。可见，一个语段的整体语义是上下语句关联配合的结果。

将几个句子连缀成语段，不仅涉及语法、逻辑问题，更多的是涉及修辞技巧的问题。语段的这种特殊地位，使其已不再仅仅是语法学、文章学关注的对象，更是修辞学、语用学、话语语篇学等众多学科关注的焦点。这正是从20世纪80年代之后，语段成为多门学科研究的热门话题的重要原因。

三、语段与复句的区别，与自然段和篇章的关系

（一）语段与复句的区别

在书面语中，语段与复句容易区别，它们有明显的形式标志：

复句不管多长，都是由分句组成的，分句后只能用逗号或分号，最后只有一个句末点号（句号、问号、叹号）。例如：

①前年的今日，我避在客栈里，他们却是走向刑场了；去年的今日，我在炮声中逃在英租界，他们则早已埋在不知哪里的地下了；今年的今日，我才坐在旧寓里，人们都睡觉了，连同我的女人和孩子。

（鲁迅《为了忘却的记念》）

例①是由三个分句组成的复句，最后只有一个句末点号——句号，也只有一个句调——陈述的句调。此例虽长，但仍是复句。

语段是由两个或两个以上的句子组成的，因此，它一定有两个或两个以上的句末点号，也有两个或两个以上的句调。例如：

---

① 刘焕辉．语段修辞初探．修辞学论文集（第1集）．福州：福建人民出版社，1983. 282

②好一个黄土高原！好一个安塞腰鼓！

（刘成章《安塞腰鼓》）

例② 形体虽短小，但它有两个句子，有两个句末点号——叹号，且都是感叹的句调，两个句子都紧扣黄土高原的安塞腰鼓来抒情，因此，它是一个语段。

（二）语段与自然段的关系

自然段是指“具有‘换行’形式标记，表示一个相对完整意思的语言单位”①。语段和自然段的本质区别是：语段只能由句子组成，而自然段既可以由句子组成，又可以由语段组成，还可以由语段和句子共同组成。语段与自然段的关系，上面图 2 只显示了三种，其实它有以下四种关系：

（1）语段 < 自然段。请看下例：

③ 1）语言，也就是说话，好像是极其稀松平常的事儿。2）可是仔细想想，实在是一件了不起的大事。3）正是因为说话跟吃饭、走路一样的平常，人们才不去想它究竟是怎么回事儿。4）其实，这三件事儿都是极不平常的，都有使人类不同于别的动物的特征。5）别的动物都吃生的，只有人类会烧熟了吃。6）别的动物，除了天上飞的和水里游的，走路都是让身体跟地面平行，有几条腿使几条腿，只有人类直起身子来用两条腿走路，把上肢解放出来干别的更重要的活儿。7）同样，别的动物的嘴只会吃东西，人类的嘴除了吃东西还会说话。

（吕叔湘《人类的语言》）

例③是一个自然段，这个自然段有两个语段：第一个语段由前面四个句子组成，第一、二句指出语言看起来平常，实际上是“了不起的大事”；第二个语段由后面三个句子组成，把语言跟吃饭、走路、说话作类比，说明这三件事都不平常，是人类区别于其他动物的特征。第二个语段是对第一个语段的解释说明，它们构成解说关系。

语段小于自然段的情况很多。在语文阅读教学中，常常对一个自然段进行层次分析，这种“层次”实际上就是最小的意义单位——语段。

（2）语段 = 自然段。请看下例：

④在苍茫的大海上，狂风卷集着乌云。在乌云和大海之间，海燕像黑色的闪电，在高傲地飞翔。

（高尔基《海燕》）

---

① 郑文贞．段落的组织．福州：福建教育出版社，1984. 8

⑤感人的歌声留给人的记忆是长远的。无论哪一首激动人心的歌，最初在哪里听过，那里的情景就会深深地留在记忆里。环境、天气、人物、色彩，甚至连歌声的感情，都会烙印在记忆的深处，像在记忆里摄下了声音的影片一样。那影片纯粹是用声音绘制的，声音绘制色彩，声音绘制形象，声音绘制感情。只要在什么时候再听到那种歌声，那声音的影片便一幕幕放映起来。

（吴伯箫《歌声》）

例④是由两个句子构成的语段并独立为一个自然段；例⑤是由五个句子构成的语段，也独立为一个自然段。

（3）语段 > 自然段。语段大于自然段，常常是表达主体对语段的变异安排，或为了强化语意，突出重点。例如：

⑥我从乡下跑到京城里，一转眼已经六年了。其间耳闻目睹的所谓国家大事，算起来也很不少，但在我心里，都不留什么痕迹，倘要我寻找这些事的影响来说，便只是增长了我的坏脾气，——老实说，便是教我一天比一天的看不起人。

但有一件小事，却于我有意义，将我从坏脾气里拖开，使我至今忘记不得。

（鲁迅《一件小事》）

例⑥本可以合成一个自然段，但作者将其分成两个自然段，是为了重点突出“使我至今忘记不得”的“一件小事”。

或为了顺应言语体式，常出现在人物自白或人物对话中。例如：

⑦吃人的是我哥哥！

我是吃人的人的兄弟！

我自己被人吃了，可仍然是吃人的人的兄弟！

（鲁迅《狂人日记》）

⑧“哈哈！六十？这辈子别再想那个好时候了——这个年纪啦。”说着老泰山捏起右手的三根指头。

我不禁惊疑说：“您有七十了么？看不出，身板骨还是挺硬朗。”

老泰山说：“硬朗什么？头四年，秋收扬场，我一连气还能扬它一两千斤谷子。如今不行了，胳臂害过风湿痛病，抬不起来。磨刀磨剪子，胳臂往下使力气，这类活儿还能做。不是胳臂拖累我，前年咱准要求到北京去油漆人民大会堂。”

（杨朔《雪浪花》）

例⑦是狂人的连声惊呼，三个句子各自成段，是为了抒发强烈的情感，达到强调的目的；例⑧是人物的对话，话语紧扣同一中心，构成一个语段。

（4）语段 + 句子 = 自然段

语段和自然段除了存在着上述三种关系外，有时还存在着语段与句子共同构成自然段的情况。例如：

⑨ 1）京中有善口技者。2）会宾客大厅，于厅事之东北角，施八尺屏障，口技人坐屏障中，一桌、一椅、一扇、一抚尺而已。3）众宾团坐。4）少顷，但闻屏障中抚尺一下，满坐寂然，无敢哗者。

（林嗣环《口技》）

例⑨是一个自然段，它由四个句子构成。前三个句子紧密围绕一个中心，描写口技者表演的场面；第四个句子为过渡句，转入另一层意思，即口技表演即将开始。这个自然段由一个语段和一个句子共同组成。

（三）语段和篇章的关系

篇章，包括篇和章，篇即指首尾完整的文章，它是书面语言的最大使用单位；章是篇的构件，一般指意义段。说话、作文是由小到大逐层扩展，也就是说，由最小意义段到最大意义段即“章”（或叫“章节”），再到一篇篇完整的语篇。可见，“章”是最大的意义段。从表达的顺序来说，“篇章”本应该是“章篇”的，但人们习惯了“篇章”的说法，因此，我们沿用这一说法。语段和章节、语篇的关系密切。主要表现在：

（1）语段是篇章的构件。如上所说，说话、作文是由小到大逐层扩展的，即由最小意义段到最大意义段即章节，然后再到一篇篇完整的语篇。因此，语段是章节和语篇的构件，这是言语交际的主要方式。

（2）语段与章节、语篇重合。语段既是一个章节，又是一个独立的语篇，即语段 = 章节 = 语篇。这种情况并不少见，有些寓言故事就既是一个语段，又是一个章节，还是一个独立的语篇。

语文教材中也有这种情况。例如：

⑩我主张将我们全党的学习方法和学习制度改造一下。其理由如次：

一、中国共产党的二十年，就是马克思列宁主义的普遍真理和中国革命的具体实践日益结合的二十年。……

二、但是我们还是有缺点的，而且还有很大的缺点。……

三、为了反复地说明这个意思，我想将两种互相对立的态度对照地讲一下。……

四、依据上述意见，我有下列提议：……

（毛泽东《改造我们的学习》）

例⑩中的省略号为笔者所加。很明显，上文既可看成一个语段，又可看成一个语篇，第一句即引言部分，是这个语段的中心句，也是这一语篇的中心论点。第一、二、三部分都紧扣中心论点来论述，其中，第一部分总结了“中国共产党的二十年，就是马克思列宁主义的普遍真理和中国革命的具体实践日益结合的二十年”的基本经验，从正面论证了“马克思列宁主义的普遍真理和中国革命的具体实践”相结合的重要性，证明了“改造我们的学习”的重要性；第二部分论述了存在三个方面“很大”的“缺点”，从反面论证了改造主观主义学风的重要性；第三部分用对照的方法论述了主观主义态度与马列主义态度的原则区别，进一步证明了改造主观主义学风、坚持理论与实践相结合的重要性；第四部分是结论，即从三个方面论述了如何“改造我们的学习”的具体方法。这是“语段 = 语篇”的典型语例。

四、语段的类型

（一）从结构分

由于“句群的内部结构分类和复句的内部结构分类大同小异，这说明汉语各级语言单位有较多的一致性。因此，可以类比复句的分类来给句群分类”①。引文中的“句群”即语段，从结构上分，语段有两大类型：

（1）一重语段。“当一个语言单位只有两个直接组成成分时，就只有一种关系，一个层次。”② 这样的语段，为一重语段。例如：

①最可怜的是我的大哥，他也是人，何以毫不害怕，而且合伙吃我呢？还是历来惯了，不以为非呢？还是丧了良心，明知故犯呢？

（鲁迅《狂人日记》）

②《水浒》的人物描写，向来受到最高评价。所谓一百单八人个个面目不同，固然不免言之过甚，但全书重要人物至少有一打以上各有各的面目，却是事实。

（茅盾《谈〈水浒〉的人物和结构》）

例①、例②分别是只有选择关系、解说关系的一重语段。

---

① 吴为章，田小琳．汉语句群．北京：商务印书馆，2000. 33

② 吴为章，田小琳．汉语句群．北京：商务印书馆，2000. 70

在一重语段中，不管有无关联词语，它们大体都可归属于并列、承接、选择、条件、假设、递进、因果、总分、解说、转折、目的、让步等十二种类型中。本书限于篇幅，不一一举例说明。

(2) 多重语段。“组成句群的三个句子或更多的句子有两个或更多的结构关系，两个或更多的结构层次”① 的语段，为多重语段。例如：

③ 1) 探索人和动物眼睛奥秘的仿生学研究工作，称为视觉仿生。‖2) 它跟
(承接)
听觉仿生、嗅觉仿生、触觉仿生和味觉仿生一起，统称为感觉仿生。|3) 感觉
(承接)
仿生已经成为目前仿生学的发展重点。

(王谷岩《眼睛与仿生学》)

④ 1)《水浒》从这三个人的不同遭遇中刻画了三个人的性格。| 2) 不但如
(递进)
此，《水浒》又从三个人的不同思想意识上表示出三个人之不同遭遇的必然性。
‖3) 杨志一心想做官，“博个封妻荫子”，结果是赔尽小心，依然落得一场空。
(解说)
|||| 4) 林冲安分守己，逆来顺受，结果被逼得无处容身。|||| 5) 只有鲁达，一无
(并列) (并列)
顾虑，敢作敢为，也就不曾吃过亏。||| 6) 对于杨志，我们虽可怜其遭遇，却鄙
(因果)
薄其为人；对于林冲，我们既寄以满腔的同情，却又深惜其认识不够；对于鲁达，我们却除了赞叹，别无可言。

(茅盾《谈〈水浒〉的人物和结构》)

例③是一个承接关系的二重语段，第一层在第二句与第三句之间；第二层在第一句与第二句之间，都是承接关系。例④是一个四重语段，第一层在第一句与第二句之间，是递进关系；第二层在第二句与第三句之间，是解说关系；第三层在第五句与第六句之间，是因果关系；第四层在第三、四句和第四、五句之间，是并列关系。整个语段层次分明，表意清晰。

(二) 从功能分

(1) 叙述性语段。用来写人、叙事，它应用广泛，各种语体都适用。例如：

① 吴为章，田小琳．汉语句群．北京：商务印书馆，2000. 72

⑤白求恩同志是加拿大的共产党员，五十多岁了，为了帮助中国的抗日战争，受加拿大共产党和美国共产党的派遣，不远万里，来到中国。去年春上到延安，后来到五台山工作，不幸以身殉职。

（毛泽东《纪念白求恩》）

例⑤叙述了白求恩的国籍、年龄、到中国来的目的、工作地点以及殉职情况等，使人们对白求恩的情况有一个大概的了解。

（2）描写性语段。用来写人、绘景、状物，它适用于文艺语体、文艺科学语体和通俗科学语体，政论语体用得较少，专门科学语体和应用语体一般不用。例如：

⑥果然，过了一会儿，在那里就出现了太阳的一小半，红是红得很，却没有光亮。这太阳像负着什么重担似的，慢慢儿，一步一步地，努力向上面升起来，到了最后，终于冲破了云霞，完全跳出了海面。那颜色真红得可爱。一刹那间，这深红的东西，忽然发出夺目的光亮，射得人眼睛发痛，同时附近的云也添了光彩。

（巴金《海上日出》）

例⑥细腻地描写了海上日出的瑰丽景色，是一个描写性语段。

（3）议论性语段。用于议论说理，它适用于各种语体，其中，政论语体、科学语体、应用语体用得最多。例如：

⑦分外可悲的是，“占数术”这种骗人的鬼话，居然在今天的中华大地上再度看好走俏。君不见，有人如痴如醉地想弄上 8888168 这么一个电话号码——期盼着“发发发发一路发”；君不见，有人视 7424994 这个号码如丧门之神，仿佛那真会害得他“妻死儿死舅舅死”。如今，人们仿佛对这种畸形的文化现象已经见怪不怪了。其实，数字“发”或“死”又有什么关系？

（卞毓麟《数字杂说》）

例⑦是由四个句子构成的语段，阐述“占数术”“这种畸形的文化现象”的各种表现，是一个议论性语段。

（4）说明性语段。用来说明、解说的语段。它适用于各种语体，其中，应用语体、科学语体用得最多。例如：

⑧ 1）大家知道，种瓜得瓜，种豆得豆。2）鸡蛋总是只能孵化小鸡；牛总

是生牛；人总是生人；大肠杆菌的后代总是大肠杆菌；肝炎病毒的后代总是肝炎病毒。3）这些生物产生同类，即类生物的现象就是遗传。

（方宗熙《遗传与育种》）

例⑧是由三个句子构成的语段。第一句是起始句，也是中心句；第二句紧扣中心，用一个并列复句来说明“种瓜得瓜，种豆得豆”的类生物现象；第三句即最后一句作结，即为终止句。这个语段是为了说明什么是“遗传”，其说明功能明显，因此，是一个说明性语段。

（5）抒情性语段。用来抒发情感的语段，这类语段常用于文艺语体，政论语体有时也用，但专门科学语体、应用语体一般不用。例如：

⑨在逃去如飞的日子里，在千门万户的世界里我能做些什么呢？只有徘徊罢了，只有匆匆罢了；在八千多日的匆匆里，除徘徊外，又剩些什么呢？过去的日子如轻烟，被微风吹散了，如薄雾，被初阳蒸融了；我留着些什么痕迹呢？我何曾留着像游丝样的痕迹呢？我赤裸裸来到这世界，转眼间也将赤裸裸的回去罢？但不能平的，为什么偏要白白走这一遭啊？聪明的，你告诉我，我们的日子为什么一去不复返呢？

（朱自清《匆匆》）

例⑨用一连串的问句抒发了自己对时光流逝的无限感慨之情，是一个抒情性语段。

（6）过渡性语段。即起过渡作用的语段。例如：

⑩《水浒》的人物描写就说到这里为止罢。下面再略谈《水浒》的结构。

（茅盾《谈〈水浒〉的人物和结构》）

⑪蜜蜂，这小小的昆虫，人们献给它多少赞美之词！它那种酿蜜方式，使人想起了一切成功的学习、工作和经验。

（秦牧《蜜蜂的赞美》）

例⑩是由两个句子组成的语段，上句总结前文，下句提挈下文。例⑪也是由两个句子构成的语段，根据上下文语境可以看出，第一句承接上文，总结人们对蜜蜂的各种赞美；第二句提挈下文，引出蜜蜂酿蜜的方式对人们提供的“成功的学习、工作和经验”，两个句子分别起承上启下的作用，因此也是典型的过渡性语段。

（7）插说性语段。即起补充说明作用的语段。例如：

⑫要问白洋淀有多少苇地？不知道。每年出多少苇子？也不知道。只晓得，每年芦花飘飞苇叶黄的时候，全淀的芦苇收割，垛起垛来，在白洋淀周围的广场上，就成了一条苇子的长城。女人们，在场里院里编着席。六月里，淀水涨满，有无数的船只，运输银白雪亮的席子出口，不久，各地的城市村庄，就全有了花纹又密、又精致的席子用了。大家争着买："好席子，白洋淀席！"

（孙犁《荷花淀》）

结合该语篇上下文可以看出，例⑫是一个插说性语段。这一插说性语段不仅补充说明了白洋淀这一地点，还补充说明到了"芦花飘飞苇叶黄"时，白洋淀成为"苇子的长城"、"女人们，在场里院里编着席"的景象。文中尤其通过"各地的城市村庄，就全有了花纹又密、又精致的席子用了"和"大家争着买：'好席子，白洋淀席！'"的描写，暗示着白洋淀的苇好、席好，是因为白洋淀的人好，从而为下文描写白洋淀的男子和女人起了铺垫作用。

插说性语段位置灵活，既可置于文章的开头或中间，又可置于文章的末尾。例如：

⑬上幼儿园的时候我们就在一起。她学习很好，人一点也不自私。我们俩形影不离，语文老师管我们俩叫"合二为一"。

（张之路《羚羊木雕》）

⑭李氏子蟠，年十七，好古文，六艺经传皆通习之，不拘于时，学于余。余嘉其能行古道，作《师说》以贻之。

（韩愈《师说》）

例⑬插说性语段位于语篇的中间，补充说明"我"与万芳的亲密关系；例⑭插说性语段则位于语篇的末尾，补充说明这篇文章的写作目的。

（8）综合性语段。即在一个语段中既有叙述、描写，又有议论、抒情的语段。例如：

⑮朋友们，用不着多举例，你们已经可以了解我们的战士是怎样的一种人，这种人有一种什么品质，他们的灵魂多么地美丽和宽广。他们是历史上、世界上第一流的战士，第一流的人！他们是世界上一切伟大人民的优秀之花！是我们值得骄傲的祖国之花！我们以我们的祖国有这样的英雄而骄傲，我们以生长在这个英雄的国度而自豪！

（魏巍《谁是最可爱的人》）

例⑮是由五个句子构成的语段，其中有议论、有抒情，它们形成一个整体，高度赞扬了志愿军战士的优秀品质，指出他们是值得我们骄傲的祖国之花、是我们最可爱的人。

以上是语段的功能类别，有的学者将记叙、描写、议论、说明、抒情概括为一大类，叫“主体句群”（即语段），这固然是科学的、严谨的，但我们认为前面五种和后面的过渡性语段和插说性语段都是功能类别，为减少其层次，我们将它们平列。

第二节 语段组织的修辞要求

如上文所述，将几个句子连缀成语段，它们不是几个句子意义上的简单相加，而是句子与句子之间语义关联配合的结果。那么，如何将句子连缀成语段，以收到更好的效果？我们认为，语段的组织和语篇的谋划有一致的地方。语段的组织也有三大修辞要求：

一、前后连贯

构成语段的几个句子，无论是叙述议论，还是描写抒情，都要紧扣中心语义，一句顺着一句往下说，这样才能首尾一致、脉络贯通。要使语段中的几个句子前后连贯，就要注意以下几个环节：

（一）话题前后要连贯

所谓“话题”，即指语段的中心语义。构成语段的几个句子无论处在什么位置、发挥什么作用，都要紧扣话题来表达。如起始句提出话题，后续句就要顺着起始句提出的话题往下说，终止句也要照应话题来作结。例如：

①1）古之学者必有师。2）师者，所以传道、授业、解惑也。3）人非生而知之者，孰能无惑？惑而不从师，其为惑也，终不解矣。

（韩愈《师说》）

②1）许多红色的星星很大很大，有的可以装得下八十万万个太阳。2）这里星星是由非常稀薄的气体状态的物质构成的。3）最稀薄的，密度只有地球上空气的几万分之一，比我们用抽气机造成的“真空”还要稀薄得多。

（郑文光《宇宙里有些什么》）

例①是一个在意义上前后连贯的语段。这个语段由四个句子组成，第一句居于句首，是提出话题的起始句，即“古之学者必有师”，句子中心落在“师”字上；第二句承接第一句中的“师”，说明“师”的作用，但为了上下连贯，作者有意按“传道、授业、解惑”的顺序来排列，说明老师不仅要传道、授业，而且还要解惑，从而起到上递下接的衔接作用；第三句则顺着上句的“解惑”，顺承“人非生而知之者，孰能无惑”，从而引出第四句“惑而不从师，其为惑也，终不解矣”的结语。可见，这个语段中的每个句子都紧扣着“师者”、“解惑”这一脉络来陈述，这就使得整个语段的话题上下连贯。例②是由三个句子构成的语段，第二句紧扣第一句相同的词语“星星”来论述；第三句又紧扣第二句相同的词语“稀薄”来论述，这样，三个句子环环紧扣、句句勾连、话题连贯，从而很好地说明了星星的特征。

反之，如果构成语段的几个句子语义不连贯，就会出现“句子离群”的现象，造成语言梗阻，令人费解。例如：

③克林顿当选为美国总统，成为举世瞩目的风云人物。当谈及自己的成长经历时，总统先生不无感慨地表示：这完全得益于中学时代的一次总统模拟活动。可见，要想把理想变为现实，就一定要经历生活的磨难。

例③的终止句与前面起始句和后续句的话题不连贯，因为前面两个句子没有涉及“经历生活的磨难”的话题，应改为“可见，多方面开展模拟活动，对人的成长大有裨益”，这样话题就连贯了。

（二）陈述角度要连贯

要做到连贯，还要注意几个句子在构成语段时，陈述的角度要一贯到底。

（1）陈述对象要一贯到底。就是指构成语段的几个句子，后面句子陈述的对象要和前面句子陈述的对象保持一致，不要暗换对象。例如：

④没有到过昆明的人，总以为这地方四季皆好，在这里住久的人，却认为冬天最美。冬天无风无雨，天空最高最蓝，花色最多最艳，滇池五百里，水净山明，山上无云霭，数峰青碧。

（2010年合肥市高三第一次教学质量检测）

⑤我校陈教授对教改作出了巨大的贡献。去年，他被选为市人大代表。今年，他又被选为省人大代表。最近，他光荣地出席了省人民代表大会。

例④是由两个句子构成的语段，第一句陈述的主要对象是昆明的“冬天”，第二句承接第一句的主题“冬天”来论述，很好地表现了昆明冬天的美丽景色，这样两句陈述对象一致，就显得连贯、通畅。例⑤是由四个句子构成的语段，第一句陈述的对象是陈教授，第二、三句为了使陈述的对象相同都选用了被动句，第四句又用“他”

来复指陈教授，这样四个句子的陈述对象就连贯一致了。

反之，构成语段的几个句子，陈述的对象不一致，就会产生语言不畅通的现象。例如：

⑥ 1）赵树理很有幽默感。2）赵树理的幽默与老舍的不同。3）老舍的幽默是市民式的幽默，而赵树理的幽默是农民式的幽默。4）他写农村生活能体现出他的幽默感，比如说，他爱给他的小说里的人物起外号：翻得高、糊涂涂、三仙姑……他抨击时事，也往往幽默的语言出之。

例⑥是引自网络练习并按照其给出的标准答案构成的语段。这个语段由四个句子构成，主要阐述赵树理的幽默。为了说明赵树理幽默的独特之处，第三句还将他与老舍的幽默作对比。但作对比的一句的主语不是“赵树理”，而是“老舍”，这就使四个句子因陈述的主语不一致而导致陈述的人物不连贯。若将第三句中的两个分句调换位置，变成“赵树理的幽默是农民式的幽默，而老舍的幽默是市民式的幽默”。这样，四个句子的主语都是“赵树理”，陈述的对象一致，语段就连贯、通畅了。

（2）陈述的视角要一贯到底。就是指构成语段的几个句子，不能东说一句、西说一句，后面句子陈述的视角要和前面句子陈述的视角保持一致。例如：

⑦你看那毛竹做的扁担，多么坚韧，多么结实，再重的担子也挑得起。当年毛委员和朱军长带领队伍下山去挑粮食，不就是用这样的扁担么？他们肩上挑的，难道仅仅是粮食？不，他们挑的是中国的无产阶级革命！我们最敬爱的毛主席和其他老一辈无产阶级革命家，正是用井冈山毛竹做的扁担，挑着这一副关系着全中国人民命运的重担，从井冈山出发，走过漫漫长夜，一直挑到北京。

（袁鹰《井冈翠竹》）

例⑦的语段由五个句子构成，句句都抓住谓语动词“挑”，可见“挑”是这一语段陈述的共同视角。也正因为有了这个统一的视角，才将这五个句子衔接在一起，形成一个有机的整体，共同表达井冈翠竹与中国革命的关系，从而赞扬了井冈山人民的革命精神。

（三）句子要有序连贯

几个句子衔接成语段，要按意念上内在的逻辑顺序组合起来，这种逻辑顺序表现为或因果，或层进，或总分，或转折，或承接等，对这些有先后之分、轻重之别的句子不能颠三倒四，违反逻辑、常理。例如：

⑧把下列句子组成意思完整、前后衔接、语序最恰当的一段话。

a. 百般不能排解思情，不妨往诗文中寻个消遣处。

b. 王维的乡思亦有画意：来日倚窗前，寒梅著花未？

c. 从古至今，乡愁是诗人的惆怅。

d. 没有什么再像乡愁一样令我悲伤，这么美丽的文字，这么伤感的情怀，只有诗人才能表达。

e. 诗云：今夜月明人尽望，不知秋思落谁家。

（2007 年高考语文山东卷Ⅱ）

例⑧这则考题，若按上面序号排列，则颠三倒四，语义不清；而按下面顺序衔接，语义就清晰连贯了：

从古至今，乡愁是诗人的惆怅。百般不能排解思情，不妨往诗文中寻个消遣处。诗云：今夜月明人尽望，不知秋思落谁家。王维的乡思亦有画意：来日倚窗前，寒梅著花未？没有什么再像乡愁一样令我悲伤，这么美丽的文字，这么伤感的情怀，只有诗人才能表达。

二、层次清晰

刘勰在《文心雕龙·章句》中说：“搜句忌于颠倒，裁章贵于顺序。”“章句在篇，如茧之抽绪，原始要终，体必鳞次。”这就是说，组句成群切忌句无伦次，要像蚕茧抽丝一样，从头到尾，层次井然。要使几个句子构成语段的层次清晰，可采用以下两大手法：

（一）意合法

几个句子组成语段是靠句子与句子之间意义上的逻辑顺序组合起来，这是最基本的手法，即意合法。例如：

①一面做，一面想。做，要靠想来指导；想，要靠做来证明，想和做是紧密地联结在一起的。

（胡绳《想和做》）

②月亮升起来。院子里凉爽得很，干净得很。白天破好的苇眉子潮润润的，正好编席。女人坐在小院落当中，手指上缠绞着柔滑修长的苇眉子。苇眉子又薄又细，在她怀里跳动着。

（孙犁《荷花淀》）

例①的两个句子和例②的五个句子都是一句顺着一句往下说，各自紧扣自己最小的语义中心，将几个句子组成语段。

（二）形合法

要使句子构成语段的层次井然，还可借用一些语言标志，以显示其内部的井然层次，这种手法即为形合法。形合法有以下几种常用形式：

1. 借用词语衔接，使其层次井然

（1）借用关联词语衔接。

用关联词语衔接句子与句子组成语段，这是使用频率最高的一类衔接手法。例如：

③ 1）无论如何，任何规律都具有一定的普遍性。2）否则，就不成其规律。3）因此，对于任何规律来说，都不存在一个有无普遍性的问题，存在的只是普遍性的大小和主要地表现了哪种普遍意义的问题。

（赵培星《论规律》）

④ 1）在渔业上，鱼群一游，海光就亮。‖（因果）2）这使渔民和渔业工作者能在夜间迅速发现鱼群，加以围捕。|||（递进）3）有经验的人还能根据那光块的形状、大小、亮度和移动速度等来判定鱼群的大小、位置，甚至知道那是什么鱼。|（因果）4）所以，研究海洋生物发光在发展渔业捕捞上很有意义。

（罗会明《海光》）

例③是由三个句子构成的语段：第一句与第二句用“否则”关联，从正反两个方面来阐述；第二句与第三句又用“因此”表结论，这三个句子由于关联词语的运用，使其层次清晰。例④是由四个句子构成的三重语段：其中，在关联词语“……所以”处是第一层，是因果关系；第一、二句之间是第二层，也是因果关系；第二、三句之间是第三层，是递进关系。这个语段也是依靠关联词语作为衔接手段，使其层次井然。

和复句的结构一样，借用关联词语可以使语段的并列、承接、条件、假设、递进、选择、转折、因果、让步、目的、解说、总分等层次井然有序。这是使用频率最高的一类衔接手法。

（2）借用其他词语衔接。

要使语段层次井然，还可借用方位词语、重复词语作为衔接句子与句子的手段。例如：

⑤露天会场。西边是黑黝黝的群山。东边是流水淌淌的延河，隔河是清凉山。南边是隐隐约约的古城和城上的古墙。北边是一条路，沿了延河，蜿蜒过蓝家坪，狄青牢，直通去三边的阳关大道。合唱开始，大概已经是夜里十一点了。

（吴伯箫《歌声》）

⑥别的动物都吃生的，只有人类会烧熟了吃。别的动物，除了天上飞的和水里游的，走路都是让身体跟地面平行，有几条腿使几条腿，只有人类直起身子来用两条腿走路，把上肢解放出来干别的更重要的活儿。同样，别的动物的嘴只会吃东西，人类的嘴除了吃东西还会说话。

（吕叔湘《人类的语言》）

例⑤用方位词语“西边”、“东边”、“南边”、“北边”来衔接几个句子构成语段；例⑥用“别的动物……只有人类”的重复词语来衔接，将三个句子之间的并列关系呈现出来。

要使语段层次井然，还可借用时间词语、序数词语作为衔接句子与句子的手段。例如：

⑦西湖的早晨，是老年人的乐园，鹤发童颜映朝阳，揭开西湖每天的序幕。西湖的白天属于旅游者，他们带着家人和朋友来亲近西湖，拍摄了西湖一幅幅风光，无意中，自己也成为西湖的一景。西湖的夜晚，属于下班族和情侣，映月三潭，秋月平湖成了温馨的背景。

（2007 年高考语文上海卷）

⑧为什么我国的石拱桥会有这样光辉的成就呢？首先在于我国劳动人民的勤劳和智慧。他们制作石料的工艺极其精巧，能把石料切成整块大石碑，又能把石块雕刻成各种形象。在建筑技术上有很多创造，在起重吊装方面更有意想不到的办法。如福建漳州的江东桥，修建于 800 年前，有的石梁一块就有二百来吨重，究竟是怎样安装上去的，至今还不完全知道。其次，我国石拱桥的设计施工有优良传统，建成的桥，用料省，结构巧，强度高。再次，我国富有建筑用的各种石料，便于就地取材，这也为修造石桥提供了有利条件。

（茅以升《中国石拱桥》）

例⑦按时间词语“早晨”、“白天”、“夜晚”的顺序来衔接句子，使语段层次清晰；例⑧冠以“首先”、“其次”、“再次”衔接几个句子组成语段，使它们层次井然。

此外，还可借用数量词语、指代词语等衔接句子与句子构成语段，使其层次清晰。限于篇幅，不赘述。

2. 借用句式衔接，使其层次井然

凡是以辞格出现的句式衔接手段，我们放在辞格一类。这里的“句式衔接”，主要是指“承省句式”、“肯否句式”的衔接。例如：

⑨这些小贩进村来卖针线的，能和妇女打交道，卖玩具的，能和小孩打交道，都是规规矩矩，语言和气，不管生意多少，买卖不成人情在，和村民建立了浓厚的感情。再进村，就成了熟人和朋友。

（孙犁《小贩》）

⑩人在湖边走，边走边与那湖对话，是一种享受。不，不仅是一种享受……

（2007 年高考语文上海卷）

例⑨是两个句子借助承前省略构成语段；例⑩是用否定和肯定句式将两个句子衔接成语段。

3. 借用辞格衔接，使其层次井然

即借用辞格，如比喻、排比、对偶、顶真、回环、反复、设问、反问、双关、比拟、仿拟、对比、呼告等来衔接几个句子构成语段。例如：

⑪生活是平凡的，也是亮丽的；生活是曲折的，也是美好的。这正如一支歌，有时舒缓，有时激越，有时跌宕，有时欢快。

（2009 年杭州市第一次高考科目教学质量检查）

⑫当你在积雪初融的高原上走过，看见平坦的大地上傲然挺立这么一株或一排白杨树，难道你就觉得它只是树？难道你就不想到它的朴质，严肃，坚强不屈，至少也象征了北方的农民？难道你竟一点也不联想到，在敌后的广大土地上，到处有坚强不屈，就像这白杨树一样傲然挺立的守卫他们家乡的哨兵？难道你又不更远一点想到，这样枝枝叶叶靠紧团结、力求上进的白杨树，宛然象征了今天在华北平原纵横决荡、用血写出新中国历史的那种精神和意志？

（茅盾《白杨礼赞》）

⑬丈夫处世兮立功名，立功名兮慰平生。慰平生兮吾将醉，吾将醉兮发狂吟！

（罗贯中《群英会蒋干中计》）

例⑪用比喻辞格将两个句子构成语段；例⑫在四个反问句中，还运用了层递的辞格来衔接句子构成语段；例⑬借用顶真辞格将两个句子构成语段。

三、照应严密

照应，又叫呼应。“语段的照应，就是讲究句子与句子相互照顾，彼此呼应，以期结构周密，表意完整、清楚。”① 历来的语言大师们都很重视这一点。老舍就曾经说过：“我要求自己用词造句都眼观六路，耳听八方，不单纯地、孤立地用一字，造一句，而是力求前呼后应，血脉贯通。字与字，句与句，全挂上钩。如下棋之布子。”这说明了照应作为一种修辞手段，是十分重要的。

（一）照应的类型

我们认为，语段的照应类型和篇章的照应类型是有区别的。篇章的照应是用于篇章结构中的照应，如首尾照应、扣题照应等，而语段的照应主要是指语段内部句子或词语之间的照应。语段照应有三种类型：显性照应与隐性照应；顺句照应与隔句照应；单项照应与多项照应。王聿恩很有创见，他在《句群的呼应》② 中将语段的照应关系集中在一个语段中进行分析，可谓全面、独到，值得借鉴。这里，我们做些整理和补充，推介给读者：

①1）亲爱的、可敬的朝鲜人民！2）在纷飞的战火中，你是那样刚强！3）敌人把你的城镇变成废墟，你没有哭；敌人把你的家园烧成了灰，你没有哭；敌人杀死了你的亲人，你没有哭；敌人把你绑在大树上，烧你，烤你，你没有哭；你真是一把拉不断的硬弓，一座烧不毁的金刚！4）可是今天，当你的战友——中国战士要离开你的时候，你却倾洒了这样多的眼泪！5）仿佛要把你们每个人的一生一世的眼泪，都倾洒在今天！6）你是多么刚强而又多情多义的人民！

（魏巍《依依惜别的深情》）

1. 从照应的显隐分

（1）显性照应。照应关系明显，呼和应之间有相同、相反、相近、相关甚至相释的词语出现，这种照应是显性照应。如例①第二句中的“刚强”和第六句中的“刚强”是同语显性照应；第二句中的前半句“纷飞的战火”与第三句中的“敌人把你的城镇变成废墟”，“敌人把你的家园烧成了灰”，“敌人杀死了你的亲人”，“敌人把你绑在大树上，烧你，烤你”形成显性照应，而且是一呼四应；第二句中的后半句“你是那样刚强”与四个“你没有哭”及“你真是一把拉不断的硬弓，一座烧不毁的

① 郑颐寿，林承璋．新编修辞学．厦门：鹭江出版社，1987. 240

② 王聿恩．句群的呼应．修辞学习，1994（6）

金刚”构成一呼五应的显性呼应关系。

（2）隐性照应。呼和应没有明显的语言标志，其关系隐含在字里行间，是隐性照应。如例①第三句中的“没有哭”和第四句中的“倾洒了这样多的眼泪”是反义隐性照应；第四句中的“你却倾洒了这样多的眼泪”和第六句中的“仿佛要把你们每个人的一生一世的眼泪，都倾洒在今天”与第六句中的“多情多义”形成照应，但这种照应没有明显的词语标志，照应隐含在语义之中，形成同义隐性照应。

2. 从照应的位置分

（1）顺句照应。即指下句马上照应上句，中间没有其他的句子间隔。如例①第二句中的“纷飞的战火”与第三句描写战火的具体表现“敌人把你的城镇变成废墟”，“敌人把你的家园烧成了灰”，“敌人把你绑在大树上，烧你，烤你”形成照应，且是顺句照应；第二句中的“刚强”与第三句中的四个“你没有哭”和“你真是一把拉不断的硬弓，一座烧不毁的金刚”也形成了顺句照应。

（2）隔句照应。即上句交代，下句没有马上照应，中间隔了一些句子。如例①第六句中的“刚强”与第二句中的“刚强”，以及第三句中的四个“你没有哭”，“你真是一把拉不断的硬弓，一座烧不毁的金刚”形成隔句照应；第六句中的“你是多么刚强而又多情多义的人民”和第一句中的“亲爱的、可敬的朝鲜人民”也形成了隔句照应。

3. 从照应的数量分

（1）单项照应。一呼一应即为单项照应。如例①中的第一句与第六句，是一呼一应的单项照应。

（2）多项照应。一呼多应或多呼多应即为多项照应。如例①第二句中的“纷飞的战火”与“敌人把你的城镇变成废墟”，“敌人把你的家园烧成了灰”，“敌人杀死了你的亲人”，“敌人把你绑在大树上，烧你，烤你”构成一呼四应的多项照应；第二句中的“刚强”与后面四个“你没有哭”，以及“你真是一把拉不断的硬弓，一座烧不毁的金刚”构成一呼五应的多项呼应关系。

由上观之，照应有不同的形态，多角度掌握上述照应关系，对于我们认清作者的思路很有帮助。

（二）照应的修辞技巧

构成语段的几个句子要求相互照应，这种照应不是虚幻的，它应该落在语言应用的实处。如下面这些环节，就必须注意照应的技巧：

1. 前有交代，后有照应

语段中的几个句子，常常是起始句提出话题，终止句照应话题，形成语段中的首尾照应。语段中的首尾照应是一种隔句照应，也是最常见的一种照应。例如：

②圣人无常师。孔子师郯子、苌弘、师襄、老聃。郯子之徒，其贤不及孔

子。孔子曰：三人行，则必有我师。是故弟子不必不如师，师不必贤于弟子。闻道有先后，术业有专攻，如是而已。

（韩愈《师说》）

例②开头起始句提出“圣人无常师”的话题，后以孔子做的和说的为论据照应话题，最后一句即以终止句“闻道有先后，术业有专攻，如是而已”作结，行文十分严密。

2. 列举与分承相照应

语段中的起始句如果先列举，后续句则应按列举的顺序分说，这样才能做到列举与分承相照应。例如：

③毛泽东同志教导我们，要说真话，老老实实，要“不偷，不装，不吹”。不偷，就是不要抢别人的当自己的，书是人家写的，不要抄袭。不装，就是要老老实实，说老实话，懂就懂，不懂就不懂，不要猪鼻子插根葱——装象。不吹，就是一是一，不夸大，不吹牛，要实实在在。

（郑颐寿，林承璋《新编修辞学》）

例③第一句列举了“要说真话，老老实实”的三个具体要求——“不偷，不装，不吹”，后面三个句子分承，也按“不偷”、“不装”、“不吹”的顺序分别叙述它们的具体内涵，这就使这一语段条分缕析，照应严密。

3. 相互关联的各项相照应

语段中的几个句子，后续句陈述的内容或顺序要与起始句或中心句陈述的内容或语序对接一致。例如：

④如果把人的一生比作一根绳子的话，那么这根绳子的形状就是我们的状态。长、宽、深三个方面，合成我们所经历的程度。这也就相当于绳子的立体组成——绳子的长度、宽幅和深度。长度即我们的生命，寿命的丰富程度取决于我们的宽和深。宽幅是我们涉猎和领悟的领域，比如家庭、生活、事业和工作等。而深度是我们对这些领域的认识和实践水平。

（2010 年安徽省安庆市高三教学质量检查卷Ⅱ）

例④是一个语段。这个语段由六个句子组成，将“人的一生比作一根绳子”，“绳子的形状”即“绳子的长度、宽幅和深度”，“就是我们的状态”，后面的句子也按“长度、宽幅和深度”的顺序来解说，这就做到了相互关联的各项相照应。

相互关联还表现在关联词语的搭配上，因为关联词语是句子间关联的重要标志，因此，关联词语的恰当搭配也是照应的重要内容。例如：

⑤美是到处都有的，对于我们的眼睛，不是缺少美，就是缺少发现。

（网上练习）

显然，从语义上看，例⑤不应是选择关系，而应是转折关系，因此，将“就是”改为“而是”就能构成转折。

4. 总说与分说相照应

语段中的起始句是总说，后续句分别分说，它们之间要相互照应。例如：

⑥“黑金政治”有两种不同的情形。一种是社会经济集团使用资金暗中扶持政客或政治集团，帮助其谋取并运用国家权力，以谋取公众财富来为自己的集团利益服务。另一种则是政客或政治集团为谋取国家权力，暗中勾结社会经济集团，为自己提供政治活动资金，在获取政治权力后，使用社会公众财富对这些经济后台投桃报李。

（2010 年安徽省安庆市高三教学质量检查卷 I）

例⑥中第一句总提“黑金政治”有两种不同的情形，第二句和第三句分别陈述“黑金政治”的两种不同情形，三个句子构成先总后分的总分关系，既层次清晰，又照应严密。

5. 问与答相照应

语段中起始句提出问题，后面的句子就要顺着起始句提出的问题作答。例如：

⑦谁是我们最可爱的人呢？我们的战士，我感到他们是最可爱的人。

（魏巍《谁是最可爱的人》）

⑧天下事有难易乎？为之，则难者亦易矣；不为，则易者亦难矣。

（彭端叔《为学》）

例⑦上句提出问题，下句照应问话马上作答；例⑧首句提出“天下事”的“难易”问题，下句马上照应，准确作出了回答，“为之，则难者亦易”，“不为，则易者亦难”。

以上所述，就是语段的组织的三大修辞要求。

第三节　语段修辞与语文教学

语段既可独立为自然段，又可作为段落的构成材料，是由句子过渡到篇章的桥梁。从组织形式上看，它具备了文章的雏形，在语段的读写教学中可进行语法、修辞、逻辑、语段、段落、篇章等知识的综合性教学。可以说，语段是语篇阅读和写作的起点，语段的分析和组织是训练和提高学生的思维能力、成段表达能力的有效途径，因此，应重视语段的读写训练。本节侧重谈谈如何在语段理论观照下指导学生多角度、多侧面地分析语段，即通过认清构段形式特点获取语段语义中心，运用语段的修辞要求指导语段的组合训练，从修辞效果的视角引导学生识解语段的艺术组合技巧，使学生对语段的理解从感性层面上升到理性层面，以有效地实现提高学生的语段阅读和表达能力的教学目标。

一、语段的读解与组合

（一）语段的读解

语义上的向心性是语段的基本特性，也就是前面说过的，任何语段都有一个语义中心或段旨。语段的读解就是根据语段的内部构成特点，筛选、提取语段的重要信息，并概括语段大意的理解过程。对多句段语义中心的理解是教学的难点。因为，从语段阅读的现状看，学生对多句语段的理解能力较差，不能较为全面地把握语段的语义中心，抓住的往往是只鳞片甲。若要学生快速确定文章的重要信息，准确把握语段的语义中心，就需要教师教给学生一种具有可操作性的语段阅读方法。

语段的组织有不同的结构形式，根据有无中心句，多句的语段可以划分为有中心句语段和无中心句语段。两者的区别在于语段的语义中心表现形式不同，有中心句语段的语义中心是显性的，而无中心句语段的语义中心是隐性的。因此，在教学中应指导学生从分析语段的内部构成形式入手，通过把握段型的结构特点，判断语段的语义中心的表现形式，以获取语段的语义中心。

1. 提取有中心句语段的语义中心

有中心句语段一般由主干句、中心句、附加句构成。中心句用来表现语段的基本意思、段旨、态度、看法，多由一个句子担任。正如上一节所述，中心句可以出现在段首、段中或段尾。根据中心句在语段中的位置，语段可划分为段首中心句型、段中中心句型、段尾中心句型、段首尾中心句型。其中，段中中心句型比较少见。

从阅读的角度看，“作者用段旨句表示的语义中心，还有使读者理解语义内容的作用”[①]。因此，把握语段主旨的关键就是寻找中心句。总分结构、因果结构、解说结构、转折结构等语段类型一般都有明显的语义中心句，属于有中心句语段。下面将结合它们的组合规律具体介绍有中心句语段的语义中心的提取方法。

（1）总分语段。

总分语段中的“总”指综合在一起概括地述说，“分”指分别作具体说明。在内容上，总说是对分说的抽象概括或总结，而分说则是从不同的方面或角度对总说的具体阐述和说明。在形式上，总说大多使用一句话表达，而分说多用两个或两个以上的句子表达，所说明的各项内容或以意合法，或借助数量词、关联词语，彼此形成并列关系。总分语段有先总后分、先分后总和总分总三种常见结构形式。总说的句子就是整个语段的中心句。在教学中，教师可以根据总分语段的结构特点，引导学生找出语段的总说句，这就基本可以确定语段的语义中心了。例如：

①苏州园林里都有假山和池沼。假山的堆叠，可以说是一项艺术而不仅是技术。或者是重峦叠嶂，或者是几座小山配合着竹子花木，全在乎设计者和匠师们生平多阅历，胸中有丘壑，才能使游览者攀登的时候忘却苏州城市，只觉得身在山间。至于池沼，大多引用活水。有些园林池沼宽畅，就把池沼作为全园的中心，其他景物配合着布置。水面假如成河道模样，往往安排桥梁。假如安排两座以上的桥梁，那就一座一个样，绝不雷同。池沼或河道的边沿很少砌齐整的石岸，总是高低屈曲任其自然。还在那儿布置几块玲珑的石头，或者种些花草：这也是为了取得从各个角度看都成一幅画的效果。池沼里养着金鱼或各色鲤鱼，夏秋季节荷花或睡莲开放。游览者看“鱼戏莲叶间”，又是入画的一景。

（叶圣陶《苏州园林》）

② a. 自己因为一向看到的菱角都是两个角的，就以为天下的菱角都是两个角的，对人们早已调查出来的菱角的各种状态都不知道。b. 或者，在书本上看到对蝴蝶、蝗虫的一般性的描绘，就以为蝴蝶、蝗虫的道理“至于此矣”，不再去注意它们的进一步的分别，在它们“家族”内的千百种的不同。c. 这样的认识方法，怎能谈得上精确呢！

（秦牧《菱角的喜剧》）

③ a. 几千年来，劳动人民注意了草木荣枯、候鸟去来等自然现象同气候的关系，据以安排农事。b. 杏花开了，就好像大自然在传语要赶快耕地；桃花开了，又好像在暗示要赶快种谷子。c. 布谷鸟开始唱歌，劳动人民懂得它在唱什

---

① 沈开木．句段分析．北京：语文出版社，1987. 177

么："阿公阿婆，割麦插禾。" d. 这样看来，花香鸟语，草长莺飞，都是大自然的语言。

（竺可桢《大自然的语言》）

例①说明的对象是苏州园林里的假山和池沼，其中以池沼为主。该语段属于"总—分"结构，中心句与起始句重合，后续句具体介绍假山和池沼。但该语段的中心仅直接摘抄中心句是不完整的，还需综合两个分说的内容，即找出苏州园林假山和池沼的共同特征是讲究自然之趣，从各个角度看都是一幅画。这样就可全面地概括出这个二重语段的语义中心：苏州园林假山和池沼的配合着意于图画美。例②这个语段属于"分—总"结构，句 a 和句 b 分别以菱角和蝴蝶、蝗虫为例，分说"我"对外界事物的特征认识和判断仅局限于个人的有限视野，而不注重广泛的调查研究。句 c 中以"这样的认识方法"来照应前两句的内容，概括出这种以偏概全的认识方法是不精确的。例③是由四个句子组成的"总—分—总"式二重语段，第一重由 a、d 前后两个总说句和 b、c 两个分说句构成总分语段，a、d 都是对中间两句的抽象概括和总结，有明确的观点，但角度稍有不同，句 a 指出劳动人民很早就能根据自然现象同气候的关系安排农事，句 d 指明分说中谈及的自然现象都是大自然的语言。第二重在句 b 与句 c 之间，它们构成并列关系。对于这类结构关系语段，采用直接摘取法不是很准确，需要综合 a、d 的句意，抽象概括为"物候对农业的作用"。

对于总分语段的分析，教师要特别强调在语段开头的"总"与结尾的"总"在表达功能上的差异。语段开头的"总"兼具概括和提示功能；结尾的"总"可以重述语段中心话题、总结和深化分说的内容。

（2）解说语段。

解说语段的句子可分为两个部分，提出话题、问题或观点的句子，是整个语段的中心句，一般与语段的起始句重合，但也可以在语段结尾与终止句重合；另一个部分主要是解释、说明、补充或回答前面句子所提出或涉及的内容。解说语段常用于政论语体和科技语体中，可细分为解证、解说。例如：

④游览者必然也不会忽略另外一点，就是苏州园林在每一个角落都注意图画美。阶砌旁边栽几丛书带草。墙上蔓延着爬山虎或者蔷薇木香。如果开窗正对着白色墙壁，太单调了，给补上几竿竹子或几棵芭蕉。诸如此类，无非要游览者即使就极小范围的局部看，也能得到美的享受。

（叶圣陶《苏州园林》）

⑤在那高空中，一定有一股由南往北始终猛烈流动的气流。鹤群清楚知道，如驾乘这股气流，就能轻而易举地飞到遥远的北方。因为这个缘故，鹤群才集中

于此，特意飞升到高空。鹤是一种挺聪明的鸟。

（江口涣《鹤》）

例④中的中心句与起始句重合，属于段首中心句型；例⑤中的终止句是中心句，属于段尾中心句型。对于这类语段，只需看起始句或终止句，就可确定语段的语义中心。

（3）因果语段。

在因果语段中，根据因果两部分的先后位置，由事实、依据、原因到观点的语序安排语段，归入“因—果”顺承式结构关系，信息的排列顺序多为“旧信息—新信息”，语段的语义中心多在表结果的句子上；按照先交代结果、后补充交代原因的语序安排语段，则归入“果—因”式结构关系，全段的语义中心在表原因的句子上。例如：

⑥ a. 苏州园林据说有一百多处，我到过的不过十多处。b. 其他地方的园林我也到过一些。c. 倘若要我说说总的印象，我觉得苏州园林是我国各地园林的标本，各地园林或多或少都受到苏州园林的影响。d. 因此，谁如果要鉴赏我国的园林，苏州园林就不该错过。

（叶圣陶《苏州园林》）

⑦ a. 面对世界万事万物的这种复杂性、多样性，站在正确立场上的聪明人并不会茫然失措。b. 因为它们既然有一般性，那就有规律可寻。c. 掌握了一般性之后，再努力去掌握具体事物的特殊性，这就可以使认识达到比较精确的地步了。

（秦牧《菱角的喜剧》）

例⑥是一个三重说明性因果语段，第一重在 a、b、c 和 d 之间，是“因—果”式语段，句 d 中有关联词语“因此”表示结果。第二重在 a、b 和 c 之间，也是“因—果”式语段。第三重在 a 和 b 之间，是并列式语段。语段中心句就在句 d，语义中心可稍作概括，即“鉴赏中国的园林，不能错过苏州园林”。例⑦是由三个句子组成的二重因果语段，第一重在 a 和 b、c 之间，是“果—因”式语段，前面先说明结果，再由果溯因，后面摆出原因和据以推论的依据，句 b 中有关联词语“因为”。第二重在 b 和 c 之间，又是推断性“因—果”式语段。语段的语义中心为：聪明人能通过掌握事物的一般性和特殊性，进而使认识达到精确。

（4）转折语段。

转折关系语段分前后两个部分，对于正常语序的转折关系，语段的语义重心在后一部分，前一部分是后一部分的参照内容，它们之间构成矛盾、对立、差异的逻辑语义关系。概括这一类语段的语义中心，关键是从后一部分中提取。例如：

⑧ a. 是的，我们的命运被安排定了，在这个充满车辆与烟囱的城市里，我们的存在只是一种悲凉的点缀。b. 但你们尽可以节省下你们的同情心，因为，这种命运事实上是我们自己选择的，否则我们不必在春天勤生绿叶，不必在夏日献出浓阴。c. 神圣的事业总是痛苦的，但是，也惟有这种痛苦能把深沉给予我们。

（张晓风《行道树》）

例⑧中，关联词语“但”将语段分为前后两个部分，语段的语义重心是句 b 和句 c，从中可抽象概括出整个语段的中心，即行道树能正视和正确理解它们所处的境况。

从上所引的例子来看，中心句的位置与语段的结构类型存在一定的对应关系。下面列表并举例说明有中心句语段与语段结构类型的基本对应关系。

表 4－1　有中心句语段与语段结构类型的基本对应关系一览表

有中心句语段	语段结构类型
段首中心句型	“总—分”语段 解证（说）语段
段尾中心句型	“分—总”语段　转折语段 “因—果”语段　解证（说）语段 “果—因”语段
段首尾中心句型	“总—分—总”语段

上述寻找和提取语义中心的方法在实际教学中还是具有比较强的可操作性的。根据张宝林对包括记叙文和议论文两种体裁的 1 000 个语段进行的考察和统计，发现“没有中心句的语段在记叙文语料中占了 6.36%，在议论文语料中仅占 2.4%，可见绝大多数语段都有中心句”①。这个语段统计结果启示我们，尽管语段的组合是多种多样的，但基本可以在理解语段结构规律的基础上比较准确地把握语段的语义中心。因此，对于概括语段的语义中心，关键还在于重视对语段结构规律的分析和归纳。

从目前高考语文选材和命题来看，也非常有必要将有中心句语段作为语段教学的重点。因为“从 1999 年高考试题中的各种语段可以清楚地看出：第一，高考试卷中

① 张宝林．语段的语义中心的获取及表现形式．语言教学与研究，2001（3）

的语段，具有类型完备、语段规范的特点。这是为十多年试题所证明的普遍性规律。第二，高考试卷中的题目，大多依段而设。这一点，既为语言信息的规律所制约，也是控制试卷难度所需要的。第三，高考试卷中的客观型题目，大多依语段总括句设题，依支撑语句设项。可以说，这类题目简直就是语段的某种变型。”① 实际上，这种命题取向在今天仍没有改变。因此，教师在阅读教学中应将结构完备、规范的语段作为分析的重点，这对于指导复习应考和规范写作都是极其有益的。

2. 概括无中心句语段的语义中心

无中心句语段由或并列，或顺次，或错落连接的一组句子构成，虽无明确的中心句，但几个句子仍受一个内在的语义中心或明确的话题关联和统摄。因为其语义中心是蕴涵式的，需要对语段做全面概括，方可提取语义中心。对于这类语段，学生比较难准确地概括其语义中心。因此，教学中也不能忽视这类语段。

对于这类语段，概括语义中心一是要根据其功能类型的归属而有所侧重。记叙性语段关注时间、地点、人物、事件等记叙要素，描写性语段关注景物及特征，议论性语段注重观点或论题的提炼，说明性语段的重要信息是对象、时间、范围、特征、意义、功用等。二是要准确分析语段内部的组合类型，再采用相应的概括法。下面分类加以介绍。

（1）无中心句并列组合型语段。

无中心句并列组合型语段包括并列关系和选择关系。这类语段中并列的各层内容都围绕着某一中心，从不同方面来论述，因此，一般可采用信息组合法，即“分总法”来概括中心。具体步骤是先明确语段的话题，找出并列的各分项，并分层概括，再作总体归纳。例如：

⑨阴山以南的沃野不仅是游牧民族的苑囿，也是他们进入中原地区的跳板。只要占领了这个沃野，他们就可以强渡黄河，进入汾河或黄河河谷。如果他们失去了这个沃野，就失去了生存的依据，史载“匈奴失阴山之后，过之未尝不哭也”，就是这个原因。在另一方面，汉族如果要排除从西北方面袭来的游牧民族的威胁，也必须守住阴山的峪口，否则这些骑马的民族就会越过鄂尔多斯草原，进入汉族居住区的心脏地带。

（翦伯赞《内蒙访古》）

例⑨没有中心句，但层次清晰，由四个复句构成。前三个复句为一层，说明阴山以南的沃野对于游牧民族来说，地理位置十分重要；最后一个复句为一层，说明阴山以南的沃野对于汉族来说，地理位置也很重要。综合这两层意思就是语段的中心，即

① 王大绩．1999 年高考语文试题的启示——要重视语段阅读的教学（下）．语文教学通讯，2000（2）

阴山以南的沃野对于游牧民族和汉族来说，地理位置都十分重要。

如果无中心句并列组合的语段只有两个分项，且分项之间在语义上构成对照性，可以采用对比概括法，即用对比的形式概括语义中心。例如：

⑩凶恶每“战胜”一次善良就把自己压缩了一次，因为它宣告了自己的丑恶。善良每败于凶恶一次，就把自己弘扬了一次，因为它宣扬了自己的光明。

（王蒙《善良》）

例⑩是运用对比辞格组段，前后两个并列项的语义形成鲜明的对比，语段的语义中心可概括为“凶恶和善良交战，二者面临不同的结果”。

（2）无中心句层进组合型语段。

无中心句层进组合型语段中的各句之间存在着连贯关系或递进关系，整个语段虽然没有明显的中心句，但组织上仍有清晰的时间或空间顺序或语义的层递关系。对于这类语段，先概括每句话或每个层次的主要意思，再比较它们是围绕一个什么中心展开叙述、描写、说明或议论的。例如：

⑪ a. 这一年秋季，她们学会了射击。b. 冬天，打冰夹鱼的时候，她们一个个登在流星一样的冰船上来回警戒。c. 敌人“围剿”那百顷大苇塘的时候，她们配合子弟兵作战，出入在那芦苇的海里。

（孙犁《荷花淀》）

例⑪是由意合法组合的递进语段，句 a 写白洋淀的青年妇女学会了射击，句 b 和句 c 分别叙述她们学会射击后承担打冰夹鱼的警戒任务，投身到抗战的行列中。这三个句子在语义上逐层递进，语义中心是讲述白洋淀青年妇女们的成长。

（3）无中心句层次组合模糊型语段。

有些语段不仅中心不够明确，而且干扰的信息点较多，各句之间错落连接所形成的层次不很清晰，这就需要我们对语段作全面的分析。首先，判断语段的话题；其次，从整体上辨析语段的主次信息，抽取重要信息；最后，在此基础上做抽象归纳，概括的结果不是语段内容本身，而是倾向于对所叙说内容的评价。例如：

⑫自由市场。百货公司。香港电子石英表。豫剧片《卷席筒》。羊肉泡馍。醪糟蛋花。三接头皮鞋。三片瓦帽子。包产到组。收购大葱。中医治癌。差额选举。结婚筵席……在这些温暖的闲言碎语之中，岳之峰轮流把体重从左腿转移到右腿，再从右腿转移到左腿。幸好人有两条腿，要不然，无依无靠地站立在人和物的密集之中，可真不好受。立锥之地，岳之峰现在对于这句成语才有了形象的

理解。莫非古代也有这种拥挤的、没有座位和灯光的旅行车辆吗？但他给一个女同志让了“座位”。不，没有座，只有位。想不到她讲一口北京话。这使岳之峰兴致似乎高了一些。“谢谢”，“对不起”，在国外到处是这种礼貌的用语，虽然有一个装着坚硬的铁器的麻袋正在挤压他右腿的小腿肚子。而另一个席地而坐的人的脊背干脆靠到了他的酸麻难忍的左腿上。

（王蒙《春之声》）

例⑫这一语段既无统摄各句的中心句，各句之间又无明显的关联词连接，也没有按思路、章法组段的痕迹，但整个语段保持着一个统一的叙述视角，即通过岳之峰的观察和心理感受展开叙述。该段的语义中心可概括为：岳之峰在拥挤不堪的火车上的所闻、所见和所感。

（二）语段的组合

从应试的需要看，近十几年来，全国语文高考一直在语言表达连贯类试题中考查学生在语段方面的组织能力，题型主要涉及句子排序、语句复位、选句衔接以及选填适当的关联词语。最近几年，还出现了根据语境因素来写作语段的题型。考查语段的命题形式多样化和题量增大传递了一个重要信息，即学生必须掌握语段的基本组合形式和手段。

从学生实际的语言运用情况看，张志公很早就指出，“有足够的事实证明，写作上的毛病绝大部分都是出在段落里：话不连贯，就是平常说的‘不顺’，或者‘疙疙瘩瘩’的‘不畅’；前言不搭后语，自相矛盾，丢三落四，不完整；拖沓累赘，叠床架屋”①。时至今日，学生在语段组织方面仍然存在上述问题。这说明重视语段衔接能力方面的训练是提高学生语言运用能力的关键。

语段组合训练涉及多方面的能力训练。因为“段的训练是语言的训练、逻辑的训练、思想认识的训练，又是文体、风格以至艺术的训练”②。在阅读教学中，可从以下两个方面着手语段组合训练。

1. 认清功能语段的组合差异是基础

要提高学生的语段写作能力，离不开对语段表达功能类型的认知。因为语段的组织是以语篇为语言环境的，语段的功能类型标示了该语段在篇章中所发挥的表达作用。

一是认清不同功能语段与结构模式之间的基本对应关系。叙述性语段、说明性语

---

① 张志公．段落研究和段落教学至关重要．王本华编．张志公论语文·集外集．北京：语文出版社，1998.348

② 张志公．段落研究和段落教学至关重要．王本华编．张志公论语文·集外集．北京：语文出版社，1998.349

段、描写性语段、议论性语段、抒情性语段是功能语段教学的重点。这五类功能语段在组织形态、结构关系上存在明显的区别。其中，记叙性语段的结构模式表现为时间顺序式、空间顺序式、逻辑关联式；说明性语段除上述三种结构模式外，还有解证式；描写性语段的结构模式主要表现为内容顺序式、方位顺序式、观察顺序式；议论性语段的结构模式分为演绎式、归纳式、推导式、比较式。在中学阶段，学生认知上述各语段功能类型与结构模式之间的基本对应关系是准确分析和规范组织语段的基本前提。

二是比较不同语体中同一功能类型的语段组合差异。从运用的角度来看，不同的功能语段类型都有其特别适合的语体，各小类也存在交叉运用的情况。例如，议论性语段在政论语体中使用最多，在文艺语体的小说、散文中也偶尔会使用到，但在不同的语体中其组织结构仍表现出明显的差异。规范、得体的语篇建构离不开其基本结构单位——语段组织的得体性。郑颐寿曾指出，“得体性，就是要根据辞体来考虑辞段的组织、安排与解读、赏析。……解读、赏析一离‘体’就如同隔靴搔痒，抓不到要害”①。因此，在阅读教学中，要有意识地把不同语体中的同一功能类型的语段进行比较，这是更深层次的语段教学，可使学生进一步认知同类语段的多样化组织方法，理解各种功能类型的语段使用与语体的密切关系和语用特点。作比较辨析时，主要从表现形式、结构模式等方面对语段作综合性分析，使学生了解语段的具体组织适应语体的制约和表达的需要。下面以议论性语段为例，比较它在文艺语体和政论语体中的具体运用差异。

⑬七七抗战后，我由济南逃出来。北平又像庚子那年似的被鬼子占据了，可是母亲日夜惦念的幼子却跑到西南来。母亲怎样想念我，我可以想象得到，可是我不能回去。每逢接到家信，我总不敢马上拆看，我怕，怕，怕，怕有那不祥的消息。人，即使活到八九十岁，有母亲便可以多少还有点孩子气，失了慈母便像花插在瓶子里，虽然还有色有香，却失去了根。有母亲的人，心里是安定的。我怕，怕，怕家信中带来不好的消息，告诉我已是失去了根的花草。

（老舍《我的母亲》）

⑭生命是母亲给我的。我之能长大成人，是母亲的血汗灌养的。我之能成为一个不十分坏的人，是母亲感化的。我的性格、习惯，是母亲传给的。她一世未曾享过一天福，临死还吃的是粗粮。唉，还说什么呢？心痛！心痛！

（老舍《我的母亲》）

① 郑颐寿．辞章学发凡．福州：海峡文艺出版社，2005. 313

例⑬是叙述、议论、抒情交融；例⑭是文章在叙述和描写的基础上用一个蕴涵哲理的警句发表议论，揭示全文的主旨，以收束全文。从以上的例子可以发现，文艺语体中的议论不是由论点、论据、论证组成的要素齐全的议论，也不具有议论语段的逻辑结构模式，一般只在描写或叙述的基础上，简明扼要地发表看法，议论的目的不在于说服他人，而在于深化文章的主旨、增强文章的艺术感染力。从言语形式上看，一般比较短小，有的议论甚至不是一个语段，只是一个蕴涵精辟哲理的警句。

政论语体中议论性语段可以分阐明性议论（提出观点或论题）和证明性议论，并且这两类语段在语篇位置上有一定的适用倾向性。例如：

⑮近年来，在青少年学生中出现了虐杀生命的现象。人们不禁要问：现在的学生到底怎么了？不管是自杀、校园暴力还是残害动物，都折射出了当今部分青少年情感的荒漠，以及对生命的漠视与践踏。造成这一现象的原因是多方面的，笔者认为，这与我国生命教育不够有关。

（张云飞《呼唤生命教育》）

⑯ a. 我们走过了许多弯路。b. 但是错误常常是正确的先导。c. 在如此生动丰富的中国革命环境和世界革命环境中，我们在学习问题上的这一改造，我相信一定会有好的结果的。

（毛泽东《改造我们的学习》）

⑰要解决“雅而不高”的问题，就得从增强文化底蕴入手。有了底蕴，不着意为雅而自雅；缺乏底蕴，虽作态千般仍显得俗。写《儒林外史》的吴敬梓讥笑那些以饮酒看花、吟诗作赋为能事的矫揉造作之徒曰“雅得太俗”，推行白话文的胡适使劲地就俗，所作打油诗、宝塔诗之类仍是俗中大雅。想俗都俗不下去，仍止不住雅气四溢，这该说是“超高”之雅。

（李景阳《论“雅而不高”》）

例⑮、例⑯属于阐明性议论语段，例⑮位于文章的开头，设问句在概述新闻事实的基础上提出了全文的论题，结构模式表现为层递归纳式；例⑯位于文章的结尾，这个语段有完整的演绎推理过程，句 a 提出小前提，句 b 说的是大前提，依据这两个前提，句 c 是推论所得出的结论。例⑰位于文章的主体部分，属于证明性议论语段，结构模式是比较式，用正反论据证明语段开头提出的论点。

只有通过对不同语体中的语段进行比较，学生才能具体感知语体对语段组织的制约性，才能较为全面地把握不同功能类型语段的特征。这样，他们就能在言语实践中避免在记叙文中滥用说明性语段，在议论文中滥用描写性语段，能够在记叙文、议论文中区别运用叙述性语段、议论性语段。

2. 依据语段的修辞要求指导组句成段

语段是多个句子的组合，各句之间有着内在的密切联系。如何有序、紧凑、连贯地组织多个句子，使之围绕一个中心构成层次清晰、语义完整的语段，是语段教学的主要目标。而要使学生真正掌握语段的组织方法，需重点抓住以下两个方面。

一是语段的语义向心性。在有中心句的语段中，语段内的主干句在语义表达上都应指向中心句，同时主干句中的起始句、后续句、终止句之间也应具有语义上的相关性，只有这样才能构成一个表意集中、明晰的语段。因此，非常有必要在阅读教学中选择典范的语段分析语义中心与各句之间的关系，让学生认识如何围绕一个明确的语义中心去组织语段。例如：

⑱秋蝉的衰弱的残声，更是北国的特产，因为北平处处全长着树，屋子又低，所以无论在什么地方，都听得见它们的啼唱。在南方是非要上郊外或山上去才听得到的。这秋蝉的嘶叫，在北平可和蟋蟀耗子一样，简直像是家家户户都养在家里的家虫。

（郁达夫《故都的秋》）

例⑱中，起始句是一个复句，前一个分句与语段中心句重合，后一个分句从树多、屋子低两个方面解释了北平蝉声多的原因。后续句介绍南方听蝉声的去处，以对比突出北平的蝉声随处可听得见。终止句以等值比较句进一步强调北平秋蝉残声的普遍性。从语义上看，这三个句子都明确地指向语段中心句，并形成逐句递进的关系。只有按这样的思路去连句组段，才能突出语段的语义中心。

二是句子排序组段训练。组句成段，构成衔接紧凑、连贯的语段，需要以语段内部构成、语段组合的修辞要求为依据。

据统计，2009 年高考语文命题中，全国卷Ⅰ、卷Ⅱ、浙江卷、广东卷中都出现了句子排序组段的题型，以考查学生的组句成段能力。在句子排序组段训练中，教师可依据语段组织的相关理论指导学生如何排句组段，并从理论上解释清楚为什么要如此排序。具体指导步骤如下：

第一步，判断语段的功能类型，并根据功能语段与结构模式的对应关系确定各句的大致排序。

第二步，找出主干句、中心句和语段的附加句，再根据句子的表意和语言标志，进一步确立可由哪些句子作为主干句中的起始句、后续句和终止句。

第三步，若题目已给定了起始句和终止句，主要是考查多个后续句的排序时，则借助语言标志和内容的关联性分清几个后续句之间的语义关系和先后排序。

第四步，运用语段组织的基本修辞要求进一步检查语段内部是否前后连贯、照应严密。

下面以2009年高考语文卷中的语段排序题为例作具体指导分析。

⑲依次填入下面一段文字横线处的语句，衔接最恰当的一组是

狗是忠义、勇敢而又聪明的动物。________，________。________，________。________，________，使狗成为人的得力助手。

a. 专门训练军犬、警犬，把狗用于军事、案件侦破等方面

b. 它的嗅觉细胞数量是人的24倍，可以分辨大约两万种不同的气味

c. 比如牧民的狗，为了保护羊群，敢于同恶狼猛斗

d. 人们充分利用狗的这种特殊的天赋

e. 狗可以听到10万赫兹以上的声音

f. 代替主人做一些危险的事

A. cbafde　　B. cfebda　　C. edacbf　　D. ebdfac

（2009年高考语文全国卷Ⅰ）

例⑲这一语段侧重说明狗的特性及它对人类的作用，其功能类型属于说明性语段，对应的结构模式为解说式。题中已给定了语段的起始句和终止句，中心句与起始句重合，需要排序的几个句子属于后续句。中心句概括了狗的三个特性，根据语段照应严密的修辞要求，后续句应扣合忠义、勇敢、聪明三个特性的顺序展开说明，运用列举和分承相照应的修辞技巧，把解说狗的“忠义”特性的句c初步排在第一位，把解说狗的“勇敢”特性的句f排在第二位，同时根据语言标志“比如”，可进一步确定句c应置于六个后续句的第一位。剩余的四个后续句，可依据“特性—作用”的逻辑关系和语段终止句的语义关联排序，句b和句e排前面，句a和句d排后面，但句b和句e之间、句a和句d之间如何排序，就必须借助内容的关联性和具有衔接功能的词语了。句b和句e分别介绍了狗的听力和嗅觉的超常性，句b主语成分的定语是代词“它”，句e的主语是“狗”，从句子衔接和照应关系看，句b的代词“它”是指代句e的话题“狗”，因此，排序应为eb。句d中的“这种特殊的天赋”指代句e和句b所介绍的超常听力和嗅觉，根据这种语义关联，句d应紧挨在eb之后，而语段终止句是句a的语义补充，使表意更为完整。因此，以前后连贯、衔接自然、层次清晰、照应严密的修辞基本要求看，该题正确答案是B。

⑳把下列带序号的句子组合成语意连贯的一段话并填入横线处。（只填序号）

奥林匹亚的废墟之美，究竟属于哪种美呢？

a. 因而残垣断壁失去部分的构图，也就容易让人通过想象获得。

b. 也许废墟和残垣断壁本身就是美，这种美与其整体建筑结构左右对称有关。

c. 不论是帕台农神庙还是厄瑞克特翁庙，我们推想它失去的部分时，不是依据实感，而是依据这种想象。

d. 我们的感动，就是看到残缺美的感动。

e. 这想象的喜悦，不是所谓空想的诗，而是悟性的陶醉。

（2009年高考语文浙江卷）

例⑳中，从所给的材料来看，由这几个句子组合成的语段应属议论性语段。此题中，语段已给定了起始句，需要排序的五个句子实际上就是确定和安排语段的后续句和终止句。答案是baced。

这个题目，词语衔接手法对句子排序组段的提示作用非常明显，因此，排句组段的关键就是寻找衔接各句的语言标志，并从语义上理清各句之间的关联度。句b的话题“废墟和残垣断壁”与语段起始句的话题“废墟”一致，句a的话题“残垣断壁”也与句b一致，但开头的连词“因而”在语义上提示句a应置于句b之后，形成因果关系。句c在语义上紧承句a，用具体例子来阐释句b和句a所提出的观点，句中“失去的部分”、“这种想象”分别指称照应句a中的“失去部分的构图”、“想象”，因此，句c应排在句a之后。而句e中的话题“这想象的喜悦”顺接了句c末的“这种想象”，故而将句e排在句c后，这在言语形式和语义上都显得连贯紧凑。而将句d排在段末，作为终止句，在语义上照应了起始句所提出的问题，点明了奥林匹亚的废墟之美实质上就是一种令人感动的残缺美。

二、从修辞效果的视角赏析语段的组织艺术

语段的特定信息和情感传递与语段的艺术构思存在密切的关联。语段组合的修辞规律和方法使语段分析超越了语法、逻辑的视界，从修辞效果的角度鉴赏语段。下面具体谈谈如何在阅读教学中赏析强调分段、辞格组段、章法组段等语段修辞现象。

（一）体会强调分段的表达效果

语段与自然段的关系，通常情况下是语段小于或等于自然段，但文章中也存在语段大于自然段的强调分段现象。运用强调分段手法书写的自然段多表现为独句段，但是这种独句段与常规的独句段存在差别。

当某一个句子具有表意的完整性和独立性，语义表达既不能联上，又不能属下，只能独立成段，就属于常规独句段。而强调分段在形式上表现为：把本该属于一个语段中的一个或多个句子，甚至句子成分，拆解出来，安排为各自独立的自然段。也就是运用强调分段的手法把一个语段书写成几个自然段，形成语段大于自然段的特殊分段形式。在语义上，相邻的几个自然段有共同的指向中心，共同完成表意的完整性。

这种强调分段现象不多见，不是出于特定表达和篇章组织的需要一般不会这样安排。因此，阅读教学不能忽略这种特殊分段形式在语篇中的表达地位和修辞效果，对于这种分段现象，可以从表意和篇章功能两个视角加以分析。

1. 强调分段的表意效果

强调分段实质上是对常规语段划分的一种偏离，是强调某一部分信息的手段。这种特殊的分段形式，“将欲强调的信息单独成为一段，以其空间位置上的相对独立增加其语义上的重量”①，以更好地传递某种言外之意或表达某种情感。例如：

①天气愈冷了，我不知道柔石在那里有被褥不？我们是有的。洋铁碗可曾收到了没有？……但忽然得到一个可靠的消息，说柔石和其他二十三人，已于二月七日夜或八日晨，在龙华警备司令部被枪毙了，他的身上中了十弹。

原来如此！……

（鲁迅《为了忘却的记念》）

②他用惊奇的目光张望着这陌生而美丽的世界。他不但看见了太阳、月亮，还看见了那么多萤火虫组合的灯。

他还看见了天上出现了弯弯的彩虹。

他还看见了各种颜色的花朵。

（金波《盲孩子和他的影子》）

例①中，对于柔石等被国民党杀害，鲁迅先生感到极端愤慨。短句“原来如此！”本应与上段连接，构成一个语段，但文章安排该句独立成段，更有助于表达作者不便直说的满腔愤懑和斥责之情，读来有种意味深长之感。例②从语义联系上看，第一自然段的第二个句子和后面两个自然段的句子应该同属一个并列的分句群，由同一个主题“他”连接着多个述题，从不同的角度陈述盲孩子视力恢复后所看到的美好世界，在意义上构成了一个逻辑的统一体；同时，言语形式和语气的一致也标示着它们之间存在很强的衔接力。语篇把本该用一个语段来安排的却分成三个自然段，是为了突出盲孩子恢复光明后所看到的世界是多么美好。

强调分段往往成为把握篇章意旨和作者情感的一个切入点，阅读教学中不可忽略这种分段变异形式的表意效果分析。

2. 强调分段的篇章效果

有些强调分段的安排不仅出于强化某种信息和表达情感的需要，还出于整个语篇组织的需要。

① 李战子．话语的人际意义研究．上海：上海外语教育出版社，2002. 371

（1）提示作用。

在篇首或段群开头可使用强调分段，其特殊的篇章位置具有提示语篇或段群的所叙述、描写或论说的话题、范围或起点的作用，也更能引起读者的注意。例如：

③山上。

留连忘返的玛丽亚在山坡草地上远眺群山，她轻盈地跳跃、旋转，一会儿穿过小树林，一会儿又奔到小溪旁……

（勒曼《音乐之声》）

例③若按常规的组织习惯，名词性短语“山上”本应放在后一段的开头，充当地点状语。但文本运用强调分段手法，将该句子成分独立成句并独立成段，语法单位的提升，对于客观地展现后文将出现的画面或叙述主体出场的地点背景起了重要的提示作用。

从教材中所收集的语料看，由名词、名词性短语形成的非主谓句是否能独立成段，对语体的依赖性非常强。一般只在文艺语体的剧本、小说及散文中，篇首或意义段首交代和突出叙事场景、时间、主体对象时，多使用强调分段。

（2）强化篇章前后内容的照应关系。

强调分段在突出信息、特定情感的同时，还能成为强化语篇或意义段内前后内容照应的书写手段。例如：

④第 10 自然段：罗布泊的消亡与塔里木河有着直接关系。

第 11 自然段：塔里木河全长 1 321 公里，……

第 12 自然段：问题出在近 30 多年。塔里木河两岸人口激增，水的需求也跟着增加。……

第 13 自然段：盲目增加耕地用水、盲目修建水库截水……罗布泊很快与广阔无垠的塔克拉玛干大沙漠浑然一体。

第 14 自然段：罗布泊消失了。

（吴刚《罗布泊，消逝的仙湖》）

例④中，第 10 至 14 自然段构成一个意义段，其中第 10 自然段是整个意义段的中心，在语义上统摄着第 11、12、13 自然段，因此，这个独句段属于常规分段。而第 14 自然段，单纯从句际语义关系看，是对第 13 自然段最后一句话的进一步补充说明，本应划入第 13 自然段。文章将该句作强调分段，在表意功能上就不只是强调罗布泊沙漠化的可怕后果，还突出了作者对罗布泊消失的痛惜之情显得更为强烈。从意义段的布局看，强调分段的运用，使第 11 至 13 自然段与第 14 自然段在逻辑语义上形成清晰的“因—果”结构关系，同时从书写形式上强化了第14自然段与第10自然段的照应关系，使中间各自然段串连成一个表意完整的结构体。

（3）有助于呈现语篇所属的言语体裁风格特点，协调自然段划分的均衡美。

不同言语体裁有不同的自然段分布特点，政论语体、科技语体类的言语体裁，较多使用长段，有助于表现庄重、严谨的风格特点；文艺语体、新闻报道语体中的一些言语体裁，较多使用分段细、容量少的短段，在表现活泼、明快、简练的风格方面发挥了一定的作用。因此，如果较高频率地运用强调分段手法，也有助于呈现语篇所属的言语体裁风格特点，并在协调自然段的长短划分的均衡美方面发挥一定的作用。例如：

⑤第1自然段：他是一个盲孩子。

第2自然段：在他的世界里，没有光亮，没有色彩。

第3自然段：他是一个永远生活在黑夜里的孩子。

（金波《盲孩子和他的影子》）

例⑤中，从语义关联来看，这三个句子构成解证关系的语段，第1自然段是中心句与起始句重合，第2自然段是后续句，第3自然段是终止句，文章把这三个句子作强调分段处理，不只是为了突出各句所传递的信息，也是为了适应特定言语体裁——童话的表现风格和特定读者的需要而考虑的。据统计，该文共87个自然段，独句段36个，其中，由强调分段书写的独句段有15个。这样艺术地处理段落，有助于凸显童话这一言语体裁明快、简约的风格特点；同时，也使语篇自然段的划分在整体上显得短而匀称，给人一种疏朗、清晰的视觉效果。从语感角度来看，强调分段把句际停顿拉长为段际停顿，形成一种比较舒缓的节奏，给人一种娓娓道来的亲切感，这也更适合少年读者的阅读心理。

另外，在散文《安塞腰鼓》中使用的强调分段手法也比较多，该文共29个自然段，独句段占21个，其中属于强调分段的有15个。强调分段使短句上升为独句段，使语篇叙述、描写及抒情的节奏更显明快、有力，行文更显简约、疏放，对形成自然段划分的均衡美也发挥了有效的作用。

（二）体会辞格组段的表达效果

辞格常用作语段的组合手段。从目前使用的中学教材来看，比较常见的有比喻、反复、排比、设问、对比等，教师可把这几类作为辞格组段技巧的重点内容，注意区分其具体的表现形式，并从表意和篇章功能这两个角度分析其所产生的表达效果。下面分别以比喻和设问组段为例具体谈谈在阅读教学中如何引导学生体会辞格组段的表达效果。

从教材选文的取例来看，使用比喻组段的情况比较复杂，具体有以下三种形式：

一是整个语段相当于一个比喻；二是语段由非比喻句和比喻句组合而成，非比喻句与比喻句存在密切的语义关联；三是语段的各句都是比喻，它们从不同角度描述同一个事物或解说同一个事理。在教学中，先要从言语形式上分析比喻组段的具体运用情况，站在语段的层面去寻找本体和喻体的所在，使学生掌握比喻组段的具体方法，再结合语境，并运用比较法，体会比喻组段的表达效果。例如：

⑥北京的白菜运往浙江，便用红头绳系住菜根，倒挂在水果店头，尊为“胶菜”；福建野生着的芦荟，一到北京就请进温室，且美其名曰“龙舌兰”。我到仙台也颇受了这样的优待，不但学校不收学费，几个职员还为我的食宿操心。

（鲁迅《藤野先生》）

⑦可是，失去对往事的回忆和对未来的希望，就难以把握现时。把握不了现时的人是一个不成其为人的人，是一个丧失了自我的人。在人生和世界的激流中，他必然会像初冬从树上飘落下来的最后一片枯叶，在西风残照中孤零零地漫无目的地乱舞。

（赵鑫珊《人是什么》）

⑧我们的记忆，同自己的伴侣紧密地缠绕在一处，像两种混淆于一碟的颜色，已无法分开。你原先是黄，我原先是蓝，我们共同的颜色是绿，绿得生机勃勃，绿得苍翠欲滴。失去了妻子的男人，胸口就缺少了生死攸关的肋骨，心房裸露着，随着每一阵轻风滴血。失去了丈夫的女人，就是齐斩斩折断的琴弦，每一根都在雨夜长久地自鸣……

（毕淑敏《我很重要》）

例⑥中，整个语段相当于一个比喻，前一个句子是喻体，后一个句子是本体。运用比喻组段能明白、形象地说明“我”在日本仙台所受到的特殊优待，同时，喻体部分还含蓄地解释了“我”受到优待的原因。例⑦是表层递关系的语段，第三个句子是比喻句，紧承前两个非比喻句所论述的观点，以比喻来进一步阐释一个不能把握现时的人必然面临的结局或后果，这使说理显得更为通俗、形象。例⑧分别以颜色、肋骨、琴弦为喻体，从多个角度形象阐述作为伴侣，“我”对于另一半的重要性。

设问组段的方式比较多样，具体表现为一问一答、多问一答、连问连答及问而不答等四种形式。运用设问组段，问句位于段首，提出话题，引出下文，以启发读者思考；问句位于段尾，只问不答，答案则隐含在问题的反面，显得表义含蓄，给读者提供一个想象的空间。例如：

⑨苍苍的榕树啊，用怎样的魔力把全村的人召集到膝下？不是动听的言语，也不是诱惑的微笑，只是……以无限的爱心庇护着劳苦而纯朴的人们。

（黄河浪《故乡的榕树》）

⑩她是谁？她年轻吗？抱着的是她的孩子吗？她在哪里工作？她是搞科学技术的吗？是夜大学的新学员吗？是“老三届”的毕业生吗？她为什么学德语学得这样起劲？她在追赶那失去了的时间吗？她做到了一分钟也不耽搁了吗？她有机会见到德国朋友或者到德国去或者已经到德国去过了吗？她是北京人还是本地人呢？她常常坐火车吗？有许多个问题想问啊。

（王蒙《春之声》）

例⑨中采用一问一答的形式组段，并兼用呼告的辞格，以浓烈的情感赞颂故乡榕树的崇高品格。例⑩中语段用连续设问、只问不答的组合形式细腻地描写出岳之峰的内心活动，即对那位陌生女乘客的好奇和疑惑，也由此引发读者从多个方面去捕捉人物的特征。

上面所引的例子都只用了一种辞格组段，也有的是综合运用多种辞格组段。对于这类语段，应是修辞鉴赏的重点对象。主要是引导学生认识多种辞格组段的和谐运用及其表情达意的效果。例如：

⑪南国之秋，当然是也有它的特异的地方的，譬如廿四桥的明月，钱塘江的秋潮，普陀山的凉雾，荔枝湾的残荷等等，可是色彩不浓，回味不永。比起北国的秋来，正像是黄酒之与白干，稀饭之与馍馍，鲈鱼之与大蟹，黄犬之与骆驼。

（郁达夫《故都的秋》）

例⑪运用了比喻和对比手法来组织语段，从整体看，前句与后句在内容和情感倾向上形成了对比；从局部看，后句采用四个比喻句形象具体地解说前面所叙说的观点：南国之秋色彩不浓，回味不永。同时，这四个比喻句都带有明显的对比色彩，有效地映衬出北国之秋的豪爽、大气、色浓、味永。作者对北国之秋的留恋和向往之情也在比喻和对比中尽显无遗。

（三）体会章法组段的变化美

“一段是一篇的具体而微。”① 也就是说，从段落中可以窥见篇章组织的思维和技巧。郑文贞在《段落的组织》里谈到：“要增加段落的波澜，使之活泼生动，主要的有倒叙、插说的采用，叙事和写景的结合，顿挫、迂回的布置，松紧、疏密的结合、

① 王本华．张志公论语文·集外集．北京：语文出版社，1998. 348

相间等。"[①] 这里所说的段落也包括比较复杂的语段，而所谈的增加段落波澜的技巧主要就是谋篇的艺术和技巧。由此推之，语段内部组织的波澜变化也需要灵活运用谋篇的技巧。反之，在文章阅读中，也应引导学生赏析运用章法组段所产生的变化美。

对于叙述性语段，可以从叙述顺序的安排来看是否运用了倒叙或插说，叙述视角的转换是否自然，也可以从内容的处理分析来看是否巧妙地结合了叙事与写景。例如：

⑫这里除了光彩，还有淡淡的芳香，香气似乎也是浅紫色的，梦幻一般轻轻地笼罩着我。忽然记起十多年前家门外也曾有过一大株紫藤萝，它依傍一株枯槐爬得很高，但花朵从来都稀落，东一穗西一串伶仃地挂在树梢，好像在试探什么。后来索性连那稀零的花串也没有了。园中别的紫藤花架也都拆掉，改种了果树。那时的说法是，花和生活腐化有什么必然关系。我曾遗憾地想：这里再也看不见藤萝花了。

（宗璞《紫藤萝瀑布》）

⑬这女人编着席。不久，在她的身子下面就编成了一大片。她像坐在一片洁白的雪地上，也像坐在一片洁白的云彩上。她有时望望淀里，淀里也是一片银白世界。水面笼起一层薄薄透明的雾，风吹过来，带着新鲜的荷叶荷花香。

（孙犁《荷花淀》）

例⑫中，在描述"我"被紫藤花的香气陶醉时，由副词"忽然"自然转接，插入"我"对十多年前家门外那株紫藤萝的回忆。例⑬中，人物的动作和景物的描写达到了真正融合的境界。作者形象地把女人编的大片席子比喻成洁白的雪地和云彩，以此烘托出人的美丽、劳动场景的诗情画意；以"她有时望望淀里"为过渡句，通过作品中人物的眼睛、感觉来自然地再现白洋淀雪白、迷蒙而又流溢着醉人心扉的荷香的世界，同时，美景使女人此时守候丈夫夜归的叙事也显得极具诗意。

对于议论性和抒情性语段，可以从表达方式的直接与委婉、笔法的贬抑与颂扬来看语段的组织是否达到了抑扬顿挫、迂回曲说的修辞效果。例如：

⑭这些感想是偶尔翻看《伊索寓言》引起的。是的，《伊索寓言》大可看得。他至少给予我们三重安慰。第一，这是一本古代的书，读了可以增进我们对于现代文明的骄傲。第二，它是一本小孩子读物，看了愈觉得我们是成人了，已超出那些幼稚的见解。第三呢，这部书差不多都是讲禽兽的，从禽兽变到人，你

① 郑文贞．段落的组织．福州：福建人民出版社，1985. 172

看这中间需要多少进化历程！我们看到这许多蝙蝠、狐狸等的举动言论，大有发迹后访穷朋友、衣锦还乡的感觉。但是穷朋友要我们帮助，小孩子该我们教导，所以我们看了《伊索寓言》，也觉得有好多浅薄的见解，非加以纠正不可。

（钱钟书《读〈伊索寓言〉有感》）

例⑭这一语段采用的笔法是先扬后抑。作者反对小孩子读《伊索寓言》，但先没有直接否定《伊索寓言》不适合小孩子阅读，而是退一步先承认“《伊索寓言》大可看的。他至少给予我们三重安慰”，并分条具体阐释了三重安慰的表现。然后从现实的需要出发，直接批判《伊索寓言》中所蕴涵的见解浅陋。从深层次分析，语段颂扬的部分实际上是扬中有抑，对《伊索寓言》的阅读价值作了委婉的批判。由此，整个语段在言语表层的抑扬落差和深层次的反讽中获得波澜起伏、迂回曲说、寓理深刻的表达效果。

一般来说，详叙、实写表现为纵笔铺陈，显得从容、舒缓；略写、虚写则用笔较为概括，便于收拢笔锋，表达显得紧密。因此，对于各类功能语段，也可以从笔墨的分配分析其详略、虚实的安排是否得当，能否产生松紧、疏密相间的表达效果。教学时，可以视语段的具体组织情况从一个视角或综合起来从多个视角、多个层面作全面分析。例如：

⑮我有四年多，曾经常常，——几乎是每天，出入于质铺和药店里，年纪可是忘却了，总之是药店的柜台正和我一样高，质铺的是比我高一倍，我从一倍高的柜台外送上衣服或首饰去，在侮蔑里接了钱，再到一样高的柜台上给我久病的父亲去买药。回家之后，又须忙别的事了，因为开方的医生是最有名的，以此所用的药引也奇特：冬天的芦根，经霜三年的甘蔗，蟋蟀要原对的，结子的平地木，……多不是容易办到的东西。然而我的父亲终于日重一日的亡故了。

（鲁迅《〈呐喊〉自序》）

例⑮这个语段由三个句子构成，按照空间顺序、时间顺序、事情发展的先后顺序组织，各句之间和内容的安排层次分明、条理清楚，符合语段组织的基本要求。但分析如果仅到此为止，则语段内在、深层的组织魅力就无法体会到。需作进一步分析，方可品味其在组织上的波澜。该语段叙事有三个鲜明的详略对比：用简笔概述少年鲁迅为父亲买药的漫长四年的艰辛，而放开笔墨铺写其中的一天奔波于质铺和药店的过程和感受；家境状况聊表交代，质铺和药店的柜台描述细致；详述各种奇特的药引，只字未提普通药物。这三个叙事的详略安排，详写的显得具体、从容，节奏上比较舒缓；略写的用语简练，显得抽象、概括、紧凑。第一、二句在运笔上都呈现出“合—开、弛—张、密—疏”的变化之美。

结合上面各例的分析来看，在语段教学中，倘若只停留在结构和逻辑分析的层面上，则只能看到语段的层次是否分明、条理是否清楚，而这只是语段组织的基本要求；还应从章法安排的角度来看语段在组织上所产生的美感效果，这样才能使语段的分析上升到审美鉴赏的高度。

第五章

句子修辞与语文教学

第一节　句子修辞概说

一、句子修辞的内涵和功能

（一）句子修辞的内涵及研究概况

句子是承载一个完整信息的最小单位，它是言语交际中信息交流的最基本形式。句子建构的好坏直接关系着信息传递的质量，而一个好的句子不仅是语法问题，更多的是修辞问题。因此，我们应该注重句子修辞。那么，什么是句子修辞呢？这个问题在修辞学界基本上已达成共识，那就是：在一定的语境中，选择最合适的句式以收到最佳的表达效果，就是句子修辞。而“句子修辞的基本方式是对同义句式的选择和调整”①，这就道出了句子修辞的实质。请看下例：

①这种反科学的反马克思列宁主义的主观主义的方法，是共产党的大敌，是工人阶级的大敌，是人民的大敌，是民族的大敌，是党性不纯的一种表现。

（毛泽东《改造我们的学习》）

上例为了说明“主观主义的方法”的危害，用了五个短句或松句“是……”来阐说，这样，既清晰又有气势。倘若改用长句或紧句，成为“这种反科学的反马克思列宁主义的主观主义的方法，是共产党、工人阶级、人民和民族的大敌，是党性不纯的一种表现”，虽跟原句同义，但既不够清晰，又失去了批判声讨的气势。类似这样，在一定的语境中，选择最合适的句式以收到最佳的表达效果，就是句子修辞。

句子修辞很重要，古人叫“炼句”。陈骙在《文则》中说：“鼓瑟不难，难于调弦；作文不难，难于炼句。”② 刘勰曾说：“章之明靡，句无玷也。”句子是“章”即语段和段落的构件，要能做到“章之明靡”，就要对句子这一环节进行精心的选择和调整。如何选词造句，使之成为语段和段落的有用构件，这里就有对句子的选择和调整问题。况且，句子是传递信息的基本单位，我们在生成句子传递信息的时候，不仅要准确、简明、通畅，还要在此基础上收到更佳的表达效果，这就不得不讲究句子修辞。

正因为句子是传递信息的基本单位，它直接涉及信息的准确、明晰和通畅问题，因此，历来的学者都较重视句子的研究。远的不说，20 世纪 80 年代后，就有不少学

---

① 郑颐寿，林承璋．新编修辞学．厦门：鹭江出版社，1987. 110

② 陈骙．文则．刘彦成注译．北京：节目文献出版社，1988. 115

者对句子修辞进行了研究，其中出版了两部较有影响的专著，一本是林兴仁的《句式的选择和运用》(1983)，该书阐述了对句子的选择、调整和应用规律问题，“由于作者持有同义手段修辞观，对同义句式进行了长期的研究，材料丰富，分析确切，对于人们语言运用能力的提高很有帮助”①。另一本是倪宝元的《炼句》(1985)，该书论述了炼句的范围、炼句与表意、情境、语体、选词、辞格等方面的关系；论述了“辩证炼句”，对立统一的七组句式的选择和运用问题，“运用了大量的例证，特别是选取了不少名家改笔来研究句子的锤炼，写得很有特色”②。

这一时期，对句子修辞的研究出现了可喜的势头，发表了不少高质量的论文。如吴士文的《汉语句子中的积极修辞现象》，濮侃的《句式的选用及其环境》，姜剑云的《论句子前提及其修辞价值》和《调整句式，突出语义重点》，姜志英的《浅谈独语句的修辞功能》，等等。这些都大大丰富和发展了古人的“炼句”之说。

（二）句子的修辞功能

句子是信息载体的最小单位，研究它们，除了利于信息的准确、明确传递外，还利于用来衔接和连贯其他语言单位。有关这一点，郑文贞指出，句子对于篇章组织的作用主要表现在三个方面，即“连贯语意，畅通语气”；“显示篇章、段落的层次和脉络”；“增加波澜和节奏”③。我们承用郑先生的观点来分析中学语文教材中的一些文章，发现句子对篇章组织确有这三个方面的作用：

1. 连贯语意，畅通语气

一个语篇，无论它是一个多句段还是由多个段落构成，都不仅需要关联词语等作为它们的衔接手段，还要根据上下文的语意表达，恰当地运用句子作为衔接手段。因此，句式的选择和调整也是语篇、语段之间和语段内部句子之间连贯语意、畅通语气的重要手段。例如：

> ②你如果看过科教片《保护青蛙》，一定会为青蛙动作的敏捷、捕食的准确而赞叹不已。青蛙所以能够具有这样一套特殊本领，主要是因为它有一双机能优异的大眼睛。
>
> （王谷岩《眼睛与仿生学》）

> ③远处的蟹风筝突然落下来了，他惊呼；两个瓦片风筝的缠绕解开了，他高兴得跳跃。他的这些，在我看来都是笑柄，可鄙的。
>
> （鲁迅《风筝》）

① 袁晖．二十世纪的汉语修辞学．太原：书海出版社，2000. 473

② 袁晖．二十世纪的汉语修辞学．太原：书海出版社，2000. 473

③ 郑文贞．句式与篇章．修辞学论文集（第3集）．福州：福建人民出版社，1985. 289～291

例②是由两个复句构成的语段。后一个是因果复句，且正句在前，偏句在后，形成先果后因的排序，这样偏正易序，让“这样一套特殊本领”的正句在前，是为了承接前面假设复句中所评价的青蛙“动作的敏捷、捕食的准确”的语意，从而使前后两个复句在语义上、逻辑上扣合得更加紧凑；例③中定中结构“他的这些”作为句子的主语部分，在语义上正好回指前一句所叙述的内容，插入语“在我看来”放在主语之后，则使前后两个句子的叙述视角一致，衔接紧凑。若插入语恢复其常规语序，移至主语之前，单独看本句，表意不受任何影响，但结合前句的语境看，则语意的连贯性就中断了。

2. 衔接段落篇章，显示层次

在语段、语篇的组织中，在合适的位置着意安排一些句子，也能起到衔接段落篇章、显示层次的重要作用。作为篇章段落衔接手段的句子，最常用的是在段首或篇首安排设问句，以引导、提挈下文。此外，同句反复和同构反复也是有效的篇章衔接手段：即同一句子在不同段落或意义段中的间隔反复；几个结构相同或相近的句子，甚至几个相同语气的句子在各自然段或各意义段的同一位置（段首或段尾）反复出现，或者将这些句子独立成段，充当起始段或结束段，这样也可使篇章的段落层次一目了然。例如刘成章的《安塞腰鼓》：

④第 3 自然段收尾句：黄土高原上，爆出一场多么壮阔、多么豪放、多么火烈的舞蹈哇——安塞腰鼓！

第 12 自然段：好一个安塞腰鼓！

第 16 自然段：好一个安塞腰鼓！

第 21 自然段：好一个黄土高原！好一个安塞腰鼓！

第 23 自然段：好一个痛快了山河、蓬勃了想象力的安塞腰鼓！

文章主体部分在结构上的一个特色是：每隔几段就安排感叹句“好一个安塞腰鼓”为一个独句段，前后共出现三次，而第四次出现的句子中添加了定语成分，在句法形式上与“好一个安塞腰鼓”构成了同构关系，四个句子形成间隔反复。如此不仅具有跌宕往复的旋律美，还清晰地标示出这一部分的五个层次，使文章主体部分的各层次转接自然而紧凑，条理清晰。作者反复使用简短的感叹句，充分渲染了安塞腰鼓气势恢宏的力量之美，读来豪情四溢。

又如赵丽宏的《假如你想做一株腊梅》：

⑤第 6 自然段：好，让我试着来翻译它们的语言，你听着——

第 7 自然段：假如你想做一株腊梅，假如你乐意成为我们家属中的一员，那么你必须坚忍，必须坚强，必须敢于用赤裸裸的躯体去抗衡暴风雪。你能么？

第 9 自然段：假如你想做一株腊梅，你必须具备牺牲精神，必须毫无怨言地奉献出你的心血和生命的结晶。你能么？

第 11 自然段：假如你想做一株腊梅，你必须忍受寂寞，必须习惯于长久地被人们淡忘冷落。你能么？

第 13 自然段：假如你问我：那么，你们何必要开花呢？

……

第 7、9、11 自然段均由结构相同的假设复句和疑问句构成，第 13 自然段虽结构有变化，但在语气上与前三层保持了一致性，它们分别成为文章主体部分四个层次的起始标记，不仅使文章主体部分的层次安排和脉络发展显得连贯、清晰、醒目，还在简要概述各个层次的主要观点的同时，自然导入了要阐述的具体内容。

从适用范围看，上述各类句子常用于文艺语体中的散文和诗歌、政论语体、演讲语体等，目的在于强化段落篇章的形式衔接，实现语义的连贯。

3. 错综句式，行文跌宕多姿

不同的句式有不同的语气、不同的修辞功能，根据表达意图的需要而错综使用多种句式组段构篇，在形式和语气上显得变化有序，在行文上跌宕多姿，在表意上产生互补效果，更具表现力。例如：

⑥a. 当一种美，美得让我们无所适从时，我们就会意识到自身的局限。b. “山阴道上，目不暇接”之时，我们不就能体验到我们渺小的心智与有限的感官无福消受这天赐的过多福祉吗？c. 读庄子，我们也往往被庄子拨弄得手足无措，有时只好手之舞之，足之蹈之。d. 除此，我们还有什么方式来表达我们内心的感动？e. 这位“天仙才子”，他幻化无方，意出尘外，鬼话连篇，奇怪迭出。f. 他总在一些地方吓着我们，而等我们惊魂甫定，便会发现：呈现在我们面前的，是朝暾夕月，落崖惊风。g. 我们的视界为之一开，我们的俗情为之一扫。h. 同时，他永远有着我们不懂的地方，山重水复，柳暗花明；永远有着我们不曾涉及的境界，仰之弥高，钻之弥坚。i. “造化钟神秀”，造化把何等样的神秀聚焦在这个“槁项黄馘”的哲人身上啊！

（鲍鹏山《庄子：在我们无路可走的时候》）

这一段中，句 b 是反问句，并以引用典故的形式作为句子的时间状语，句 c 中“手之舞之，足之蹈之”的文言句式构成了局部对偶，句 d 是反问句，句 e 连用四个四字句产生一种明快的节奏感，句 f 是散句中嵌入两个四字短语句，句 g、h 是工整的对偶句，句 i 是感叹句。整个语段句式文白杂糅，但读来并不显生硬拗口，反而别具精警含蓄的典雅韵味。九个句子整散相间，长短错落有致，反问句间用，感叹句收尾，形式上显得舒卷自如，摇曳多姿，音调抑扬顿挫，加强了抒情的气势，酣畅淋漓地表达出作者阅读《庄子》的感受，其敬仰和爱戴之情溢于言表。

汉语有丰富的句式资源，即使是同一个意思，也可采用不同的句式来表达。在同一语篇中，如果一种意思需要表达多次，变换句式表达能有效避免行文的单调乏味。《邹忌讽齐王纳谏》可算是炼句的典型例子。

> ⑦邹忌修八尺有余，而形貌昳丽。朝服衣冠，窥镜，谓其妻曰："我孰与城北徐公美？"其妻曰："君美甚，徐公何能及君也！"城北徐公，齐国之美丽者也。忌不自信，而复问其妾曰："吾孰与徐公美？"妾曰："徐公何能及君也！"旦日，客从外来，与坐谈，问之："吾与徐公孰美？"客曰："徐公不若君之美也。"明日，徐公来，孰视之，自以为不如；窥镜而自视，又弗如远甚。暮寝而思之，曰："吾妻之美我者，私我也；妾之美我者，畏我也；客之美我者，欲有求于我也。"
>
> 于是入朝见威王，曰："臣诚知不如徐公美。臣之妻私臣，臣之妾畏臣，臣之客欲有求于臣，皆以美于徐公。今齐地方千里，百二十城，宫妇左右莫不私王，朝廷之臣莫不畏王，四境之内莫不有求于王。由此观之，王之蔽甚矣。"

上例有三处因语篇内容的安排而需重复表达：一是邹忌对妻、妾和客人的询问，三个问句所传递的疑问信息相同，但句式略有差别，前两个问句都为疑问代词作介词宾语前置，属于同构形式，但在措辞上略有差别。第三个问句为常规问句。二是妻、妾、客回答邹忌的话语，三人都表达了对邹忌的肯定性评价，但句式差异明显，表达语气切合人物身份，又形象地反映了各人的心理。三是陈述邹忌分析妻、妾和客赞美自己的原因。邹忌在暮寝时所思考的内容，分别使用带有肯定性语气的判断句一一分析妻、妾、客赞美自己的原因，这三个结构整齐的句子构成并列复句；而邹忌朝见威王时所陈述的部分内容运用的是因果类复句，话语显得简洁而又紧凑。文章情节比较简单，但以同中有异的句式表达相同内容，这就显得行文错综、活泼多姿。

二、句子修辞的原则

句子的运用不是随心所欲的，它除了受制于题旨情境外，还受语言体式即语体的制约。也就是说，选择句子还要遵循一定的原则。

（一）适应题旨情境

句子修辞必须适应题旨情境。这句话包含了两个要求：

1. 适应题旨

表达者运用句子传递信息，是为了达到一定的交际目的。因此，要言随旨遣，什么样的意图选择什么样的句子最好，是受交际目的制约的。例如：

①中华民国十五年三月二十五日，就是国立北京师范大学为十八日在段祺瑞执政府前遇害的刘和珍、杨德群两君开追悼会的那一天，我独在礼堂外徘徊，遇见程君，前来问我道："先生可曾为刘和珍写了一点什么没有？"

（鲁迅《记念刘和珍君》）

上例是语篇的开头，用了一个长句。显然，作者不仅仅只为了交代写作缘由，如果只为了交代写作缘由，在时间的表述上，只需用"三月二十五日"六个字即可，可是，作者却用了长达54个字的状语。而状语之所以长，是因其中又包孕了"就是国立北京师范大学为十八日在段祺瑞执政府前遇害的刘和珍、杨德群两君开追悼会的"这个长达38个字的定语，将长定语置于长状语之中再构成长句。这样表达，不仅呈现出作者对迫害爱国学生的段祺瑞执政府的无比愤怒、仇恨之情；通过对两位烈士被迫害的时间、地点的陈述，还呈现出对烈士的"记"之深，"念"之切的深厚情感，抒发了鲜明的爱憎之情，这就紧扣了语篇"记念"的题旨。

2. 适应情境

情境，即言语交际时的具体环境。人们运用语言进行交际，总是在一定的语境中进行，所以运用语言要合情合境。谋篇布局如此，造句择词亦如此。传说神童郑板桥10岁那年，与老师一起去春游。他们来到一座桥上，郑板桥发现水中有一具女尸，马上指给老师看。老师俯身下看，果然有一具姑娘尸体，上身穿着粉红色的衣裳，下身系着嫩绿色的裙子，仰面朝天，散乱的头发随波逐流……老师见此情景，随口吟了几句诗：

二八女多娇，
风吹落小桥。
三魂随浪转，
七魄泛波涛。

郑板桥听后，马上问老师："老师，您认识这个姑娘吗？"老师摇摇头，表示不认识。"既然您不认识，那您怎么知道她是'二八'女，是'风吹'跌'落小桥'的呢？三魂七魄又是何模样？"接二连三的问题使老师觉得颇有道理，于是反问郑板桥："依你看，这几句诗应该怎么改呢？"郑板桥思考了一下，将前面两个句子改为："谁家女多娇，何故落小桥？"将"三魂"、"七魄"也改为"青丝"和"粉面"。老师听后，连连称好。

好在哪里？好就好在适切语境。师生二人一起出来春游，到了一个陌生的地方，看到了一具陌生的女尸，心中必然充满疑惑，必然会发出"是谁"、"何故"等疑问，而老师在不了解任何情况的语境中，却用陈述句肯定地表达当时的状况，认为"二八女"是"风吹落小桥"的，这不仅不准确，还不符合当时的言语环境。而郑板桥将两个陈述句改为疑问句，合情合境，准确地表达了说话者的疑惑。

有的句子看起来平平淡淡，可是用在一定的语境中，顿时生辉。例如：

②“豁，阿Q，你回来了！”
“回来了。”
“发财发财，你是——在……”
“上城去了！”

（鲁迅《阿Q正传》）

阿Q回答掌柜的两个句子，一个选用了陈述句，一个用了感叹句，十分贴切，陈述句陈述“回来了”的语义，用一句号，语气平和；“上城去了”后面用了叹号，变为感叹句，则十分形象地再现了阿Q洋洋自得的神态，合情合境。如果这里也用陈述句，就显示不出阿Q的心情和神态来。

（二）适应语体风格规范

不同的言语体式，有不同的风格特征，这不同的风格特征就是语体风格规范。语体风格规范不仅表现在篇章上，还表现在句子上。也就是说，各种不同的语体，呈现出来的句子面貌是有差异的。口语语体就要用口语句式，在口语交际中选用了文绉绉的书面语句式，就会出类似孔乙己“多乎哉，不多也”的笑话。书面语体也要用书面语句式。在书面语交际中，各种分体又因各自的交际目的、对象和领域的不同而呈现出各不相同的句子面貌。如应用语体尤其是公文语体，因其是国家机关和企事业单位处理公务的文书，要求语言严谨、准确、简练，因此它多用长句、整句来显示其严密的语意，多用“立即执行”、“不得有误”一类的祈使句和“必须……”、“要……”、“不准……”、“不得……”一类的肯否句，以显示其文书的权威性和严肃性，从而形成了公文语体各种句子的固定格式。因此，我们不能张冠李戴，倘若在法律公文中出现“蔚蓝的天空普照大地，今天我们迎来了××案一审开庭的日子……”这样的句子，是会贻笑大方的。可见，句子的运用还必须适应语体风格规范。

三、句子修辞的主要内容

句子修辞的内容主要指在各种不同的语境中适切地选择、建构句子来准确地传情达意。这句话有两层含义：一是根据题旨情境，选择最合适的句式；二是按照选定的句式，精巧地建构所需要的句子。这两层含义实际上是两个步骤，它指导我们在言语交际中“审时度势”，以最合适的句子来传递信息。而第一步选择句式是关键，它要求表达主体对各种句式要了然于胸，才能迅速建构句子传递信息，这也是我们将句子的选择和调整作为这一章的重点的原因。否则，对句子的各种句式不了解，甚至没有句子修辞意识，仅凭语感，不仅影响言语交际，更影响我们在语文教学中对各种句子的读解。

上文中，我们提到“句子”和“句式”两个概念，它们的含义略有不同，主要表现在侧重点和适用范围上：句子是表示一个明确信息而又带有语调的语言单位；而“句式”则专指有一定结构或功能的句子的格式，即各种句型、句类等。

既然句子修辞的关键是选用同义句式来适切地表达思想内容，那么，对这些同义句式就应该了如指掌。林兴仁的《句式的选择和运用》将同义句式分为五大类三十种，倪宝元的《炼句》也对整句与散句、长句与短句、常式与变式、主动与被动、直陈与疑问、合说与分说、肯定与否定等七类对立统一的句式进行了剖析，借鉴上述两书的研究成果，结合中学语文教学的实际，我们重点梳理出使用频率较高的八种句式或句类来进行分析，它们是：

①从句子形体看，长句与短句的选择和调整；

②从句子语序看，常式句与变式句的选择和调整；

③从句子语态看，主动句与被动句的选择和调整；

④从句子语气看，肯定句与否定句的选择和调整；

⑤从句子语势看，整句与散句的选择和调整；

⑥从句子结构看，松句与紧句的选择和调整；

⑦从句子成分看，完全句与省略句的选择和调整；

⑧从句子语气看，陈述句、疑问句、祈使句和感叹句的选择和调整。

上述八类句式的选择和调整，除了第④、第⑧是利用句子的语气外，其他六类都是利用句子在结构上的变化，或利用句子成分的位移和减省，或利用句子结构呈现的语态等。尽管这样，这些结构不同、语义相同的同义句式，在纷繁多姿的言语交际中适应各种语境的需要，呈现的修辞效果也不一样。

第二节　句子的选择和调整

一、长句与短句的选择和调整

（一）长句、短句的内涵

1. 长句的内涵

长句是形体长，词语多，结构比较复杂的句子。例如：

①当你坐在飞机上，看着我们无边无际的像覆盖上一张绿色地毯的大地的时候；当你坐在汽车上，倚着车窗看万里平原的时候；或者，在农村里，看到一个老农捏起一把泥土，仔细端详，想鉴定它究竟适宜于种植什么谷物和蔬菜的时

候；或者，当你自己随着大伙在田里插秧，黑油油的泥土吱吱地冒出脚缝的时候，不知道你是否为土地涌现过许许多多的遐想？想起它的过去，它的未来，想起世世代代的劳动人民为要成为土地的主人，怎样斗争和流血，想起在绵长的历史中，我们每一块土地上面曾经出现过的人物和事迹，他们的苦难、愤恨、希望、期待的心情？

（秦牧《土地》）

这是一个长达224个字的长句。其所以长，一是因为其状语复杂，四个状语长达125个字；二是宾语复杂，长达90个字的复指短语作宾语。这个句子正因为运用了这一复杂的状语和宾语，才细腻地抒发了作者对土地的热爱之情。

长句之所以长，主要是因为其修饰、限制成分多，或者其并列成分多，或者由分句充当某一句子成分，使其复杂，或者由分句充当某一句子成分，使其形体长。例如：

②每逢看到了欣欣向荣的庄稼，看到刚犁好的涌着泥浪的肥沃的土地，我的心头就涌起像《红旗歌谣》中的民歌所描写的——“沙果笑得红了脸，西瓜笑得如蜜甜，花儿笑得分了瓣，豌豆笑得鼓鼓圆”这一类带着泥土、露水、草叶、鲜花香味的大地的情景。

（秦牧《土地》）

③这出戏一开始就给观众展现了草原上欣欣向荣的大好风光和牧民群众为开辟草原牧场，架设桥梁的动人场面。

（黄伯荣，廖序东《现代汉语》）

④人们从这里可以了解到中国革命所经过的艰苦道路，先烈们的光辉业绩，中国人民为了取得自由、解放而付出的巨大代价。

（周定舫《人民英雄永垂不朽》）

⑤多年来我头一次地意识到，这园中不单是处处都有过我的车辙，有过我的车辙的地方也都有过母亲的脚印。

（史铁生《我与地坛》）

例②在主语“我”之前有一个长状语，在宾语“情景”之前，又有一个长定语，从而使这个句子成为长句；例③之所以长，是因宾语由联合成分“……和……”充当，使其成为长句；例④这个长句之所以长，是因为主谓结构充当了宾语，从而使

"了解"的内容表达得严密周全；例⑤的宾语是由两个分句"这园中不单是处处都有过我的车辙，有过我的车辙的地方也都有过母亲的脚印"来充当，使其成为长句。

2. 短句的内涵

短句是字数少，结构简单，形体短小的句子。例如：

⑥我爱秋天。
我爱我们这个时代的秋天。
我愿这个大好秋色永驻人间。

（峻青《秋色赋》）

⑦老栓还踌躇着，黑的人便抢过灯笼，一把扯下灯罩，裹了馒头，塞与老栓；一手抓过洋钱，捏一捏，转身去了。

（鲁迅《药》）

例⑥中三个短句各自独立成段，构成这篇散文的结尾，层层深入地抒发了作者无限赞美秋天和"我们这个时代的秋天"之情；例⑦中一系列的短句的运用，活生生地勾画出一个粗鲁、凶残、贪婪的刽子手的形象，而短句的特定节奏，就将刽子手对此类勾当的熟练程度展现在读者面前，令人不寒而栗。

长句和短句相对而言，它们没有严格的界限。有的长句长达二、三百字，如鲁迅的《丧家的资本家的乏走狗》中，"他终于不讲'文学是有阶级性的吗?'了，在《答鲁迅先生》那一篇里，……《革命日报》的通信上便说为'金光灿灿的卢布所收买'，都是同一手段"。这个句子长达200多字（文中省略号为笔者所加）；而短句短到可以只有一个词的独词句。如鲁迅的《论雷峰塔的倒掉》中"活该!"就是由独词句构成的短句，其强调的修辞作用是十分突出的。

（二）长句、短句的修辞功用和适用范围

长句因为修饰、限制成分多，形体长，容量大，因此，其语言严密，内涵丰富，表述精确明晰，适用于书面语体，尤其是政论语体、专门科学语体中的下定义、求证等论述。此外，文艺语体中描写人物的外貌、动作或刻画人物复杂、细腻的情感等都宜用长句。例如：

⑧亲爱的朋友们，当你坐上早晨第一列电车驰向工厂的时候，当你扛上犁耙走向田野的时候，当你喝完一杯豆浆、提着书包走向学校的时候，当你坐到办公桌前开始这一天工作的时候，当你往孩子口里塞苹果的时候，当你和爱人一起散步的时候……朋友，你是否意识到你是在幸福之中呢?

（魏巍《谁是最可爱的人》）

这个长句由六个分句排列成状语，形式整齐，节奏明快、读起来和谐悦耳，富有音乐美感，提醒人们珍惜幸福的时光，给人留下了深刻的印象。

短句因其形体短小，具有简洁明快，活泼有力的表达效果。不仅适用于各种口语语体，还在书面语体中广泛运用，如文艺语体中的诗歌、儿歌，戏剧体中的人物对白，通俗科学语体中的各种科普读物，文艺政论语体如杂文等都宜用短句。例如：

⑨范进不看便罢，看了一遍，又念一遍，自己把两手拍了一下，笑了一声，道："噫！好了！我中了！"说着，往后一跤跌倒，牙关紧咬，不省人事。老太太慌了，慌将几口开水灌了过来。他爬将起来，又拍手大笑道："噫！好！我中了！"

（吴敬梓《范进中举》）

上例若运用长句，就不便于表现范进中举后那神魂颠倒的神态。这里，作者运用一组短句，把范进中举时的癫狂神态淋漓尽致地呈现了出来。

（三）长句、短句的运用与调整

长短句各有各的用途，若将它们结合在一起，就能产生参差美的修辞效果。例如：

⑩我在桌前坐下，随手拿起一张报纸来看。突然听见屋外板门吱的一声开了。过了一会，又听见有人在挪竹凳子。我掀开帘子，看见一个小姑娘。她只有八九岁光景，瘦瘦的，脸色苍白，嘴唇冻得发紫，头发很短，穿着一身破旧衣裤，光脚穿着一双草鞋，正在登上竹凳，想去摘墙上的听话器。

（冰心《小桔灯》）

上例共五个句子，长短句交错运用。前四个句子是短句，简洁明快，陈述了"我"的所见所闻；最后一个句子是长句，细致地描写了小姑娘的容貌衣着和行为举止，令人印象深刻。

有时，为了适应不同的语用场合，长句和短句可以互相转换。转换的方法有三种：一是分散法，这种方法适用于修饰成分、限制成分多的长句，就是将这一类附加成分抽出来，变成复句中的分句，或者单独成句；二是反复法，这种方法适用于因联合成分多而构成的长句，对于这类长句，可把联合成分拆开，重复跟联合结构直接相配的成分，形成复叠句式，这样就可以将长句化为短句；三是指代法，这种方法适用于结构成分复杂的句子，对于这类长句，只要把这些成分抽出来单独成句，而在它们原来的位置上用代词来代替，就能化为语义鲜明的短句。有关这一点，将在下一节进一步阐述。

二、常式句与变式句的选择和调整

常式句和变式句是就句子结构排列顺序而言。所谓常式句是指句子成分按常规排列的句子，即：

（定）主——（状）谓（补）——（定）宾

若句子成分发生位移，如主语在谓语之后，定语在宾语之后，状语在句子开头或末尾，语法学称这类句子成分位移的句子为倒装句，修辞学称之为变式句。

常式句的修辞功用是常规的，它平实、质朴，适用于各种语体，变式句是句子的变异用法，有不同于常式句的各种功用，它常用于文艺语体、文艺科学语体和文艺政论语体，很少用于专门科学语体和应用语体。下面重点分析几类变式句的修辞功用。

（一）主谓易序

主语在前，谓语在后，这是常式。为了强调谓语，表达主体有意将谓语放在主语的前面，就是主谓易序。例如：

①女人看出他笑得不像平常，“怎么了，你?”

水生小声说：“明天我就到大部队上去了。”

女人的手指震动了一下，想是叫苇眉子划破了手，她把一个手指放在嘴里吮了一下。……

（孙犁《荷花淀》）

②终于过去了，
中国人民哭泣的日子；
……
终于过去了，
中国最后一个黑暗王朝的统治！

（何其芳《我们最伟大的日子》）

例①是大家熟悉的一处情景描写，文中将谓语“怎么了”移至主语“你”之前，这就将妻子敏锐、细腻而又急切的神态，对自己丈夫爱护的深情惟妙惟肖地呈现了出来；例②也将谓语放到主语的前面，是为了强调谓语“终于过去了”的结果来之不易。

（二）定中易序

定语的正常位置是在它所修饰的名词性中心语的前面，“易序”是指定语移到中心语的后面，以期达到特殊的修辞效果。例如：

③她一手提着竹篮，内中一个破碗，空的；一手拄着一支比她更长的竹竿，下端开了裂：她分明已经纯乎是一个乞丐了。

（鲁迅《祝福》）

例③中，作者用了一个先分说后总说的总分复句来刻画祥林嫂的乞丐形象。上一分句按常规表达应该是“她一手提着内中一个空的破碗的竹篮”，但作者不按常规格式，不仅将“内中一个空的破碗”后置，还将“空的”这个定语再后置，这种后置了再后置的两个定语，乍一看去，似乎是作者信手拈来的，实则是其匠心独运的结晶。它首先通过“破碗”这个后置了的定语，引起读者的注意，并使之进而联想到祥林嫂乞讨的时间之长；然后又将“空的”这一定语再后置，更引起读者的进一步联想，从而感知到祥林嫂的乞讨生活不仅时间很长，而且乞讨不到，“破碗”中还是“空的”，可见其乞讨生活之苦。下一分句也有一个“下端开了裂”的后置定语，就再度强调了祥林嫂的乞丐生涯之久。这里变式句运用得十分精当，几处的定语后置，不仅为揭示祥林嫂的悲惨命运埋下了伏笔，还可以说，它如一件雕刻作品一样，将祥林嫂的乞讨形象深深地印刻在人们的脑海中。

（三）状中易序

一般情况下，状语应在动词中心语之前，从各个方面描写、限制动词。但有时为了突出强调状语，常常有意将其提前或挪后，从而增强语言的表达效果。如徐志摩的名篇《再别康桥》中的变序句“轻轻的我走了，正如我轻轻的来”的运用，真正达到了袁枚在《随园诗话》中所说的“一句之灵，能回一篇之运；一篇之朴，能养一句之神”的境界。如果变成常规语序的句子“‘我轻轻的走了’则可以和‘轻轻的来’‘轻轻的招手’构成均衡匀称的格律，似乎也说得过去。但是，用了倒装句式以后，使状语前置于主语前，打破了均衡，冲破了沉闷，诗句显得活泼多姿；‘轻轻的’居于诗段之首，把读者引进一个轻柔缠绵的境界”①。可见，状语易序有其特殊的修辞效果。又如：

④老栓正在专心走路，忽然吃了一惊，远远里看见一条丁字街，明明白白地横着。

（鲁迅《药》）

---

① 王德春，陈晨．现代修辞学．上海：上海外语教育出版社，2001. 293

例④有意将状语挪后，是因为这条“丁字街”是杀人的地点，作者有意将状语“明明白白地横着”后置，是为了增添杀人地点的恐怖气氛。

（四）宾谓易序

常规情况下，宾语应该在动词性谓语的后面，有时为了强调宾语，则将其放在动词谓语的前面。例如：

> ⑤“雷峰夕照”的美景我也见过，并不见佳，我以为。
>
> （鲁迅《论雷峰塔的倒掉》）

> ⑥到年底，扫尘、洗地、杀鸡、宰鹅，彻夜的煮福礼，全是她一人承当。
>
> （鲁迅《祝福》）

例⑤中的宾语放在动词谓语“以为”之前，这就突出了“我”的看法；例⑥中一一罗列各项杂活，是为了让人看到祥林嫂不堪承受的劳动强度，而她都承担下来，这里，作者将宾语放在动词谓语“承当”的前面，一方面塑造了祥林嫂的勤劳善良的劳动妇女形象，另一方面为祥林嫂后面走向死亡起了反衬作用。

（五）偏句与正句易序

偏句在前，正句在后，这是偏正复句的常规形式。为了强调偏句，作者有意调换它们的位置，这就是偏正句易序。例如：

> ⑦我喜欢这绚丽灿烂的秋色，因为它表示着成熟和繁荣，也意味着愉快和欢乐。
>
> （峻青《秋色赋》）

> ⑧他的性格，在我的眼里和心里是伟大的，虽然他的姓名并不为许多人所知道。
>
> （鲁迅《藤野先生》）

例⑦是因果复句，为了强调原因，作者有意变动语序，将表原因的分句放在后面；例⑧将偏句放在后面，也是为了强调“他的姓名并不为许多人所知道”这一偏句的语意。

三、主动句与被动句的选择和调整

主语是动作行为的发出者（主语表施事）的句子，叫主动句；主语是动作行为的接受者（主语是受事）的句子，叫被动句。例如：

A. 我们引进了节能环保的新技术。

B. 节能环保的新技术被我们引进来了。

A句“我们”是施事主语，是“引进”动作的发出者，因此，它是一个主动句；B句主语“节能环保的新技术”是受事，是动作“引进”的接受对象，因此，它是一个被动句。

主动句还可以用“把字句”来表示。例如：

①那扇铁门一推开，带工老板就好像赶鸡鸭一般把一大群没锁链的奴隶赶出来。

（夏衍《包身工》）

②这件事感动了上帝，他就派了两个神仙下凡，把两座山背走了。

（毛泽东《愚公移山》）

上面两例都用“把字句”表主动，属于主动句。

主动句和被动句各有各的修辞功用，主动句直截了当，简洁明快，语义突出；被动句因为强调主语的被动性，突出受事者，因此其语义鲜明、连贯，结构紧凑。

被动句常用于以下两种情况：一是在特定的上下文里，为使前后主语保持一致，使叙述的重点突出，语义连贯，语气流畅，宜用被动句；二是在主动者不必说出，不愿说出或无法说出的情况下，宜用被动句。例如：

③他也躲在厨房里，哭着不肯出门，但终于被他父亲带走了。

（鲁迅《故乡》）

④这样好的建议都没有被采纳。

⑤他被提名当了候选人。

例③运用被动句是为了使前后句的主语保持一致，例④选用被动句是为了含蓄，例⑤选用被动句是为了简洁。

有时，主动句与被动句配合使用，收到的修辞效果会更好。例如：

⑥黛玉便知是他外祖母，方欲拜见时，早被他外祖母一把搂入怀中，心肝儿肉叫着大哭起来。

（曹雪芹《红楼梦》）

⑦本世纪二十年代以来，中国共产党领导全国人民进行了革命斗争，打垮了反动统治者，推翻了剥削制度，进行了土地改革，土地的镣铐才被彻底打碎，劳动人民才真正成了土地的主人。

（秦牧《土地》）

例⑥第一、二句是主动句，主语是黛玉；第三句使用被动句，主语仍是黛玉，这样，不仅保持了上下句子的主语一致，还突出了黛玉的被动状态和外祖母的主动行为，第四句承接第三句，用了主动句，这样就显得上下句相承自然，结构十分紧凑。例⑦也是一个主动句与被动句配合使用的例子。前面几个句子都是主动句，整齐；“土地的镣铐才被彻底打碎”，是被动句。这里主动句与被动句结合在一起使用，不仅使句子富有变化，而且由于被动句的运用，强调了土地对劳动者的重要性，也突出了“打碎土地的镣铐”的艰巨性。

主动句和被动句可以互相转换，转换的方法将在下一节中论述。

四、肯定句与否定句的选择和调整

（一）肯定句、否定句的内涵与表达效果

肯定句是对事物作出肯定判断的句子。否定句就是对事物作出否定判断的句子。表达同一语义，既可用肯定句，又可用否定句，但修辞效果却不一样。例如：

A. 他的毕业论文写得很好。

B. 他的毕业论文写得不错。

上面两个句子都表示肯定之意，A 句是肯定句，语气果断，鲜明，直截了当；B 句用否定句来表肯定，语气缓和，委婉曲折。

（二）否定句的类型及其表达效果

肯定句比较单纯，否定句却有三种类型：

（1）单重否定句。只有一个否定词的句子，叫单重否定句。在修辞语用中，肯定句与单重否定句常常连用，二者互为补充衬托，更能加深读者的印象。例如：

①它们不是生动活泼的东西，而是死硬的东西了；不是前进的东西，而是后退的东西了；不是革命的东西，而是阻碍革命的东西了。

（毛泽东《反对党八股》）

②我在这里吃雪，正是为了我们祖国的人民不吃雪。

（魏巍《谁是最可爱的人》）

上例是肯定句与否定句并用，收到正反对照、相反相成的表达效果；下例中的“吃”与“不吃”是肯定句与否定句连用，清楚地表明了二者间的辩证关系，表现了战士们的爱国主义精神。

（2）双重否定句。用双重否定的形式来表肯定的句子，叫双重否定句。双重否定句可以收到两种不同的修辞效果，先请看两个例子：

A. 要想考上大学，非下苦功不可。

B. 今天发生的事，你不会不知道吧？

上面A句用双重否定句表肯定，比用一般的肯定句语气更果断，更鲜明，更强烈；B句也用双重否定表肯定，但比一般的肯定句语气要缓和、曲折和委婉。这就是双重否定句的两种修辞效果。

双重否定句的表达形式除了上面所举的“非……不……”、“不……不……”之外，还有“没有……不……”、“无不……”、“不能不……”等形式。例如：

③从前线回来的人说到白求恩，没有一个不佩服，没有一个不为他的精神所感动。晋察冀边区的军民，凡亲自受过白求恩医生的治疗和亲眼看过白求恩医生的工作的，无不为之感动。

（毛泽东《纪念白求恩》）

例③两处都运用了“没有……不……”，一处用了“无不……”的双重否定表肯定的句子，语气坚定强烈，表达了人民对白求恩精神的充分肯定和赞扬。

（3）三重否定句。用三个否定词表否定的句子，叫三重否定句。例如：

没有一个人不认为他这样做不好。

上面这个句子表否定要比单重否定句语气更强烈。

肯定句与否定句连用，能展现其各自的修辞魅力。例如：

④冼星海同志指挥得那样有气派，姿势优美，大方；动作有节奏，有感情。随着指挥棒的移动，上百人，不，上千人，还不，仿佛全师到会的，上万人，都一起歌唱。

（吴伯箫《歌声》）

⑤繁　漪：你既然知道这家庭可以闷死人，你怎么肯一个人走，把我丢在

这里?

周　萍:你没有权利说这种话,你是冲弟弟的母亲。

繁　漪:我不是!我不是!自从我把我的性命、名誉,交给你,我什么都不顾了。我不是他的母亲,不是,不是,我也不是周朴园的妻子。

周　萍:(冷冷地)如果你以为你不是父亲的妻子,我自己还承认我是我父亲的儿子。

繁　漪:(不曾料想他会说这一句话,呆了一下)哦,你是你父亲的儿子。……

(曹禺《雷雨》)

例④中的两个句子,第一句是肯定句,第二句是否定句,这里肯定句与否定句交错运用,语意层层递进,很好地表达了唱歌场面的热烈和作者激动的心情。例⑤是一个肯定句与否定句用得极好的例子,濮侃先生曾对这个语例分析得十分精彩,他认为:是“两个有着特殊暧昧关系的人物在为各自的命运搏斗。当时,周萍为了摆脱繁漪,竭力否认他与繁漪的这种关系;繁漪为了依附周萍,拼命承认她与周萍的这种关系。然而作者选用句式时,却一反常规,而是根据特定环境(只有他们两人在场,读者已知他俩的关系)的帮助,用肯定句表示否定的意思,用否定句表示肯定的意思。用肯定句的周萍(‘我是……’)实际上是在否定与繁漪的特殊关系,欲千方百计地甩掉她;用否定句的繁漪(‘我不是……我也不是……’)实际上是在肯定与周萍的关系。这里肯定句与否定句交替着运用,其含义又适得其反,真是妙不可言”①。可见,巧妙运用肯定句和否定句,其语言艺术的魅力是耐人寻味的。

五、整句与散句的选择和调整

整句是结构相同或相似的一组句子,其修辞功用是形式整齐,声音和谐,气势贯通,意义鲜明。对偶句和排比句是整句常见的形式。例如:

①百十个斜背响鼓的后生,如百十块被强震不断击起的石头,狂舞在你的面前。骤雨一样,是急促的鼓点;旋风一样,是飞扬的流苏;乱蛙一样,是蹦跳的脚步;火花一样,是闪射的瞳仁;斗虎一样,是强健的风姿。黄土高原上,爆出一场多么壮阔、多么豪放、多么火烈的舞蹈哇——安塞腰鼓!

(刘成章《安塞腰鼓》)

上例作者运用了两组整句,一组是五个“……一样,是……”,另一组是三个

---

① 濮侃.句式的选用及其环境.修辞和修辞教学.上海:上海教育出版社,1986.135

"多么……"，从而使其笔下的画面气势恢弘，声音铿锵激越。倘若不用整句，就难以收到这种表达效果。

散句是指结构不同，长短各异，交错排列在一起的一组句子。散句的修辞效果自由灵活，富于变化。例如：

②请闭上眼睛想：一个老城，有山有水，全在天底下晒着阳光，暖和安适地睡着，只等春风来把它们唤醒，这是不是个理想境界？

（老舍《济南的冬天》）

上例作者用参差不齐的散句来表达对老城山水的喜爱和赞美之情，显得自由活泼。

整句和散句各有各的修辞效果。但是，正如金兆梓在《实用国文修辞学》中所说："叠用偶句，其实也单调板滞；叠用奇句，其实也流转而无骨。"其中的"偶句"、"奇句"就是指整句和散句。这就是说，人们说话作文，多用整句，会显得单调呆板；如果总是用散句，又会显得散乱而无气势。而根据内容的需要整散并用，收到的表达效果会更好。例如：

③这架飞机该有多重啊！它载着解放区人民的心，载着全中国人民的希望，载着我们国家的命运。

（方纪《挥手之间》）

④时代变了，延安的歌声就增加了新的曲调，换上了新的内容。二十年前那个时候，主要是歌唱革命，歌唱领袖，歌唱抗战，歌唱生产。

（吴伯箫《歌声》）

上面两例既有整句，又有散句，整散结合，活泼多姿，富于变化。

六、松句与紧句的选择和调整

松句和紧句是就句子内部结构的松紧而言的。松句就是结构疏松，语势舒缓的句子；紧句就是结构紧凑、严密，语势紧迫的句子。松句之所以成为松句，是因为它常常把几个意思分开表述，致使句子中的并列成分或并列分句多；紧句之所以成为紧句，是因为句子中多将联合成分并列在一起，停顿少，致使其紧凑。试比较下面两组松紧不同的同义句：

A. 不但农业需要调整，而且工业也需要调整。
B. 不但农业而且工业也需要调整。

A. 抗日战争的前线后方，有谁没有听过从延安唱出来的歌呢？有谁没有唱过那种从延安唱出来的歌呢？
B. 抗日战争的前线后方，有谁没有听过、唱过那种从延安唱出来的歌呢？

上面两组中的 A 句是松句，B 句是紧句，从中可以看出，松句和紧句因其结构不同，修辞效果也各异。

松句节奏舒缓，轻松活泼，重点突出，利于抒发情感和渲染气氛。例如：

①在我的后园，可以看见墙外有两株树，一株是枣树，还有一株也是枣树。

（鲁迅《秋夜》）

②你是真应该称为中国的国树的呀，我是喜欢你，我特别的喜欢你。

但也并不是因为你是中国的特产，我才是特别的喜欢，是因为你美，你真，你善。

你的株干是多么的端直，你的枝条是多么的蓬勃，你那折扇形的叶片是多么的青翠，多么的莹洁，多么的精巧呀！

（郭沫若《银杏》）

上例用松句，是为了营造单调冷寂的氛围；下例用一组散句淋漓尽致地传递了作者对“你”——银杏树所象征的事物的品格、形态的无比热爱之情。

紧句结构严谨，表意集中，语势紧凑有力，用于陈述和说明的场合，能给人以完整的印象。例如：

③日本帝国主义的兵队……阻断铁路，追炸客车，捕禁官吏，枪毙人民，他们不惊诧。中国国民党治下的连年内战，空前水灾，卖儿救穷，砍头示众，秘密杀戮，电刑逼供，他们也不惊诧。

（鲁迅《“友邦惊诧”论》）

上例由两个紧句构成，每个紧句又都由几个短的分句组成，怒斥侵略者和国民政府的劣迹，感情十分强烈，倘若换成散句，就没有这样的气势和效果。

松句和紧句因其结构和功能不同，因此，它们适用的语用对象也不同。一般来说，文艺语体多用松句，便于描绘事物和抒发情感；科学语体、公文语体、文艺政论语体则可多用紧句，便于简明扼要地传递信息。

七、完全句与省略句的选择和调整

完全句与省略句是就句子成分的隐现、详略而言的。句子的成分有主要成分和次要成分。主语、谓语和宾语是句子的主要成分；定语、状语、补语是句子的次要成分。在一定语境中，句子的主要成分（尤其是主语、谓语）和次要成分都出现，这样的句子叫完全句；句子的主要成分或次要成分没有都出现，其中可能省略了某一个主要成分或次要成分的句子，叫省略句。“省略句虽然少了某一句子成分或某些成分，但是我们不能认为它是完全句的残缺形式。省略句，从句子本身来说，它能表达所要表达的意思，所以，从意义上看，它也是完全的。”①

完全句与省略句相比较，完全句的运用是常态。例如：

①阿Q进三步，小D便退三步，都站着；小D进三步，阿Q便退三步，又都站着。

（鲁迅《阿Q正传》）

上例中的主语和谓语都不可少，这是因为如果主语或谓语少了，语意就不完整，表达就不清晰。

在修辞语用中，虽然运用完全句的比例大大超过省略句，但有时适当运用省略句，收到的效果可能会更好。例如：

②宝钗见他睁开眼说话，不像先时，心中也宽慰了好些，便点头叹道：“早听人一句话，也不至有今日，别说老太太、太太心疼，就是我们看了心里也——”刚说了半句，又忙咽住，不觉眼圈微红，双腮带红，低头不语了。

（曹雪芹《红楼梦》）

这是宝玉挨打后，宝钗前去看望，规劝宝玉的一段话。在这一段话里，作者运用了两个省略句：“早听人一句话”，这里有意省略了主语“你”；“就是我们看了心里也——”，这里又有意省略连谓成分中的后一个谓语“心疼”。表面看去，似觉作者信手拈来，实则是其匠心独运的结晶。在这一特定的语境中，用省略句就比用完全句要好。好在哪里？好就好在减轻了她对宝玉的责备语气，符合其少女的身份，更妙的是作者紧接着用其含情脉脉的体态语来代替补充，这就将薛宝钗对贾宝玉爱之深切的神态栩栩如生地呈现出来了。

可见，完全句和省略句各有各的用途，我们要精心选择，恰当运用，它是一组可

① 林兴仁．句式的选择和运用．北京：北京出版社，1983. 83

供选择和调整的同义句式，值得我们在交际中灵活运用和解读。

八、句类的选择和调整

（一）句子的语气类型

句子的语气类型，叫句类。句类有以下四种。

陈述句用来陈述事情，句末带一个陈述的语调——句号；疑问句提出问题，句末带一个疑问的语调——问号；感叹句是表示强烈情感的句子，其中往往包括对某一事物的肯定和否定，句末带一个感叹的语调——叹号；祈使句是表示请求、命令、建议、警告一类意义的句子，句末常带祈使的语调，一般用叹号表示。

（二）句类的选择和调整

句类的选择和调整是指本可以用句类甲，却选用了句类乙，使修辞效果更好。

1. 变陈述句为反问句

有的疑问句不是有疑而问，而是用提问的方式表示某种肯定或否定，即构成反问，这种反问句表达的意思相当于陈述句，但比陈述句的语气要强烈。试比较：

A. 这个问题是很清楚的。
B. 这个问题难道还不清楚吗？

A. 你把作业本拿过来！
B. 你把作业本拿过来好吗？

上组的 A 句是陈述句，语气平和，B 句用了反问句，则语气强烈；下组的 A 句是祈使句，命令语气较重，而 B 句用了疑问句，则语气委婉，寓要求于商量语气之中。

语文教材中，这类例子也不少。例如：

①你不觉得我们的志愿军战士是最可爱的人吗？

（魏巍《谁是最可爱的人》）

②当年毛委员和朱军长带领队伍下山去挑粮食，不就是用这样的扁担吗？他们肩上挑的，难道仅仅是粮食？不，他们挑的是中国的无产阶级革命！

（袁鹰《井冈翠竹》）

上面两例都可用陈述句来表达，但若用陈述句，则语气平和。而改成疑问句，上例用否定的语气表肯定；下例先用否定的反问表示肯定，强调用的就是这条扁担，后面又用肯定的反问表示否定的意思，强调“他们”挑的不仅仅是粮食，而是“中国的无产阶级革命”，这样，语气坚定强烈，更富有感召力。

2. 变陈述句为感叹句

有的感叹句本可以用陈述句来表达，但用感叹句情感强烈，感染力强。例如：

A. 这就是蝉生命的意义。
B. 哦！那是蝉生命的意义！

（小思《蝉》）

上面A句是陈述句，语气平和平淡；而B句用了感叹句，蝉为了一个夏天的生命，要在地底下等候17年，令作者对蝉油然而生爱怜和敬佩之情，因此B句中两个感叹句的运用，抒发了作者对生命的感悟和对蝉强烈的赞美之情。

3. 变感叹句为疑问句

感叹句是抒发说话人的强烈情感的句子。但在抒发情感时，表达者不用感叹句，而选用疑问句或反问句，收到的修辞效果也许会更好。试比较：

A. 她的成绩太好了！
B. 她的成绩不是很好吗？

上面的A句是感叹句，抒发了赞扬的强烈情感，而B句用了疑问句中的反问句，对其成绩好的肯定，不容置疑的语气更加强烈。

语文教材中，也不乏这样的例子：

③山几重啊，水几重？
水绕山环桂林城。
是山城啊，是水城？
都在青山绿水中。

（贺敬之《桂林山水歌》）

④历史上没有一个反人民的势力不被人民毁灭的！希特勒，墨索里尼，不都在人民面前倒下去了吗？

（闻一多《最后一次讲演》）

例③用疑问句比用陈述句或感叹句要好，不仅抒情味浓，而且更曲折、含蓄，更耐人寻味；例④用反问句也比用陈述句或感叹句显得更有力量，更有气势。

句子的四种语气类型，在修辞语用中根据表达的需要，既可以互相转换调整，又可以结合在一起运用，以收到更好的表达效果。例如：

⑤让我们捧起一把泥土来仔细端详吧！这是我们的土地呵！怎样保卫每一寸的土地呢？怎样使每一寸土地都发挥它的巨大的潜力，一天天更加美好起来呢？党正在领导和率领着我们前进。青春的大地也好像发出巨大的声音，要求每一个中国人民都做出回答。

（秦牧《土地》）

上例既有祈使句、感叹句，又有疑问句和陈述句，四种句类交错运用，语气起伏跌宕，情感强烈丰富，很好地抒发了作者对祖国大地的无限热爱之情。

第三节　句子修辞与语文教学

一、析句

句子是表意的基本单位，在阅读中进行句子分析和句式教学是语感培养的重要途径。在教学大纲中有明确规定，比如，高中语文必修课“课程标准”在“阅读与鉴赏”中提出：“根据语境揣摩语句含义，运用所学的语文知识，帮助理解结构复杂、含义丰富的句子，体会精彩语句的表现力。”[①] 中考、高考语文的阅读理解也经常涉及句式鉴赏能力的考查。可以说，学生的语感培养、大纲和备考要求都充分说明了句子修辞教学的重要性。

汉语丰富的同义句式为表达的清晰、生动提供了基本的前提。所谓同义句式，如前面所说是指两种句式的语言义相同，但结构形式的差异赋予不同结构的句式不同的附加意义，所产生的表达效果也会有差别。在具体运用中，凡能准确传情达意的句式，才是最恰当的句式。句子修辞的关键其实就是同义句式的选择问题。本节侧重从同义句式比较的角度，谈谈设问句、反问句、详略呼应句、变式句及省略句等句式的分析方法。教学中不仅要结合语境理解句子的含义，还可通过句式转换，分清同义句式在语言表达上的细微差别，帮助学生弄清楚表达者选用该句式的理由，即句式的选择与句子的建构、语序的安排是否与上下文语境、语体相匹配，能否有助于突出表达作者的意图和思想感情，达到最佳的表达效果。

（一）辨析语气类同义句式的表达效果

1. 设问句与陈述句比较

指导学生理解设问句的表达效果，一是从发问的视角引导学生分析设问句的修辞

① 高中语文必修课“阅读与鉴赏”目标解读（一）. 语文建设，2003（11）：12

作用。“从设问对象划分，可以分为自问、顺着读者的思路问、直接对读者发问三类。”[①] 设问对象不同，所产生的表达效果也不同。二是从语篇的视角关注特定位置出现的设问句。不同位置的设问句具有不同的篇章功能。一般来说，位于篇首或段首的，具有提领主题的作用；位于篇中或段落中的，具有过渡作用；位于篇末或段末的，具有总结收束的作用。对于在文章开头、结尾，语段的起始、终止等几处位置出现的设问句，往往不是作者随意而为的，而是精心安排的，教学时尤应给予注意。例如：

①我应当怎样来形容印度卡拉玛姐妹的舞蹈？……

（冰心《观舞记》）

②……有时候，看到小孩子鞭打牛，高大的骆驼在妇人面前下跪，发情的毛驴被缚在车套里龇牙大鸣，我心里便产生一种悲哀和怜悯。

那卧在盐车之下哀哀嘶鸣的骏马和诗人臧克家笔下的“老马”，不也是可悲的吗？但是不同。那可悲里含有一种不公，这一层含义在别的畜牲中是没有的。

（周涛《巩乃斯的马》）

③鸟儿的鸣声是世间最美的语言，你不懂得鸟的语言么？

你不懂得鸟的语言么？我想你应该懂的……

（郭枫《空山鸟鸣》）

④一句话提醒了我，究竟不是道地家乡味啊。可是叫我到哪儿去找真正的家醅呢？

（琦君《春酒》）

例①是以自问形式开篇发问，问中亮出本文的中心话题，统摄全文，同时又表明“我”对于如何描述印度卡拉玛姐妹的舞蹈是经过认真思考的。例②中，前一语段作者直接指出牛、骆驼、毛驴常引发人的悲哀和怜悯。画线的设问句是顺着读者的思路发问的，这既可缩短接受者与表达者及语篇所述对象的心理距离，集中读者的注意力，也可使前后语段在语义转换上显得更自然。例③是针对读者的设问。不直接说“我想你应该懂的”，而是用是非问的形式营造与读者对话的亲切气氛；同时，将同一问句反复，作为后一语段的起始句，增强了前后语段的衔接力度。例④是自问，在文末，有问无答，比直接用陈述句收尾更显得意味深长，不仅表达出我此时已无处找寻

---

① 韩荔华．汉语修辞技巧教程．北京：华文出版社，2005. 234

儿时所喝的“八宝酒”的无奈，更含蓄地抒发出我对母亲、故乡的思念之情。

此外，有些文章通篇使用设问句。比如，《你一定会听见的》一文面向读者，前后共提出了18个问句，由此导出不同语段的话题，各语段也因语气的一致而衔接自然、紧凑；同时，也为语篇营造了对话的氛围，更有效地激发了少年读者的阅读积极性。在教材中，类似这样的文章都应引起关注，限于篇幅，就不再一一列举了。

2. 反问句与陈述句比较

关于反问句的表达效果，可以同时从两个角度分析，一是结合语境揣摩反问句的蕴涵意义。反问语气比一般的陈述语气更具强调、感叹的意味，具有浓郁的说理、辩论、抒情色彩。表达者使用这种语气可进一步表明态度，阐明观点，抒发情感；也可促使接受者积极参与，作出语义推断。二是根据反问句出现的语篇位置分析其篇章功能。反问句可位于段首、篇首、段中、段末和篇末，但一般多出现在段末和篇末位置。处于不同位置的反问句具有不同的篇章功能，处于段首或篇首，“具有提领主题、提醒读者注意、从而有效集中读者的注意力的表达效果”；处于段中，既可收束前文话题，又可顺延或转换话题；处于段末或篇末，则具有“总结性陈辞的作用”[①]，同时激发接受者的想象和激情。例如：

⑤但对面走来了静修庵里的小尼姑。阿Q便在平时，看见伊也一定要唾骂，而况在屈辱之后呢？他于是发生了回忆，又发生了敌忾了……

（鲁迅《阿Q正传》）

⑥如同一个婴儿，看到了朝阳下一朵耀眼的红莲，深林中一只旋舞的孔雀，他想叫出他心中的惊喜，但是除了咿呀之外，他找不到合适的语言。

但是，朋友，难道我就能忍住满心的欢喜和激动，不向你吐出我心中的“咿呀”？

我不敢冒充研究印度舞蹈的学者，来阐述……

（冰心《观舞记》）

⑦……面对后代，我们有胆量说我不重要吗？

……面对这般友情，我们还好意思说我不重要吗？

（毕淑敏《我很重要》）

例⑤，该意义段的开头部分以反问句确立了本段的主题，即阿Q在遭受屈辱的情况下戏弄小尼姑是必然的，反问句在此具有引领后文的作用。例⑥反问句独立成段，处于段落之间，不仅表达出作者想要倾吐观舞感受的强烈愿望，还在篇章衔接上发挥

① 韩荔华．汉语修辞技巧教程．北京：华文出版社，2005. 247～249

了承上启下的作用。例⑦，这两个反问句均位于段末，概括了各语段的语义中心，并且，其间隔连用的形式以一种较为强劲的语势彰显了“我很重要”的观点，给人一种无可辩驳的力量。如果把上引各例均改为陈述句，则语气上显得平淡，陈述无法突出重点，说理无法彰显观点、态度，抒情情味不浓。

实际上，反问句和设问句经常综合运用在同一语段中。对于这种语言现象，分析文章时也应予以关注。例如：

⑧我喜欢善良。我不喜欢凶恶。我认为即使自以为是百分之百地代表着真理和正义，也不应该滥恶。滥恶本身就不是正义了。我相信，国人终归会愈来愈善良而不是相反。例如在“文革”当中，凶恶不是已经出尽风头了么？凶恶不是披尽了“迷彩服”了么？后来又怎么样了呢？

（王蒙《善良》）

上例是文章的结尾段，前两个反问句突出了作者对“凶恶”的强烈否定、批判态度；特殊问句虽问不答，但对于了解“文革”那段历史的接受者来说，答案是不言自明的。文章以设问句形式收尾，把作者想要表达的观点点到为止，留给接受者一个思考、判断的空间。若都采用陈述句式，则显得言直意浅，批判的力度不强。

另外，还要注意归纳反问句的句法形式。在高考中已涉及陈述句转换为反问句的命题形式，比如2008年高考语文重庆卷：

⑨用四个反问句重组下面的语句，可以增减个别词语，但须保留原意，并保持语意连贯。

每个人都是一根蜡烛，既然你被点燃了，就应该去点燃更多的人，你自己并不会燃烧得更快，世界却因此变得更加光明美好。

答案：每个人不都是一根蜡烛？难道你不该被点燃？难道不应该去点燃更多的人？你自己并不会燃烧得更快，（可）世界不因此变得更加光明美好吗？

从上题答案看，几个陈述句转换为反问句，不能都套用一种句法形式，而需根据陈述句的特点选择合适的反问句形式。因此，从培养学生灵活转换反问句的应试能力和日常表达能力的目标看，有必要帮助学生识记反问句常用的一些句法形式。反问句的句法形式比较多样，以副词“难道、怎么、何必、何尝、何不、何妨、还不、岂非、岂不、岂可、岂止”为标志的问句，由“能不＋动词或动词短语”、“不都（正）＋动词或动词短语”构成的问句，这些是反问常用的句法形式，教学中要注意归纳，使学生能从形式上辨别反问句。同时，还要讲清楚反问句的适用范围，其特定的语气和修辞作用决定它多用于口头语体及书面语体中的文学语体、政论语体，一般不用于公文语体与科技语体。

（二）辨析详略呼应句与详叙句的表达效果

所谓详略呼应句，就是“把本可以用一个详叙句说的意思用详略两个部分表达，先略后详，彼此呼应”①。前面的简略句为“呼句”，后面的详叙句为“应句”。运用前略后详的两个呼应句述说同一件事或同一种思想观点，从形式上分解了长句结构，便于长句的阅读理解；在衔接上可增强前后句之间的连贯性；在表意上更能凸显事物的状态、特征，强调思想情感。这类特殊的句式在中学语文中也不少见。教学中要注意区别这类句式和单用详叙句的修辞效果差异。例如：

⑩是的，在一个文化屈从权势的传统中，庄子是一棵孤独的树，是一棵孤独地在深夜看守心灵月亮的树。

（鲍鹏山《庄子：在我们无路可走的时候》）

⑪但一位先生却以为这客房也包办外国人的饭食，我住在那里不相宜，几次三番，几次三番地说。

（鲁迅《藤野先生》）

⑫这时我听到故乡在召唤我，故乡有一种声音在召唤着我。她低低地呼唤着我的名字，声音是那样的急切，使我不得不回去。

（端木蕻良《土地的誓言》）

例⑩，应句添加了定语成分。详略呼应句更能突出“孤独”的具体表现，即“孤独地在深夜看守心灵月亮”。如果只选择详叙句——“庄子是一棵孤独地在深夜看守心灵月亮的树”，则评述语气显得很平淡，缺少强调的意味。例⑪，详略呼应句突出了那位先生劝说我更换住所的行为方式，若直接使用详叙句，则无法凸显那位先生待客的热情。例⑫使用详略呼应句，在比较中突出焦点信息——“有一种声音”，也就是“召唤”的具体施事主体；如果只选择详叙句，就整合成“这时我听到故乡有一种声音在召唤着我”，句子的基本义没变，但语气没有那么急促，缺少抒情的意味，我对故乡魂牵梦萦的强烈情感也无法淋漓尽致地抒写出来；从句子的前后衔接看，强调“有一种声音”，也为后句进一步描摹那是一种怎样的声音作了铺垫。

（三）体会变式句的修辞效果

1. 单句中句子成分的易序

大多数情况下，句子的各个成分有着相对固定的位置，按照一定的语序进行线性

① 郑文贞．篇章修辞学．厦门：厦门大学出版社，1991．327

排列，对于这种常式句，学生比较容易理解。但对于变式句，句子的形式变得复杂，表意显得含蓄、隐晦，学生比较难理解作者的表达意图。在句子教学中，可从语义表达和句子节律两个角度分析其修辞效果。

（1）句子成分易序可以凸显语义重点。

作为一种句式修辞手段，成分易序可以突出特定语义。因为“一个句子的语义重点一般也是放在句首或句尾，目的是为了引起听话人更多的注意”[①]。这一点也可从认知心理学中获得依据，“注意和语法结构的关系表现在，句子的语义重点往往成为注意的焦点。实验心理学的研究表明，人们对一个符号序列的记忆，效果最好的是在序列的开头和结尾部分”[②]。此外，一些句子成分易序还可在突出语义重点的同时兼具平衡整个句子结构、促成前后语义连贯的作用。因此，对于易序的句子，可从这两个方面进行分析。

分析修饰语易序的变式句，先判断易序的成分是定语还是状语，其语义是指向句子中的主语、宾语还是谓语中心语；再分析表意功能，定语易序是为了突出所描述的人或事物的特征，状语易序是为了强调动作的时间、环境、方式、目的；最后，分析易序在句子结构和前后文连贯方面所产生的作用。例如：

⑬他们应该有新的生活，为我们所未经生活过的。

（鲁迅《故乡》）

⑭十分清新，十分自然，我的小屋玲珑地立于山脊一个柔和的角度上。

（李乐薇《我的空中楼阁》）

例⑬中，“为我们所未经生活过的”是后置的定语，表意上突出了“新的生活”的“新”，同时又使述语“有”和宾语“生活”相对靠拢，在结构上显得紧凑。例⑭中画线处是并列状语前置，其语义上指向谓语动词“立”，突出了小屋立在山脊上的状态，抒写出“我”对小屋的珍爱、赞赏之情。这两个并列状语形体较长，若回归常规位置，则小屋立在山脊的状态特征也就被消融在长句中，不能给读者留下深刻印象；从句子结构的平衡看，前置的成分结构整齐对称，使整个句子形成了整散的组合形式。若以常式句替换这些变式句，则无论是在表意效果还是句子结构安排、前后连贯方面都无法兼顾。

主谓易序可突出谓语所表示的行为动作及其行为结果，或事物的性质、状态；而宾语易序可突出行为动词的对象。例如：

---

① 沈家煊．认知心理和语法研究．吕叔湘等著，马庆株编．语法研究入门．北京：商务印书馆，2003. 235

② 沈家煊．认知心理和语法研究．吕叔湘等著，马庆株编．语法研究入门．北京：商务印书馆，2003. 235

⑮美哉我少年中国，与天不老！壮哉我中国少年，与国无疆！

（梁启超《少年中国说》）

⑯他还喜欢听鸟儿黎明时的叫声，春风从耳边吹过的声音，连蜜蜂扇动翅膀的声音他也很喜欢。

（金波《盲孩子和他的影子》）

例⑮中画线处都是主谓易序，强调了中国少年的美与壮，抒发了作者对中国少年的热情赞美之情。若以常式句表达，则抒情力度不如变式句那么强烈。例⑯中“蜜蜂扇动翅膀的声音”是宾语前置，突出了“他也很喜欢”的对象；与正常语序——“他也很喜欢蜜蜂扇动翅膀的声音”相比较，易序又使得这个分句的宾语成分能够与前一个分句中的两个并列宾语在语气上衔接得更紧凑。

（2）句子成分易序可以协调句子的节律。

诗歌，尤其是古代诗歌，受严格的韵律规则的制约。当韵律与句法发生冲突时，需要通过句法的变异来实现韵律的和谐。“这种颠倒其文、增损其字的变异，其结果比直笔平铺更耐人寻味，引发美感。……这种美感的成因，一则是韵律制约下的诗句内部词语序列的变异，二则是在没有韵律要求的前提下，作家为了迎合题旨情境，最大可能地调动语言序列来追求诗性美的魅力。”① 教材选文的古诗中也存在这种修辞现象。例如：

⑰竹喧归浣女，莲动下渔舟。

（王维《山居秋暝》）

⑱花落柴门掩夕晖，昏鸦数点傍林飞。
吟余小立阑干外，遥见樵渔一路归。

（周敦颐《题春晚》）

例⑰中的两句诗若按常规语序排列，应该是“竹喧浣女归，莲动渔舟下”，但这与前后诗句不押韵，从节律协调的角度看，则违逆了平起仄收式颈联的“平平平仄仄，仄仄仄平平”的格式。例⑱中常规语序是“昏鸦数点飞傍林”，才可与上句形成较为严整的对偶，但出于整首诗押韵的考虑，诗歌将谓语动词“飞”置于处所宾语之后。

① 雷淑娟．文学语言美学修辞．上海：学林出版社，2004. 81

现代诗歌在节律安排上虽不如古诗严格，但易序也可使其产生特殊的节律美。例如：

⑲她飘过
像梦一般地，
像梦一般地凄婉迷茫。

（戴望舒《雨巷》）

画线部分常规语序应是“她像梦一般地飘过”，诗歌中将方式状语“像梦一般地”后置，与后一句紧靠，构成一种连续反复，增添了诗歌在节奏上的复沓美；在诗行的布局排列上更具诗性，也在语义上突出强调了女郎飘过的方式和“我”的独特感受。

2. 复句中偏句与正句易序

偏句与正句易序的变式句在中学语文教材的选文中也比较多见，教学中不仅要让学生了解这种偏正易序的变式句，更要讲清楚文章为什么要这样安排语序。复句中偏正易序的语用原因有两个，一是出于强调偏句语义内容的需要，二是为了满足前后文语义连贯的需要。有时是其中一个原因起作用，更多情况下是两个原因合力促成的。例如：

⑳“铁如意，指挥倜傥，一座皆惊呢～～～；金叵罗，颠倒淋漓噫，千杯未醉嗬～～～……”

我疑心这是极好的文章，因为读到这里，他总是微笑起来，而且将头仰起，摇着，向后面拗过去，拗过去。

先生读书入神的时候，……

（鲁迅《从百草园到三味书屋》）

㉑和巴特农神庙不一样，这不是一件稀有的、独一无二的作品；这是幻想的某种规模巨大的典范，如果幻想能有一个典范的话。

（雨果《就英法联军远征中国给巴特勒上尉的信》）

例⑳是表示原因的分句倒置，这样安排语序，正句“我疑心这是极好的文章”正是紧承前一段末先生读的文章而作出的猜测，而偏句是对先生读书入神的具体神态、动作的描述，在语义上与后一语段开头衔接更紧凑。若用前偏后正的组合形式，表意虽无甚差别，但前后语段的连贯性则明显弱化。例㉑的假设分句倒置，不仅强调了作出结论所需满足的前提条件，而且正句在偏句之前，在语义上也紧承前文，显得更顺畅连贯。

通过变式句的修辞分析，使学生增强对语序的认识，即语序是可以变化的，但必须根据表意和篇章组织的需要来进行灵活的变化，同时，语序本身无所谓好和差，评价它的安排是否得当关键看能否适应语境，能否充分表意。

（四）揣摩人物对话中省略句、倒装句的深层含义

小说、戏剧中的人物对话，在很多情况下，话语的字面意义与说话人所欲表达的真实意图之间不完全吻合，也就是说，光从字面去理解话语还不够，还必须深入到话语的背后，去体会隐含在话里的意思和情感。阅读作品，只有引导学生品味人物语言的深层含义，才能使他们真正触摸到人物的内心世界，进而了解人物性格，理解作者的创作意图及文本的深刻思想内涵。这里侧重谈谈对人物话语中省略句、倒装句的理解问题。

1. 利用语境的解释功能补足省略或残缺的内容

受经济性原则的规约和语境的制约，人物话语总是会力求简省一些，有时也会只说半截子话。话语表达中省略或残缺的内容是言语的空白，而这些空白中所隐含的意义对于理解人物是至关重要的。对于这类话语现象，教师要引导学生从交际的语境和表达者的特定心理角度，运用想象和联想去参与空白意义的填补、创造。同时，还可转换为完整句，比较两种句式在塑造人物形象方面的效果差异。例如：

㉒当老栓买了人血馒头回到店里时，……他的女人，从灶下急急走出，睁着眼睛，嘴唇有些发抖。

"得了么？"

"得了。"

（鲁迅《药》）

㉓傍晚，我竟听到了有些人聚在内室里谈话，仿佛议论什么事似的，但不一会，说话声也就止了，只有四叔且走而且高声的说：

"不早不迟，偏偏要在这时候，——这就可见是一个谬种！"

（鲁迅《祝福》）

㉔"你看，说走就走了。"

"可慌哩！比什么也慌，比过新年，娶新——也没见他这么慌过！"

（孙犁《荷花淀》）

例㉒中，出于忌讳心理，老栓女人的问话中省略了她所关注的对象——人血馒头，若脱离上下文语境，则两人的对话会令读者摸不着头脑。同时，省略句也使说话语气显得急切，表现出老栓女人想获知老栓买“药”结果的迫不及待的心情。例㉓中，正是旧历年的年底，鲁镇人正准备新年的祝福仪式，在这样一个交际语境中，出现死人的事情是很不吉利的，鲁四叔出于忌讳的心理而故意不把话说完整，但根据语境的提示，我们可以把省略的句子补充完整，即“偏偏要在这个时候死”。例㉔中，“慌”是方言词，表“高兴、激动”的意思。“娶新”是指“娶新娘子”或“娶新媳妇”。尽管话未说完整，但通过揣摩，可以推断这应该是位刚过门不久的新媳妇，由于腼腆和害羞，担心其他女人笑话，说话时故意跳过敏感字眼。

2. 体会对话中倒装句的深层含义

那些打破常规语序的人物话语所传递的信息总是比常规句多，需要结合语境，与常式句作比较分析，才能更准确、到位地把握人物的心理、情感和性格。例如：

㉕“父亲，父亲……你不要动它！这口梳妆匣不是你的，也不是我的，是一个受难的亲属的，他托我保管，我得原封不动地还他。”

“为什么拿来看呢，要是寄存的话？看比动手更要不得。”

（巴尔扎克《守财奴》）

㉖你看这些家具都是你从前顶喜欢的东西，多少年我总是留着，为着纪念你。

（曹禺《雷雨》）

例㉕中画线句子，葛朗台老头反驳女儿的话语是个带疑问语气的假设复句。这里，先提出疑问，假设分句后置，更能刻画出守财奴急于为自己用刀撬梳妆匣上的金子的不理智行为辩护的丑恶嘴脸。例㉖中将目的状语“为着纪念你”放在句末，其言表之意是周朴园非常在乎鲁侍萍的感情。从深层看，作者之所以采用倒装的语序设计人物的台词，正是为了揭示周朴园语无伦次，口是心非的虚伪本质。这两个倒装句若改用常式句，在刻画人物微妙的内心世界和传递言外之意方面，效果都略逊一筹。

对于其他类型的句式，也可以借助同义句式的转换进行比较分析，以提高学生对不同句式表达功能的识解能力。

二、组句

《语文课程标准》明确指出：“语文课是实践性很强的课程”，应“在大量的语言实践中掌握运用语言的规律”。而语言实践对语文教学来说，不仅是教学理念的问题，更为重要的是根据语言的表达规律来指导学生掌握具体的运用方法。

从考查要求看，2008年高考《考试大纲》的“语言知识和语言表达”板块中关于“表达应用”能力层级，在2007年的“语言表达简明、连贯、得体”基础上增加了“准确、鲜明、生动”的表述。这说明2008年的命题对学生的语言表达有着更高的要求，更注重学生语言表达的准确性。从命题形式看，这一考试要求与“选用、仿用、变换句式”及“正确运用常见的修辞手法”综合起来命题。2009年高考命题中，全国各省市16份试卷中，3份出现了句式变换题，10份出现了仿写句式题，其中有9道题都明确提出了运用修辞手法的要求，这与考纲要求是一致的。此外，中考语文中也涉及考查学生句子修辞运用能力方面的命题。例如，2008年广东省中考语文就出现了要求用大致整齐的句式拟写宣传口号的题目。

因此，运用常规句式的选择与匹配理论指导学生组句可作为语言实践课的重要内容。在具体教学中，一是要充分挖掘教材选文中句式用得好的例子，通过分析鉴赏，帮助学生识记各类句式结构、修辞功用及适用范围，二是根据语境要求，运用句式的相关知识灵活变换句式、组合句式。这里侧重谈谈整句与散句、主动句与被动句、长句与短句、肯定句与否定句这四组句式的运用问题。

（一）整句与散句

1. 散句化整

与散句相比，整句更具表现力，是行文中增加文采的重要语言手段。构成整句的语言手段比较多，运用对偶、反复、排比等辞格可分别构成对偶式整句、反复式整句、排比式整句，一些特殊句式连用也可构成整句，如判断句、条件复句、转折复句、假设复句、因果复句等。“他山之石，可以攻玉”，在阅读教学中，教师可通过分析、比较文章中一些结构清晰、语言优美的整句，使学生对整句的常见形式、语言手段、运用和修辞功用获得一个感性的认识，并在此基础上归纳整句组织的修辞方法和结构形式。教材中的《观舞记》、《安塞腰鼓》、《庄子：在我们无路可走的时候》、《故都的秋》、《边城》、《我与地坛》等作品都有很多堪称典范的整句值得示范分析。

从应试的角度看，近几年的语文高考中，散句转化为整句，用整句造句，仿句、补充句子、使前后句式一致，语段的语序调整等，这些命题形式都涉及组合整句能力的考查。下面侧重谈谈如何运用整句知识化散为整的技巧。

添加式：散句中，合说的并列成分常可转化为整齐的句子成分或分句。转化的关键是：先确定把各并列成分转换为分句所需用的句法结构，再添加构成分句所需的词语，即各分句都具有的相同提携语。例如：

①散句：请您用大理石、玉石、青铜及瓷器建造一个梦，用雪松做它的屋架，给它上上下下缀满宝石，披上绸缎，这儿盖神殿，那儿建后宫，造城楼，里面放上神像和异兽，饰以琉璃、珐琅、黄金、脂粉，请同是诗人的建筑师建造一千零一夜的一千零一个梦，再添上许多的花园、水池、喷泉，加上成群的天鹅、朱鹭和孔雀。

若要将上面散句的画线处改为整齐形式，第一步，将前三处画线的并列成分转换成句子成分式排比或分句式排比，把“用……”、“放上……”、“饰以……”分别作为参照的结构格式，然后分别给各并列成分添加相同的提携语；第二步，为使第四处画线的并列成分显得形象，选用句法结构“一+量词重叠+名词”将这组成分转化为句子成分式的排比，同时，选定量词“座、方、眼”分别修饰三个名词，删减原修饰语“许多的”。

改为整句：请您用大理石，用玉石，用青铜，用瓷器建造一个梦，用雪松做它的屋架，给它上上下下缀满宝石，披上绸缎，这儿盖神殿，那儿建后宫，造城楼，里面放上神像，放上异兽，饰以琉璃，饰以珐琅，饰以黄金，饰以脂粉，请同是诗人的建筑师建造一千零一夜的一千零一个梦，再添上一座座花园，一方方水池，一眼眼喷泉，加上成群的天鹅、朱鹭和孔雀。

（雨果《就英法联军远征中国给巴特勒上尉的信》）

原文以这样的表达形式，就能在语义上突出强调建造圆明园所用材料的稀有珍贵，圆明园内装饰的精雕细镂、富丽堂皇、神奇壮丽。从句式的协调配合看，整个长句散中有整，更有利于作者酣畅淋漓地表达对圆明园的赞美之情。

调序式：若一组散句中，各分句或各短语之间语义呈并列关系，但句式或句法结构不一，则可以先寻找各散句在句式或句法结构上的共性，确定以某一种结构格式作为参照句，再通过语序的调整，使前后分句的句式或句法结构齐整，变成对偶句或排比句。例如：

②散句：它不是开在阳春三月，而是开在寒冬腊月；它不是在花坛暖房里开放，冰天雪地才是它怒放的地方；迎接它出生的不是和煦的春风，而是凛冽的北风；是人民的眼泪和心血滋育它成长，而不是春风秋露。它就是奉献给周总理的花，那天安门广场上一望无际的花。

改为整句：它不是在阳春三月开放，而是在寒冬腊月里开放；它不是在花坛暖房里开放，而是在冰天雪地里开放；迎接它出生的，不是和煦的春风，而是凛冽的北风；滋育它成长的，不是春风秋露，而是人民的眼泪和心血。它就是奉献给周总理的花，那天安门广场上一望无际的花。

上例中，第一个句子是个多重复句，所包含的四个并列分句都由否定句和肯定句组合而成，只是排序不同。先把第一个分句所用的结构格式“不是……，而是……”作为各并列分句转换的参照句，再调整各分句内部句子成分的语序，使它们的句式和局部成分语序都一致。

整句的组合要依据内容、情感表达的需要，也要考虑其所在语段、语篇的句式组合的协调和平衡性。不仅要追求外在言语形式的齐整，更要遵循整句中各句之间语义上的密切关联。

2. 整句与散句的匹配

散句是语言表达的自然形态，故文章也多以散句为主，而整句多根据表意的需要穿插其中。为培养学生在整散句式方面的组合能力，有必要在阅读教学中重视整散句式搭配现象，讲清楚整句和散句之间的相互关系和组合规律。刘焕辉在《修辞学纲要》中就比较全面地归纳了整句与散句的配搭使用关系，这里在参照刘先生的研究成果的基础上，从形式和整散句在组合中的表意功能两个方面将整散配搭现象主要归纳为以下三类：

一是先散后整式，整句具体陈述或进一步补充说明散句的语义内容。例如：

③山上有一片纯绿色的无花树；花是美丽的，树的美丽也不逊于花。花好比人的面庞，树好比人的姿态。树的美在于姿势的清健或挺拔，苗条或婀娜，在于活力，在于精神。

（李乐薇《我的空中楼阁》）

例③中，第二、三句为整句，是语段的信息中心所在，在语义上承接前面的散句，具体解释了树的美丽不逊于花。

二是先整后散式，散句是表意的重点，是对整句内容的概述或提升。例如：

④是的，这里的湖光山色，密柳长堤，这里的茂林修竹，桑田苇泊，这里的乍雨乍晴的天气，使我看到了黄鹂的全部美丽，这是一种极致。

（孙犁《黄鹂》）

上例，三个并列短语所构成的宽式排比项充当主语，从语义关系看，散句“这是一种极致”，是对前面整句所描述的状态的一种综合评述。

三是整散错综式，这是整散组合中最常见的形式，整句和散句互相衬托，共同突出所描绘或论述的话题。例如：

⑤a. 我出外，小屋是我快乐的起点；我归来，小屋是我幸福的终点。b. 往返于快乐与幸福之间，哪儿还有不好走的路呢？c. 我只觉得出外时身轻如飞，山路自动地后退；归来时带几分雀跃的心情，一跳一跳就跳过了那些山坡。d. 我替

山坡起了个名字，叫幸福的阶梯。e. 山路被我唤做空中走廊！

（李乐薇《我的空中楼阁》）

上例，a 是对偶句，突出小屋给我的愉悦感受；c 是宽式对偶句，具体表现了我行走在进出小屋的山路上时那种轻松愉悦的心情；b 是反问句，不仅在语义上承上启下，串联了其前后的整句，还在语气上强调了我因爱小屋而不计较难走的山路。散句 d、e 分别是把字句和被字句，表达了山坡和山路在我心目中的地位。这种“整—散—整—散—散”的组合形式使整个语段句式安排匀称中有参差，节奏鲜明而活泼。

（二）主动句与被动句

1. 根据表意的特定需要选用主动句或被动句

主动句和被动句各有各的修辞功用。主动句主语为施动者，表意直截了当，简洁明快，写文章、说话多用主动句。主动句包含带宾动词谓语句、把字句。阅读教学中，应关注那些有突出修辞作用的主动句，尤其是那些可以转换为相对应的带宾动词谓语句的把字句，因为表达者之所以选择把字句而不用非把字句格式，是受特定表达意图的驱动。把字句的语用倾向性比较明显，多为“揭示人物的内心世界，突出强调处置意义、表现处置行为的坚定决心和信心”①。例如：

⑥海张五那边还在不停地找乐子，泥人张这边肯定把那些话在他手里这团泥上全找回来了。随后手一停，他把这泥团往桌上“叭”地一戳，起身去柜台结帐。

（冯骥才《泥人张》）

⑦坚持立党为公、执政为民，不能停留在口号和一般要求上，必须围绕人民群众最现实、最关心、最直接的利益来落实，努力把经济社会发展的长远战略目标和提高人民生活水平的阶段性任务统一起来，把实现人民的长远利益和当前利益结合起来。

（胡锦涛《立党为公　执政为民》）

例⑥中，这两个把字句分别变换为带宾动词谓语句，第一个变为“泥人张这边肯定在他手里这团泥上找回那些话来”，句子的基本意思不变，也能与前后句衔接；但第二个变为“他往桌上‘叭’地一戳这泥团”，则在语感上不具可接受性，这里只能使用把字句。面对海张五的故意挑衅，泥人张默不做声地捏着从鞋底扳下的那团泥，文章画线处不选用带宾动词谓语句，而选用把字句，这样前后句连用两个把字句，其

① 王占馥．思维与语言运用．广州：广东教育出版社，2003. 395～397

处置意味显得特别突出，更能表现泥人张要借泥团回击海张五的决心。例⑦中，连用两个把字句强调了“落实”的具体思路和坚定决心，若改用带宾动词谓语句，则表达效果逊于两个把字句的连用效果。

被字句是现代汉语中典型的被动句，这里侧重谈谈被字句的用法。该句式强调受动者，语用意义上倾向于表达受事者所处的被动状态，或突出不幸、意外的事件。此外，还具有提示原因的作用。教学时，可采用转换法，将介词“被”引介的行为施动者移至主语位置，再根据句子自身的条件，将原主语位置的受动者移至介词“把”的后面，变换成把字句；或将受动者移至宾语位置，变换成带宾动词谓语句。通过比较，学生对被字句的特殊表意效果会理解得更深一些。例如：

⑧祖父不作声了，他想到不犯王法不怕官，只有被死亡抓走那一回事情不好办。

（沈从文《边城》）

⑨就在那场短暂暴雨的吆打下，我见到了最壮阔的马群奔跑的场面。仿佛分散在所有山谷里的马都被赶到这儿来了，好家伙，被暴雨的长鞭抽打着，被低沉的怒雷恐吓着，被刺进大地倏忽消逝的闪电激奋着，……

（周涛《巩乃斯的马》）

例⑧中，使用被字句能充分表现祖父对人最终有一天会走向死亡的无奈心理。若改换为把字句“只有死亡把他抓走那一回事情不好办”，则无法表现人受死亡支配的被动状态，也不能保持前后叙述视角的一致性。例⑨，这里尝试将连用的四个被动句改换为主动句：“暴雨把仿佛分散在所有山谷里的马都赶到这儿来了，用长鞭抽打着它们，用低沉的怒雷恐吓着它们，用刺进大地倏忽消逝的闪电激奋着它们。”后三个被字句受句法限制，不能变换为把字句。此处若使用主动句，则无法凸显马群在草原上纵横驰骋的壮阔场面是受暴风雨这一自然力的鞭策，也无法突出马群应对这一场意外的暴风雨的勇敢和强健。

从上述语例看，其转换问题表面上只是介词“被”与“把”的更换，施事成分与受事成分调整的问题，但实际上则受句法、深层语义及信息传递的制约。这也进一步说明每类句式都有特定的语义和功能，具有对应性的两类句式互相转换，则其意义和功能必将发生或多或少的改变，不可能绝对等值，这决定了句式的语用选择是非随意性的。

2. 根据前后文的衔接连贯要求选用主动句与被动句

主动句与被动句可用不同的结构表示基本相同的意义，但产生的表达效果有异，它们属于同义句式。在表达中到底选择哪一种好，不仅受表意的限制，而且更多时候取决于上下文的特定语境，受篇章连贯的选择与制约。因此，不管是赏析这两种句式的修辞效果还是选择运用它们，都需要紧扣语境。例如：

⑩……她不是“苟活到现在的我”的学生，是为了中国而死的中国的青年。

她的姓名第一次为我所见，是在去年夏初杨荫榆女士做女子师范大学校长，开除校中六个学生自治会职员的时候。

（鲁迅《记念刘和珍君》）

⑪天夜了，有一匹大萤火虫尾上闪着蓝光，很迅速地从翠翠身旁飞过去，翠翠想：“看你飞得多远！”便把眼睛随着那萤火虫的明光追去。

（沈从文《边城》）

例⑩中，“她的姓名第一次为我所见”是被动句，受事“她的姓名”放在主语位置，可与前一语段的终止句保持叙述视角的一致性，使两段在语气和语义上显得更顺畅、连贯；原句若改为主动句，“我第一次见她的姓名是在……时候”，则弱化了前后语段的连贯性。例⑪中，从前后分句的衔接看，使用把字句可以保持前后叙述视角的一致性；从语义表达的角度看，把字句着力表现出翠翠是有意去关注萤火虫动向的，并承接了前一句关于翠翠心思的描述，此处运用强主观化倾向的把字句更能突出翠翠此时的无聊心境。

此外，关于把字句和被字句的选用，还要考虑其使用频率和句法形式的语体适用性。郭圣林发现把字句和被字句的语体分布情况是，“文学语体 > 科技语体 > 政论语体 > 事务语体”，其中把字句中的完整句、主语承前省略多用于文学语体，而“主语隐含把字句”多用于科技、政论及事务语体；被字句中的“被字无宾语句”多用于科技、事务语体。[①] 像上引例⑦属于政论语体，把字句是主语隐含形式，而其他几例中的把字句和被字句的句法形式则具有文学语体的语用特点。

（三）长句与短句

1. 长句与短句的转换运用

长短句的相互转换是高考检测考生语言运用能力的一种题型。2009 年高考语文北京卷、重庆卷分别出现了短句改长句、长句化短句的考题。从应试的角度看，重点是训练学生分清长句和短句的相互转化关系，掌握根据材料转换长短句的方法。

要实现长、短句的转换，辨认长句和短句的结构特点是前提。明确长句长在并列成分和修饰成分（定语、状语）上，特别是并列成分的递加运用、某一结构成分的复杂组合。而短句短在句法结构简单，修饰成分少，音节少；短句不单指用句号隔开的结构简单、形体短小的单句，也可以是复句中那些简短而完整的分句。

---

① 郭圣林．现代汉语若干句式的语篇考察．复旦大学博士学位论文，2004

一是长句改为短句。关键是从句子中并列成分或多项修饰成分切入，针对长句的结构特点而采用反复法、指代法或分散法。例如：

⑫现在许多国家都已经能够生产可以独立操作机床、可以在病房细心照料病人、可以在危险区域进行作业的机器人。

（2001 年高考语文全国卷）

这个长句的宾语包含三个并列成分的定语，将这三个并列定语各自独立成分句，是长句化短的关键步骤。把这个长句改为短句可采用两种方法：

运用反复法，把并列成分分别与中心词组合，使一个长句分成一组排比句。

现在许多国家都已经能够生产可以独立操作机床的机器人，可以在病房细心照料病人的机器人，可以在危险区域进行作业的机器人。

运用指代法，可先切分并列定语，使它们独立成几个分句；原长句的主干成分也独立成一个分句，再用代词“这、这样、它们”等替代被抽取的修饰语，构成“修饰语分句 + 主干句”的复句形式，用来替代的代词位置视具体情况而灵活安插。例如：

有的机器人可以独立操作机床，可以在病房细心照料病人，可以在危险区域进行作业。现在许多国家都已经能够生产这样的机器人。（或这样的机器人现在许多国家都已经能够生产。）

分散法，多适用于修饰成分、限制成分多的长句。把多项修饰成分抽取出来，各自单列转换成分句，原长句的主干成分也独立成一个单句，构成“主干句 + 修饰语分句 1 + 分句 2 + … + 分句 n”的复句形式，其中，主干句的位置相对灵活，不一定在复句的开头分句位置。例如：

⑬用“帕格尼尼”作为首句的开头，将下列长句改成由 4 个短句组成的句子。

长句：世界级小提琴家帕格尼尼是一位从上帝那里同时接受天赋和苦难两项馈赠而又善于用苦难的琴弦把天赋演绎到极致的奇人。

（2009 年高考语文重庆卷）

首先抽取这个长句的主干，再将主语和宾语的修饰成分单列转换为三个分句，再通过增删、调整语序，改成下面的四个短句：

短句：帕格尼尼是一位世界级小提琴家，也是一位奇人，他从上帝那里同时接受了天赋和苦难两项馈赠，并善于用苦难的琴弦把天赋演绎到极致。

长句化短，有时候，如例⑫，同一个长句可运用不同的方法得出不同的变换结果。多数情况下，不同的句子结构有不同的变换方法。但无论运用什么方法，都必须在形式上保持每一个分句结构完整，不能随便删减字词，在表意上不能偏离原句。

二是短句改为长句。关键是确定几个短句的语义中心，找到可以充当长句主干成分的词语或句子；再找到可以充当修饰成分的几个短句，确定它们在长句中的句法位置；最后，根据多层定语或状语的排列原则理清它们之间的语序。例如：

⑭短句：a. 今年的冬奥会在美国盐湖举行。b. 中国队的杨杨参加了1 000米和1 500米短道速滑比赛。c. 她在这两项比赛中夺取了两块金牌。

三个短句的语义中心是“中国队的杨杨在冬奥会中夺取了两块金牌”，围绕这一语义中心，将句a改为介词短语，作为长句的时间状语；将句b中的主语作为长句的主语，宾语作为长句的范围状语；将句c中的述宾成分“夺取了两块金牌”作为长句的谓语部分，最后，删除一些重复性词语。

长句：在今年美国盐湖举行的冬奥会上，中国队的杨杨在1 000米和1 500米短道速滑比赛中夺取了两块金牌。

语文高考中出现的给定材料下定义的命题形式，除考查筛选并整合信息的能力之外，还涉及短句变换长句的能力。例如：

⑮从下列材料中选取必要的信息，为“心理咨询”下定义。

a. 心理咨询是给咨询对象以帮助、启发和教育的活动

b. 这种活动必须运用心理学的理论、知识和方法来妥善处理各种心理问题

c. 这种活动通过言语、文字或其他信息传播媒介来达到咨询目的

（2009年高考语文福建卷）

解题思路：首先明确下定义的常用句式为“什么是什么”或“什么叫做什么”，即“心理咨询是……的活动”或“……的活动叫做心理咨询”；其次是找出该定义的本质内容，并选定句a作为主干句；然后，对内容进行删减、整合，如句b、c中的主语、宾语和句b中的状语“必须”可删减；最后，把三方面的内容按照一定的逻辑

顺序组合成定语。

答案1：心理咨询是运用心理学的理论、知识和方法，通过言语、文字或其他信息传播媒介，给咨询对象以帮助、启发和教育的活动。

答案2：运用心理学的理论、知识和方法，通过言语、文字或其他信息传播媒介，给咨询对象以帮助、启发和教育的活动叫做心理咨询。

2. 长句与短句的相间处理

长句和短句有不同的修辞功用和适用范围。长句表意严密、精确，多用于政论语体、科技语体、公文语体，或者议论、说明性语段中，以解说深奥的事理、表达丰富复杂的思想观点。短句表意通俗、简洁明快而有力，多用于叙述事件，抒发激越的情感，表达急促的语气，描写紧张的场面，文艺语体中运用得比较多。但是，好的文章都会在句子的长短相间方面下工夫。教学中，要注重培养学生选用长短句的能力。

一是要引导学生认识长短句相间的修辞效果及篇章功能。长短句的交错，便于调控话语表达的节奏和速度，短句急促，长句舒缓，从而使话语表达呈现出鲜明的韵律感。在散文和诗歌创作中，长短句的合理匹配是生成篇章韵律美的重要修辞方式。例如：

⑯全石以为底，近岸，卷石底以出，为坻，为屿，为嵁，为岩。青树翠蔓，蒙络摇缀，参差披拂。

（柳宗元《小石潭记》）

上例中，前面是短句与长句相间，紧接着连用四个二字句整齐排列，以纯白描的手法绘出复杂的山石形态；后面运用三个短句，生动地描绘了树的颜色、枝叶藤蔓的茂盛和错综以及树枝、藤蔓在风中的动态美，前后随着句式组合的变化，推出一幅幅不同的画卷。从节律看，句式的长短参差，整散结合，形成了张弛相间的节奏。

二是帮助学生树立正确的长短句搭配观。尽管长短句的艺术相间在叙事、绘景、表意及节律的调配方面能产生特殊的表达效果，但在作文中，不能为追求长短句相间而刻意为之。不管哪一类语体，长句、短句的运用以及长短句的组合都要满足特定情感表达和前后句式搭配、协调的需要。例如：

⑰这不就是法兰克福的孩子们吗？男孩子和女孩子，黄眼睛和蓝眼睛，追逐着的，奔跑着的，跳跃着的，欢呼着的。喂食小鸟的，捧着鲜花的，吹响铜号的，扬起旗帜的。那欢乐的生命的声音。那友爱的动人的呐喊。那红的、粉的和白的玫瑰。那紫罗兰和蓝蓝的毋忘我。

（王蒙《春之声》）

⑱第 6 自然段：我们记得迪克·司各比，我们从升空的“挑战者”号听到的最后一句话就来自这位机长之口……

第 7 自然段：我们记得迈克·史密斯，作为战斗飞行员……

第 8 自然段：我们还记得被朋友们称为 J. R. 的朱蒂丝·莱恩尼科，……

第 9 自然段：我们也不会忘记孩提时代时总爱光着脚板在咖啡地和夏威夷的麦卡达美亚墓地跑来跑去的埃里森·奥尼佐卡，他早就梦想有一天去月球旅行。

第 10 自然段：还有那个曾告诉人们是南加州的棉田锤炼了他坚毅性格的罗纳德·麦克耐尔。

第 11 自然段：我们记得格里高利·杰维斯，……

第 12 自然段：我们还记得凝聚了整个国家想象力的科里斯塔·麦考利芙，……

（里根《真正的英雄》）

例⑰中，除了第一句是主谓句之外，其他六个句子分别由并列短语、的字短语、定中式偏正短语独立成复句的分句或单句，这些非主谓式短句自然、和谐地将孩子们的形象、动作、声音以及各色鲜花铺呈排列、跳跃组接为充满欢乐和活力的画面，在言语形式上也切合整个语篇意识流的创作风格。例⑱，美国“挑战者”号航天飞机在空中突然爆炸，舱内七名宇航员全部遇难，该文就是时任美国总统里根对美国公众发表的电视演讲。该演讲稿从第 6 至第 12 自然段的起始句都具有导入英雄名字的表意功能，但句式结构和长短安排上有异。第 6、7、8、11 段的起始句均使用了短句——“我们记得 + 人名”这一主谓句，而第 9、10、12 自然段的起始句使用了长句，这样的安排避免了行文的单调，使前后各段之间整齐中呈现变化美。同时，也是出于表意的需要，这三个长句长在宾语的定语上，而定语正是句子的焦点信息之所在。前两个长句中，演讲者巧妙借助这带有叙事性的多层定语自然穿插牺牲的宇航员生前点滴平凡小事，而公众通过这些生动的生活细节也可以更全面地了解英雄的形象；第三个长句中动宾结构充当的定语凸显了将要介绍的英雄的过人之处。从语体的制约看，演讲词一般多用短句，该文属于演讲语体中的悼词，适当穿插长句更适于抒发沉痛哀悼之情和深切怀念之情。

对于使用长句或短句比较集中的文章，教师在语言赏析中应当给予关注，这有助于学生理解句子的长短选用、匹配不仅应着眼于某个语段内的微观组织，还应从语体、题材内容、篇章组织等方面考虑其宏观的搭配问题。

（四）肯定句与否定句

在话语表达中，肯定句与单重否定句组合运用的情况非常普遍，其组合的基本形式有“否定 + 肯定”式、“肯定 + 否定”式。在此基础上还有一些扩展式，如“多个否定 + 一个肯定”、“多个肯定 + 一个否定”、“肯定 + 否定 + 肯定”等。阅读教学中，除了归纳这些组合的常用类型、分析其组合所产生的表达效果外，还要从句际、上下文语义关系的角度讲清楚选择这种组合形式的理据。

一是受组合结构内部句际语义关系的制约。对于肯定句与否定句组合，肯定句与否定句之间多形成平列、对照、补充解释、进一步概括等语义关系，前两类语义关系对其语序的影响不大，而后两类语义关系则直接影响其语序的安排。例如：

⑲生命中不是只有快乐，也不是只有痛苦，快乐和痛苦是相生相成、互相衬托的。

（冰心《霞》）

⑳我应该是个八尺男儿，即使不能金戈铁马，醉卧沙场，也应该玉树临风，谈笑间樯橹灰飞烟灭。真可惜，我只是个他人口中“无用”的女孩，既不美丽，也不灵巧。

（王海桐《北大是我美丽羞涩的梦》）

例⑲由两个否定句与一个肯定句组合而成，肯定句在语义上对前两个否定句中所提到的“快乐”、“痛苦”二者关系进行了概括。例⑳，该语段中包含两组肯定句与否定句组合形式，第一组形式后面的否定句、肯定句，第二组形式后面的两个否定分句都是对前面肯定句的具体补充说明，其语序不能随意颠倒。

二是受组合结构外部的上下文语义连贯的制约。肯定句与否定句组合不是孤立的，而是被置于语段和语篇语境中，其语序先后更多地受制于上下文语篇的语义连贯，而这主要取决于肯否组合与前后文的语义关联，紧承前文的句子则靠前，启下的句子则排后。例如：

㉑第 3 自然段：罗布泊，一望无际的戈壁滩，没有一棵草，一条溪……

第 4 自然段：可是，从前的罗布泊不是沙漠。在遥远的过去，那里却是牛马成群、绿林环绕、河流清澈的生命绿洲。

（吴刚《罗布泊，消逝的仙湖》）

㉒ a. 石拱桥自身的结构就很美：圆的桥洞、方的石块、弧的桥背，方、圆之间相处和谐、得体，力学的规律往往与美感的规律相拍合。b. 不过我之爱桥，并非着重于将桥作为大件工艺品来欣赏，也并非着眼于自李春的赵州桥以来的桥梁的发展，而是缘于桥在不同环境中的多种多样的形式作用。

（吴冠中《桥之美》）

例㉑中，第3自然段描述了罗布泊已成沙漠的现状，开头画线句是语段的中心句；第4自然段以“否定+肯定”的组合语序概述了罗布泊曾经是绿洲的情况，前后两个语段形成了“昔—今”纵向式比照，而画线的否定句在语序上靠前，在语段开头亮出中心句，不仅在语义上反向承接上一语段，而且在语义中心的表述方式上也与上一语段一致，这就进一步强化了罗布泊的“昔—今”对比。例㉒句b是由两个句子构成的语段，句a主要是介绍桥的结构美，句b前一个否定分句在语义上与句a承接更紧密，画线的肯定分句在篇章上具有启下和统摄后文的作用，为后文的展开确立了中心话题。

上述各类句式的组合，我们只是从某一个角度进行介绍。其实，这些句式的组合很灵活，可以是多种形式的糅合和扩展，比如，肯否句与整散句、长短句与整散句、主动句、被动句与整散句的套用或连用。对于这种组合现象，从多个角度作全面分析将更有助于提高学生的析句和组句能力。

第六章

词语修辞与语文教学

第一节 词语修辞概说

一、词语修辞的内涵

词语修辞是指对词语的选择和锤炼。

词语的选择和锤炼，古人叫“炼字”、“活字”、“响字”。诗歌中称这关键性的词语为“诗眼”，而且规定在七言律诗中，第五个字要响；在五言律诗中，第三个字要响。何谓“响”者？吕本在《童蒙诗训》中已作了解答：“所谓响者，致力处也。”

为了说明上述定义，请看一个具体实例：

> 宋朝才女苏小妹有一次出了一副对联：轻风（　）细柳，淡月（　）梅花。中间有意将两个动词空着，让她的哥哥苏东坡来填写。苏东坡提起笔来就填了两个动词，一是“舞”，二是“映”，这副对联即成为“轻风舞细柳，淡月映梅花”。苏小妹摇头表示通不过。苏东坡第二次提起笔来又填了两个动词，一是“拂”，二是“隐”，这副对联即成为“轻风拂细柳，淡月隐梅花”。苏小妹还是摇头表示通不过。

苏东坡填的这四个动词为什么都通不过？原因在于不够准确、贴切和生动。前两个动词“舞”和“映”，因为轻风不能使细柳舞动，同样，“淡月”不是“明月”，梅花是“映”不清楚的；后两个动词“拂”和“隐”，虽然，“拂”准确、贴切了，但不生动，意境不高，“隐”和前一个动词“映”一样，也不准确、贴切，因为还有淡淡的月亮，梅花若隐若现，没有完全“隐”去。

那么，应该用哪两个动词才是最好的呢？还是苏小妹的要高一筹：轻风扶细柳，淡月失梅花。苏小妹填写的两个动词好在哪里？前一个“扶”字的运用，比“拂”的意境要高，“扶”使晚柔的轻风人格化了；“失”是一个极寻常的词语，可是用在这里却收到了不同寻常的修辞效果，它妙就妙在将地上的景色、天上的月色和人们的心情融为一体，收到了熟字巧用的修辞效果。

类似这样，对词语的选择、推敲和琢磨，就是词语修辞。

词语修辞很重要。刘勰在《文心雕龙·章句》中说：“夫人之立言，因字而生句，积句而成章，积章而成篇。篇之彪炳，章无疵也；章之明靡，句无玷也；句之清英，词不妄也；振本而末从，知一而万毕矣。”这段话就是说，一个人说话、写文章，最基本的东西离不开选词造句，积句成章，积章成篇。而一篇文章要写得光彩夺目，在于每章都没有毛病；一章要写得鲜明华丽，在于每个句子都没有瑕疵；一个句子要写得清新漂亮，在于每个字（词）都没有乱用。可见，词语在言语活动中起着奠基的作用。也正因为如此，历来的语言大师们在表达时，常常“吟安一个字，捻断数茎须”，以达“语不惊人誓不休”的目的。王安石“春风又绿江南岸”，就因追求这个“绿”字，选换了十多个词语而传为千古佳话。表达是这样，理解也是这样，对于他人运用的词语要充分理解，才能准确捕捉言语信息，正确读解他人的言语成品。

二、词语修辞追求的目标

（一）准确

说话写文章，首先要求词能达意，即做到准确传递自己的思想和情感，这是最基本的要求。

“准确”，这一要求看起来容易，做起来却不那么容易了。当代著名文学家秦牧就命名这个问题，曾对一个“蛇餐馆”发表了如下感想：

①这个名字令人看了不禁发笑。因为，卖蛇肉的馆子，可以叫“蛇餐馆”，依此类推，卖猪肉、狗肉的馆子，不是应该叫做“猪餐馆”、“狗餐馆”吗？这样的酒家名称，应该说是对顾客的作弄和戏谑（自然，命名的人原来并无这样的用心，但是，客观的效果却是如此）。如果它叫做“蛇肉馆”或者“蛇肉酒家”，不是要文雅和贴切一些吗？

（秦牧《语林采英》）

上面这个例子，也许有人不太赞同，觉得秦牧在钻牛角尖。但我们认为，这个牛角尖钻得好。语言文字的运用就应该处处小心在意，不能马虎大意。

（二）简明

表达主体在表达时，除了词能准确达意外，还要简明。简明有两层含义，一是简洁、简要，二是明白、清晰。

简洁、简要，就是要将可有可无的词语删去，使其干净利落。明白、清晰，就是无歧义，不模棱两可。如某县教育局将一批政治辅导书籍运送到所属的学校，并指示“这批书发给农村中小学教师每人一本”。于是，执行人员将这批书按人头分发给了郊县所属的中学教师和小学教师人手一册，结果，数量缺口很大。原来，这批辅导书是发给“农村中的小学教师每人一本”，而不是“农村中、小学教师每人一本”，可见这里表达的语病在于“农村中”这个介词结构多余，将其去掉，就无歧义了；或者在“农村中”加上一个表示所属的助词“的”，变成“农村中的小学教师每人一本”，也就不会产生歧义了。

（三）形象生动

表达主体在用词表达自己的思想情感时，还要力求形象生动，这样才能使人印象深刻。如上文所说的苏小妹填写的两个动词“扶”与“失”，就收到了化静为动、化平淡为生动的表达效果。在语文教材的文艺语体中类似这样的例子很多，例如：

②花朵儿一串挨着一串，一朵接着一朵，彼此推着挤着，好不活泼热闹！

（宗璞《紫藤萝瀑布》）

例中用“一串挨着一串，一朵接着一朵，彼此推着挤着”的拟人手法，描写花朵儿开了的“活泼热闹”场面，十分形象生动。

三、词语修辞研究概况

词语的运用历来为人们所重视。源远流长的“炼字”说，就是词语修辞经验的历史积淀。无论是刘勰的《文心雕龙》，还是陈骙的《文则》，都有不少关于词语修辞的论述。19 世纪以后，汤振常《修辞学教科书》的“文字”，王梦曾《中华中文法要略·修辞编》的“选字”，薛祥绥《修辞学》的“字法”，以及金兆梓的《实用国文修辞学》、曹冕的《修辞学》都有论述词语运用的章节。其中曹冕的论字法（用词之法），还明确了词语运用包括“辨义”与“辨音”两个方面的内容。[①]

新中国成立初期，百废待举，语言文字在提倡标准化、规范化的同时，出版了不少宣传选词造句的好书，如张瓌一的《修辞概要》（1953），倪宝元的《修辞学习》（1954），陈乃凡的《用词例解》（1954），林裕文的《怎样用词》（1957）等，台湾学者黄永武的《字句锻炼法》（1968），更是用四章论述了运字、代字、增字和减字等炼字的方法，详细实用。

进入 60 年代，词语研究有了新的飞跃，那就是张弓在《现代汉语修辞学》中，提出了“寻常词语艺术化”这一新的用词命题。张弓认为：“寻常词语就是指修辞方式之外（不属于比喻、拟人、夸张、反语、双关等），不能划归修辞方式的范畴的最普通的一些词语。它是朴朴素素、平平易易，一片本色，不加修饰的语言，它被运用起来，还保持它的本义、常义、不发生什么转义现象。”[②] 正如李济中所说：“这是一个很醒目、很突出的提法”，其意义非同寻常：“一、它从事实上指出了现代汉语修辞实践中客观存在的一种现象；二、它是从理论上提出了一种新的见解，开拓了修辞学研究的新领域；三、从实践上看，它为人们的阅读、写作提供了帮助，对于丰富‘语言美’的内容，对于提高民族语言的表达艺术水平，是有十分重要意义的。总之，这一命题的提出，有着明显的实践意义和深刻的理论意义。”[③]

---

① 李运富，林定川．二十世纪汉语修辞学综观．香港：香港新世纪出版社，1992. 137

② 张弓．现代汉语修辞学．天津：天津人民出版社，1963. 173

③ 李济中．关于寻常词语艺术化．河北大学学报，1989（3）

改革开放前后，有关词语研究的论著逐渐增多。其中，刘叔新、李行健的《怎样使用词语》（1975），刘焕辉的《语言运用概说——用词造句》（1980），倪宝元的《词语的锤炼》（1981），石云孙的《词语的选择》（1985），李嘉耀的《选词》（1985），池太宁的《汉字的妙用》（1986），倪宝元、章一鸣的《名家锤炼词句》（1988），刘云泉的《词语的色彩美》（1990），华宏仪的《汉语词性修辞》（1993），等等，都是研究词语修辞的好书。

除了词语修辞的专著之外，这一时期发表的论文不仅数量多，而且有的论文还颇有高见。从数量看，“仅在《修辞学习》发表的就有近百篇”[①]；从质量看，不少论文提出了个人鲜明的观点，而这些观点是值得我们借鉴和思考的问题。如谭永祥的《寻常词语不寻常》（1985），李济中的《关于寻常词语艺术化》（1989），姚锡远的《寻常词语艺术化的美学价值及其特征》（1995）、《关于寻常词语艺术化问题的再思考》（1997），胡宗哲的《关于“寻常词语艺术化”的归属问题》（1995），张礼的《试论“寻常词语艺术化”》（2001）等，都很有参考价值。有的论文总结词语运用的规律和技巧比较细致，如李济中的《词语锤炼30法》（2005）尤为全面。正是这些论著、论文对词语运用的细致研究，使其成为这一时期词语修辞研究的特色之一。

这一时期词语研究的另一个显著特色，就是对词语研究的范围逐渐扩大，由狭义的“炼字”说到“寻常词语艺术化”，再到广义的选择词语。

我国的“炼字”研究历史悠久。但“炼字”说，“多指动词、形容词的锤炼”[②]。从古代传承下来的实例看，也确实如此。古代的“炼字”说，实际上是对动词、形容词的选择、推敲说，因此，我们说它是一种狭义的“炼字”说。

“寻常词语艺术化”，“既指动词、形容词的艺术化，也指名词、代词、数词、量词乃至副词的艺术化”；“既包括词，还指短语”[③]。所谓“寻常词语”即指“常见习用、通俗易懂、朴实无华”[④] 的寻常词语；所谓“艺术化”，即指它的高目标和高境界。可见，“寻常词语艺术化”研究的范围要比“炼字”说的范围大得多，可以说它涵盖了“炼字”的内容。尽管古代的“炼字”说和“寻常词语艺术化”的渊源不同，一个源于我国古代传统修辞，一个源于苏联果鲁伯柯夫的《文学教学法》中的观点，但无论是“炼字”说，还是“寻常词语艺术化”，它们追求的目标都是一致的，可以说是殊途同归。

其实，无论是“炼字”说，还是“寻常词语艺术化”，说到底，它们都是对词语的选择，只不过是选择的范围大小有别，选择的程度不同罢了。在语言表达和理解的

---

① 宗廷虎主编，高万云著．20世纪中国修辞学．北京：中国人民大学出版社，2007

② 李济中．关于寻常词语艺术化．河北大学学报，1989（3）

③ 李济中．关于寻常词语艺术化．河北大学学报，1989（3）

④ 郭伏良．寻常词语艺术化之我见．河北大学学报，1994（1）

链条上，我们认为，选择词语是修辞语用的基础，只有在准确选用所有词语的基础上，才能选择用好所有的实词、虚词，尤其是选用好动词和形容词。因此我们认为，“选词”应该涵盖“炼词”和“寻常词语艺术化”的内容。如果要厘清这三者的关系，即：

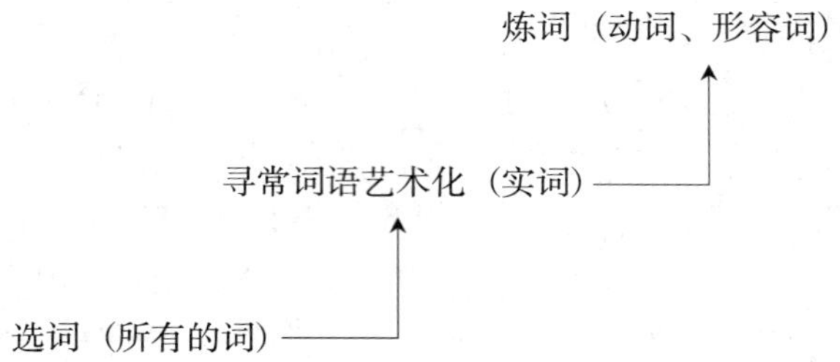

上图告诉我们，说话写文章的基本功就是选择词语组成句子，使之达意传情。只有在懂得选择词语的基础上，才会懂得“寻常词语艺术化”和进一步的“炼词”。

总之，词语研究的深入细致及其范围的逐渐扩大是这一时期词语研究的两个主要特色。

第二节　选词、炼词与析词

一、选词与析词

言语活动中，要表达自己的思想情感时，往往是根据想表达的内容，快速地选词造句后将信息传递出去。尤其是在口语交际中更是这样，容不得仔细挑选、更不能细细推敲和琢磨。因此，快速选择词语组成句子传递信息，就成了说话作文的基本功。表达是这样，理解同样也是这样，在聆听和解读他人的言语成品时，对其选择的词语要悉心领会，理解其择词的独特之处。总之，无论是表达还是理解，我们特别要注意下面两个环节：

（一）注意同义词的选用和解读

意义相同、相近的词都叫同义词。同义词的存在标志着语言的丰富和发达。汉语同义词丰富多彩，它们的存在，对于修辞语用有着重要的作用。需要说明的是，我们所说的“同义词”，意义完全相同的同义词毕竟只是极少数，而大部分是意义相近的近义词。这些近义词存在着意义的轻重、范围的大小、语体和感情色彩等方面的差异，这些差异对准确表达思想有着积极的作用。

1. 同义词的类型

（1）语言同义词。语言同义词是指不依赖语境即可构成同义关系的一组词，它是语言体系中自身词汇义构成的同义现象，因此，这一类同义词又叫词汇同义词、固定同义词。例如：妈妈与母亲、思念与怀念、雄伟与宏伟，等等。在运用这一类语言同义词时，也存在着依据题旨情境如何选用的问题。例如：

①中华人民共和国宪法
②我是中国人。
③已换九州新日月，还教四海激风雷。

（郭沫若《井冈山巡礼》）

④赤县翻成银世界，青山齐放白梅花。

（郭沫若《再喜雪》）

上面四例都有“中国”的同义词。例①在中心词“宪法”之前，用“中华人民共和国”这一全称才显得庄重；例②用“中国”，显得简洁明了；例③中的“九州”，例④中的“赤县”都是“中国”的同义词，但例③为了与“四海”对仗，只能选择“九州”；例④为了与“青山”对仗，也只能选择“赤县”。可见，尽管它们都是语言同义词，但在一定的上下文语境中，就有一个准确选择的问题。

（2）言语同义词。两个或两个以上在意义上不完全相同，甚至完全不同的词，在特定的语境中指称同一对象或事物，这类同义词，即为言语同义词，又可叫修辞同义词、临时同义词。言语同义词可分为两小类：

1）意义不完全相同。在一定的语境中，几个意义不完全相同的词语，可以临时构成同义关系。例如：

⑤惜秦皇汉武，略输文采；
唐宗宋祖，稍逊风骚。

（毛泽东《沁园春·雪》）

⑥有来犯者，只要好打，我党必定站在自卫立场上坚决彻底干净全部消灭之（不要轻易打，打则必胜），绝对不要被反动派的气势汹汹所吓倒。

（毛泽东《中共中央关于同国民党进行和平谈判的通知》）

例⑤中的“略输”和“稍逊”意义不完全相同，但都有一个义项“稍差一点”，所以构成同义关系，这里利用这种交叉同义现象来表达，不仅避免了重复，还使语言显得活泼多姿；例⑥中的“彻底”、“干净”、“全部”也是交叉同义词，它们各自都有一个义项构成同义关系，这里运用这组交叉同义词是为了加强语势，达到强调“一个不剩，全部消灭”这一语意的作用。

2）意义完全不同。就是两个或两个以上意义完全不同的词，在一定的语境中，临时构成同义关系。如鲁迅的《祝福》，作者在描写祥林嫂的眼睛活动时，在不同的语境中，分别是这样描写的：

⑦ a. 初到鲁四老爷家做工时，只是顺着眼，不说一句话。

b. 祥林嫂抬起她那没有神采的眼睛来，讲着她那悲惨的遭遇。

c. 祥林嫂只是直着眼睛，和大家讲她日夜不忘的故事。

d. 五年前的花白的头发，即今已经全白，全不像四十上下的人，脸上瘦削不堪，黄中带黑，而且消尽了先前那悲哀的神色，仿佛木刻似的。只有那眼珠间或一轮，还可以表示她是一个活物。

例⑦中“顺”、“抬”、“直”、“轮”，这四个动词在特定的语境中，与“看”构成了临时同义关系，但它们传递的信息比“看”更丰富、更贴切、更耐人寻味。“顺着眼”，使祥林嫂初到鲁四老爷家做工时安分守己、吃苦耐劳的形象跃然纸上；后来，祥林嫂的孩子被狼吃了，精神上受到重大打击，她开始对人讲述这一事件时，是“抬起她那没有神采的眼睛来”，一个动词“抬”，就贴切地揭示了她沉重的精神创伤；再后来，她“只是直着眼睛，和大家讲她日夜不忘的故事”，一个“直”字，就准确地把祥林嫂因为失去阿毛后近乎痴呆的神态展现出来；最后，祥林嫂完全痴呆了，作者描写她的凄惨外貌，“眼珠间或一轮，还可以表示她是一个活物”，“轮”字真是用得入木三分！作者这段精彩的描写，就在于善用言语同义词来传递信息，准确地描述主人翁的行为动作，从而达到深刻地刻画人物形象的目的。

2. 同义词语的修辞功能

（1）避免重复。

上面已阐述了这种功能，如例⑤。在语文教材中，这类同义现象很多。如《天山景物记》中，用以描写景色的美丽、艳丽、优美、奇丽、瑰丽，用以称代瀑布的银练、水练、飞练以及用以描写动作的泻下、泻落、冲泻；《阿房宫赋》中同义叹词如嗟乎、呜呼、嗟夫的运用，不仅避免了重复，还使语言变化多姿。

（2）加强语势。

上面已列举过加强语势的例子，如例⑥。在语文教材中，这类同义现象也很多。例如：

⑧秦孝公据崤函之固，拥雍州之地，君臣固守以窥周室，有席卷天下，包举

宇内，囊括四海之意，并吞八荒之心。

（贾谊《过秦论》）

上例中的“席卷”、“包举”、“囊括”、“并吞”都是交叉同义词，它们搭配在一起运用，既避免了重复，又起到加强语势的作用。

（3）使语言委婉含蓄。

同义词语除了避免重复和加强语势外，还有委婉含蓄的修辞效果。如“死”是人们十分忌讳的一个词，正是这种语言心理，导致表达“死”的同义词语有二百多个，其中不需依赖语境的固定同义词就有：逝世、病故、殉职、就义、陨落、崩、宾天、卒、千古、羽化，等等；还有依赖一定语境而临时构成同义关系的临时同义词语：老了、走了、报销、升天，等等。无论是固定的还是临时的同义词语，只要用得适切得体，都能收到好的效果。例如：

⑨3 月 14 日下午两点三刻，当代最伟大的思想家停止思想了。

⑩一个演员毕生塑造角色，而时代也塑造了他自己，他是在知心的观众欢迎的掌声中和殷切的期待中，落下生命之幕的。

⑪以二十三岁的青春年华，过早地写下了他生命的休止符。

例⑨是恩格斯在马克思墓前的悼词，用“停止思想”来表述革命导师马克思之死；例⑩是黄宗英用“落下生命之幕”，来表述赵丹之死；例⑪将“写下生命的休止符”，用在了音乐家聂耳的身上表述“死”，用这些同义词语表示“死”的意义不仅清晰可见，而且合人得体、含蓄委婉。

由上观之，语言体系中存在的语言同义词和言语同义词，都是我们可资利用的词汇修辞资源，我们要善于利用它们来为语言增色加彩，也要善于读解它们的修辞内涵。

（二）注意模糊词语的选用和解读

1. 模糊词语的内涵和类型

模糊词语就是词语的意义比较含糊的词语。用逻辑学的理论来解释，就是词语的外延是不明确的，没有准确的范围和界限，它们表达一个抽象、概括、模糊的概念，这样的词语，就是模糊词语。它有以下类型：

模糊名词。表时间范畴的，如今天、将来、现在、上午、晚上等。表方位范畴的，如东、南、热带等。表事物范畴的，如森林、矮子、小人等。

模糊动词。表心理活动的，如喜欢、高兴、爱、恨、想念等。表行为动作的，如笑、跑、禁止、批评等。表趋向的，如上、下、过来等。表能愿的动词，如愿意、应该、能等。

模糊形容词。表性质、状态范畴的，如伟大、坚强、香、热情、红等。

模糊代词。如我们、你们、他们、这里、那里、这些、那些、什么等。

模糊副词。如最、顶、更、立刻、将要、顿时、马上等。

模糊数词。如多少、一些、少数、若干、左右等。

2. 模糊词语的功用

（1）恰当运用模糊词语，可以收到准确得体的表达效果。

表达主体在选词造句表达自己思想或情感的时候，要尽可能做到准确甚至精确，这样，才能收到好的表达效果。如果不注意准确选择词语，就会出岔子。例如：

⑫通知

下午，在文科大楼四楼召开全体同学大会，请依时出席。

班委会

2010 年 4 月 8 日

此通知有几处不准确：一是开会的时间不准确，是哪一天的下午？下午何时？二是开会地点不准确，四楼什么地方？三是通知发布人不准确，是哪一个班委会？令人费解。可见，不准确传递的信息就不清晰，接受主体作出的反馈也一定会有误差。

有时，表达主体在传递自己的思想和情感时，应该模糊时却不模糊，也会出差错。例如：

⑬某人遗失了 2.5 万元人民币，遂在外面贴了张启事，声称有提供线索者，给 5 000 元酬金。后来有人给失主提供了线索，并且使得失主追回了全部现金。这时失主却舍不得给提供线索者 5 000 元酬金了。他觉得给得太多了，划不来，只答应给 1 000 元。然而提供线索者不答应，认为这是违约，于是将失主告上法庭。结果法院判决被告必须履约给原告 5 000 元。

（黎千驹《模糊修辞学导论》）

上例中的失主出尔反尔，当然是不应该的。假如失主事先善用模糊词语，将“给 5 000 元酬金”改成“重谢”，就不会对簿公堂了。

在外事活动中，模糊语言的运用显得更为重要，假如我们拟邀请外国首相或总统来我国访问，邀请信这样写道：

⑭欢迎阁下偕夫人于二月十日上午九时，到我国来进行访问。

××××国

××××年××月××日

尽管上例中运用了“欢迎”、“阁下”、“偕”之类的礼貌或典雅词语，但在时间上没有给对方充分的选择自由，因此，貌似有礼，实则极不礼貌，为什么？问题就出在该运用模糊语言时却没有运用，把时间定得太准确，不是邀请，而是命令了。

准确和模糊表面上看起来好像是矛盾的，但它们在增强表达效果的目标上却是一致的，它们是辩证统一的关系。

（2）恰当运用模糊词语，可以收到含蓄委婉的表达效果。

言语交际中，该直率时可以直言不讳，不能直言时就要曲折隐晦，这样才能收到含蓄委婉的表达效果。如某少数民族有一位姑娘一心扑在家乡的工作上，岁月一年又一年使她成为一个29岁的大姑娘。一次，一位记者来采访，村里一位老人口述了姑娘的先进事迹。记者写出初稿后，征求老人意见，当念到“姑娘已经到了35岁，却未顾得上成家”时，老人连连摇手：“不行，不行，我们这里从来没有这么大没出嫁的姑娘，你应该如实写。”记者心里嘀咕，照实写29岁，这就没有什么感染力了，因为在城市，29岁没出嫁的姑娘比比皆是。夸大点说，老人又不同意，也有违事实。正在左右为难之时，记者突然想起了借助模糊词语，于是将“已经到了35岁”改为“早该结婚的年龄”，这样既尊重了老人的意见，又能让读者自己去揣摩，从而达到增强感染力的目的。

（3）模糊词语是构成多种辞格的修辞手段和物质资源。

模糊词语还是许多辞格的构成手段和资源，就是说，有的辞格如双关、闪避、婉曲、忌讳、藏词等辞格的形成离不开模糊词语。例如：

⑮夜正长，路也正长，我不如忘却，不说的好罢。

（鲁迅《为了忘却的记念》）

⑯那大嫂看着手中的车票，眼里含着热泪说：“大兄弟，你叫什么名字？是哪个单位的？”

雷锋笑了笑，心想这大嫂真有意思，大概还想还钱呢，就说：“大嫂，别问了，我叫解放军，就住在中国。”

（陈广生《人民的勤务员》）

例⑮借助“夜”、“路”、“长”等模糊词语，构成言在此，意在彼的双关辞格；例⑯的“解放军”、“中国”都是外延较大，意义宽泛的模糊词语，用在这里构成闪避辞格，表现了雷锋做好事不愿留名的高贵品德。类似这样，都是因为模糊词语的存在，使其产生了不同的辞格，而这些辞格的运用，收到了或意在言外，或闪烁其词，或藏头缩尾，或指东说西等修辞效果。

二、炼词与析词

在语言运用的链条上，不仅要注意选词，还要在选词的基础上，注意炼词。而炼词又要注意两个环节，一是巧用实词，因为实词是语言链条上最重要的成分，抓好实词这一环节，就抓住了主要部分；二是妙用虚词，比起实词来，虚词虽然处于辅助地位，但也很重要，也应该注意。解读也一样，也应抓住与之对应的环节，仔细品味。

（一）实词的锤炼与解读

实词是意义实在，能够独立充当句子成分的词类。它包括名词、动词、形容词、数词、量词、代词和叹词。

在运用实词尤其是在运用名词、动词、形容词的时候，要追求最好的表达效果。正如法国著名作家福楼拜所说：我们无论描写什么事物，要表现它的名称，唯有一个名词；要赋予它运动，唯有一个动词；要得到它的性质，唯有一个形容词。我们必须持续不断地苦心思索，非发现这个名词、动词、形容词不可。托尔斯泰也在《什么是艺术》中指出，运用词语“就在于寻找唯一需要词的唯一的位置”。这里，两位语言大师都指出了锤炼实词要达到的标准。反之，解读时，也要抓住这些实词，仔细品出它们的韵味，读出表达者运用实词的独特魅力来。

1. 动词、形容词的巧用与解读

处于语言链条上的实词很重要，特别是动词、形容词，它对于描写情景，刻画人物形象，具有画龙点睛的作用。因此，我们在运用动词、形容词时，非找出这唯一的动词、形容词不可，并尽量使其收到或寓繁于简、或寓静于动、或寓抽象于具体的表达效果。例如：

①闹是谁也总要闹一闹的，只要用绳子一捆，塞在花轿里，抬到男家，捺上花冠，拜堂，关上房门，就完事了。

（鲁迅《祝福》）

②山坡上卧着些小村庄。

（老舍《济南的冬天》）

③我的母亲很高兴，但也藏着许多凄凉的神情，教我坐下，歇息，喝茶，且不谈搬家的事。

（鲁迅《故乡》）

例①中的三个动词“捆”、“塞”、“捺”都用得好，活现了当时的情景：一面呈现出动作发出者——祥林嫂的婆婆、小叔子和卫老婆子这一类人的粗野、凶暴，另一面使祥林嫂寡不敌众的反抗，苦苦挣扎的情景跃然纸上，收到了寓繁于简的表达效果；例②中动词“卧着”的运用，赋予了人的动作，收到了寓静于动的表达效果；例③中动词“藏”与抽象事物“神情”配搭在一起，使母亲想掩盖自己的凄凉的心理跃然纸上，这里，用表现具体事物的动词“藏”来描写，这就收到了寓抽象于具体的表达效果。

在古典名著中，动词用得精当的例子比比皆是。如《廉颇蔺相如列传》中，描写蔺相如以和氏璧威胁秦王时的系列动作：执璧、却立、倚柱，倪柱、欲以击柱等动词性词语的运用，就把蔺相如处于敌营，不畏强暴，反守为攻，勇敢机智的形象栩栩如生地刻画出来。又如《庖丁解牛》中，作者描绘庖丁解牛的系列动词“手……触”、“肩……倚”、“足……履”、“膝……踦”、“奏……刀”（省略号为笔者所加）的运用，生动地再现了庖丁解牛时的动作，准确而传神。

形容词和动词一样，在言语活动中，起着至关重要的作用。有时，一个形容词用得好，对全文都能起画龙点睛的作用。如高中语文教材《林教头风雪山神庙》中，作者着力描写风雪：当林冲刚去草料场时，“正是严冬天气，彤云密布，朔风渐起，却早纷纷扬扬卷下一天大雪来”，而当林冲到了草料场后，出门沽酒时，“那雪下得正紧”，待沽酒回来时，“看那大雪，到晚越下得紧了”。这里，对“风雪”下得“紧”和“越下得紧”的描写，表面看去是对自然景物的描写，实则是通过对自然环境的描写，渲染气氛，将高俅、陆谦一伙对林冲的迫害的故事情节推向高潮。可见，这个形容词“紧”用得真好，这也许就是鲁迅赞扬这个“紧”字用得富有“神韵”的原因吧。类似这样，形容词用得好的例子在语文教材中比比皆是。又如：

④凄风。苦雨。天昏。地暗。

老人、青年、孩子们，一群群涌向那青青山坡——那儿就是1941年10月21日300个孩子被纳粹集体残杀的地方。

（聂华苓《亲爱的爸爸妈妈》）

“凄风苦雨”、“天昏地暗”都是成语。凄风，指寒冷的风；苦雨，指久下成灾的雨，这个成语的整体义是用来比喻处境的悲惨凄凉；“天昏地暗”本是描写风沙漫天，昏暗无光的自然景象，也用以比喻政治腐败、社会混乱之状况。在上例中，作者除了运用它们的比喻义外，还故意将这两个成语分别拆开使用，并让它们带上语调，成为句子，这样，显然是为了加重四个形容词“凄”、“苦”、“昏”、“暗”的分量，用自然界的景象来喻指纳粹分子集体残杀300名孩子的恐怖行径，这就给人以凄凉悲惨到了无以复加乃至天崩地裂的沉重感。

2. 名词的巧用与解读

名词使用频率很高。在一定的语境中，巧用名词，就可收到奇特的表达效果。

例如：

⑤忽然之间，帐幕猛烈地震撼了一下，那道口子那儿的一把尖刀缓缓地不见了。慈禧听见它掉到外面的地上去。没有别的声音，没有叫喊，除了帐幕摇撼了一下外，什么都是静寂的。然后帐幕的门帘轻轻打开，似乎有人要进来的样子。慈禧现在心里已不再害怕，只迅速地用火石打上火，将蜡烛点燃了。

一个布满恐惧与疑惑的面孔，在门口出现了。他的眼睛骨突突地向帐幕里面看。荣禄仓促间已经忘记他是站在皇后的面前了。他只想到蓝适才是多么的危险，一心要来看一看一切是否安全。招手叫荣禄进去的不是慈禧而是蓝姑娘。可是荣禄忽然忆起这不是蓝而是慈禧，所以磕下头去，以头触地。他连一句话也不敢说。他一眼看到帐幕上的裂口，同治与慈禧却未受伤，他心里太感动，只不住地磕头。

于是蓝也想起来了，她又变成了慈禧。

蓝原已伸出纤纤玉手，意欲抚慰荣禄，可是慈禧却迅速地将手又收了回去。

“是谁？”她低语着。

“是奴才，禁卫军统冒死保驾。”他答。

（德龄公主《御园蓝馨记·黑夜救驾》）

这是名词用得好的佳例，好就好在作者妙用一个人的两个名字传递了丰富的信息：

慈禧在未被选进宫之前，名叫蓝姑娘。她与荣禄是一对情人，经常在自家花园与荣禄幽会。后来，她被选进宫后，做了皇妃，生了太子同治，成为皇后。深夜有人要来刺杀慈禧，而在这性命攸关的千钧一发之际，冒死出来保驾的是荣禄。他想到“蓝适才是多么的危险，一心要来看一看一切是否安全”，这时的荣禄情不自禁地想到的是“蓝”，并以“蓝”的情人自居，而当他忽然忆起眼前已经不是昔日的“蓝”，而是当今的皇后，他才恢复理智，端正了自己的角色位置，他不敢进去，马上“磕下头去，以头触地”；而慈禧也同样经历了这样一个过程，当生命受到威胁的危急时刻，看到第一个出来冒死保驾的是过去的情人，“仓促间”她也忘记自己皇后的身份了，情不自禁地“招手叫荣禄进去”，“意欲抚慰荣禄”，可是，当荣禄“以头触地”时，她也“想起来了”，“迅速地将手又收了回去”，她“又变成了慈禧”。

这一段细腻的情感描写，是通过一个人的两个名字“慈禧”和“蓝姑娘”的巧用，使特定语境中特定人物的历史的、现实的、复杂的、藕断丝连的而又惟妙惟肖的关系，入木三分地跃然纸上，实在妙绝。

在修辞语用活动中，名词是使用频率很高的一类词，只要用得好，用得巧，就能收到寻常词语不寻常的表达效果。

3. 代词的巧用与解读

代词是代替人和事物的词，它由人称代词、疑问代词和指示代词构成。代词的常规用法，不在本文讨论之列。我们这里讨论的是代词非同寻常的用法，即寻常代词艺术化问题。请先看下面这则小故事：

⑥有两个旅行人，一个胖子，一个瘦子，他们在穿过森林时，同时发现地上有一把斧头。这时，胖子高兴地说："瞧！我发现了一把多好的斧头。"瘦子说："不要说我发现了斧头，应该说我们发现了斧头。"正当他们二人争得不可开交的时候，忽然听到斧头的主人追赶过来，并怒气冲冲地向他们叫着——这时，胖子着急地说："我们现在走不掉了！"瘦子马上反驳道："不要说我们，你应该说我走不掉了，对吗？"

（《伊索寓言·两个旅行人》）

上例中的两个无赖，一副嘴脸，都自私、贪婪、狡诈。而成功塑造这两个无赖形象的诀窍就在于作者通过胖子和瘦子的对话，将"我"与"我们"两组代词巧妙换用，从而使其无赖形象活灵活现地跃然纸上。

在语文教材中，也有不少代词用得很好。例如：

⑦周朴园：你可以冷静点。现在你我都是有子女的人。如果你觉得心里有委屈，这么大年纪，我们先可以不必哭哭啼啼的。

鲁侍萍：哼，我的眼泪早已哭干了，我没有委屈，我有的是恨，是悔，是三十年一天一天我自己受的苦。你大概已经忘了你做的事了！三十年前，过年三十的晚上我生下你的第二个儿子才三天，你为了赶紧娶那位有钱有门弟的小姐，你们逼着我冒着大雪出去，要我离开你们周家的门。

（曹禺《雷雨》）

上例中，周朴园要制止鲁侍萍啼哭，不说"你不要哭哭啼啼的"，而是"我们先可以不必哭哭啼啼的"，这里人称代词"我们"的运用，就将周朴园企图软化鲁侍萍的狡诈心理揭示了出来；而经历了三十年痛苦磨难的鲁侍萍在愤怒控诉周朴园的虚伪面貌时，在人称代词的运用上，"我"与"你"、"你们"却分得清清楚楚，这便表现了鲁侍萍对残酷现实的清醒认识，体现了她思想意识的觉醒。类似这类代词的运用和解读应该引起重视。

4. 数词的巧用与解读

数词是表示数目和顺序的词，这是数词的常规功能，不属数词的巧用之列。我们所说的数词的巧用，是指由于数词的运用，或使意境顿出，或强化语言的表现力，等等。如杜甫的《绝句》就是数词用得好的典范之一：“两个黄鹂鸣翠柳，一行白鹭上青天。窗含西岭千秋雪，门泊东吴万里船。”其中四个数词“两”、“一”、“千”、“万”配合其他实词的运用，对于营造动态和静态的意境，起了至关重要的作用。

语文教材中，不乏数词用得好的例子。又如：

⑧“哈哈哈！”阿Q十分得意的笑。
“哈哈哈！”酒店的人也九分得意的笑。

（鲁迅《阿Q正传》）

上例中，用“十分得意”来讽刺阿Q欺小凌弱的无赖行为，而在描写“酒店的人”时，作者有意将“十分”改成“九分”，将“十”改成“九”，看似随意拈来，却饱含了作者对酒店一帮庸俗势利小人的辛辣讽刺。

5. 量词的巧用与解读

现代汉语的量词特别丰富，有600多个，分成两大类，一类是表示人或事物单位的物量词，一类是表示动作行为单位的动量词。无论是物量词还是动量词，它们有的是专用量词，有的是借用名词和动词的借用量词。量词一般要对号入座，即一本书、一支笔、一亩田、一张网，等等。量词富有描绘功能，如一叶小舟、一轮明月、鞠一躬等，它能呈现对象的形象，使抽象的事物形象、具体化。但这些都是量词的常规用法，自然不在量词的“巧用”之列。我们所说的量词巧用，是指原来该用量词甲的地方而用了量词乙，从而收到了不同凡响的表达效果。例如：

⑨一勺西湖水，渡江来，百年歌舞，百年酣醉。

（文及翁《贺新郎》）

一般描写江河湖海之水，常常用“碧波万顷”状其量。而这里作者却用“一勺”来状写西湖水之少。大家都知道，西湖之水再少，也不是用“勺”可以状量的。显然，作者在这里故意运用缩小夸张指代西湖天地之小，而南宋统治者却苟且偷安，长时间沉醉于西湖这块小小天地，“百年歌舞，百年酣醉”，不思收复大片锦绣江山。作者在这里，有意运用“一勺”与两个“百年”形成鲜明对比，从而抒发了以他为代表的南宋人民强烈的不满之情。又如：

⑩桃杏依稀暗香度。
谁在秋千，

笑里轻轻语？
一寸相思千万绪。人间没个安排处。

（李冠《蝶恋花》）

“相思”是抽象事物，看不见，摸不着。这里用长度词“一寸”来表现“相思”的形态，这就收到了寓抽象于具体的表达效果，从而恰切地表达了书生听到墙内女子“轻轻语”而产生的思慕之情。

上面列举的是名词作量词的例子。当动词借作量词时，还常常呈现出动态美。例如：

⑪和风吹送，翻腾起了一轮一轮的绿波。

（茅盾《白杨礼赞》）

上例写麦浪，用量词结合数词，组合成“一轮一轮”的重叠形式来描写，就呈现出风吹起伏的动感美。

6. 叹词的巧用与解读

叹词是表示感叹、呼唤或应答的词。它的独立性最强，一般不同别的词语发生结构关系，常独立作感叹语，也不与句子发生结构关系，游离于句子结构之外。但在表意上，叹词是句子不可缺少的独立成分。如曹禺的《雷雨》借助叹词来刻画人物的内心世界，十分传神。张宗正对《雷雨》中周朴园与鲁侍萍的一段对话中出现的叹词分析得十分精彩：“作者让周朴园用了表面上相同的四个‘哦’，实际上蕴涵了难言说、难以表露的复杂感情。像第一个‘哦’的不经意，第二个‘哦’的惊异与急切，第三个‘哦’的痛苦后悔，第四个‘哦’的无地自容等等，都负载于并不惹眼的感叹词上。”① 类似这样叹词运用得好的例子不仅在《雷雨》中还有多处，就是在其他课文中也有不少：

⑫唉，我现在想想，那时真是太聪明了。
唉，我不知道何时再能与他相见！

（朱自清《背影》）

例⑫两次运用叹词“唉”，前一个叹词“唉”饱含着深深的自责与忏悔；后一个“唉”则又饱含着千种情思，父子深情扣人心扉而又令人回味无穷。

---

① 倪宝元．语言学与语文教学．上海：上海教育出版社，1993. 309

（二）虚词的妙用与解读

虚词指副词、连词、助词、介词、语气词等。关于副词，因其能单独充当句子成分，因此，不少书将其归在实词类，但它与名词、动词、形容词等实词不同，它一般不能作谓语，不能单独回答问题。为了与中学教材保持一致，我们仍将其归入虚词范畴。

正如吕叔湘、朱德熙在《语法修辞讲话》中所说："虚字（词）的数目远不及实字（词）多，可是重要性远在它之上"，"实字的作用以它本身为限，虚字的作用在它本身之外。"事实正是这样，现代汉语中，虚词只有300多个，但在言语交际中，它绝不是可有可无的，它常常配合实词，甚至有时发挥着实词无可替代的作用。因此，我们务必注意对它们的运用和解读。

虚词在修辞语用活动中，其作用主要是：

首先，有无虚词，表意不同。例如：

⑬噫！好了！我中了！
⑭噫！好！我中了！

（吴敬梓《范进中举》）

上面两例描写范进中举时的言语，表面看似相同，实则是用表意有别的同义句式来表现范进中举后惊喜过望的情态，两个句子不仅叹词"噫"用得传神，使范进中举后的醉迷神态跃然纸上，而且虚词也用得好。两个句子虽然只有一个"了"字之差，但传递的情感是不同的：前者传递出范进历经三十多年的磨难，追求功名利禄终于中举了的愉悦感、轻松感；后者则传递了范进中举后的自豪感、成就感。

又如下面大家十分熟悉的两个句子：

⑮惨象，已使我目不忍视了；
流言，尤使我耳不忍闻。

（鲁迅《记念刘和珍君》）

上面这个例子，大家都从句子形式的整齐和标点符号的运用角度，作了深入的剖析。其实，这里的虚词"了"也是值得推敲的。如果把上一分句中的时态助词"了"去掉，或者在后一分句句子末尾也加上一个时态助词"了"，岂不是两个句子字数完全相等，对应得更整齐吗？而鲁迅为什么不去掉或加上一个时态助词呢？显然，作者是有深刻用意的：在上一分句后面用"了"，表示用刀枪制造的"惨象"——已成铁定的事实客观存在了，而比刀枪更凶残的"流言"，却正在一个接一个地不断产生、传播，因此，这一分句后绝不能用表完成的时态助词"了"，这就令读者对有形刀枪和无形刀枪带来的白色恐怖不寒而栗。

其次，用何虚词，表意也不同。例如：

他这个人真有本事啊！
他这个人真有本事嘛！
他这个人真有本事吗？

上面三个句子语言完全相同，但由于运用的虚词不同，带上的语调不同，传递出来的语义也就不同：一个用“啊”，表感叹语气；一个用“嘛”，表肯定语气；一个用“吗”，却表疑问语气了。

可见，在修辞语用中，虚词发挥的交际作用是不容忽视的。

虚词有副词、连词、助词、介词、语气词等，限于篇幅，我们分别就副词、助词、语气词的运用略作分析。

1. 副词的妙用与解读

虚词中，配合实词起作用，频率最高的是副词。副词的涵盖面大，有程度副词、语气副词、范围副词、时间副词、频率副词等。这些副词在配合实词传情达意时，能起到“副词不副”的修辞作用。例如：

⑯小栓，你好些么？你仍旧只是肚饿？

（鲁迅《药》）

⑰我到现在终于没有见——大约孔乙己的确死了。

（鲁迅《孔乙己》）

例⑯中副词“仍旧”的运用，就把华大妈对“药”的怀疑心态揭示了出来，从而预示了悲剧情节的发展；例⑰中的“大约”和“的确”是两组语气副词，同时用在一个句子中，看似矛盾，实则表达了作者对孔乙己的同情，不愿看到他真的死掉，却又不得不接受孔乙己已经真的死了这一现实的心情，从而更深刻地揭示了孔乙己在科举制度下的可悲的一生这一主题。

类似这样，语文教材中副词用得好的例子比比皆是，如《藤野先生》中，“东京也和其他城市一样”，《项链》中，“她原来也是一个漂亮的女人”，这两个副词“也”的运用；白居易《琵琶行》中，“千呼万唤始出来，犹抱琵琶半遮面”中的“始”、“犹”两个副词的运用；《记念刘和珍君》中，“但这回却很有几点出于我的意外。一是当局者竟会这样地凶残，一是流言家竟至如此之下劣，一是中国的女性临难竟能如是之从容”，其中三个语气副词“竟”的运用，等等，都收到了“副词不副”的修辞效果，其中的意蕴，确实都是耐人寻味的。

2. 助词的妙用与解读

助词是附着在词或短语后边表示某种语法意义的词，它可分为结构助词、动态助词、比况助词等。如“的、地、得”是结构助词；“着、了、过”是动态助词；“似的、一样”是比况助词。在修辞语用中，修辞主体要善于运用和解读助词的修辞效果。例如：

⑱铺户中的人争着往外跑，都攥着把蒲扇遮着头，四下里找：“有了凉风！有了凉风！凉风下来了！”

（老舍《在烈日和暴雨下》）

⑲有一天我和一位新同事闲谈。我偶然问道：“你第一次上课讲了些什么？”他笑着答我，“我古今中外了一点钟！”他这样说明事实，且示谦逊之意。我从来不曾想到“古今中外”一个兼词可以作动词用，且可以加上“了”表示时间的过去，骤然听了，很觉新鲜，正如吃刚上市的广东蚕豆。

（朱自清《海阔天空与古今中外》）

例⑱将人们长久渴盼雨水到来，而当有了点凉风时欣喜若狂的心情通过前两个动态助词“了”和后一个语气词“了”的运用，表现得活灵活现；例⑲在名词性联合短语“古今中外”后加上“了”这一动态助词，就把“新同事”上起课来“古今中外”地海阔天空的教学态度呈现出来，充满了讥讽的意味。

3. 语气词的妙用与解读

语气词是放在句子末尾或句子中间表示种种语气的词。它可以表示陈述、疑问、祈使、感叹等四种语气，如“了、的、吧、罢了、嘛、着呢、吗、呢、啊”等。在修辞语用中，要善于运用和正确解读这一类语气词。

⑳山朗润起来了，水涨起来了，太阳的脸红起来了。

（朱自清《春》）

㉑不但对于阿Q，连我自己将来的“大团圆”，我就料不到究竟是怎样。终于是“学者”，或“教授”乎？还是“学匪”或“学棍”呢？“官僚”乎，还是“刀笔吏”呢？“思想界之权威”乎，抑“思想界先驱者”乎，抑又“世故的老人”乎？“艺术家”？“战士”？抑又是见客不怕麻烦的特别“亚拉籍夫”乎？乎？乎？乎？乎？

（鲁迅《〈阿Q正传〉的成因》）

例⑳每一句的后面都运用了语气词“了”，而且都是附在趋向动词“起来”之后，这就把春天已来的景象呈现出来，增添了人们盼春、绘春的喜悦之情；例㉑作者在罗列各种情况时，运用“乎”，除了用作一般的语气词外，还有加强疑问的作用，而更妙的是，作者又顺势连用四个“乎”，这就寓含了作者对自己的结局更多的困惑与迷茫，幽默的意味也随着这个“乎”字跃然纸上。

语文教材中，语气词用得好且又耐人寻味的例子比比皆是。我们只要有了词语运用的意识，就能敏感地捕捉到作者锤炼词语的范例，从而仔细地去解读其中的韵味。

第三节　词语声音的静态认知与动态调配

一、词语声音的静态认知

（一）词语声音选择和调配的意义

语言是声音和意义的结合体。我们说话、写文章不仅要注意词语的意义，还要注意词语的声音，表达时要做到声情并茂。正如高尔基所说：“语言真正的美产生于言辞的准确、动听。”“准确”指的是词语的意义；“动听”指的就是词语的声音。

古今中外的许多语言大师在注重锤炼词语意义的同时，也十分重视词语的声音的调配。宋人严羽在《沧浪诗话》中说：“下语贵响，造语贵圆。”“响”和“圆”就是指声音响亮、和谐、圆润。事实上，我国从第一部诗歌总集《诗经》起，我们的祖先就是驾驭语音的能手。诗305篇，竟有200多篇用了叠音，如“关关”、“依依”、“旦旦”、“灼灼”、“皓皓”等，这些叠音词或用来描绘色彩，或用于模拟声音等，均收到了很好的效果。我们的祖先还善于运用一些增强声音效果的辞格，如顶真，使语音“气势连贯，色彩也随之浓厚”；用反复，“造成回环的韵味以增强语言的整体感与节奏感”①。古人还运用双声、叠韵词语，如参差、窈窕，使声音或婉转、或铿锵，从而收到了很好的音响效果。

现代社会，人们也同样注意词语声音的锤炼。叶圣陶曾说：“不论是什么稿子，一定要通过两道关：一道关是说，一道关是听。写在书面的东西，一定要跟嘴和耳朵联系起来，便于说，便于听。”② 他还说：“一注意到字音的安排，也就必然涉及字眼的选择，字虽同义，而声音不同，我们就须选用那个音义俱美的。”③ 鲁迅也十分重视词语的声音，他在《我怎么做起小说来》中说：“我做完之后，总要看两遍，自己觉

---

① 陈光磊，王俊衡．略论《诗经》的语音修辞．修辞学习，1994（5）

② 叶圣陶．文稿的挑选和加工．广播业务，1963（6）

③ 叶圣陶．出口成章．北京：作家出版社，1964

得拗口的，就增删几个字，一定要让它读得顺口。”这里所说的“拗口”和“顺口”，就是指对语言声音方面的要求。只有念起来“顺口”，才能听起来悦耳。

（二）汉语音律特征的静态认知

任何一种语言都有声音的高低、强弱、长短、音色四种要素，将语音这四种要素按一定的规律组合起来，这种语音的组合规律，就叫音律或声律。在言语交际中，人们为了使自己的语言说起来朗朗上口，听起来和谐悦耳，总是在自觉不自觉地追求语言的音乐性或音律美。而要追求语言的音乐性或音律美，就必须了解汉语的音律特征。

汉语有如下的音律特征：

1. 元音占优势，响亮悦耳

汉语中，元音占绝对优势。这表现在两个方面：

汉语音节以元音为主，一般说来，汉语中一个音节可以没有辅音，如鹅（e）、啊（ɑ）等，但不能没有元音；在一个音节中，元音有时不止一个，如快（kuɑi），其中元音就多至三个，而且还可以连在一起。

汉语的开口呼音节多，占全部音节的一半。如用“ɑ”，这个最响亮的元音作主要元音的音节共150个，所有由元音构成的韵母（包括7个单元音韵母和13个复元音韵母）均可自成音节。而辅音除个别如“嗯”（n）外，一般不能自成音节。

正因为汉语元音多，韵母相同的音节也多，很容易找到同韵字，所以极容易形成押韵，使声音响亮悦耳。

2. 四声分明，抑扬有致

印欧语系的语言，如英语、法语、德语没有声调，俄语也只有重音。汉语普通话区别于其他民族语言的一个显著特征是，每一个音节都有四个声调，音节之间因声调不同而产生辨义作用外，它还可以形成四个不同的调类，调值区别很大，不同调类音节配合运用，就会产生高低升降的变化，产生抑扬顿挫、委婉动听的音乐美。这种音乐美是汉语自然语言中所固有的，有意识地运用声调平仄交替的组合规律，就能产生强烈的音乐美感。因此，平仄适当相配就成为音律美的重要修辞手段。

3. 音节组合灵活，易形成音律美感

汉语的音节数量虽然有限，却可以灵活地来标记单音节词、双音节词和多音节词的读音，这样，就很自然地出现了同声、同韵、同调的音节来标记单音节词、双音节词和多音节词的情况，而这些声、韵、调相同的词，有的是双声词，有的是叠韵词，有的是叠音词，有的是用相应的语音去模拟自然声响，就构成了拟声词。修辞语用中，巧妙运用双声词、叠韵词、叠音词和拟声词等，其音乐性强，悦耳动听，易形成音律美感。

4. 轻重音的变化和儿化韵，柔美动听

汉语普通话有轻重音的变化，还有26个儿化韵。这些轻重音和儿化韵，它们不仅表达语义，还给语音带来了柔美动听的音乐美感。

以上就是汉语的音律特征，正是这些特征，为我们选择和调配词语的声音提供了方便。诚如王力在《略论语言形式美》中指出："语言的形式之所以是美的，因为它有整齐的美、抑扬的美、回环的美。这些都是音乐所具备的，所以语言的形式美也可以说是语言的音乐美。……音乐和语言都是靠声音来表现的，声音和谐了就美，不和谐就不美。"和谐的语音，使人感到顺口悦耳，声情并茂，有利于思想表达、感情抒发、意境烘托，增强语言达意传情的效果和艺术感染力；反之，则使人感到拗口刺耳，妨碍思想感情的表达，破坏意境的和谐与统一，甚至会造成歧义和误解，从而影响表达效果。

二、词语声音的动态调配

在动态的修辞语用中，要使词语的声音产生美感，可从以下几个方面入手：

（一）注意选配声音响亮的词语，使其铿锵悦耳

要使词语声音响亮，需注意以下几个环节：

1. 字音是否响亮，与声母、韵母有关

汉语"声母由辅音组成，清辅音居多，这就使整个音节音响柔和"；"韵母多元音，元音是乐音，它在音节中占主要地位，声音就显得响亮悦耳"①。在修辞语用中，要避免将声母相同、相近的词语集中在一起，因为这会使声音显得沉闷。例如：

①磨坊磨墨墨碎磨坊一磨墨，梅香添煤煤爆煤香两煤眉。

②一堆粪，一堆灰，灰混粪，粪混灰。

（雷艳萍《谈谈绕口令的节奏美》）

上面两例念起来不仅沉闷，而且拗口，之所以会这样，就是因为它们将相同相近的声母集中在了一起，上例上半句11个音节，7个音节的声母都是"m"，下半句11个音节中也有6个音节的声母是"m"，因此，念起来拗口；下例中的"灰混粪，粪混灰"，6个音节中的声母都相同或相近，因此，念起来同样也很拗口。而部分绕口令都是借助声母相同相近形成的文字游戏。

要使声音响亮，就要注意选择韵母响亮的字音组合在一起。例如：

③天高云淡，望断南飞雁。不到长城非好汉，屈指行程二万。

（毛泽东《清平乐·六盘山》）

---

① 周长辑．略论语音修辞．修辞学论文集（第3集）．福州：福建人民出版社，1985. 246

上例大部分字音响亮，是因为其中天、高、淡、望、断、南、雁，到、长、好、汉、万等音节都有响度最大的韵腹“ɑ”，因此读起来朗朗上口，听起来和谐悦耳，富有音乐美感，给人一种豪情满怀、气势磅礴之感。

2. 字音是否响亮，与声调平仄有关

上文说过，现代汉语普通话有四个声调，即阴平、阳平、上声、去声四类。阴平是高平调，阳平是中升调，上声是降升调，去声是全降调。阴平、阳平为平声；上声、去声为仄声。四个声调在声音上的效果正如老舍所说：平声字“声调起伏小，长而平缓，听起来舒展悠长，平稳高扬”；仄声字“声调起伏大，短而曲折，听起来急近短促，狭窄低抑”。可见，平声字比仄声字要响。如下面两个句子：

A. 夏夜闪烁无数的星星。
B. 夏天的夜空群星闪烁。

A 句 9 个词中有夏、夜、闪、烁、数 5 个仄声字，而且大多连用在一起，高低起伏不明显，念起来拗口，声音自然就不够响亮；而 B 句 9 个音节中就有天、的、空、群、星等 5 个音节是平声字，加上它们与仄声字相间较好，因此，念起来朗朗上口，听起来和谐悦耳。

我们说多用平声字，虽然是“多用”，它仍然有个“度”，如果在一个句子中，平声字过于集中，念起来也会佶屈聱牙。例如：

④秋天的天空群星闪烁。

上例 9 个音节除了“的”念轻声，“闪”为仄声字外，其余的 7 个音节都是平声字，因此，念起来高低起伏就不明显，自然难以朗朗上口。可见，要使平声字声音响亮，还得有仄声字来相间，也就是说，平仄相间，才能衬托出平声字的“响”，如上面 B 句就是。

3. 字音是否响亮，还与音长有关

单音节词，时间短促，一闪即逝，其意义概括性广；双音节词，有两个音节，不仅所占时值长，其意义范围也相对窄一些，具体一些。因此，运用双音节词，在意义上能给人更加准确的印象，在声音上也会清晰响亮一些。例如：

像—好像　　颂—颂扬　　叙—叙谈　　虽—虽然　　更—更加
因—因为　　曾—曾经　　喜—喜欢　　除—除了

在具体的语境中，我们可适当运用双音节词，它比运用单音节词要响亮。例如：

⑤人们常常把人与自然对立起来，宣称要征服自然。殊不知在大自然的面前，人类永远只是一个天真幼稚的孩童，只是大自然肌体上的一部分，正像一株小草只是她的普通的一部分一样。

（严春友《敬畏自然》）

上例中本可用“常”代“常常”，用“称”代“宣称”；用“前”代“面前”，用“是”代“只是”，用“像”代“正像”，但若都变成这些单音节词，声音就不响亮，而运用了双音节词，它们所占的时值是单音节词的两倍，收到的效果自然要比运用单音节词响亮得多。

（二）注意音节整齐匀称，使其具有节奏美

汉语语音的节奏，“是汉语语音的音响通过有规律的组织和安排显示出来的高低、强弱、长短和间歇等的规律性的现象”①。语音的节奏美，可通过下列手段来形成：

1. 调整音节，使其匀称整齐，具有节奏美

汉语中的一个个汉字，就是一个个音节。汉语有单音节词、双音节词和多音节词，如亮、明亮、亮晶晶；齐、整齐、齐整整、整整齐齐等，这为我们调整音节使其匀称整齐提供了方便。调整音节有以下几种要求：

一是句内的音节连接，不能忽长忽短。一般情况下，要求单音节词与单音节词配合，双音节词与双音节词配合，多音节词与多音节词配合。比如“花”、“花朵”、“鲜花”是同义词，它们音节数目不同，表义基本相同。当与“黄”这一表颜色的单音节词搭配时，常说成“黄花”，而不说“黄花朵”、“黄鲜花”；当与双音节词“黄色”搭配时，我们习惯表达为“黄色花朵”或“黄色的花朵”，而较少说“黄色花”。当这组词与动词“开”搭配时，我们常说“开花”或“鲜花盛开”等，这都是为了追求音节匀称而作出的选择。

二是句与句之间的音节对应，要求结构整齐，形式美观。例如：

⑥我诅咒吃人的人，先从他起头；要劝转吃人的人，也先从他下手。

（鲁迅《狂人日记》）

⑦这女人编着席，不多一会，在她的身子下面，就编成了一大片。她像坐在一片洁白的雪地上，也像坐在一片洁白的云彩上。

（孙犁《荷花淀》）

---

① 周长辑．略论语音修辞．修辞学论文集（第3集）．福州：福建人民出版社，1985. 249

上例中的“劝转”是“劝告使回心转意”之意，这里择取两个关键语素临时组合在一起，才与上文相应位置上的“诅咒”相对应，均为两个音节，显得整齐而流畅；下例中的“云彩”还有“云”这一单音节词，这里不选“云”而用“云彩”，也是为了与上句的双音节词“雪地”对应，从而使其结构整齐，这样，音节匀称整齐，才能形成节奏美。

2. 注意节拍的配置，使其具有节奏美

节拍，是“由一定数量的音节构成的音律单位”①。在诗歌中，除讲究音节匀称整齐外，还讲究顿数的整齐。“顿”，又称音步、音组。诗歌中的每一次停顿，都可称为一顿。“顿”通常是由两个字、三个字、四个字组成，因此，它们分别叫做二字顿、三字顿、四字顿。例如：

⑧小时候
乡愁/是一枚/小小的邮票
我在/这头，
母亲在/那头

长大后
乡愁/是一枚/窄窄的船票
我在/这头
新娘在/那头

后来啊
乡愁/是一方/矮矮的坟墓
我在/外头
母亲在/里头

而现在
乡愁/是一湾/浅浅的海峡
我在/这头
大陆在/那头

（余光中《乡愁》）

这首诗表现了游子思乡的真情实感。孤立地看一节，其音节顿数是1—3—2—2，

① 王希杰．汉语修辞学．北京：人民出版社，1983. 190

似觉不整齐，但将它放在全篇诗来看，每节顿数都是1—3—2—2，这样，节与节之间就产生了匀称整齐的节奏美。

为了使句子之中或句子与句子之间音节匀称整齐，常常使用衬字，衬字大部分由虚词充当，尤其是在诗歌、戏曲、唱词等文艺语体中，常用衬字，使其音节匀称整齐。如《诗经》中运用之、兮、也、矣、哉、呵等做衬字的比比皆是，这样就起到了协调音节，增强节奏美感的作用。

（三）巧用叠音、双声、叠韵词和押韵，使其具有回环美

1. 巧用叠音

叠音，古人叫做“重言”、“复字”、“叠字”等。叠音有以下几种形式：

单字重叠：如青青、依依、潺潺、静静等；

双字重叠：如整整齐齐、大大方方、高高兴兴、冷冷清清等；

三字重叠：如绿油油、醉醺醺、亮晶晶、明晃晃等；

交错重叠：如雪白雪白、冰冷冰冷等。

恰当地运用叠音词，不仅可以突出词语的意义，加强对事物的形象描绘，开拓意境，而且还可以通过声音的反复出现，使声音绵延，从而强化声音的音乐美感。例如：

⑨杨柳青青江水平，闻郎岸上踏歌声。东边日出西边雨，道是无晴却有晴。

（刘禹锡《竹枝词》）

若将上例中的叠音部分改成“杨柳青，江水平”，那么，不仅杨柳青青的意境黯然失色，就是朗读起来也没有那种铿锵悦耳的节奏美感了。可见，叠音词开拓意境、强化声音的修辞效果是十分明显的，这也正是许多语言大师都十分喜爱运用叠音词的原因。朱自清就是最善于运用叠音词的能工巧匠。他的《荷塘月色》中，叠音词的运用达26处，有的用其深化物貌，如“荷塘的四面，远远近近、高高低低都是树”；有的用其表达自己复杂的心情，如“我悄悄地披了大衫，带上门出去”，“轻轻地推门进去，什么声息也没有”。他在散文《桨声灯影里的秦淮河》中72次运用到叠音词，充分展示了他作为一位语言大师对叠音词高超的驾驭能力。

叠音词历来为人们所喜爱，还因为叠音词有绘声绘色的表达效果。如白居易《琵琶行》“大弦嘈嘈如急雨，小弦切切如私语。嘈嘈切切错杂弹，大珠小珠落玉盘”，这里的“嘈嘈”与“切切”两个重叠的拟声词，再加上比喻辞格的配合运用，就将琵琶的弹奏声音形象生动地再现出来了。

《荷塘月色》中的“荷塘四面，长着许多树，蓊蓊郁郁的”，其中“蓊蓊郁郁”描绘了树叶的深密色彩；陶渊明《拟古》中的“皎皎云间月”，其中“皎皎”也形象地描绘了月色的洁白无瑕。

运用叠音词语状形，通过对具体形象的描摹，能给人以立体的画面感。如杜甫的《曲江》中有两句“穿花蛱蝶深深见，点水蜻蜓款款飞”，其中“深深”、“款款”写出了蛱蝶和蜻蜓悠闲飞翔的形状。

运用叠音词语传情，可以强化作者所传之情。如李清照《声声慢》中的“寻寻觅觅，冷冷清清，凄凄惨惨戚戚”，这七组叠音词呈现出作者失去丈夫后怅然若失、四顾寻觅、恍惚凄凉的心情，从而更加强化了全词的悲凉、凄婉、怅惘、空寂、哀怨的情态。

2. 巧用双声、叠韵

双声叠韵是汉语特有的一种语音形式。相连的两个音节声母相同叫双声，韵母相同叫叠韵。双声词、叠韵词的运用不仅可以强化形象的拟摹，强化繁复的情感和语气，还可以增强语言的音律美。李重华在《贞一斋诗说》中认为：“叠韵如两玉相叩，取其铿锵；双声如贯珠相联，取其婉转。”就是说，叠韵声音响亮，双声自然流畅，读起它们来，能产生一种回环美感。诗人就常常巧用双声、叠韵来增强语言的音乐美和感染力。例如：

⑩我歌月徘徊，我舞影零乱。

（李白《月下独酌》）

⑪寥落人家少，青冥鸟道深。

（皇甫冉《送庐山人归林虑山》）

上例“徘徊”是叠韵，“零乱”是双声；下例“寥落”是双声，“青冥”是叠韵，它们相互对应，这样铿锵与婉转的声音交错，就产生了清脆婉转的音响效果。

语文教材中，出现双声词、叠韵词的地方，我们要仔细解读它们的音响效果。如鲁迅的《记念刘和珍君》中有两个句子：“真的猛士，敢于直面惨淡的人生，敢于正视淋漓的鲜血。”其中，“惨淡”是叠韵，声音是清脆响亮的；而“淋漓”则是双声，声音是婉转的，它们配合在一起，就能给人以铿锵婉转的节奏美感。

3. 巧用押韵

在不同语句中的同一个位置上，运用韵母相同或相近的字，使同一个音在同一位置上不断反复，这种声音的回环往复，就叫“押韵”。押韵有不同的位置。在不同句子的开头押韵，叫“头韵”；在不同句子的中间押韵，叫“腰韵”；在不同句子的末尾押韵，叫“尾韵”。汉语押韵通常押在句尾，所以叫“尾韵”，又叫“韵脚”。

押韵是我国传统的语音修辞手段。其作用正如陆时雍在《诗镜总论》中所说的那样：“有韵则生，无韵则死；有韵则雅，无韵则俗；有韵则响，无韵则沉；有韵则远，无韵则局。”事实上也正是这样，匈牙利著名诗人裴多菲的《爱情》诗，最早由孙用翻译："自由，爱情，我要的就是这两样。为了爱情，我牺牲我的生命。为了自由，我又将爱情牺牲。"孙用翻译的这首《爱情》诗，尽管更准确，但因为没有押韵，因此流传不广。而后来被白莽译成："生命诚可贵，爱情价更高。若为自由故，二者皆可抛。"由于译文注意押韵，因此广为流传，至今家喻户晓。可见，有无押韵，其作用是大不相同的，正如段曹林所说，押韵"一是通过声音的联系，使不同语句（尤其是诗行）统一起来，形成一个整体；二是把关键词语置于韵脚位置从而突出中心意象或重要内容；三是言语作品易诵易记，好传播，留多余音"①。

汉语押韵有以下几种类型：

（1）连韵。即句句押韵，又叫连句韵、铁韵。例如：

⑫灵车队，万众心相随，哭别总理心欲碎，八亿神州泪纷飞。红旗低垂，新华门前洒满泪。

（李瑛《一月的哀思》）

上例句句押"ui"韵，读起来朗朗上口，听起来和谐悦耳，节奏感很强。

（2）奇韵。即奇数句的最后一个字押相同、相近的韵。例如：

⑬你苍白的指尖理着我的双鬓
我禁不住像儿时一样
紧紧拉住你的衣襟
呵！母亲
为了留住你渐渐隐去的身影
虽然晨曦已把梦剪成幻影
我还是久久不敢睁开眼睛

（舒婷《啊，母亲》）

舒婷的《啊，母亲》全诗都押奇韵，上例是其中的第一节，第一、三、五、七句都押"in"或"ing"韵。

（3）偶韵。即逢偶句的最后一个字押相同、相近的韵。例如：

⑭时光在你脸上刻下道道皱纹，
犹如把细细的档案描画。
海枯，石烂，日转，星移……

---

① 段曹林．汉语语音修辞：选择、组配、谐拟．修辞学习，2007（1）

生命的航船从太古不息地向近代进发。

（张锋《化石吟》）

上例是《化石吟》中的一节，其全诗基本上都押偶韵。此外，流沙河的《理想》，全诗逢偶句也押相同、相近的韵。

偶韵和奇韵读起来虽不如连韵朗朗上口，但它是在相同位置上有规律的乐音反复，犹如定时敲响的鼓点，因此，也能给人一种节奏美感。

（4）随韵。又叫“双句韵”，两句一节，并押同一个韵，即两句一换韵。例如：

⑮手抓黄土我不放，
紧紧贴在心窝上。
几回梦里回延安，
双手搂住宝塔山。
千声万声呼唤你，
——母亲延安就在这里！

（贺敬之《回延安》）

上例第一、二句押同一“ang”韵，第三、四句押同一“an”韵，第五、六句押同一“i”韵。此外，初三课文《我用残损的手掌》，全诗也基本上是两句一换韵，韵随意转，意随韵显。

（5）交韵。即第一、三句互押，第二、四句互押。例如：

⑯月光淡淡，
笼罩着村外的松林。
白云团团，
漏出了几点疏星。

（郭沫若《静夜》）

⑰总得叫大车装个够，
它横竖不说一句话。
背上的压力往肉里扣，
它把头沉重地垂下！

（臧克家《老马》）

上例第一、三两句互押“an”韵，第二、四两句互押相近的“in”、“ing”韵；

下例第一、三两句互押"ou"韵，第二、四两句互押"a"韵。这种交叉押韵在意义上因韵系意而不至纷乱，在声音上和谐上口，能给人以回环往复的音乐美感。

（6）抱韵。即第一、四句押相同的韵，第二、三句押相同的韵。例如：

⑱你是一团火，
照彻了深渊，
批示着青年，
失望中抓住自我。

（朱自清《闻一多先生》）

上例中第一、四句互相押相同的"o"韵，第二、三句又互相押"an"韵，体现了意随韵连、意随韵显的特点。

押韵是诗歌形式上的一个重要特点，现代诗文一般以十三辙和十八韵为押韵的依据。汉语传统的和民间的诗歌总是押韵的，新诗绝大部分也是押韵的。此外，谚语、格言、警句、谜语、戏剧唱词等，也都很讲究韵脚和谐。在现代白话文中，虽然句子间隔较长，结构也不十分整齐，但如果适当注意押韵，散韵并行，亦能增强文章的韵味，给人以回环往复、和谐悦耳的音乐美感。

需要特别强调的是，押韵不是片面追求声音的和谐，一定要服从内容表达的需要，因此，要随情选韵，韵随意转。如《阿房宫赋》用了多种韵，但都体现了"随情选韵"、"韵随意转"的特点，这样，押韵才有意义。

总之，在语文教学中掌握了语音的这些特点，不仅可以强化对作者语义的理解，而且利于朗读时情感的把握。

第四节　词语修辞与语文教学

词语是组句的基本单位，反过来，也是准确把握句意和文意的重要切入点。本节侧重谈谈如何根据词语修辞的规律和技巧指导学生多角度理解语篇中的词语。

一、品词

词典中的词，只有概念意义，只是一些零碎的符号，属于语言的范畴。当它们被组合到特定的句子、语段或语篇中时，就进入了运用的状态，融入了表达者的主观情感因素，属于言语的范畴。例如，高中语文第二册中的《跑警报》，作者汪曾祺曾对关键词"跑"作了这样的解释："'跑'和'警报'联在一起，构成一个词语，细想一下，是有些奇特的，因为所跑的并不是警报。这不像'跑马''跑生意'那样通顺……也有叫'逃警报'或'躲警报'的，都不如'跑警报'准确。'躲'，太消极；'逃'又太狼狈。唯有这个'跑'字于紧张中透出从容，最有风度，也最能表达丰富生动的内容。"①

作家对其作品中的词语释义也正说明优秀作品的选词、用词并非带有随意性，而是作者根据表达的需要在特定语境中精心选择、锤炼的结果。反之，在解读作品时，应在准确讲解词语的语言义（概念意义）的基础上，从动态的层面揣摩词语的言语义，即词语在特定语境的释义，使多解变为一解，将误解变为确解，由此体会寻常词语的艺术性。而这一点在实际教学中是相对欠缺的。我国著名语法学家陆俭明就指出过："目前无论是对本族人的语文教学，还是对外国学生的汉语教学，都普遍不重视词汇。在语文课中，现有的词语教学，只是对生字生词的解释，而且只作简单的意义解释，很少讲用法，更不太注意分析、讲解词语运用得好的实词。"②

从实际教学看，重视文章中那些看似平常而又富含情感和用意的词语，进行深入揣摩、品味，不仅是理解句子和文章的需要，更是语感培养的重要途径。另外，从应试方面看，重视词语教学也非常必要。因为在语言运用板块、现代文阅读及古诗鉴赏中都涉及词语的考查。

（一）结合语境理解实词的含义和修辞效果

实词的修辞功能体现在两个方面，一是词语的概念意义（或理性意义），这是词语的基本表意功能；二是词语不同的附加意义，这是词语的"附加修辞功能"，"它附属于语音（或文字）符号在人们心理上所产生的反应，是人们在词语意义符号化过程中，各种附带经验、体验或感受的综合"③。词语的附加修辞功能体现在以下七个方面：词语的语体、态度、形象、地域、语域、时代、文化标示功能。这些附加修辞功能，在绝大多数实词中都有所体现。赏析实词，要结合语境因素揣摩词语的理性意义，还要根据其附加意义，判断词语的选择和搭配（语义、风格、语体、色彩）是否与句子、句群、段落、篇章及语体相匹配，是否切合表达者的动机、意图及题旨情境。这样分析，就基本讲清楚了词语的意义和用法，对学生选词、用词也能产生比较实际的指导效果。

1. 体会名词、代词的表达效果

（1）重视普通名词的锤炼。

名词是表示人和事物名称的词，具有明确的指称意义。"所谓指称意义，指的是和具体、特定对象的对应关系。"④ 名词的锤炼是指在特定的语言环境里，作者会有意

---

① 易敏. 课标教材：为终身的语言实践奠定基础. 语文建设，2005（2）

② 陆俭明. 词汇教学与词汇研究之管见. 江苏大学学报（社科版），2007（3）

③ 陈汝东. 对外汉语修辞学. 南宁：广西教育出版社，2000. 56

④ 王希杰. 论同义手段. 何伟棠. 王希杰修辞学论文集. 广州：广东高等教育出版社，2000. 264

识地选择一些带有特定附加意义的名词、名词性短语，或者借助比喻的辞格手段，来命名或指称某人、某物，这些词或具有鲜明的形象色彩意义，或蕴涵着一定的评价意义和情趣，选择这些词能充分表露作者的心理状态和情感态度。因此，阅读教学中，应关注语篇中关于指称人或物的名词或名词性短语，通过语义联想，体会其语表的形象色彩义和语里蕴涵的情感评价意义。例如：

①终于这（事情）流言消灭了。于是却又竭力运动，要收那一封匿名信去。

（鲁迅《鲁迅手稿选集·藤野先生》）

②我想念过去同我一起散步的人，在绿草如茵的时节，她常常弯着身子，或者坐在地上拔除杂草，在午饭前后她有时逗着包弟玩……我好像做了一场大梦。

（巴金《小狗包弟》）

例①中，原稿使用了中性词“事情”，修改稿改用贬义词“流言”，这一名词的更换更能表达作者对无端制造谣言的人的愤慨。例②中，名词性短语“过去同我一起散步的人”所指为作者的妻子萧珊，这里本可直接称“我的妻子”或“我的爱人”。与这两种指称形式相比，文章中所用的指称形式，一是暗示爱人萧珊现已离开人世，二是突出作者看到满是创伤的院子时，触景生情，想念已逝去的妻子，也怀念过去那种相濡以沫、牵手相依、平淡恬静的生活。

一组普通的具体事物名词，其语言结构形式相同，表意性质相同，或者显示一个共同的语义中心，在文艺语体中，这些名词在特定的语境里叠加，就能产生新的张力，扩大词语的表意容量，构建具有审美效应的整体画面，使语言简洁、生动，形象含蓄，给读者可供想象的艺术空间。例如：

③春山暖日和风，阑干楼阁帘栊，杨柳秋千院中。啼莺舞燕，小桥流水飞红。

（白朴《天净沙·春》）

④今宵酒醒何处？杨柳岸、晓风残月。

（柳永《雨霖铃》）

例③全由名词和名词性短语组成，若将曲中的“春山”、“楼阁”等意象孤立地抽取出来，则不能产生画面的美感。只有将这组充满生机的意象组合成意象群时，才能构建这样一幅充满色彩美、动态美的江南春景图：春和日丽、花红柳青、水声潺潺、莺啼燕舞、美人戏春，并由此抒写诗人的悦春之情。例④中岸边的垂柳、习习的晨风、天边的残月，这三个意象所构筑的画面是词人想象自己酒醒时将面对的，而这冷清、幽静的美景恰好衬托出了词人与爱人分离后的落寞寂寥的心绪。

这种表达形式也就是列锦辞格，在中学语文教材的古代诗词曲中有不少。对于这类语言现象，教师首先应讲清楚一组名词的组合不是随意拼接的，而是表达主体对名词进行了艺术性选择和组合，是文学语言特有的词语修辞手法。解读时，可根据多个名词所表示的意象叠加，展开想象构建画面，并从深层意义上理解作者在景中所寄寓的情感。

（2）体会同一语篇中指称同义词语的表达效果。

在同一语篇中，不同的名词或名词性短语若用于指称同一人或事物，就可构成临时的指称同义关系，谭永祥的《修辞新格》就把它归入“异称”辞格。之所以可以使用不同的指称形式来指称同一对象，原因在于被指称的人在不同语境中具有多种角色，被指称的事物具有多个方面的特性，而作者叙述时所持的立场和角度也会影响其指称形式的选择。因此，从指称言语形式的差异中可以认识事物的不同特性，也可由此判断和理解作者对所叙的人或事物的立场、态度和情感倾向。

关于指称同义现象，一些教材在课后练习的设计中已经关注到。例如，人教版语文教材《绿色蝈蝈》一文的课后练习题为：作者不断变换对绿色蝈蝈的称呼，找出这些称呼，说说作者在什么情况下用什么称呼，这样写有什么效果？

该文中作者根据介绍场景和内容的不同而不断变换对绿色蝈蝈的称呼：

> ⑤这是蝉在安静的休息中，被夜间狂热的狩猎者绿色蝈蝈捉住而发出的绝望哀号。
>
> 现在轮到夜晚的艺术家上场了。
>
> 绿色的蝈蝈啊，如果你拉的琴再响亮一点儿，那你就是比蝉更胜一筹的歌手了。
>
> 这种昆虫非常漂亮，浑身嫩绿，侧面有两条淡白色的丝带，身材优美……
>
> 不幸的蝉被活活咬伤，猛地一跳，进攻者和被进攻者一道从树上掉下来。
>
> 我笼里的囚犯的食物找到了，我用蝉来喂养它们。
>
> 蝈蝈这蝉的屠夫在吃肉喝血之后，也吃水果的甜浆……

对这道题的分析，在网络上一些教案中所提供的参考答案如下：

当蝈蝈捕杀蝉时，作者用“狂热的狩猎者”；当蝈蝈成为作者笼中观察和实验的对象时，作者就用“笼里的囚犯”；当蝈蝈吃蝉肉时，作者称之为“蝉的屠夫”。作者不断变换称呼，使行文更生动，描写更形象，给人更深刻的印象。

如果仅对该题作如此分析，则显得笼统。上文关于绿色蝈蝈的不同名称属于指称同义词语，解题指导应讲清楚选择不同指称词语是为了切合题旨和内容需要，适应特定的语境要求，并引导学生比较不同指称形式的修辞意义和篇章衔接功能。

通过指称的变换，可以使读者从不同维度认识蝈蝈的习性：使用比喻，喻体“狂热的狩猎者”与“绿色蝈蝈”构成同位短语，突出表现蝈蝈的凶猛、善斗的本性；“夜晚的艺术家”、“歌手”概括出绿色蝈蝈在夜晚特别活跃和叫声特别动听的特点；使用专业术语“这种昆虫”指称绿色蝈蝈，点明了它的类属；用“进攻者”指称蝈蝈，“被进攻者”指称蝉，充分表现出蝈蝈与蝉之间的强弱关系；主语的修饰语“我笼里的囚犯”交代了绿色蝈蝈目前的处境，即成为作者笼中观察和实验的对象；而同位短语“这蝉的屠夫”则点明了蝈蝈是蝉的天敌。同时，这些称呼中还蕴涵了作者对绿色蝈蝈浓厚炽热的喜爱之情。

只是，这类发问的视角在教材的课后练习中太少，教师的教学设计中也很少从指称变换的角度切入来解读文章。其实，教材中有很多作品都刻意变换着叙述主体的指称形式。比如，《巩乃斯的马》中以“好家伙……这不安分的生灵”来指称巩乃斯的马。《守财奴》中，对于葛朗台这一主要人物，作品在不同的情节中采用不同的指称形式，有专名形式（葛朗台、葛朗台老头）、类称（老头儿）、贬称（老家伙）、职业称呼（箍桶匠、老箍桶匠）、标示人物之间的亲缘关系的称呼（她的父亲）。而用于葛朗台妻子的指称形式则相对单一，只有标示人物之间的亲缘关系的称呼（葛朗台太太、母亲、妻子）和有定描述语（奄奄一息的病人）。解读文本时，这些指称同义词应是把握文章意旨、作者思想情感和态度的重要切入点。

（3）体会代词的模糊性表达效果。

代词具体指代什么对象，对文本语境和情境语境的依赖性极强。指示代词和疑问代词在表意上还具有一定的模糊性，在特定语境中能产生特殊的表达效果。例如：

⑥郁孤台下清江水，中间多少行人泪。

（辛弃疾《菩萨蛮》）

⑦像今晚上，一个人在这苍茫的月下，什么都可以想，什么都可以不想，便觉是个自由的人。

（朱自清《荷塘月色》）

例⑥中，疑问代词“多少”在诗句中并非用来询问具体的数量，而是感叹因金兵南下侵扰而逃难的民众之多。例⑦中两个疑问代词“什么”在此处也并非提出疑问，而是任指性的非疑问用法，作者能想什么、不能想什么，表意极模糊，给读者留下了玩味、思考的空间，也自然牵引着读者由此深究作者苦闷、哀愁的深层原因。

关于代词的指代内涵及其模糊表达效果的分析，可通过比较那些相对明确的表达方式，使学生了解语境和作者的写作意图对代词运用的制约作用。例如：

⑧她微微现出一种冷笑，一双秀气的眼睛直盯着我，两只白白的手把这照片撕成细小的碎片。我至今不明白，在那时为什么一些女孩子干这种事时，反比男孩子们干得更彻底、更狠心、更无情。相册中所有女人的照片——我姐姐、妻子、母亲的，她撕得尤其凶，“刷、刷、刷”地响。

（冯骥才《书桌》）

⑨一九六六年八月下旬红卫兵开始上街抄“四旧”的时候，包弟变成了我们家的一个大“包袱”……听见包弟尖声吠叫，我就胆战心惊，害怕这种叫声会把抄“四旧”的红卫兵引到我家里来。

（巴金《小狗包弟》）

例⑧中，“那时”指代“‘文化大革命’时期”，“这种事”指代“打、砸、烧、抢的抄‘四旧’运动”，这里运用指示代词来替代那些带有政治敏感色彩的指称词语。例⑨中，“一九六六年八月下旬”明示了那时作者正处于“文化大革命”时期，“抄‘四旧’”明确地指称了红卫兵的造反运动。两例相比较，前者明显因指示代词的运用而使句子显得表意模糊、含蓄，后者显得表意直接、毫不掩饰，这与作者的写作意图存在密切的关系。前者侧重叙述一张小书桌像一位忠实的朋友伴随作者走过几十年的人生道路，作者讲述“文革”时书桌的遭遇只是想借此来说明小书桌是自己在社会动乱时遭遇政治劫难的“见证人”，这部分内容并不是文章的主体，因此，运用指示代词模糊表达，这与文章平实、俏皮的语言风格相协调。而后者出自巴金晚年创作的思想漫笔《随想录》，作者是想借此来对自身以及周遭问题作深刻剖析与大胆揭示，以提醒人们去反思历史。因此，直接、具体地指称特定的历史时间、政治运动，充分体现出作者正视历史、还原历史真实面貌的勇气。

2. 体会形容词的修饰功能

（1）体会形容词彰显意象的形象美。

形容词带有某些直观的形象色彩，具有表形貌、颜色、形状、动作、神态、情感，嗅觉、味觉、听觉、触觉等多种表现功能。形容词用得贴切，不仅能准确反映人物的特征及其微妙的心理状态，更能描绘出景物特有的形、声、色、味和它的动态美，使名词所指的意象呈现具象美、色彩美、动态美，进而唤起读者的审美联想。例如：

⑩小草偷偷地从土里钻出来，嫩嫩的，绿绿的。

（朱自清《春》）

⑪雪野中有血红的宝珠山茶，白中隐青的单瓣梅花，深黄的磬口的蜡梅花；

雪下面还有冷绿的杂草。

（鲁迅《雪》）

例⑩中，两个普通的重叠式形容词，既描绘出了小草从土里钻出来后的生长过程和状态的变化，又表现出了小草的可爱和旺盛生命力。例⑪中，一组表颜色的形容词不仅鲜活地描绘出了雪野上各类景物的特点，直观形象地再现了江南雪景的娟秀、滋润美艳，还能积极调动读者的联想，使之在头脑中形成以银白世界为背景、艳丽色彩为点缀，充满盎然生机的江南雪野图景，从而获得极大的审美愉悦。

（2）领会形容词所传递的情感。

现代汉语中一些形容词带有鲜明的感情色彩义，有的词可表明表达者对有关事物的赞许、褒扬或厌恶、贬斥的态度和评价，有的词能传递表达者的积极或消极的心理情绪。例如：

⑫但这回却很有几点出于我的意外。一是当局者竟会这样地凶残，一是流言家竟至如此之下劣，一是中国的女性临难竟能如是之从容。

（鲁迅《记念刘和珍君》）

⑬夜晚，敌人从炮楼的小窗子里，呆望着这阴森黑暗的大苇塘。

（孙犁《芦花荡》）

例⑫中，“凶残”、“下劣”直接而鲜明地表达了作者对当局者的暴行、流言家滥造谣言的无耻行径的痛斥，“从容”赞扬了刘和珍、杨德群等三位女子的英勇与爱国情怀。初读课文时，抓住这三个形容词，学生就易于把握作者对三类人的不同立场、态度和情感。例⑬中，“呆”既描摹出敌人面对冀中区军民灵活作战的无奈，又表达了作者对敌人的嘲讽。

（3）体会双声叠韵式、重叠式形容词的音乐节奏功能。

形容词有大量的双声叠韵词，如“尴尬、参差、崎岖、渺茫、蹊跷、烂漫、灿烂、窈窕、逍遥”等。古人云：“叠韵如两玉相扣，取其铿锵；双声如贯珠相联，取其婉转。”使用双声叠韵词能使文章读来更感和谐而富有美感。

重叠式是汉语极具民族特色的构词方式，也是现代汉语形容词的主要特色。吕叔湘先生主编的《现代汉语八百词》（增订本）所附的《形容词生动形式表》列出了七类重叠式，其中有五类是普通话中比较常见的形式：①单音节形容词 A 重叠为 AA 式，例如：“徐—徐徐”；②单音节形容词 A 加叠音词缀，构成 ABB 式，例如：“湿—湿漉漉（的）”；③双音节形容词 AB 重叠为 AABB 式，例如：“壮实—壮壮实实”；④双音节形容词 AB 重叠为“A 里 AB”式，例如：“敦实—敦里敦实”；⑤双音节形容词 BA 重叠为 BABA 式，例如："笔直—笔直笔直"。这些重叠式的形容词有着鲜明的音韵节奏感，具有韵律上的修辞作用。

因此，欣赏文学作品，尤其是散文和诗歌，可抓住作品中的双声叠韵、重叠式形容词，从语音的角度指导学生领略文学语言的节律美。例如：

⑭而我的心却像一只小鸟，从哨音里展翅飞出去，飞过迷蒙的烟水、苍茫的群山，停落在故乡熟悉的大榕树上。我仿佛又看到那高大魁梧的躯干，蜷曲飘拂的长须和浓得化不开的团团绿云；看到春天新长的嫩叶，迎着金黄的阳光，透明如片片碧玉，在袅袅的风中晃动如耳坠，摇落一串串晶莹的露珠。

（黄河浪《故乡的榕树》）

例⑭中，"迷蒙、苍茫、魁梧、蜷曲、晶莹"为双声叠韵式形容词，"团团、袅袅"为重叠式形容词，这些词大多属平声，读来音节徐缓悠长、音响回环，大大增强了散文语言的韵律美，也与抒发深沉的思乡之情相和谐。

3. 体会动词搭配的贴切、传神

（1）抓住描写人物动作行为的动词分析人物形象。动词具有较强的描摹功能，是塑造人物形象的有力手段，能生动表现人物鲜明的形象特征。阅读教学中，结合前后文语境，侧重从表现人物的特定心理和塑造人物性格的角度分析词语所蕴涵的动作性和形象性。例如：

⑮随后一阵笑，拿泥人张找乐子。

……

只见人家泥人张听赛没听，左手伸到桌子下边，打鞋底下抠下一块泥巴。右手依然端杯饮酒，眼睛也只瞅着桌上的酒菜，这左手便摆弄起这团泥巴来；……

海张五那边还在不停地找乐子，泥人张这边肯定把那些话在他手里这团泥上全找回来了。

（冯骥才《泥人张》）

⑯把我的脚放在一张纸上，用铅笔在外沿搔上两三次，跟着用他的敏感的手指来回地摸我的脚趾，想摸出我的要求的要点。

（高尔斯华绥《品质》）

例⑮中，前一个动词"找"突出了海张五的嚣张气焰，故意挑衅泥人张。从前后文的语境看，这个动词与前后句的动词照应，既生动表现出海张五的有恃无恐，又暗示着泥人张可能采取"以其人之道，还治其人之身"的策略，将对海张五采取有力的还击，为后文情节的发展设置了悬念。例⑯中，“放”、“搔”、“摸”三个动词细腻地描写了格斯拉给顾客量尺码的过程，生动刻画出格斯拉对顾客的尽责、对制作靴子的高要求。

词语教学中，品味动词的精当，不能拘泥于某一个句子，应该看到同一个动词在不同作品中陈述不同对象、内容时所呈现的表现力和情感，由此，可使学生更直观地感知同一动词在不同文本中的语境义。例如：

⑰爸爸的花儿落了，我下意识地握紧了拳头，默默地叮嘱自己：我已不再是小孩子。

（林海音《爸爸的花儿落了》）

⑱对着那张静静躺着的票子，我的呼吸开始急促起来，两手握得紧紧的，眼光离不开它。

（三毛《胆小鬼》）

例⑰中动词“握”说明“我”暗下决心要担当起家庭的重担。例⑱中“握”表现了“我”偷钱之后的紧张害怕的心理。

（2）对于用来描绘事物的动词，关键是揣摩动词如何准确刻画事物的特征、形态，能否表现事物变化的动态美。例如：

⑲你总听过风吹的声音吧？当微风吹过柳梢，当清风拂过明月，当狂风扑过巨浪，当台风横越山岭，你总听到些什么吧！

（桂文亚《你一定会听见的》）

⑳鹰击长空，鱼翔浅底，万类霜天竞自由。

（毛泽东《沁园春·长沙》）

例⑲能准确运用不同的动词描写自然界各种风的特点。例⑳中写鹰，不选择常用的“飞”、“翔”，而用“击”，充分表现出雄鹰展翅翱翔于万里长空的矫健有力的特点；写鱼，选用描绘鸟儿飞行的动词“翔”，生动地描绘出鱼儿在清澈见底的江中游动的姿态，就如鸟儿在晴空里矫捷轻盈、悠然自在地飞翔一样。

景物描写中，动词用得好能创造出生动深远的意境，即使是同一动词，在不同语境中也能创造出不同的意境。对于动词的这一修辞功能，可运用比较法作对比鉴赏。例如：

㉑月光如流水一般，静静地泻在这一片叶子和花上。薄薄的青雾浮起在荷塘里。

（朱自清《荷塘月色》）

㉒吴楚东南坼，乾坤日夜浮。

（杜甫《登岳阳楼》）

例㉑中，“浮”不仅把雾的轻柔表现得十分到位，还营造出一种雾气迷蒙，在荷塘上轻移扩散的视觉效果。如果用“升”，则只表现出雾气向上移动的方向，雾的形象欠鲜明。例㉒杜诗用夸张的手法表现吴楚大地的全貌：吴楚被洞庭分成东南两片，而天地也就在这片苍茫的水面上日日夜夜地沉浮。而“一个‘浮’字，不着痕迹地把苍茫大地变轻了，也把洞庭湖反衬得极目无垠而且深沉浑厚”①。

4. 关注量词色彩意义的修辞作用

量词表意具体，应用广泛，在汉语词汇系统中虽然不及名词、动词、形容词重要，但它特殊的修辞作用是不可视而不见的。量词的数量多，分类也比较复杂，阅读教学中要侧重关注那些带有鲜明色彩意义的量词。量词的色彩意义表现为形象色彩、情态色彩意义，而这两种色彩意义恰好是量词修辞功用产生的基础。

（1）品味量词的描摹功能。

量词的描摹功能在于一些量词具有形象色彩，能描绘事物和动作行为。

一些名量词具有表形的功能，与名词组合，能生动描摹所修饰的对象或事物的状态特征。在文艺语体中，运用恰当的量词还有助于描绘环境、创造意境，增强文学语言的形象美。例如：

㉓兴尽晚回舟，误入藕花深处。争渡、争渡，惊起一滩鸥鹭。

（李清照《如梦令》）

㉔湖上影子，惟长堤一痕、湖心亭一点、与余舟一芥、舟中人两三粒而已。

（张岱《湖心亭看雪》）

例㉓中，不使用“一群”修饰“鸥鹭”，而使用名词“滩”作临时量词，这既写出了词人此时迷路摸黑所误入的空间位置，又形象地表现出了受惊吓的鸥鹭数量之多、范围之大。例㉔中，在广阔辽远的天地中，视野可及的景物被映衬得极为渺小，由名词临时活用的量词“痕、芥”和量词“点、粒”就准确地描摹出不同景物在苍

---

① 孙绍振．五种岳阳楼．语文建设，2007（10）

茫、空旷无垠的雪白世界中小如微尘的视觉效果，使整个画面在鲜明对比中产生一种静谧而辽远的意境，传递出作者“寄蜉蝣于天地，渺沧海之一粟”的茫然无奈的情绪。若按常用的量词，原文应为“湖上影子，惟长堤一条，湖心亭一座，与余舟一只，舟中人两三个而已”，则意境和文学语言的魅力全无。

名量词的表形功能不仅作用于具体事物，还体现在修饰抽象事物或概念上。因为，“当抽象的或无具体外形的被述对象用上某个量词时，这个量词所固有的语义特征就能使这些抽象的东西变为具体的东西，使无形的对象变为有形的对象，从而增加名词本身的表现力”[①]。也就是说，量词的运用具有化虚为实，使被修饰的抽象事物、概念、意念显得具体、生动、形象的功用。例如：

㉕山林睡了，鸟儿们静默了。踏一坡金黄的落叶，踏一地斑驳的树影，也踏着一份薄薄的寂寞。

（郭枫《空山鸟语》）

上例中，“一坡”生动地描绘出铺满落叶、充满浓浓秋味的山林；“一地”表现出作者眼前的树影多而驳杂的情状；用“一份”描摹抽象的、无法摹状的“寂寞”情绪，也显得具体可感。

动量词多来源于动词的转化，具有表示动作过程的隐性功能。若用这类量词修饰静态的事物，则可使被修饰事物产生动感之美，同时，能引起读者丰富的联想，增强读者的感受。如“一抹新绿”、“一捧雪”，这类组合现象多在文艺语体中出现，语言赏析时要特别给予关注。例如：

㉖一掠颜色飞上了树。“看，一只黄鹂。”

（孙犁《黄鹂》）

“掠”本属动词，表示“轻轻擦过或拂过”，这里临时作量词，既生动表现出黄鹂飞行动作的迅速、轻捷，轻快得使人只感觉到颜色的移动，又描摹出黄鹂飞上树梢的动感。

名词、动词、形容词活用的量词，其描摹功能特别鲜明，并在文艺语体中出现比较多，赏析时应特别分析这些量词所产生的修辞效果，同时，还要让学生认识到量词是个开放的词类系统，这有助于学生在言语表达中创造性地运用量词。

（2）揣摩量词的情感内涵。

---

① 邵敬敏．量词的语义分析及与名词的双向选择．著名中年语言学家自选集·邵敬敏卷．合肥：安徽教育出版社，2002.8

一些量词具有情态色彩。何杰认为“量词在给予客观事物以计量概括认识的同时，还表达了人们对该事物的爱憎意味和褒贬评价”①，并把汉语量词的情态色彩归纳为表敬重和褒奖、表厌恶和贬斥、表郑重、表随意、表珍惜、表轻视等六类。这些情态色彩有些是依附于量词的，属于静态的，但对于文本中出现的量词，教师应结合语境进行动态的语义分析，并由此引导学生从中揣摩作者对所叙人和物的情感态度。例如：

㉗阿Q又很自尊，所有未庄的居民，全不在他眼睛里，甚而至于两位“文童”也有以为不值一笑的神情。

（鲁迅《阿Q正传》）

含表敬意色彩的量词“位”一般用于修饰有地位、有修养、受人尊敬的人。但“文童”在上文中是指“赵太爷的儿子赵秀才和钱太爷的儿子假洋鬼子”，“位”用来修饰两个不值得阿Q尊敬的对象，量词运用的情态色彩错位不仅表达出作者对这两人的憎恶之情，还增添了诙谐、幽默的语言风格色彩。

有的量词本身不具有情态色彩，但表达者有意将量词错位搭配而产生特定的表情效果，或者上下文语境赋予量词以特定的情感意义，这些情感意义是临时的、动态的、语境性的。例如：

㉘老栓也向那边看，却只见一堆人的后背；颈项都伸得很长，仿佛许多鸭，被无形的手捏住了的，向上提着。

（鲁迅《药》）

㉙她一世未曾享过一天福，临死还吃的是粗粮。

（老舍《我的母亲》）

例㉘中，使用修饰事物名词的量词“堆”来修饰“人”，不仅描摹出围观刽子手屠杀革命者的看客多、乱、拥挤的状态，还流露出作者对这些麻木、不觉悟的民众的痛惜、谴责。若是用量词“群”，表意和表情效果则相差甚远。例㉙中，“一世”和“一天”本无情态色彩，但两个数量词同现于一个句子，形成时量上的鲜明对比，突出了母亲为儿女操劳、奉献了一生，却未曾得到儿女的点滴回报，言辞中隐含着为人之子的“我”内心难以释怀的自责和不可原谅的愧疚。

鉴赏量词时，既要结合上下文语境分析量词的色彩意义及其修辞效果，同时，还

① 何杰．现代汉语量词研究．北京：北京语言大学出版社，2008. 92

可运用比较法，比较同一事物运用不同量词所产生的不同表达效果，这样，学生就能从所修饰的人、景或事物特征、意旨的渗透和爱憎感情的注入等方面更深地认识量词的选择和运用问题。

（二）结合语境体会虚词不虚的表达效果

1. 比较句子有无虚词在表达效果上的差异

虚词一般只有语法意义而无词汇意义，但虚词在语言表达中绝不是可有可无的。清代刘大櫆《论文偶记》云：“上古文字初开，实字多，虚字少。典谟训诰，何等简奥，然文法自是未备，至孔子之时，虚字详备，作者神态毕出。《左氏》情韵并美，文采照耀。”这些话明确指出了好的文章虚词不虚，具有传神、表情的作用，而这种表达效果恰是实词难以替代的。因此，在分析虚词的用法和效果时，首先应有意识地帮助学生认识句子有无虚词在表达效果上的差异。

不用虚词有时会影响句子意思的表达。例如：

㉚这谦逊反使阿Q更加愤怒起来，但他手里没有钢鞭，于是只得扑上去了，伸手去拔小D的辫子。小D一手护住了自己的辫根，一手也来拔阿Q的辫子，阿Q便也将空着的一只手护住了自己的辫根。……所以便成了势均力敌的现象，四只手拔着两颗头，都弯了腰，在钱家粉墙上映出一个蓝色的虹形，至于半点钟之久了。

“好了，好了！”看的人们说，大约是解劝的。

“好，好！”看的人们说，不知道是解劝，是颂扬，还是煽动。

（鲁迅《阿Q正传》）

例㉚从言语形式上看，“好了”与“好”的差别仅在于有无语气词“了”，但在表意上明显表现出看热闹的人对这场“龙虎斗”所持态度的不同。说“好了，好了”，“了”字传递出的信息是看过瘾了，不想再看了，因而带有劝解语气；不带“了”字表明有些闲人还想继续看下去，并且“好，好！”语调上扬，有明显煽动、喝倒彩的意味。因此，无须多费笔墨，仅一个“了”字的有无，阿Q所处的典型环境中的事态人情就跃然纸上，读起来如见其人，如闻其声，如临其境。

有时，选用虚词与否、虚词数量的多寡会直接影响到句子语气表达的强弱。例如：

㉛吾年未四十，而视茫茫，而发苍苍，而齿牙动摇……孰谓少者殁而长者存，强者夭而病者全乎？

（韩愈《祭十二郎文》）

例㉛中，“视茫茫”、“发苍苍”、“齿牙动摇”是并列关系，若按一般的用语思维，只需在“视茫茫”前用连词“而”，使前后内容形成转折关系，就足以表达自己壮年却体弱的状况了，后两个分句可不用“而”来连接。但句中连用三个“而”，加重了语气，使语义转折显得更有力，而且为突出本段末的反问作了语义上的铺垫和语气上的蓄势，愈加反衬出韩愈因不应死却早逝的十二郎而悲哀、伤痛的情感。

因此，阅读教学中，要准确把握文本的细腻情感，不可忽略文章运用虚词的情况。

2. 体会虚词蕴涵的情感信息

一是结合语境体会虚词所传递的情感信息。虚词对语境的依赖性极强，修辞效果的产生始终离不开具体的语境，即使是同一个虚词，在不同语境中所表达的意思、强调的情感也会有所不同。例如：

㉜但我……竟未能报答母亲的希望。

（朱德《回忆我的母亲》）

㉝老旦是我最怕的东西，后来竟在中间的一把交椅上坐下了，……不料他却又慢慢的放下在原地方，仍旧唱。

（鲁迅《社戏》）

例㉜中的副词“竟”，既有哀思又有遗憾，也有对党的事业的忠诚。例㉝中的“竟”、“不料”两个副词流露出少年鲁迅对老旦的不喜欢及看戏时的失望和焦躁心理，也使读者真实地感受到孩童的率直、坦诚、顽劣。

二是关注虚词连用的修辞表达现象。虚词连用是虚词修辞现象。阅读教学中，这种语言现象应特别引起教师的关注。下面以副词和语气词连用现象谈谈虚词的表情效果。

关于副词连用的表情效果。副词中，语气副词带有明显的情感功能，往往表示“说话人对说话内容的态度或情感”①。如果在前后句中都出现语气副词，其强调作用更为突出。另外，即使是不具有情感功能的范围副词连用，在语境的作用下，也对句子的表意具有强调作用。例如：

㉞因为他，敌人的愿望就没有达到。

每到傍晚，苇塘里的歌声还是那么响，不像是饿肚子的人们唱的；稻米和肥鱼的香味，还是从苇塘里飘出来。敌人发了愁。

（孙犁《芦花荡》）

① 齐沪扬．语气词与语气系统．合肥：安徽教育出版社，2002. 20

㉟当夜幕降临的时候，整个城市都是繁弦急管，都是红灯绿酒。

（张晓风《行道树》）

例㉞中，两个副词“还是”，强调了正是因为有这个干瘦的老头子每天冒着生命危险，巧妙避开日本鬼子的岗哨，机智地出入于白洋淀，为抗日将士运送柴米油盐，才确保了抗日将士的生活必需品；也反衬出敌人的无奈。例㉟中，“繁弦急管”、“红灯绿酒”喻指居住在城市里的人们心灵上的“污浊”，他们沉迷在享乐之中，麻木、颓废、自甘堕落，连用两个范围副词“都”表明追求享乐的人之多，流露出作者对这个城市的失望。

关于语气词的连用。王力先生认为，“凡语言对于各种情绪的表示方式，叫做语气；表示语气的虚词叫做语气词”①。语气词不论用于句末还是句中，都可以表达说话人的主观情绪。不同类的语气词表示不同的语气，同一语气词出现在不同的句类中，也表示不同的语气。因此，对于同一语气词间隔连用的修辞现象，揣摩语气词的表情效果，要紧密结合其所在的句类进行分析。例如：

㊱“小三，你瞧见我裤子上的白点了吧？你以为师傅的能耐有假，名气有诈，是吧。傻小子，你再仔细瞧瞧吧——”

（冯骥才《刷子李》）

例㊱中，“吧 1”表征询语气，“吧 2”表猜度，“吧 3”劝请的语气中流露出一丝自得，连用三个语气词“吧”活画出刷子李在徒弟面前说话时语气和神情的变化。

对于不同语气词直接连用的语用现象，重在分析几个语气词共同作用所产生的表情效果。

㊲黯然销魂者，唯别而已矣。

（江淹《别赋》）

上例中的“而已矣”三个虚词连用不仅具有完句的功能，还延长了语调，语气显得缓慢拖沓，加强了由离别而触发的“黯然销魂”的感伤情绪的渲染。

总之，不管是实词还是虚词，对于文章的表意都发挥着重要的作用。在阅读教学中，分析词语的精妙之处在于指导学生掌握词的意义和用法，引导学生从寻常词语的运用中感受遣词的艺术魅力，使学生真正认识到说话、写文章，所谓的选词、炼词不

① 王力．中国现代语法．北京：商务印书馆，1985. 160

在于文辞的华丽，而在于表意的准确、措辞的得体、传情的自然，能根据文章意旨的需要注意前后左右的和谐配合、互相照应和衬托。

二、词语的篇章功能对语文教学的启示

语段、语篇的组织衔接常需要借助一些具有过渡、承接、呼应作用的词语，这些用来联结篇章、段落的词语叫“联章语”①。而词语的篇章功能主要体现在篇章的衔接方面，并且实词和虚词都可充当联章语。可以说，词语的运用不仅影响其所在句子的表达，甚至会影响篇章的连贯和表意效果。因此，在词语教学中，不能只着眼于个体词语的语义分析和词汇量的积累，还应把词语的分析与篇章理解联系起来。

（一）实词的篇章功能对语文教学的启示

实词中，同一个词、近义词、反义词、上下义词等在语段或语篇中多次出现，能使各句或各段形成意义上相关联的整体。从词类看，实词中的名词、代词、动词、形容词等都可以充当联章语。从篇章衔接的实际情况看，实词类联章语在形态上比较松散，而且是开放性的，只要满足语义相同、相近、相反、上下义位关系，即使词性不同的词、比词大的语法单位——短语，也都可以在特定篇章中发挥重要的衔接作用。有的著作也把这类没有固定的形式、因文而异的联章语称为“语境联章语”②，这是非常有道理的。因此，从篇章衔接这一角度看，我们在观察实词的篇章功能的时候，也应把“词”之外的“语”纳入分析的视野中来。在教学中，对实词类联章语的篇章功能的识解，给文本阅读提供了一个新的视点，即把实词联章语作为分析篇章的连贯和语体风格、梳理层次关系、提炼语义中心的重要参考依据。

1. 抓住实词类联章语分析篇章的连贯

同一个词语、同义词、反义词、上下义词语在同一篇章中出现，可以使其所在的前后句子、语段在意义上分别形成明显的同义关系、反义关系、上下义关系，从而促成篇章内在的语义连贯。实词充当联章语是实现篇章连贯的重要手段，对于一些表面没有关联词衔接的语篇，教师可以引导学生寻找实词类联章语，由此理解篇章的内在语义连贯性。例如：

①家乡的端午，很多风俗和外地一样。系百索子。五色的丝线拧成小绳……做香角子。丝丝缠成小粽子，里头装了香面，一个一个串起来，挂在帐钩上。贴五毒。红纸剪成五毒，贴在门槛上。贴符。这符是城隍庙送来的。……喝雄黄酒。用酒和的雄黄在孩子的额头上画一个王字，这是很多地方都有的。有一个风俗不知别处有不：放黄烟子。……还有一个风俗，是端午节的午饭要吃“十二

---

① 郑颐寿，林承璋．新编修辞学．厦门：鹭江出版社，1987. 251

② 郑颐寿，林承璋．新编修辞学．厦门：鹭江出版社，1987. 261

红”，就是十二道红颜色的菜。……在我的家乡，都不贵，多数人家是吃得起的。

（汪曾祺《端午的鸭蛋》）

上例中，名词“风俗”与动宾短语“系百索子、做香角子、贴五毒、喝雄黄酒、放黄烟子、吃‘十二红’”构成上下义位关系，它们分别确立了段落的主话题和各语段的次话题，并把整个段落中的不同语段在形式和语义上衔接起来，同时，还使段落的起始句和后面的扩展句之间构成清晰的总分关系。

选择什么词充当联章语，不仅需要考虑语段内各句之间话题的续接或转换，语义的照应关联；还要考虑语段之间和语篇整体内容的安排。反之，阅读文章，也要抓住实词类联章语体会篇章组织的匠心。例如：

②只见人家泥人张听赛没听，左手伸到桌子下边，打鞋底下抠下一块泥巴。右手依然端杯饮酒，眼睛也只瞅着桌上的酒菜，这左手便摆弄起这团泥巴来；几个手指飞快捏弄，比变戏法的刘秃子的手还灵巧。海张五那边还在不停地找乐子，泥人张这边肯定把那些话在他手里这团泥上全找回来了。随后手一停，他把这泥团往桌上“叭”地一戳，起身去柜台结帐。

吃饭的人伸脖一瞧，这泥人真捏绝了！……

（冯骥才《泥人张》）

语段开头叙述泥人张边喝酒边在鞋底下抠泥巴，先行词“一块泥巴”是不定指形式，后文则分别使用“这团泥巴”、“这团泥”和“这泥团”来指代，这些词语是同形或部分同形，属于同词重现。语段中最后一句，依上文语境，泥团已捏成了泥人，本该直接使用“泥人”来指称，却仍用“这泥团”，直至后一语段开头才转换为“这泥人”。文章这样安排指称词，既增强了整个语段前后句之间的语义照应，也在情节安排上照应了前文，因为前文没有明确交代泥人张在捏泥人，只是说他“摆弄起这团泥巴”，最后一句保持相同的指称，这有助于设置悬念，吸引读者逐读后文，进一步去了解泥人张到底把那团泥巴摆弄成什么了。

2. 把实词类联章语作为理解篇章语体风格的切入点

从表达的角度看，“大凡具有表达色彩的同义词都有不同的风格色彩和风格作用，可作各种风格手段”①。一组语义、色彩相同或相近的词语在同一语篇中同现，不仅能促成前后文的衔接，也对整个语篇色彩、格调的生成和协调、气氛的营造和渲染具有重要的作用。例如，在《雨巷》一诗中，“独自、彷徨、悠长、寂寥、愁怨、忧愁、哀怨、默默、彳亍、冷漠、凄清、惆怅、太息、凄婉、迷茫、静默、颓圮、哀曲”，

---

① 黎运汉．汉语风格学．广州：广东教育出版社，2000. 136

这些表示忧愁、凄惶心理情感语义的词语不仅形成语篇内在的语义连贯，还因为它们出现频率高，数量多，营造出了一种缥缈、飘忽不定的意境，形成柔婉、含蓄的风格。又如上文所列举的科学文艺体《绿色蝈蝈》，该文交叉使用富有形象色彩的词语和客观精确的专业术语来指称绿色蝈蝈，这些言语同义词对语篇的优美通俗、幽默风趣的风格的生成发挥了重要作用。

反之，从接受的角度看，对于同一篇章中出现的同义词的修辞分析，可以从篇章衔接和言语风格两个角度切入。例如：

③假以时日，我们终于会想出怎样做这事，核苷酸啦、酶啦等等一切，做成完美无瑕的一模一样的复本，可我们怎么想也不会想到，那玩意儿还必须能出差错。

（刘易斯·托马斯《绝妙的错误》）

《绝妙的错误》是一篇科学小品文。“玩意儿”是口语词，带有活泼、俏皮、风趣的语体色彩，与指代词“那”组合，指代前文的“完美无瑕的一模一样的复本”，二者构成指称同义词，使它们所在的句子从意义上联系起来，同时避免了措辞的重复，有助于生成科学文艺体用语活泼、生动形象的语体风格。

3. 借助实词类联章语梳理段落层次、概括语义中心

词语的重现或同现不仅使篇章衔接紧密，还能在一定程度上明示篇章的层次关系，传递语篇的关键信息或主要信息，具有统揽全篇意旨或段落中心的篇章功能。从接受的角度看，也就为解读篇章内的信息提供了重要的语言语境，教师也可借助这些实词联章语，帮助学生认识各句、各段之间的语义联系，把握篇章各部分、各概念之间的关联性，进而概括语义中心。例如：

④第 1 自然段：树木是圣物。谁能同它们交谈，谁能倾听它们的语言，谁就能获悉真理。它们不宣讲学说，它们不注意细枝末节，只宣讲生命的原始法则。

第 2 自然段：一棵树说：在我的身上隐藏着一个核心，一个火花，一个念头，我是来自永恒生命的生命。永恒的母亲只生我一次，这是一次性的尝试，我的形态和我的肌肤上的脉络是一次性的，我的树梢上的叶子的最微小的动静，我的树干上，最微小的疤痕，都是一次性的。我的职责是，赋予永恒以显著的一次性的形态，并从这形态中显示永恒。

第 3 自然段：一棵树说：我的力量是信任。我对我的父辈们一无所知，我对每年从我身上产生的成千上万的孩子们也一无所知。我一生除了为这传种的秘密以外，再无别的操心事。我相信上帝在我心中。我相信我的使命是神圣的。出于这种信任我活着。

第4自然段：当我们不幸的时候，不能再好生忍受这生活的时候，一棵树会同我们说：平静！平静！瞧着我！生活不容易，生活多艰苦。这是孩子的想法。让你心中的上帝说话，它们就会缄默。你害怕，因为家乡不是在这里或者那里。家乡在你心中，或者说，无处是家乡。

（赫尔曼·黑塞《树》）

上例中，动词“宣讲”和“说”是同义关系，名词“树木”和“一棵树”是集合—元素的语义关系，并且“说”和“一棵树”都重现了三次，各分布在第2、3、4自然段的起始句中，根据这些实词类联章词的语义关系，可以确定第1自然段和第2、3、4自然段属于总分关系，后三个自然段则是并列关系，它们共同阐述生命原始法则的内涵。教师可以通过筛选、分析第2、3、4自然段的中心句和各段内部的重现和同义词语，帮助学生去准确地把握这个生命原始法则的具体含义。第2自然段中起始句是中心句，但无法确定核心词是“永恒”还是“生命”，进一步分析语段的扩展句和终止句，“生命”仅出现一次，而“永恒”在段落中重现四次，“一次性”也重现四次，由此确定该段的语义核心是“一次性永恒”。第3自然段中心句的核心词是“信任”，终止句中重现1次，而与“信任”构成同义关系的动词“相信”重现了两次，这可进一步确定“信任”是该段的语义核心。第4自然段，根据中心句中重现两次的“平静”，可直接确认该段的语义核心为“平静”。这样，就可提炼出这四个段落的语义中心，即树木宣讲的生命原始法则是一次性永恒、信任、平静。

依附于语篇语境的实词类联章语形式灵活，要向学生讲清篇章衔接方面的规律、技巧有一定的困难，但作为教师需要有这方面的素养，才能熟悉篇章组织的这种重要特征，把篇章组织的特点分析到位。

（二）虚词的篇章功能对语文教学的启示

虚词中的连词、语气词、副词、助词都可作为篇章衔接的手段。关于运用虚词连句成段、组段成篇的能力是高考和中考中的考查点。在阅读教学中，教师应把虚词的篇章功能分析作为语言知识教学的一个重点，区别虚词组篇的常规运用和艺术运用两种情况。

1. 讲清虚词组篇的常规运用及逻辑衔接作用

虚词中的连词、关联副词作为关系词语，用于句际、段际的衔接，具有显示某种逻辑语义关系的作用。也就是说，连词、关联副词可以将两个分句、句子或段落中隐含的某种关系变为显性的，从而使表意更明白。并且，不同的逻辑语义关系都有特定的关系词语作为形式标记。因此，需要通过文本分析及相关练习，帮助学生认识连词、关联副词在句子间的逻辑衔接作用。例如：

⑤汶川地震，制造了一场极其可怕的灾难，________会让我们经历苦痛，

__________我们的希望不会沉沦，__________会升腾。__________从灾难发生那一刻起，我们都在为那些灾难中的生命祈祷，__________这场灾难产生如何可怕的破坏力，我们也都有理由相信，随着我们所有人的力量向同一个方向聚集，爱心与力量__________能够在最快的时间内传递到灾区。

题目：在文中横线处填上恰当的关联词语，使上下文连贯起来。

（2008 年高考语文重庆卷）

该题是考查学生辨别句际逻辑语义关系和灵活运用关联词的能力。这个议论性语段正是借助“虽然、但是、而、因为、即使、就”等虚词，才清晰地显示出句间的逻辑语义关系，密切了彼此之间的关联。如果该语段不使用这些具有衔接功能的虚词，句间的逻辑关系就模糊不清，整个语段的语义连贯性也差。

另外，还有必要讲清楚连词、关联副词在段际中的衔接使用情况，并借助这些联章语理清段落之间的逻辑语义关系。不是所有用于句际衔接的连词、关联副词都适合段际衔接，只有表转折关系的连词“可是、不过、然而、但、但是”，表因果关系的连词“因此”及语气副词“当然”等常用于自然段间的衔接。在这些虚词中，“当然”的用法比较复杂，当前后自然段之间表示“并列、转折、因果、假设、递进、选择”等逻辑语义关系时，都可选用该词作为联章语。反之，在阅读教学中，有必要结合其所衔接的前后段落，辨别其具体所标示的逻辑语义关系。

2. 关注虚词组篇的艺术运用和修辞功用

不同语体的言语体裁都可以借助虚词来增强篇章的衔接力，但存在一定程度的语体使用差异。在文艺语体的一些散文、诗歌中，虚词衔接篇章表现出很鲜明的特点，即同一个虚词在同一语篇中多次出现，虚词的这种艺术运用往往具有特别的篇章修辞功用。

（1）虚词组篇的艺术运用可调节文气、增强表意效果。教学中，应特别关注同一副词、连词、助词、语气词在篇章中重复出现所产生的修辞效果。例如：

⑥定然有美丽的街市……
定然是世上没有的珍奇……
定然是不甚宽广……
定能够骑着牛儿来往……
定然在天街闲游。

（郭沫若《天上的街市》）

这首诗的第二、三、四节中出现“定然”四次及同义词“定”一次，这个表示主观肯定情态的副词反复使用，在言语形式上使各节保持一以贯之的肯定语气，整首诗的文气显得协调一致，连贯紧凑；在表意上增强了诗人对所想象的天街画面的确信程度，即坚信那样一个理想的世界是存在的，坚信牛郎织女在天上过着自由自在的生活，由此表达了诗人对理想生活的执著追求，对现实世界的失望和不满情绪。

（2）虚词组篇的艺术运用具有调节节律的修辞功用。“语言的节律是指由附着在语言的各个层级中的声音的高低、轻重、长短、快慢、停延、音质变化以及基调来营造的音乐美效应。”① 而“汉语的节律具有表意、表情、表态的功能”②。虚词的艺术运用在句子、篇章节律美的生成方面发挥了重要作用。例如：

⑦雾凇沆砀，天与云与山与水，上下一白。

（张岱《湖心亭看雪》）

⑧月光是隔了树照过来的，高处丛生的灌木，落下参差的斑驳的黑影，峭楞楞如鬼一般；弯弯的杨柳的稀疏的倩影，却又像是画在荷叶上。

（朱自清《荷塘月色》）

例⑦连用三个连词“与”，表现出天连着云、连着山、连着水，画面自上而下慢慢推移的动感。从景物描写的效果看，删除“与”，画面就缺乏动态感；从节律看，“天、云、山、水”都是单音节，连词“与”发挥着“填补单音节的音节空位，构成双音节音步周期的功能”③，从而与前后的四字句保持了相同的双音节音步，试读为：雾凇/沆砀，天/与云/与山/与水，上下/一白。同时，“二—四—二”音步的组合又形成了“弛—张—弛”的节奏。例⑧中，这句话共使用了七个结构助词“的”，其中有些“的”似乎可以省略，改为：“月光隔了树照过来，高处丛生的灌木，落下参差斑驳的黑影，峭楞楞如鬼一般；弯弯杨柳的稀疏倩影，却又像是画在荷叶上。”与原句比较，仅少用了四个助词“的”，句子的语义未受影响，但节奏明显变得急促。“参差的斑驳的黑影”，“弯弯的杨柳的稀疏的倩影”，“的”分别连接前后的双音节词语，增强了前后音步的语气停顿，读来语气显得舒缓，有娓娓道来的韵味。

将艺术运用虚词组篇的修辞功用分为上述两类，是基于介绍和分析的便利。实际篇章中，虚词组篇的艺术运用通常兼具这两种修辞功用，因此，阅读时也应作综合分析。例如：

⑨呜呼！其信然邪？其梦邪？其传之非其真邪？信也，吾兄之盛德而夭其嗣

---

① 雷淑娟．文学语言美学修辞．上海：学林出版社，2004. 59

② 雷淑娟．文学语言美学修辞．上海：学林出版社，2004. 59

③ 雷淑娟．文学语言美学修辞．上海：学林出版社，2004. 73

乎？汝之纯明而不克蒙其泽乎？少者强者而夭殁，长者衰者而存全乎？未可以为信也！梦也，传之非其真也，东野之书，耿兰之报，何为而在吾侧也？呜呼！其信然矣！吾兄之盛德而夭其嗣矣，汝之纯明宜业其家者，而不克蒙其泽矣。所谓天者诚难测，而神者诚难明矣！所谓理者不可推，而寿者不可知矣！

（韩愈《祭十二郎文》）

这段文字通过“邪”、“乎”、“也”、“矣”等语气词的多次运用和有序安排，清晰地表达出作者得知十二郎猝然病死的消息时的心理情感变化脉络。第一层，先连用三个表猜度的疑问语气词“邪”，构成三个选择问句，以猜测可能出现的三种情况。第二层，连用三个疑问语气词“乎”，就语段开头提出的第一个问句，从事实出发质疑十二郎死讯的可信度；第三层，连用三个“也”，进一步从身边的“东野之书，耿兰之报”否定开头提出的后两个问句，表达自己虽不愿相信但事实俱在的矛盾心情。最后，连用五个感叹语气词“矣”，表示对已然之事的肯定，进一步强调了作者不得不面对这一噩耗的无奈之情。该段中表同一语气的句末语气词的连用和不同语气词的变用，清楚地标示出各层内部句间的语气一致和各层之间的语气变换，渲染了语段的抒情意味，使得整段话情感浓烈、真挚，跌宕起伏，在节奏上也显得抑扬顿挫。

了解词语的篇章功能，教师在指导阅读时，可以透过词语来读解篇章，这不仅有助于学生全面理解词语的运用和作者篇章组织的匠心，还有助于培养学生选择词语、搭配词语的篇章意识。

第七章

辞格与语文教学

第一节　辞格概说

一、辞格的内涵与特性

（一）辞格的内涵

辞格是人们在长期的言语活动中逐渐固定下来的具有特定表达效果的言语优化模式。它又可称为修辞格、修辞手法、辞式、语格等，但不能叫做修辞方法、修辞手段，或修辞方式、表达手段，因为后者的涵盖面大于辞格。

（二）辞格的特性

1. 表达功能上的特异性

运用辞格，在于增强言语的表达效果，使其在准确、简明、通顺的基础上，还具有形象、生动等“动人的魅力”。而每一种辞格的运用，都能产生这种魅力。例如：

①于是，我开始变得一拿起报纸就有些提心吊胆起来，正如同你想睡觉时拿起一床毯子，可总是不放心，生怕那里面有条蛇似的。

（马克·吐温《竞选州长》）

上例将一个人“提心吊胆”的抽象心理，用一个贴切的比喻描绘出来，十分形象，这样就产生了化抽象为具体的语辞魅力。这种语辞魅力就是一种特异的表达功能。

2. 语言形式上的模式性

任何一种辞格，在语言形式上都有其自己的结构模式。这种模式是修辞主体在感知、认知和把握客观世界事物后，通过联想、想象等思维形式而形成的言语思维模式，这种模式是在长期的言语实践中创造、总结出来并逐渐定型的言语优化模式。如比喻就有“甲乙相似，以乙喻甲”的模式；借代有“甲乙相关，以乙代甲”的模式；夸张有“虚话实说，言过其实”的模式；双关有“表里相连，言此意彼”的模式；顶真有“甲到乙，乙到丙，丙到丁……”的模式；回环有“甲到乙，乙到甲”的模式，等等。有的辞格虽然不像上述辞格模式那样明显，但也都有自己的语言规律，而这种语言规律逐渐定型，流传习用，就成为优化言语的各种定型格式——辞格。

3. 思维方式上的变异性

辞格的变异性表现在不同层次上的两种内涵：

一是指辞格本身是一种常规的偏离。如王希杰、刘焕辉、袁晖等就持这种观点，他们认为“修辞格是对常规的偏离”①，“是以语言变体姿态出现于言语活动中”②，“在使用成分上具有变异性”③。但这种“偏离”、“变异”“不是语言层面的变异”④，而“是思维的产物，是人类思维规律的一种表现”，“并不属于语言世界本身”⑤。

二是指辞格内部，大量存在对常规格式的变异现象。例如比喻，其常规格式是明喻、暗喻，而其变异格式则有借喻、博喻、层喻、较喻等数十种，多姿多彩；又如对偶，如范仲淹的“碧云天，黄叶地”，这是单纯的对偶，是常式，而“知识大海勤为岸，科学高峰智为梯”，其中套用或融进了其他辞格，则是变式。可以说，辞格内部的变化运用如辞格的兼用、套用之类的现象就是辞格变异的主要表现。

4. *历史的稳定性和发展性*

辞格历史悠久，源远流长。可以说，辞格伴随着语言的诞生而逐渐诞生，“有些辞格早在远古时期便已萌芽，逐渐成长，并发展到现代。我们今天常用的一些传统辞格便是如此。据已掌握的史料，比喻于商周时期即已萌芽，嵌字在甲骨文中已经出现，引用在商代已经运用，借代在西周铭文中也时有巧用，还有仿拟、比拟、回文、避讳等辞格俱于先秦时期开始萌芽”⑥。据统计，在我国第一部诗歌总集《诗经》中，比较成熟地运用的修辞格就达 27 种之多。⑦

随着社会的进步，运用语言技能的娴熟，辞格也在不断发展变化。一方面表现在已有的辞格在不断丰富、完善。如比喻，就远远不止明喻、暗喻两类，早在宋代，陈骙就将比喻归纳了 10 种类型，现代社会，比喻又远不止这 10 种类型了。另一方面，有的辞格发展缓慢甚至逐渐消亡。如“回文辞格可分为回环（广义回文）与回文体（狭义回文）两类。这两类辞格的发展便有起伏快慢的不同。回文于先秦时期萌芽，逐步形成后，进展一直缓慢，直到现代才有较大发展。而回文体于晋代兴起后便有了较快的发展，由回文诗而回文律诗，而回文词、回文曲、回文赋等，但到了现代，它却处于缓慢前行状态”⑧。又如避讳格，“古代有敬讳和忌讳两类，到了现代，敬讳已基本消失，而以忌讳占优势了”⑨。

辞格的发展还突出地表现在为适应社会不断向前发展的需要，新的辞格在陆续产生，如列锦、移时、别解、断取等几十个新辞格都是辞格花园中绽开的一朵朵新蕾。

---

① 王希杰．修辞学通论．南京：南京大学出版社，1996. 403

② 刘焕辉．关于辞格的实质及科学体系之管见．修辞学研究，1983（2）：229

③ 袁晖．试谈辞格的特点．修辞学发凡与中国修辞学．上海：复旦大学出版社，1983. 304

④ 张宗正．理论修辞学——宏观视野下的大修辞．北京：中国社会科学出版社，2004. 280

⑤ 王希杰．修辞学通论．南京：南京大学出版社，1996. 403、407

⑥ 宗廷虎，李金苓．修辞史与修辞学史阐释．济南：山东文艺出版社，2008. 27

⑦ 王笑．汉语辞格的宏观分类．修辞学习，1986（1）

⑧ 宗廷虎，李金苓．修辞史与修辞学史阐释．济南：山东文艺出版社，2008. 28

⑨ 宗廷虎，李金苓．修辞史与修辞学史阐释．济南：山东文艺出版社，2008. 28

5. 语用上的民族差异性

辞格是每一民族的语言都共同拥有的言语现象。汉语辞格根植于汉语这片沃土，因此它打上了汉民族鲜明的烙印。且不说像对偶、析字一类只有方块汉字才能产生的辞格，就是世界上共有的比喻，也因它们根植的土壤不同而生长出基因不同的比喻。如喻体，文化不同，选用的喻体是不相同的。汉民族比喻一个人淋了大雨，就用“像落汤鸡似的”，而在英美人的眼中，却比喻成“像刚淹死的老鼠”；汉民族比喻一个人胆小为“胆小如鼠”，而在东南亚一带，却比喻成“生怕树上的叶子掉下来”；就是对恋人的比喻，也因民族不同，比喻的称呼也不一样：维也纳人称“我的小蜗牛”，刚果人称“我的小青蛙”，日本人称“美丽的山花”，波恩人称“小白桦”，等等。可见，辞格具有鲜明的民族色彩。

二、辞格产生的基础

辞格不是人们臆造出来的，它的产生有两大基础：

（一）客观基础

辞格的产生有一定的客观基础。“所谓修辞格的客观基础，就是修辞格可能产生并存在的客观依据。也就是所反映的事物的某种普遍的客观属性。某种普遍的客观联系。”① 而客观基础又包括以下两方面内容：

1. 物质基础

辞格是一种复杂的言语现象。每一种辞格的产生都有一定的客观物质基础。没有客观事物作物质基础，就不会产生相应的辞格。这就是人们常说的“物质决定意识”，“物质存在是第一性的，意识活动是第二性的”的道理。如果世界上根本就不存在两种事物的相似性，那么，比喻就不可能产生；世界上根本没有两个事物的相关性，也就不可能产生借代；生活中没有并列事物的共同点，也就没有排比；没有并列事物的层次性，也就没有层递，等等。可见，辞格的产生有一定的物质基础，而且物质基础是第一性的。

2. 语言文字基础

陈望道在《修辞学发凡》中指出，“修辞所可利用的是语言文字的习惯及体裁形式的遗产，就是语言文字的一切可能性”，“语言文字的可能性可说是修辞的资料、凭借”。张弓也说：“一切修辞活动，都必须利用语言因素（词汇、语法、语音），有时是联合利用这两个或三个因素。修辞的成功与否就是看对这些因素的利用得当与否。修辞的一切手段都离不开这些因素。”② 上面两位先生都明确指出了修辞离不开语言文字因素，语言文字是修辞的客观基础。

---

① 郑文贞，余纲．修辞格的客观基础．厦门大学学报，1963（3）

② 张弓．现代汉语修辞学．天津：天津人民出版社，1963. 30

事实上正是这样，汉语中不少辞格都是利用语言文字因素才形成辞格的。如利用语音的因素形成的语音双关、飞白；利用语义的因素形成的语义双关、对偶、排比、借代；利用语法的因素形成的倒反、序换；利用文字的因素形成的析字、联边，等等。这些都说明汉语言文字是辞格产生的温床。

（二）主观基础

客观基础要通过主观基础起作用，才能产生辞格。主观基础又包括三个方面的内容：

1. 认知基础

主观基础首先表现在表达主体的认知基础方面。也就是说，对于客观存在的事物，只有通过主观认知，才能发现它的存在。如果人们主观上不去感知它，那么，客观存在的依旧只是客观存在。只有当人们认知以后，懂得对这一客观存在的事物展开想象或联想的翅膀进行夸大或缩小，这才产生了夸张的辞格；懂得用两个相关的事物来替代，这才产生了借代的辞格；懂得用两个事物的相似点来打比方，这才产生了比喻的辞格，等等。可见，仅有事物客观存在的物质基础，没有认知的主观基础，同样不能产生辞格。

2. 审美基础

辞格是建立在美学基础之上的审美活动，它是人们言语审美活动的结晶，它的产生有一定的美学基础。关于这一点，陈望道在《修辞学发凡》中就提出了辞格的“语辞魅力”说。王希杰继承和发展了这一观点，系统地总结了四类 31 个辞格的美感魅力（下文将介绍），而每一种辞格都“是按照美的法则创造出来的，是长期语言审美经验的概括和结晶，集中地反映了人们语言审美的情趣、理想”和“全民共同的审美心理”①。可见，辞格是以美学为基础创造出来的语言美的优化模式。

3. 心理基础

修辞产生于人们的心理活动，许多辞格的产生与心理密切相关，有一定的心理基础。如联想心理活动，为根于联想辞格的产生提供了心理基础，如比喻、夸张、借代、双关、比拟、移觉等，或根于相似联想，或根于相关联想，或根于对比联想；想象一类的心理活动，又为夸张辞格的产生提供了心理基础；“在人的主观世界中，常常有矛盾的心理状态和尖锐的思想冲突，这也是构成假悖辞格的基础”②。总之，各种辞格的产生，都是修辞主体心理活动的产物，是以一定的心理为基础的。

以上所谈的客观基础和主观基础，就是辞格产生的两大基础。

---

① 史灿方．辞格产生的美感基础浅说．修辞学习，1986（1）

② 胡卓学．论假悖．修辞学习，1995（3）

三、辞格研究概况

一个世纪以来，辞格研究较之于修辞学的其他领域，成果更为丰硕。主要表现在以下几个方面：

（一）辞格理论的研究

学者们致力于辞格理论的研究，廓清了一些模糊的认识，这方面的论文如雨后春笋般涌现。远的不说，我们仅从近四十年的情况来看，关于辞格理论研究方面就有吴士文的《关于辞格的定义及其他》（1984），濮侃的《关于辞格问题的再认识》（1984），刘焕辉的《关于辞格的实质及科学体系之管见》（1984），王希杰的《二十世纪汉语辞格研究》（2005），冯广艺的《修辞格研究中的几个问题》（2005），等等。文中提出的系列问题，值得我们继续去研究，如辞格定义、辞格与非辞格的界限、辞格的类聚系统等。这方面的论文很多，不胜枚举。

这一时期，还出现了多部综合研究辞格的专著。其中，吴士文的《修辞格论析》（1986）影响最大。该书对辞格的定义、范围、功能、辞格与非辞格的关系、辞格的结构模式和类聚关系等问题进行了可贵的探索，有许多独到的见解。如他对辞格的定义，在总结前贤看法的基础上，认为辞格除了必须有“特定功能”、“特定结构”和“特定方法”这三项条件之外，还必须符合“特定的类聚系统”。因此，他对辞格所下的定义是：“在言语活动中长期形成的具有特定功能、特定结构、特定方法、符合特定的类聚系统的模式。”这一定义较以前的辞格定义要严谨、全面。《修辞格论析》还运用系统论的研究方法，指出辞格是一个有结构规律可循的系统，并根据辞格特定的结构形式，把辞格分为描述体描述对象体、换借体换借本事体、引导体引导随从体和形变体形变原形体四类，将 37 种辞格都囊括了进去。这种分类的好处是可运用结构的转换来辨别不同类型的辞格，“使辞格研究具有可操作性、可验证性和公理性的特点”①。

此外，全面研究辞格的还有陆稼祥等。1989 年，陆稼祥出版了《辞格的运用》一书，作者立足于辞格的动态运用，从变异的特点出发，将辞格分为形变、义变和音变三类。这就“从话语和表述的两个平面，通过内外关系的探索、正反实例的分析与比较、变异技巧的掌握与描述，揭示了辞格运用得失的实际规律，这些见解都是很精辟的，都是令人感到耳目一新的”②。

（二）传统辞格的研究

传统辞格是修辞学研究的重要内容。何谓传统辞格？我们把产生的历史久远、又经专家研究出了其规律的辞格，称为传统辞格。说得具体些，即把在唐钺的《修辞

---

① 袁晖．二十世纪的汉语修辞学．太原：书海出版社，2000. 445

② 陆稼祥．辞格的运用·序．沈阳：辽宁人民出版社，1989

格》、陈望道的《修辞学发凡》和张弓的《现代汉语修辞学》中已有的辞格，称为传统辞格。如比喻、借代、比拟、夸张等几十个辞格。半个多世纪以来，修辞学界对传统辞格进行了深入细致的探讨，成果丰硕。表现在：

1. 辞格体系的建立日趋完善

从20世纪至今，辞格发展迅速，由最初研究出来的20多个辞格，到现在已有200多个。而对这许多辞格的归类中，最有代表性的是以下几类：

（1）1923年唐钺的《修辞格》，将辞格分为根于比较、联想、想象、曲折、重复的五类27格。《修辞格》开创了我国以专著研究辞格的历史先河，其影响是深远的。

（2）1932年陈望道的《修辞学发凡》，将辞格分为材料上的、意境上的、词语上的、章句上的四大类38格。尽管这种分类标准不一，但他奠定了汉语辞格研究的基础，影响十分深远。

（3）1963年张弓的《现代汉语修辞学》，从特定方法分，将辞格分为描绘式、布置式、表达式三类24式。正如他本人所说，是以“语言因素和表现手法的关联性”作为分类标准。显然，这种分类也存在划分标准不一的问题，值得商榷。

（4）1986年吴士文的《修辞格论析》，从特定结构分，将辞格分为四大类54格。这四大类是：①描述体描述对象体。②换借体换借本事体。③引导体引导随从体。④形变体形变原形体。这种分类“从结构特征着眼建立修辞方式的分类系统，是符合辞式自身规律的，是可行的”。但这种分类也有不足，“有些辞式，其本身的结构特征不甚明显（如示现、警现），不便于按结构分类，所以，从结构特征着眼分类，难度较大，不便概全，容易出现勉强归类的现象”①。

（5）1983年李济中的《关于修辞方式的分类与处理》，从特定效果分，将辞格分为形象、强调、贯通、含蓄、幽默、深化六类。以表达效果为标准对辞格进行分类，突出了辞格的表达功能，有很强的应用价值。

（6）王希杰对辞格有多角度分类：

1983年，王先生在《汉语修辞学》中，从美学标准分，将辞格分为均衡美、变化美、侧重美、联系美等四大类31格，这种分类是从辞格产生的美感进行分类的，标准一致，突出了辞格的美学价值，是一类影响很大的分类方法；1993年，王先生在《论归纳的辞格和演绎的辞格》中，将辞格按研究方法分为“归纳的辞格”和“演绎的辞格”两大类；1998年，王先生在《修辞学通论》中，又将辞格分为字形变异、语音变异、语义变异、结构变异、情理变异五大类。

（7）2006年黎运汉、盛永生主编的《汉语修辞学》，将辞格分为六大类：语义变异类、语形变异类、语形求同类、语式变异类、语域变异类和逻辑变异类。这种划分辞格大类的方法比较贴近辞格的面貌和功能，不失为一种较为科学的分类方法。

---

① 李济中．关于修辞方式的分类与处理．修辞学论文集（第1集）．福州：福建人民出版社，1983. 418

（8）最令人关注的是刘大为的“表达性辞格和认知性辞格”的分类，这是依据认知语言学理论研究辞格功能价值的一种分类方法。所谓表达性辞格，是指所有的辞格都具有特定的表达功能，因此，所有的辞格都可看成是表达性辞格；而在辞格中有认知功能的，如隐喻、借代、夸张等即为认知性辞格。显然，认知语言学大大拓展了辞格的语用价值，虽然这种研究才刚开头，但它已经显示出了其强大的生命力。

2. 单一辞格的研究不断深化

近半个多世纪以来，对单一辞格研究，可说蔚然成风，研究单一辞格的论文数不胜数，其中，不少论文见解精辟。如对比喻类型的研究，中国台湾修辞学家蔡宗阳将比喻分为十大类型43种，研究全面细致，令人大开眼界。此外，其他的传统辞格也都有了不同程度的深入、系统的研究。

更值得称道的是，这一时期，还出现了个体辞格研究的专著。1982年，袁晖的《比喻》出版，该书论述了比喻的定义、类型、方式、作用、比喻的运用、比喻与词汇、语法及其他辞格的关系等问题。这是第一部“全面研究比喻辞格的著作，其学术意义是不容忽视的”①。

第二本是李济中的《比喻论析》（1995）。全书分为14个部分：“比喻概说”、“比喻的基础”、“比喻的修辞功能”、“比喻的成分”、“比喻的种类”、“比喻的灵活运用形式”、“比喻与其他辞格的综合运用”、“比喻与辞格的构造”、“比喻与布局谋篇”、“比喻与语体”、“比喻与风格”、“比喻运用的注意事项”、“比喻的辨识”、“比喻的研究”等。从目录我们就可以看出，这是一本更全面、更周密研究比喻的“有分量的力作”②，是“有关比喻研究著作中的佼佼者”③。

第三本是朱承平的《对偶辞格》。该书以古典诗词为分析对象，按照现代修辞学理论，全面分析了对偶辞格内部的不同形态，作者在搜集了374个传统偶格的基础上，又总结出99种对偶分格，并揭示了不同偶格形态在功能结构上的外部差异，深入剖析了同一辞格内部的修辞特点和表达方式，全面梳理了历史上对偶称谓的同格异称和异格同称现象，有针对性地提出联辞属对时易犯的十二种弊病，从而构建出一个具有现代程式化特点的对偶辞格系统。这是一本从语言学的视角研究对偶的专著，不少地方闪烁着作者的真知灼见，是一本既有较高学术价值，又有很强应用价值的辞格专著。

第四本是徐国珍的《仿拟研究》。其特点是“抓住了仿拟辞格的两个思维过程——仿和拟，运用相关学科的研究成果做到了静态研究和动态研究相结合，兼顾了理论研究和实践研究，具有一定的广度和深度，既具有总结性，又具有开拓性。不仅

---

① 郑子瑜，宗廷虎主编，吴礼权，邓明以著．中国修辞学通史．长春：吉林教育出版社，1998. 247

② 袁晖．二十世纪的汉语修辞学．太原：书海出版社，2000. 453

③ 郑子瑜，宗廷虎主编，吴礼权，邓明以著．中国修辞学通史．长春：吉林教育出版社，1998. 251

为仿拟辞格的运用提供了指导，为深入研究其他辞格提供了一定的借鉴，还揭示了词汇发展的一条轨迹，剖析了思维活动的一种模式”①。该书视角新颖，见解独到，论述全面，语例鲜活，在学界颇受好评。

3. 辞格比较、辨异研究迈上新台阶

辞格比较、辨异是传统辞格研究的一个重要课题和难题，它对语言运用和语文教学都十分重要。因此，陈望道在《修辞学发凡》中强调要对辞格进行比较研究，要让人“一看便能了然”，“应用起来，也可以脱口而出，毫不踌躕”。

尽管辞格比较、辨异研究有一定的难度，但也取得了可喜的成果。既有论文，如濮侃的《试论辞格比较法》，张瓌一的《比喻与夸张的区别》，夏茂兴的《对偶、排比和层递的比较》，刘亚瑞的《试谈“象征、借喻、借代”的区别》等；又有辞格辨异、比较的专著，如郑远汉的《辞格辨异》，“是汉语辞格比较的第一部专著”，“它最突出的特点是对邻近辞格的比较辨异，对辞格与非辞格的辨异”。对“容易混淆、误用的十余种邻近辞格首次进行了详尽的比较辨异工作，不仅明确地指出了各对邻近辞格的相互关系，而且细密地论析了各对邻近辞格间的细微差异”②。濮侃的《辞格比较》不仅对辞格与非辞格进行了比较，还“着重于易混淆的两种或三种辞格间的细微差别”③，对借喻和借代、比拟与比喻、双关与比喻等16组辞格进行了细致、精辟的比较。上述两书无论是对辞格的研究还是对语文教学，都有重要的启迪作用。

（三）修辞新格研究成果丰硕

修辞新格的研究也取得了可喜的成就，其中尤以谭永祥的研究成果最显赫。1983年，谭永祥出版了《修辞新格》一书，为闪避、移时、列锦等15种修辞新格“入籍”。“作为一本专门讨论汉语修辞新格的著作，《修辞新格》能够信而有征地增建15种修辞新格，这在汉语修辞学史特别是在汉语修辞格史上是有很大贡献的。”④ 继《修辞新格》之后，谭永祥又出版了《修辞精品六十格》一书。该书是“既有创新又有总结的专著”⑤，他除了总结他人研究的8种修辞新格外，又新创了移意、起兴、新典等16个新格，这16个新格“除了个别新格的‘格’及论述有可商榷处外，绝大多数是可以自立一‘格’的，而且论述得也很精当”⑥。

对修辞新格建立有较大贡献的还有吴士文先生，他创建了伸缩、升华、貌离、换算、重间、增动、借义等多种修辞新格；史尘封创建了错夸、对顶、奇出、取异、同饰、同位、接续等15种新格；王希杰创建了类聚格、返源格，等等。

---

① 李小凤．辞格研究的新收获．湖北师范学院学报，2004（2）
② 郑子瑜，宗廷虎主编，吴礼权，邓明以著．中国修辞学通史．长春：吉林教育出版社，1998. 241
③ 郑子瑜，宗廷虎主编，吴礼权，邓明以著．中国修辞学通史．长春：吉林教育出版社，1998. 244
④ 郑子瑜，宗廷虎主编，吴礼权，邓明以著．中国修辞学通史．长春：吉林教育出版社，1998. 235
⑤ 郑子瑜，宗廷虎主编，吴礼权，邓明以著．中国修辞学通史．长春：吉林教育出版社，1998. 236
⑥ 郑子瑜，宗廷虎主编，吴礼权，邓明以著．中国修辞学通史．长春：吉林教育出版社，1998. 237

（四）辞格综合运用研究逐步深入

辞格的综合运用也是辞格研究的重要内容之一。近半个多世纪，特别是近四十年来，有一定的研究进展。如到底什么是辞格的综合运用？同一辞格的连用算不算？有些学者认为应该排除在外，濮侃先生就是持这种意见的代表之一。他明确指出：“辞格的综合运用是几种不同辞格结合在一起运用，而不是同一种辞格的重复使用。”同一种辞格的使用，“是单个辞格结构的重现，是单个辞格表意的加重”，而辞格的综合运用，“则是结构的交叉，是表意的繁化”。他还将单一辞格的连用和多种辞格的综合运用比喻成“单色点心，只有一种口味”，辞格的综合运用则“好比花色点心，具有多种滋味”①。这种意见虽然有一定的道理，但我们仍认为，同一辞格的连用可以算是辞格的综合运用。我们这样处理的原因有二：一是从其连用的修辞效果看，尽管同一辞格的效果是一样的，但毕竟有“甜的更甜，咸的更咸”的表达效果，即有程度的不同，这是它区别于辞格单用最本质的地方；二是倘若同一辞格的连用不算的话，那么，同一辞格的套用又算不算辞格的综合运用呢？倘若不算，又如何解说这类辞格运用现象呢？因此，我们认为同一辞格的连用还是看作辞格的综合运用为好。

辞格的综合运用研究，大多数学者从其表现形式入手，归纳了连用、兼用和套用等几种方式。这些方式，虽然不同学者有不同称呼，但大都跳不出上述几种方式的框架。还有的学者用层次分析的方法分析辞格综合运用的先后层次，简明、直观，对于认识辞格综合运用的内部结构能起到一定的作用。

（五）辞格史研究开历史先河

随着修辞学史研究的不断深入，辞格史的研究也在不断深化。其中宗廷虎、李金苓作出了很大的贡献。20 世纪 80 年代前后，他们夫妇就开始致力于修辞学史和修辞史的研究工作，涉及面广泛，研究的内容深入。他们研究修辞格史，对汉语辞格的定义、发展演进中的特点，运用了历史主义方法、实证方法和重点探索的方法多角度地研究辞格，对联珠、顶真、引用、嵌字等辞格的产生、发展、历史演变和它们的功能研究得相当细致深入，为我们认识这一类辞格的发展轨迹提供了宝贵的资料。

辞格史的研究取得突破性成果的还有于广元的《汉语修辞格发展史》（2003），宗廷虎先生评价该书是我国“第一本汉语辞格发展史”，并盛赞其“开拓之功，首创之劳”②，该书也为人们认识辞格发展的轨迹提供了宝贵的资料。

总之，辞格研究在近一个世纪取得了长足的发展，收获了骄人的成果。但是，也应该看到，辞格研究还有许多不足，有的方面还有些混乱。王希杰提出要“整顿辞格秩序”③，我们觉得很有必要。首先是术语的规范。有的同一个辞格有好几个名称，术

---

① 濮侃．辞格的运用与分析．修辞学论文集（第 1 集）．福州：福建人民出版社，1983. 428

② 于广元．汉语修辞格发展史・序．长春：吉林人民出版社，2003. 3

③ 王希杰．二十世纪汉语辞格研究．毕节师范高等专科学校学报，2005（3）

语多了，会增加学习的负担，应该规范。其次是辞格与非辞格的界限。现有的231个辞格是否都是各自独立的辞格？其中有无包孕关系？再其次是辞格体系问题，辞格不断发展，它们之间有何类聚关系？如何建立辞格严密的科学体系？

辞格研究如何深入？如何科学化、体系化？刘大为提出的“辞格的认知性研究”① 很有道理。西方认知语言学的兴起，为修辞学尤其是辞格的研究打开了一扇窗口，辞格的认知价值应该得到开发。以前对辞格的研究多停留在对表达功能的认识上，而较少意识到辞格的认知价值也是很重要的价值。“辞格的进一步发展，完全可以比照认知性辞格的研究方法，在各种表达性辞格的背后寻找表达效果产生的原因，以及适应它的语言学理论和方法，形成与认知性辞格平行的、具有理论解释力的深层次上的辞格。”② 我们应该加强这方面的研究。

总之，尽管辞格研究取得了辉煌的成就，但要继续研究的问题仍然很多，任重而道远，仍需继续努力。

四、辞格的功用与地位

（一）辞格的功用

1. *辞格是增强言语美感力量的表达手法*

辞格是一种使言语具有美感力量的表达手法。这一点，陈望道在《修辞学发凡》中就有论述：“这种积极的修辞手法……把语辞运用的可能性发扬张大了，往往可以造成超脱寻常文字、寻常文法、寻常逻辑的新形式，而使语辞呈现出一种动人的魅力。”这里“使语辞呈现出一种动人的魅力”，就是辞格最重要的美感功用。而什么是“魅力”？宗廷虎指出：“所谓魅力，就是一种富有吸引力的美感力量。而语辞的魅力就是辞格以它独特的美感染并打动听读者，引起听读者心里的共鸣和震撼。辞格常常使听读者产生‘谈欢则字与笑论，论戚则声共泣偕’，‘登山则情满于山，观海则意溢于海’的感受。正是它的美感力量所致。”③ 宗先生这段话，道出了辞格作为一种美感力量的魅力所在。

2. *辞格具有认知功能*

认知语言学认为，人类的思维模式在很大程度上是借助已知的事物和经验去类比推理，认识理解未知的事物与现象的。辞格不仅仅是一种具有美感力量的修辞手法，它还被认为是一种感知和认识客观世界的重要手段。如隐喻被认为是人类普遍的一种思维方式和认知手段，它在我们日常生活中无处不在。H. G. Petrie 将隐喻的认知功能比作“一座推理的桥梁”，“这座桥梁就是沟通已知领域和未知领域的通道，隐喻具有

① 刘大为．比喻、近喻与自喻——辞格的认知性研究．上海：上海教育出版社，2001

② 刘大为．比喻、近喻与自喻——辞格的认知性研究．上海：上海教育出版社，2001

③ 宗廷虎，李金苓．修辞史与修辞学史阐释．济南：山东文艺出版社，2008. 30

这种认知功能，因为隐喻中的喻体通常对说话者和听话者来说，要比本体更为熟悉，当本体和喻体两者发生互动反应时，通常是更为熟悉的事物的特点影射到相对陌生的事物上，从而喻体可以帮助认知本体的特点与结构，这样就具有了认知功能”①。除了隐喻有认知功能外，其他许多类似隐喻的联想类辞格都具有认知功能。如明喻、借代、夸张、通感、拟人、拟声、对偶、对照、映衬、移就、对比、拈连、仿词、委婉等许多辞格都是以联想为心理基础的，而人类“认识世界的基本方式就是把握对象之间的同和异的关系。其中最重要的是相似关系和相关关系”。因此，利用事物间相似关系和相关关系构成的辞格，“其实都是一种思维方式，是人们解释和表达世界的一种手段”②。这就是辞格具有认知功能的道理所在。

3. 辞格还是一种研究方法，具有方法论的意义

王希杰认为：“许多辞格还是表达的方法和方法论原则。”“有些辞格甚至是一些文体的方法论原则。所有的寓言都有表里两层意义，而且写作者的意义一定在那深层意义上。接受者的目标也一定在那深层意义上。比拟在童话创作中也具有方法论原则的意义。对偶和对照是骈体文创作中的方法论原则，不运用对偶和对照的骈体文是不存在的!”③ 王先生的这段话有理有据，颇具说服力。事实正是这样，现代社会，辞格的价值日益被挖掘，如仿拟辞格，在修辞学中已跃居明星辞格的位置，它不仅是修辞学的宠儿，还是众多学科关注的焦点。如模因论就离不开研究和运用仿拟的方法，我们的语文教学很多时候已经在运用仿拟的手法进行教学，如仿句、仿段、仿篇的训练，只是由于缺乏明确的理论指导，还停留在一种自发的基础上，而没有上升到一定的理论高度来认识这种教学方法。其实在语文教学中开展、坚持仿拟教学，大力倡导各种修辞规律的仿拟教学和训练，将大大提高语文教学的质量。

可见，辞格还是一种研究方法，具有方法论的意义。

（二）辞格的地位

半个多世纪中，修辞学研究者将辞格放在十分重要甚至核心的位置来研究，无论是陈望道的《修辞学发凡》，张弓的《现代汉语修辞学》，还是20世纪80年代前后的修辞学著作，都对辞格研究付出了大量的心血，甚至有的修辞学著作只论述辞格；在修辞教学中，20世纪80年代以前大学的修辞教学也只讲授辞格，中学的修辞教学也只讲十几个辞格，这些都明显打上了“辞格为中心”的烙印。正因为这样，在人们的头脑中就难免产生了一种错觉，以为修辞学就是辞格学，或者至少也是以“辞格为中心”的学科。这种“辞格中心论”，在相当长的时期里取代了修辞学，“影响到一代

---

① 陈宁国．辞格的认知功能．无锡教育学院学报，2002（4）

② 王希杰．二十世纪汉语辞格研究．毕节师范高等专科学校学报，2005（3）

③ 王希杰．二十世纪汉语辞格研究．毕节师范高等专科学校学报，2005（3）

又一代人，影响到语文教学和研究，甚至各种类型的考试”①。

把修辞学看作辞格学，显然有失偏颇，但从另一角度却说明了辞格在修辞学体系中是“最具修辞特色的”一块绿草芳地，它在修辞学体系中有着十分重要的地位和作用。即使是在打破了“辞格为中心”的今天，修辞学的研究得到了全面的发展，强化了消极修辞、语体修辞、修辞风格、语用修辞、接受修辞等多方面的研究，但对修辞格的青睐也丝毫未减。修辞工作者从不同的角度，用不同的方法研究辞格，百花齐放，异彩纷呈，“形成了群星璀璨的局面”，可见辞格的深厚魅力。

如上所述，随着西方认知语言学的兴起，修辞学的认知价值日益被发现和挖掘。修辞学的一些方法和规律已提升为认知世界的共有规律，这就使得修辞学“不仅在当代西方语言学中，有跃居首位的势头，即使在我国美学中，也有此趋势”②。而修辞学的“核心部分正是修辞格”③。

可见，无论是现在还是将来，我们认为，辞格仍将是修辞学中最值得我们继续致力研究的一大领域，它在修辞学中的核心地位是不可动摇的。

第二节　传统辞格个例论析

一、比喻的研究

“如果说，辞格是修辞学一片茂密的树林，那么，比喻则是辞格之林中一株枝叶繁茂干粗根深的参天大树”。“如果说，几十个辞格好像一个大家族，那么，比喻则是这一家族中的长房长子”④。历来的语言学大师，没有一个不运用它为自己的文章增色加彩；历来的修辞学家，也没有一个忽视它，不把它放在重要的位置来研究。尽管大家对比喻已经比较熟悉，但仍有必要进一步认知它的面貌。

（一）比喻的内涵及构成

什么是比喻？比喻就是打比方，就是用同它有相似点的别的事物或道理来打比方。

构成比喻有四个要素：本体——被比喻的事物；喻体——比喻的事物；喻词——连接本体和喻体的词；喻解（相似点）——本体和喻体的相似处，这是最重要的要素，两个事物之间没有相似点，就无法构成比喻。相似点有两种类型：一是形似，即

---

① 濮侃．辞格的运用与分析．修辞学论文集（第1集）．福州：福建人民出版社，1983. 428

② 伍铁平．修辞学在西方认知语言学中有跃居首位的势头．修辞学习，1995（2）

③ 王希杰．二十世纪汉语辞格研究．毕节师范高等专科学校学报，2005（3）

④ 濮侃．辞格比较．合肥：安徽教育出版社，1983. 25

本体和喻体的表层外形相似，如形状、声音、颜色等；二是神似，即本体和喻体的神韵相似，如性质、特征、意念等，这是一种由表及里的内涵本质的相似。例如：

①曲曲折折的荷塘上面，弥望的是田田的叶子。叶子出水很高，像亭亭的舞女的裙。

（朱自清《荷塘月色》）

②他长着一副微黑透红的脸膛，高高的个儿，站在那儿，像秋天田野里一株红高粱那样淳朴可爱。

（魏巍《谁是最可爱的人》）

例①“叶子出水很高”是本体，“亭亭的舞女的裙”是喻体，用喻词“像”来连接，这个比喻的相似点是叶子高出水面的形状像“亭亭的舞女的裙”，这是借助形似来打比方；例②尽管“他长着一副微黑透红的脸膛，高高的个儿，站在那儿”与“像秋天田野里一株红高粱”有形状相似之处，但作者用意不在形似，而重在“淳朴可爱”的神似。

比喻的四个要素在比喻中不一定都同时出现。最少时可以只出现喻体，其他三个要素都不出现。

（二）比喻的分类

在我国古代，最早给比喻分类的是刘勰，他将比喻分为两类，即比义和比类，用具体事物比喻抽象事理，即为比义；以具体事物比喻具体形貌，即为比类。宋代的陈骙在《文则》中，将比喻分为直喻、隐喻、类喻、诘喻、对喻、博喻、简喻、详喻、引喻、虚喻十类，尽管这十种比喻的分类没有坚持同一逻辑标准，有的从喻词有无的角度分出直喻、隐喻，有的从语句的多寡分出对喻和博喻，还有的是从喻体的语气分出诘喻，从喻体是否同类分出类喻，从本体的虚实又分出虚喻等，但其分类使我们看到了古人研究比喻的历史。现代社会，比喻的分类已达数十种，正如邢福义所说，“琳琅满目，令人叹为观止”①。我们从比喻内部结构的角度，将比喻分为以下两大类型：

1. 常式比喻

所谓常式比喻，是指最常见的、最基本的比喻。常式比喻有两种类型：

（1）明喻。所谓明喻，就是本体和喻体之间有非常明显的相似关系，在比喻中，本体、喻体、喻词都出现，这种比喻就是明喻。上面例①、例②都是明喻。

（2）暗喻。本体和喻体都出现，但比喻的关系不明显，隐蔽着，表面上看不像比

① 汪国胜．汉语辞格大全·序．南宁：广西教育出版社，1993

喻，实际上隐含比方在内，这种比喻就叫暗喻。如“鲁迅的杂文是匕首，是投枪”。这个比喻不说鲁迅的杂文“像匕首，像投枪”，直接说“是匕首，是投枪”，这种关系隐蔽而又更有强调意味的比喻，就是暗喻。

2. 变式比喻

在常式比喻的基础上变化衍生而来的比喻，叫变式比喻。变式比喻又可分为两大类型：

（1）融合型：所谓融合型，是指融合其他修辞格的比喻。这类比喻是以常式比喻为基础，而结构又异于常式比喻，故我们称之为融合型变式比喻。

融合型变式比喻有如下主要类型：

1）排喻。将描绘一个事物的某一方面或多方面特点的众多比喻排列在一起，这种比喻称为排喻，又叫博喻。这类比喻多是三个或三个以上语气一致、结构相似的比喻排列在一起，称之为排喻更能准确地反映这类变式比喻的特点。排喻通过对事物的某一方面或多方面的特点反复设喻，可以增强语势，突出和强化艺术形象。例如：

③雨是最寻常的，……像牛毛，像花针，像细丝，密密地斜织着，人家屋顶上全笼着一层薄烟。

（朱自清《春》）

④工作，工作，衰弱到不能走路还是工作，手脚像芦柴棒一般的瘦，身体像弓一般的弯，面色像死人一般的惨，咳着，喘着，淌着冷汗，还是被压迫着做工。

（夏衍《包身工》）

上例用排喻来状景，历历如绘，使人目不暇接；下例用排喻来写人，淋漓尽致，使人如睹其人。

2）层喻。由两个或两个以上有高低、大小、轻重、快慢层次之分组成的比喻叫层喻。它是比喻和层递两种辞格的融合体。例如：

⑤自然科学的皇后是数学，数学的皇冠是数论，哥德巴赫猜想则是皇冠上的明珠。

（徐迟《哥德巴赫猜想》）

⑥山如眉黛，小屋恰似眉梢的痣一点。

（李乐薇《我的空中楼阁》）

上面两例都是由两个以上的比喻组成，但比喻的范围逐层缩小，缩小到最后一个比喻，就是这一层喻的中心。可见，几个有层次之分的比喻连用时，前面的比喻是为衬托后面的比喻服务的，后面的比喻才是这一层喻要表达的中心。层喻能够逐层生动形象地描绘事物的形态，逐层深入地揭示事物的道理，说理自然，重点突出，是一种常见的变式比喻。

3）较喻。用比较的手法来打比方，是较喻。也就是说，在较喻中，本体事物和喻体事物不但相似，二者还相互比较，权衡轻重高低，并指出权衡的结果。根据较喻的这一特点，我们将较喻分为强喻、弱喻和等喻三小类。例如：

⑦桃花潭水深千尺，不及汪伦送我情。

（李白《赠汪伦》）

⑧我们四川人还有人用牛粪作燃料，至于那些又长又臭的文章，恐怕连牛粪都不如。

（郭沫若《关于文风问题答〈新观察〉记者问》）

⑨他那件汗衫破烂得和鱼网差不多。

（岑桑《记得当时年纪小》）

例⑦两种事物构成比喻关系时，本体事物超过喻体事物，是强喻；例⑧两种事物相互比较，比较的结果是本体事物不如喻体事物，是弱喻；例⑨本体事物和喻体事物比较，大体相等，是等喻。

较喻是比喻和对比的融合体。它形象生动，对比鲜明，语气强烈，是一类应用广泛的变式比喻。

4）环喻。有人称之为对喻、互喻。环喻就是借助回环手法来打比方。环喻由两个比喻句组成，前一比喻的喻体作后一比喻的本体，后一比喻的喻体又是前一比喻的本体，形成“本体像喻体，喻体像本体”的“A 像 B，B 像 A”式回环性比喻，故称环喻。环喻形如回环，精巧婉转，充满着奇情妙想。在形式上，它比常式比喻要优美和谐；在作用上，它侧重于“A 像 B，B 像 A”互为一体的过渡作用。在诗文中，恰当地运用环喻，能巧妙地揭示事物对立统一的关系。例如：

⑩去年相送，余杭门外，飞雪似杨花；
今年春尽，杨花似雪，犹不见还家。

（苏轼《少年游》）

⑪远远的街灯明了，好像闪着无数的明星。天上的明星亮了，好像点着无数的街灯。

（郭沫若《天上的街市》）

上例是一首宋词，写思妇想念外出的丈夫。第一句用“雪似杨花”的比喻来说明去年相送的时间是大雪纷飞的深冬，而第二个比喻“杨花似雪”则说明“今年”望夫归来已是杨花盛开的早春季节，时令的过渡转移通过一个回环，将两种事物缠绕系连，曲折活泼，趣味盎然。下例若直接描绘天上的街灯，会显得突兀，于是就远远地着笔，先写街灯像明星，本体是灯，喻体是星；再写明星像街灯，本体是星，喻体是灯。中间运用了巧妙的过渡，于是将读者不知不觉地从地上带到了天上，进入作者所描绘的天庭童话般的神奇世界。

可见，环喻是一类具有形式美和音乐美、活泼有趣的融合型比喻。

5）通喻。建立在通感基础上的一种特殊比喻。这种比喻的本体和喻体分属两个不同的范畴，两物相喻，是依靠感觉的沟通转移，所以叫通喻。由于通喻的本体和喻体的相似点超出常人的语言习惯，不是追求形似，而是追求神似，因此，这种比喻显得间接、含蓄而又曲折，使人有一种非同凡响的美的感受。

⑫微风过处，送来缕缕清香，仿佛远处高楼上渺茫的歌声似的。

（朱自清《荷塘月色》）

上例中，作者将荷花的缕缕清香，比喻成“高楼上渺茫的歌声”，乍看，似觉本体事物和喻体事物风马牛不相及。仔细品味，便深感曲尽其妙：荷香缕缕，幽香而清远，时有时无，时浓时淡；高楼的歌声，悠远而渺茫，时断时续，时亢时低。作者正是攫住这嗅觉和听觉的相似点来完成感觉的沟通的。作者这样设喻，间接、曲折、含蓄，真是匠心独运的高手！

6）夸喻。比喻与夸张的融合。例如：

⑬眼光正像两把刀，刺得老栓缩小了一半。

（鲁迅《药》）

上例必须看成比喻和夸张两种辞格的融合体——夸喻，只有这样，才能将前后两个分句的语意和功能融为一体。若分别看成比喻和夸张两个独立的辞格，就割裂了它们之间的结构和功能关系。

此外，融合型比喻还有借喻、偶喻、拟喻等。借喻就是借代和比喻的融合，它们代中有喻，喻中有代，但要说明的是，有的借喻重在喻，有的借喻重在代。如

"我们之间已经隔着一层可悲的厚障壁了"重在喻，而"圆规杨二嫂"则重在代，了解这一点，"圆规杨二嫂"是借代还是借喻就没有必要争论了。限于篇幅，不一一赘述。

（2）依附型：即依附一定的语法手段或借助一些非语言因素（如标点符号）构成的比喻。它主要有以下几种类型：

1）修饰型。这种比喻的本体和喻体构成修饰与被修饰的关系。例如：

⑭每次唱歌，都有唱有和，互相鼓舞着唱，互相竞赛着唱，有时简直形成歌的河流，歌的海洋。

（吴伯箫《歌声》）

⑮我的思想感情的潮水，在放纵奔流着。

（魏巍《谁是最可爱的人》）

上面两例，修饰语是本体，中心语是喻体，以"乙喻甲"是通过"甲的乙"的格式表达出来的。

2）并列型。本体和喻体同时出现，它们之间靠平行的并列句式来表现。例如：

⑯纯真的金子，光泽永远不退；
坚持真理的人，信念至死不变。

（格言）

⑰鼓不敲不响，理不讲不明。

（谚语）

上面两例均由两个分句构成，上一分句是喻体，下一分句是本体，喻体和本体构成并列平行句式，使其音节匀称、结构自由灵活。

3）连谓型。这类比喻靠几个有先后次序的动词将其连接起来，形成连谓结构。例如：

⑱我们中国赴巴基斯坦地震救援队，就像一根火柴，点燃了一根火炬，燃烧成熊熊烈火。

（CCTV《焦点访谈》）

⑲澳门文学家彼此要求同存异，互相谅解，同心协力，加强沟通，将分散的

川流汇成奔腾的大江，冲破暗礁险滩，直达浩瀚成功的海洋。

（周寒梅《论李鹏翥文艺随笔的语言风格》）

上例由三个明喻构成，下例由三个暗喻构成，但它们有一个共同特点，就是依附连谓式结构形成比喻，且两例中的三个比喻都有先后次序之分，不能颠倒。

4）注释型。本体和喻体之间是借助破折号联系，形成“本体—喻体”的格式。例如：

⑳长街静穆，万民伫立，
一颗心——一片翻腾的大海，
一双眼——一道冲决的大堤。

（李瑛《一月的哀思》）

上例本体和喻体借助破折号联系，破折号起喻词的作用。

5）同位型。是本体和喻体都在同一成分位置上构成的比喻。例如：

㉑母亲延安就在这里！

（贺敬之《回延安》）

上例本体是“延安”，喻体是“母亲”，本体和喻体都在主语的位置上，构成的是同位型变式比喻。

上面我们归纳了比喻的常式和比喻的变式两大类型。虽然这种分类还不能囊括所有的比喻，但它大体上告诉我们比喻及比喻的变式的来龙去脉，从而让我们能够更好地认知比喻辞格的结构面貌。

（三）比喻的辨识

比喻是古今中外最常用的修辞手法之一，因此，有人认为辨识比喻与非比喻并不成问题，其实不然。例如：

㉒迎面送来的雪山寒气，立刻使你感到像秋天似的凉爽。

（碧野《天山景物记》）

㉓有人含着眼泪，讲述当年陈毅同志作报告的情景。霎时，人们眼前似乎出现了陈毅同志那叱咤风云的形象，耳旁仿佛响起那铿锵有力的声音。

（顾寄南《黄桥烧饼》）

上面两个例子都曾出现在过去的语文练习题及语文教学参考书中，并被认为是比喻，其实这两例都不是比喻。如何辨识呢？要切记以下几点：

1. 同类事物的比较不是比喻

比喻“是以跨域联想为心理基础，将跨越认知领域的不同事物通过联想联系在一起”①，因此，比喻的本体和喻体必须是不同本质的或不同类的两个事物，如果是同类或本质相同的两个事物，则不能构成比喻。如例㉒，雪山送来的寒气和凉气是同一类事物，只有程度的区分，因此，它们是同类事物的比较，不是比喻。又如，“他长得像他妈妈一样”这个句子，表面上看，似觉是比喻，其实，这也是同一类人物的比较，中间没有比方在内，因此也不是比喻。

2. 单纯的联想不是比喻

构成比喻的本体和喻体两个事物之间，一定要有相似点，否则就不能构成比喻。如例㉓，当人们听到他人讲述陈毅作报告时产生了联想，而这一联想并无两个事物的相似联想，因此，是单纯的联想，没有比方在内，不是比喻。

3. 词的比喻义不是比喻

用打比方的方法产生的意义，叫词的比喻义。尽管词的比喻义是由打比方的方法产生的，但经过人们流传习用，逐渐定型凝固下来，成为词的一个义项了，因此，它就不再是临时的比喻辞格，而是比喻义了。这种词的比喻义是固定的，社会约定俗成的，不依赖语境也可存在的，而比喻辞格却是临时的，个人选择的，暂时使用的，并依赖一定的语境才能生成。例如：

㉔社会呼吁给小学生松绑，他们的作业负担太重了。

上例中的“松绑”，原指解开捆绑在身上的绳索，后用来比喻放宽束缚限制，再通过人们的流传习用，久而久之，便成为该词的一个义项——比喻义了，因此，“松绑”就再不是比喻修辞格，而是词的比喻义。

（四）比喻的运用

1. 避免用生僻的事物设喻

比喻是为了收到化未知为已知的表达效果。因此，我们在打比方时，就要用人们所熟悉的喻体去比喻不熟悉的本体，这样才能达到“化未知为已知”的目的。否则，收到的效果就会适得其反。例如：

㉕他的脸黑油油的，浓浓的眉毛下，有两个鱿鱼蛋似的大眼睛。

---

① 张宗正．理论修辞学——宏观视野下的大修辞．北京：中国社会科学出版社，2004. 294

㉖他像过氧化氢那样，容易使人接近

上例将人的眼睛比喻成“鱿鱼蛋似的大眼睛”，鱿鱼蛋是生僻的事物，因此，这一比喻收不到“化未知为已知”的表达效果；下例为了说明平易近人，比喻成“像过氧化氢那样，容易使人接近”，这种比喻不比还清楚，越比越玄乎，令人费解。

2. 避免用相同的事物设喻

上面我们已经说过，打比方时，本体和喻体应该是不同本质或不是同一类的两个事物，因为同一类事物，或本质相同的事物，它们的相似点太多了，打起比方来，没有修辞价值。例如“这辆吉普车就和小轿车一样”，这是同一类事物的比较，不是比喻。

3. 比喻要贴切、新鲜

比喻之所以能够构成，要有相似点。相似点越多，比喻越贴切；反之，相似点不多，就难以构成比喻。比喻还强调新颖。一位作家说得好：第一个把女人比喻成花的是天才；第二个把女人比喻成花的是庸才；第三个把女人比喻成花的是蠢材。这几句话就是强调比喻要新鲜，不要拾人牙慧。

4. 比喻要注意民族差异

比喻的运用还要注意民族、民俗差异。不同的民族，有不同的文化背景，受不同文化的熏陶。在打比方选择喻体时，也就有很大的差异。即使是同一国家的不同民族，因地域的差异，也会有不同的比喻。如比喻个人心灵高尚、纯洁，我国汉民族就会用“出淤泥而不染的荷花”来比方；而藏族则用“像雪白的哈达一样纯洁”来比喻。可见，比喻的民族性、民俗性是不容忽视的。

二、对偶的研究

如果说，比喻是辞格之林的参天大树，那么，对偶则是我国独有的一棵宝树，打上了浓厚的民族文化烙印，值得深入研究。

（一）对偶的内涵及产生基础

把结构相同或基本相同，字数相等或大体相等，平仄相拗或大体相拗，词性相对或大体相对的短语、句子、句群两两对称地排列在一起，表达相关、相反或相似的意思，这种辞格叫对偶。例如：

① 金猴奋起千钧棒，玉宇澄清万里埃。

（毛泽东《七律·和郭沫若同志》）

例①上下两句字数相等，都是七个字；词性相对，形容词对形容词，名词对名词、动词对动词等；结构相同，上句是偏正—动补—偏正结构，下句也是偏正—动补一偏正结构；平仄相拗，上句是平平仄仄平平仄，下句是仄仄平平仄仄平；上下两句意义还密切相关，上句表原因，下句表结果。这种修辞手法就是对偶。

对偶在汉民族的言语交际中，历史悠久，源远流长。对偶的形成有其产生的文化基础、心理基础和物质基础。

远古时代，我们的祖先为了驱邪避鬼，“插桃枝于户，连灰其下，童子入不畏，而鬼畏之”，“后插桃枝演变成插桃木板画上符（类似狂草字迹）而挂于门上，即所谓画桃符，同样可避鬼驱邪。再后来由画桃符而变成木板上写字，门左右各悬一块，文字两两相对，即变成对偶对联。后新春来临，写上对联贴在门的两边，即为春联，不仅驱邪避鬼，亦表示吉庆”①。到了汉魏六朝，出现了骈文，这是对偶发展达到顶峰的时期。

现代社会，人们的言语交际虽然打破了两汉时期用对偶进行交际的模式，但在社会交往中，对偶作为一种人们喜闻乐见的交际形式，运用十分普遍。为什么对偶经久不衰？是因为其整齐匀称的外形、和谐悦耳的声音、丰富多彩的内涵令汉民族情有独钟。

汉民族的文化心理，是对偶产生的心理基础。在汉民族的思维方式中，讲究阴阳相生，相反相成。“道家老子主张万物皆是对偶而生，所谓‘有无相生，难易相成，长短相形，高下相倾，音声相和’。这种将世界两分化的思维方式，在中国传统文化中运用得十分广泛，成为中国人认识论的一个多向度的对偶结构。”②

汉语为对偶的产生提供了物质基础。古代汉语以单音节词作为表意的基本单位，不仅占优势，且运用起来十分方便；语法简便，词序灵活，语句的组织缺少形态变化，在声音上元音占优势，声音响亮悦耳，这就为对偶的产生、发展和流传提供了得天独厚的物质条件。

（二）对偶的类型

最早研究对偶类型的是刘勰，他在《文心雕龙·丽辞》中，将对偶分成了言对、事对、正对和反对四类。显然，这四种类型不在同一平面上，言对、事对是从是否用典的角度来划分的；正对和反对却是从内容的相同相反来划分的。但不管怎么说，“对偶的分类乃刘勰首创，开拓之功应予肯定”③。给对偶分类最为细致的是唐代时，日本僧人遍照金刚的《文镜秘府论》，将对偶分为 29 种。“这 29 种对偶是从多角度分类的，有从声韵方面分类的，有从文字方面分类的，有从用词角度分类的，也有从意义分类的。”④

现代修辞学界研究对偶类型较有影响的是唐钺的宽式、严式说，他主张，“对偶

---

① 李名芳．从楹联艺术看汉语修辞与汉文化关系．王希杰．汉语修辞和汉文化论集．南京：河海大学出版社，1996. 195

② 郭焰坤．浅谈对偶的基础．修辞学习，1994（5）

③ 孙建友．对偶研究史漫谈．修辞学习，1995（5）

④ 孙建友．对偶研究史漫谈．修辞学习，1995（5）

贵在自然，在不同文体中，对偶在形式上宽、严可有不同的要求”①。

根据前贤们研究的成果，对偶可从不同的角度进行分类：

1. 从结构分

（1）工对。就是上下句不仅字数相等，还要求词性相对、结构相同、平仄相拗，没有重复的字，它是一类严式对偶。如上面例①就是工对。律诗中的颔联和颈联，都要求对仗工整，因此都是工对，即严式对偶。

（2）宽对。上下句字数大体相等，词性大体相同，结构基本相似，平仄大体相拗即可，它是一类宽式对偶。例如：

②功高不改忠贞志，位尊难移公仆心。

上例两句的词性不尽相同，平仄也不相拗，但它们字数相等，结构相同，仍可看成对偶，它是一种宽式对偶。

2. 从内容分

（1）正对。就是内容相似的对偶。它是一个内容从两个方面、两个角度来说，互为补充。例如：

③杨柳婀娜多姿，可谓妩媚极了；桃李绚烂多彩，可谓鲜艳极了。

（陶铸《松树的风格》）

④勤勤恳恳育社会主义新苗，兢兢业业树共产主义新人。

（2）反对。是内容相反的对偶。例如：

⑤锲而舍之，朽木不折；锲而不舍，金石可镂。

（荀子《劝学》）

⑥横眉冷对千夫指，俯首甘为孺子牛。

（鲁迅《自嘲》）

（3）串对。又称流水对，它是内容上存在着一定关联的对偶，上下联内容紧密相连，存在着因果、条件、假设、承接等主从关系。例如：

---

① 孙建友．对偶研究史漫谈．修辞学习，1995（5）

⑦欲穷千里目，更上一层楼。

（王之涣《登鹳雀楼》）

⑧才饮长沙水，又食武昌鱼。

（毛泽东《水调歌头·游泳》）

例⑦上句表目的，下句表行为，上下两句存在着先后顺序关系，不能颠倒；例⑧两句之间有先后承接关系，也不能颠倒。

3. 从言语形式分

（1）词语对。又叫当句对，它是一个句子中，由词或短语构成的对偶。例如：

⑨有多少无情有恨之泪，趁今夜都向这两点星光挥洒。

（冰心《往事》）

上例中的“无情”与“有恨”形成两个述宾短语的对偶，置于一个句子之中，因此，是当句对。

（2）语句对。即以句子形成的对偶。例如：

⑩白狗黄牛峡，朝云暮雨祠。

（杜甫《奉使崔都水翁下峡》）

⑪红雨随心翻作浪，青山着意化为桥。

（毛泽东《七律·送瘟神》）

例⑩上句“白”对“黄”，是颜色词自对，“狗”对“牛”，是动物词自对；下句“朝”对“暮”是时令词自对，“云”对“雨”是名词自对。这种在一句之中自成的对偶，又称“单句对”。例⑪是以双句形式构成的对偶。这类对偶出现的频率最高，律诗中的颔联和颈联必须是严式对偶，又称对仗。

（3）篇章对。又称章对或段阕对，它是两个语段分为上下两阕的对偶。如陆游的《钗头凤》，即为段阕对。篇章对少则几十字，多则上百上千字。南昌大学华武为龙虎山撰写的长联达 1 998 字，这也许是迄今为止最长的章联了。又如：

⑫小事宏观，大事微观，成事纵横观，败事主客观，牢树英雄宇宙观。卓与壮哉！深谋善断，手理万机，争朝夕。筹议唯勤。忆往昔峥嵘岁月：旅法留苏，备尝艰险话长征；桂岭打狼，中原逐鹿，淮海缚龙，巴川捉鳖，为解放鸿基，屡

建殊勋。抗群魔，枉重灾，竟落得抄家削籍，愁抱初衷勿悔；耿耿兮，积愤萦怀，笃行马列志弥坚。十年浩劫，几度沉浮，不减英雄本色。九州思治，回挽狂澜，净扫红羊甘受命。昭雪顺民情，错冤假案全甄；洗余污，消余悸，废墟拨乱，弘扬务实精神。无那鼙鼓乍喧，仰赖才通韬略，赫赫军威震障陲，还我金瓯。推贤荐智，古崇舜让尧禅；夺位抢班，近斥江欺林篡。高风亮节，彪炳千秋，举世尊称当代伟人。堂堂仪貌，秩秩德音，岱岳登峰天下小。

平时剑气，战时勇气，穷时傲骨气，达时豪迈气，素标俊彦凌霄气。多且好也！灼见真知，身兼数任，辨是非，指挥若定。看今朝锦绣河山：翔鸾集凤，犹记忧欢国永固；农渔包产，厂矿扩权，税盈同课，党政分工。对共和绪业，常抒构想。统一国，存两制，已会签复港收澳，喜传夙愿将酬；拳拳者，至诚置腹，早合台澎心更切。廿纪嘉猷，双番增值，倍钦俊彦襟灵。亿户脱贫，振兴华夏，紧催赤骥欲腾骧。律科孚众望，残陋陈规尽破；开自锢，启自封，肃弊纠偏，控占攻坚领域。漫谓特区刚辟，敬蒙计盖研桑，频频捷报拓琼岛，琢斯玉璞。革故鼎新，外引欧资美技；择优蕴粹，内联私贾公商。裕庶强邦，晖荣百族，环球盛赞亚洲奇迹。奕奕神功，皇皇正道，乾坤斗转泰阶平。

（邓小平故居对联）

这副章联长达500个字，概述了邓小平的生平和丰功伟绩，上下联两两相对，对仗工整，内容丰富多彩，且首尾还将“小平”两字镶嵌其中，巧妙自然。

（三）对偶的美学价值

对偶是汉语辞格花园中一枝盛开不凋的并蒂花，具有很高的审美价值：

1. 整齐匀称的结构美

对偶，尤其是严式对偶要求上下两句字数相等。由于字数相等，常常表现出音节数目相等的特征，因此，使其呈现出均衡美。

对偶以对应位置上词语的词性相同、语意相辅或相反相成，相互补充或相互对立，以两两相对的方式表现其语义分布的平行美。

2. 和谐婉转的韵律美

（1）平仄相间的抑扬美。

对偶不仅讲究典雅、精练和优美，而且讲究抑扬顿挫，给人以悦耳的美感。

⑬ 绚丽乾坤谁幻化，斑斓世界我调和。

⑭金装可口多多乐，玉露清心喷喷香。

例⑬是染料油漆店的商联，该联不但融多种修辞手法于一体，表达了丰富的内涵和磅礴的气势，而且平仄完全相拗，上句是仄仄平平平仄仄，下句是平平仄仄仄平平；例⑭上句是平平仄仄平平仄，下句是仄仄平平仄仄平，这样就形成了抑扬顿挫的音乐美，读来给人一种节奏美感。

（2）铿锵悦耳的音律美。

对偶还常利用叠音、押韵等语音手段，运用反复、回环、顶真等修辞手法，使其声音和谐悦耳。例如：

⑮山好好，水好好，开门一笑无烦恼；
来匆匆，去匆匆，饮茶几杯各西东。

⑯台上笑台下笑台上台下笑惹笑；
看古人看今人看古看今人看人。

上面两例寓意风趣，耐人寻味。在声音上，上例借助了叠音和押韵，下例运用词语的反复，构成了回环往复的音律美。

3. 多姿多彩的内涵美

对偶“寄意于尺幅之中，寓情于片言之外”，因此，它既要言简意赅，又要含蓄典雅，隽永耐品。而要达到此目的，就要调动多种修辞手段。

（1）巧用辞格添加情趣。

1）借助镶嵌增添情趣。

⑰泮水烹茶聊当酒，
溪楼宴客胜于家。

⑱奇乎？不奇，不奇又奇；
园耶？是园，是园非园。

例⑰将“泮溪酒家”名称嵌于上下句中的第一个字和末一个字，构成凤顶格和雁足格镶嵌；例⑱据说是1944年我党设在西安的一个秘密交通站——奇园茶社的楹联，联中四处嵌入“奇园”店名，既有凤顶格、雁翎格，又有峰腰格、雁足格，摇曳多姿，表达了“不奇又奇”，“是园非园”的深刻寓意，实在令人拍案叫绝。

2）借用双关增添情趣。

⑲大将军，骑海马，身披穿山甲，过常山，去斩草寇；
小红娘，坐荷车，头戴金银花，到熟地，接见槟郎。

⑳前门飞马黄金叶，白雀迎春庆丰收。

例⑲是某中药店商联，全部用中药名构成，语义双关，耐人寻味；例⑳巧妙地将一些香烟的品牌名连缀成联，既颇具情趣，又突出了香烟的品牌名称，令人印象深刻。

3）借用回文增添情趣。

㉑客车满载满车客，山货运输运货山。

㉒满意生活生意满，欢心客户客心欢。

上面两例巧用回文，既可以顺读，又可以倒读，构思精巧，趣味盎然。

4）借用顶真增添情趣。

㉓有名店，店有名，名扬四海；
迎客楼，楼迎客，客满一堂。

㉔名店生辉，辉映四方；
红联焕彩，彩照八面。

上例是江苏睢宁县大华饭店老板自己撰写的商联，下例是观光者题赠的对联，两副楹联都巧用了顶真，句句上递下接，首尾蝉联，新奇精巧，妙生情趣。

（2）妙于用典构成情趣。

㉕韩愈送穷，刘伶醉酒；
江淹作赋，王粲登楼。

㉖陶潜善饮，易牙善烹，饮烹有度；
陶侃惜分，夏禹惜寸，分寸无遗。

上面两例不仅均运用了镶嵌辞格，上例嵌入“韩江酒楼”，下例嵌入“陶陶”酒楼的名称，还用了典，上联用了韩、刘、江、王四位文豪的典故；下联也藏有陶潜、易牙、陶侃、夏禹四个名人的典故，读后深感不仅自然贴切，辞约意丰，还别有一番情趣。

（3）借汉字形体构成情趣。

中国汉字是世界上唯一还在使用的表意文字。汉字的表意功能很强。在言语交际尤其是商业交往中，精明的商家借助汉字形趣这一特点，巧妙组成商联，达到招徕顾客的目的。例如：

㉗远迎近送逍遥过，
进退连还运道通。

㉘寂寞守寒窗，寡宿宁宜容客寓，
逍遥游远道，适逢邂逅避迷途。

例㉗是浙江龙游县一家饭店门前的楹联，联中巧妙运用了十四个偏旁相同的汉字将服务周到，财源茂盛的内涵构成商联；例㉘上句十二个字，字字用了相同的部首“宀”，下句十二个字，字字都用“辶”部首的字，表达了联中主人在深山野岭独开客店的感受和乐于为游客服务的情意，真可谓匠心独运，巧夺天工。

（4）善借读音构成情趣。

㉙长长长长长长长，长长长长长长长。

㉚好读书要好读书，好读书要好读书。

例㉙据说是一家豆芽菜店的对联，巧借“长”的两种不同读音传情达意；例㉚通过“好”的两种不同读音，强调“好（hǎo）读书时更要好（hào）读书，好（hào）读书的还可好（hǎo）读书”之意。这种由形、音、义结合的中国汉字撰写出来的对偶，是欧美等众多国家的罗马字所望尘莫及的。因此可以说，它不仅是中华文化中的瑰宝，还是世界广告语中的一朵奇葩。

（四）对偶运用要注意的问题

1. 避免重复

避免重复有两层意思：

（1）避免“合掌”。即指对偶的上下两句意思完全雷同。例如：

㉛华夏传捷报，神州报佳音。

上例“华夏”、“神州”都指中国，“传捷报”、“报佳音”语意也大致一样，因此，该例意思完全相同，即为“合掌”，这是要注意避免的。

（2）避免“犯重”。即指对偶中出现了无规则不必要的重复的字。尤其是对联，更强调这一点，违反了就叫“犯重”。例如：

㉜百药不如此一盏，
一壶方知天地春。

上例是沈阳某保健药品包装上的一副对联，此联不仅平仄不和谐，对仗不工整，而且上句与下句中的“一”字犯重，这是需要避免的。

当然，对偶中的重字，并不是一概否定，但必须重得有规则。大体说来，应符合下列三个规律：

1）上下联重字必须同位。例如：

㉝山外有山山外山，
酒中有酒酒中酒。

例㉝是贵州“酒中酒”的广告，其中两个“有”字就是同位重字，不能视为犯重。

2）上下句重字必须对位。例如：

㉞当行行当，当当当当，不当不当，当不当？当不当？
教长长教，教教教教，宜教宜教，教宜教，教宜教。

上例重字形式，实际上是反复修辞格的运用，要求上下两句反复的字词必须同步同位。上下两句既有连续反复，又有间隔反复，这种反复有规律，不能视为犯重。

3）上下句重字必须交错相对。例如：

㉟舞台小天地，
天地大舞台。

上句的“舞台”对下句“天地”，上句的“天地”对下句“舞台”，都是双音节词交错相对，不能视为犯重。

2. 避免“包孕”

即指上下两句大小、轻重失调。例如：

㊱稻谷堆成山，粮食积满仓。

例㊱上下两句中的稻谷和粮食，不是并列关系，而是属种关系，“粮食”包含了“稻谷”，因此，两句并列在一起，就出现了“包孕”之误。

3. 避免倒置

即指上下两句次序颠倒，违反事理。例如：

㊲提高经济效益，改善管理方法。

㊳当三好学生，学雷锋榜样。

例㊲次序颠倒了，应该先说“改善管理方法”表原因，后说“提高经济效益”表结果才正确。它们是因果关系的串对；例㊳是某中学教室黑板上方的一副横联，也许是张贴致错，使人误以为只有“当三好学生”的人，才会“学雷锋榜样”，其他不是三好学生的，就可以不学雷锋了，这就改变了这一对联的宣传初衷，应该将这两句的左右位置对调一下，变成“学雷锋榜样，当三好学生”才对。

第三节　修辞新格撷介

修辞新格有好几十种，本书限于篇幅，不可能一一介绍。我们将在语文教材中出现过的修辞新格，或者在进行语文教学时可能会用到的某些修辞新格，撷取几种介绍如下：

一、列锦

（一）列锦的内涵

以名词或以名词为中心的定名词组，组合成一种多列项的特殊的非主谓句，用来写景抒情，叙事抒怀，这种修辞手法叫“列锦”①。例如：

①枯藤老树昏鸦，
小桥流水人家，
古道西风瘦马。
夕阳西下，
断肠人在天涯。

（马致远《天净沙·秋思》）

②林教头风雪山神庙。

（《水浒传》回目）

① 谭永祥．现代汉语修辞美学．北京：北京语言学院出版社，1992. 224

例①中的前三句是列锦，它由九个名词性短语分别排列成三组，“每组都可以说是一个镜头，这几个镜头又组成了一幅浑然一体的画面。画面中的每一景物，都是大自然中极其平常的”，“但是平凡的事物一经诗人的艺术组合，便浓重地渲染出一种凄凉肃杀的气氛，并将读者带进荒僻冷寂的艺术境界”[①]。例②是《水浒传》中一个回目的标题，全句由三组名词性词语组成，很好地将这一回所描写的人物、时间和事件呈现出来，标题中虽然没有一个动词，却使林冲的反抗精神动态栩栩地跃然纸上。

（二）列锦的类型

谭汝为认为，列锦可以分为四类[②]：

1. 单句列锦

只有一个句子由名词性词语组合而成，如例②。又如：

③葡萄美酒夜光杯，欲饮琵琶马上催。

（王翰《凉州词》）

④黄河远上白云间，一片孤城万仞山。

（王之涣《凉州词》）

上例中的“葡萄”、“美酒”、“夜光杯”是西域的特产，将它们罗列在一起，借以展示西北边塞的风情；下例中的“一片孤城万仞山”由名词性词组排列在一起，是为了渲染玉门关雄踞于万仞峰峦之上的峭拔之势。

2. 对偶列锦

即双句都是由名词性词语组合而成。例如：

⑤浮云游子意，落日故人情。

（李白《送友人》）

⑥鸡声茅店月，人迹板桥霜。

（温庭筠《商山早行》）

上面两例都是对偶列锦，“把由若干名词或名词性词组联缀组成的两个诗句贯串在一起，‘语不接而意接’，更能调动读者的想象，提高形象的密度”[③]。

3. 三句列锦

即三句都是由名词性词语组合而成。如例①就是三句列锦。又如：

---

① 谭永祥．修辞新格．广州：暨南大学出版社，1996. 204

② 谭汝为．古典诗歌的修辞和语言问题．天津：天津古籍出版社，1994. 32

③ 谭汝为．古典诗歌的修辞和语言问题．天津：天津古籍出版社，1994. 114

⑦黄花庭院，青灯夜雨，白发秋风。

（张可久《人月圆》）

⑧试问闲愁都几许？
一川烟草，
满城风絮，
梅子黄时雨。

（贺铸《青玉案》）

例⑦是三个句子列锦，如古代宝器三足鼎；例⑧正如谭永祥所说：“闲愁，是看不见，摸不着的，不容易写得出色。作者巧妙地把它比作一眼望不到头的芳草，随风飘荡、缭乱无定的满城柳絮，密匝匝、雾蒙蒙纠结不去，十分殢人的黄梅时节雨，多么懊恼的情怀！又是多么形象的比喻！而这形象的比喻（博喻）正是借助列锦的形式，才能使得这个结尾不仅在内容上别有花香，而且在表现手法上也独具特色，堪称全诗之‘压轴’。”正因这一点，作者贺铸获得了“贺梅子”[①] 的美称。

4. 连珠列锦

“三句以上的列锦我们称之为连珠列锦。”[②] 例如：

⑨诗酒社，江山笔。松菊径，云烟屐。

（辛弃疾《满江红》）

⑩烟中树，山外楼，水边鸥。扇面儿，潇湘暮秋。

（张可久《梧叶儿·次韵》）

上面两例都是四句列锦，“运用排比铺陈去穷形尽相地描摹事物，读来如明珠走盘，弹丸脱手，圆转而晓畅”[③]。

（三）列锦的修辞效果

列锦的修辞效果有三：一是言简意赅、辞约意丰，具有很强的艺术概括力，能达到“咫尺万里之势”的艺术效果；二是含蓄隽永、词断意属、形散神凝，往往能给读者留下充分驰骋想象，进行艺术再创造的余地；三是讲求多种修辞手法的综合和语言的锤炼。如上有些例子就是列锦与对偶、互文、用典、设问、比喻等其他辞格的结合

① 谭永祥．修辞新格．广州：暨南大学出版社，1996. 204
② 谭汝为．古典诗歌的修辞和语言问题．天津：天津古籍出版社，1994. 117
③ 谭汝为．古典诗歌的修辞和语言问题．天津：天津古籍出版社，1994. 117

运用[①]，亦收到了锦上添花的表达效果。

二、异称

（一）异称的含义

对同一个人或同一件事物，从不同的视点，给以不同的称谓或称说，叫异称。例如：

①我们这才明白，屋里的米、水、干柴，以及那充满了热情的“请进”二字，都是出自那哈尼小姑娘的手。多好的梨花啊！

（彭荆风《驿路梨花》）

上例中“梨花”和“哈尼小姑娘”是指同一个人。“梨花”是个雷锋式的小姑娘，但再以“哈尼小姑娘”称呼她，不仅使语言活泼多姿，更重要的是使读者从侧面看到了雷锋精神在少数民族地区发扬光大的景象。

（二）异称的类型

（1）连续异称。构成异称的各部分连在一起，作为同位词组一起充当同一个句子成分。[②] 例如：

②正在这紧张的时刻，和宣灏同住一间牢房的共产党员、被捕十年的老同志许晓轩挺身站出来，承认那张纸条是他写的。

（罗广斌，刘德彬，杨益言《挺进报》）

上例中的“共产党员”和“被捕十年的老同志”指的是同一个人——许晓轩，这里，作者巧用异称，从不同角度强调说明了“挺身站出来”的人，是“共产党员”和“老同志”的不平凡的特征。

（2）间隔异称。构成异称的各部分被其他词语或句子隔开。例如：

③二太太把个刚到一岁的小泥鬼交给了他。他没了办法。卖力气的事儿他都在行，他可是没有抱过孩子。他双手托着这位小少爷，不使劲吧，怕滑了下去，用力吧，又怕给伤了筋骨，他出了汗。他想把这宝贝去交给张妈——一个江北的大脚婆子。

（老舍《骆驼祥子》）

---

① 谭汝为．古典诗歌的修辞和语言问题．天津：天津古籍出版社，1994. 118

② 汪国胜等．汉语辞格大全．南宁：广西教育出版社，1993. 552

上例中的“小泥鬼”、“孩子”、“小少爷”、“宝贝”都指同一小孩，是从不同的角度称呼同一个小孩，表现了人物之间的关系、人物的情绪态度，既灵活多变又适切得体。而这几个称呼不是连续运用，中间有其他词语和句子隔开，所以叫间隔异称。

（三）异称的修辞效果

异称从不同的角度介绍同一人物或事物，不仅利于从不同角度认识人物或事物的本质特征，还可以避免呆板，使语言活泼多姿。例如：

④ 柞子树，矮矬矬，
哥哥说我吃得少，
嫂子说我吃得多。
嫂子嫂子不要说话，
迟缓三年我会嫁。
嫁去爷的心肝女，
嫁去娘的茉莉花，
嫁去哥哥的亲妹妹，
嫁去嫂子的大冤家。

（谭永祥《汉语修辞美学》）

上例中的“爷的心肝女”、“娘的茉莉花”，“哥哥的亲妹妹”、“嫂子的大冤家”指称同一个人，即“我”，“我”跟不同人构成了不同的亲属关系。作者巧用异称，不仅利于认知“我”与家庭不同成员之间的矛盾和亲疏关系，还使语言摇曳多姿，极富情趣。

异称在语文教材中可以说比比皆是，如在《绿色蝈蝈》中，就有“狂热的狩猎者”、“笼里的囚犯”、“蝉的屠夫”这些从不同的视角对蝈蝈的称呼；毛泽东《纪念白求恩》中的“白求恩同志”、“白求恩”、“白求恩医生”也是从不同的角度称呼同一个人，语随境移，适切得体。

三、换算

（一）换算的内涵

把比较抽象的或需要特别强调的数字加以具体化、形象化，这种修辞手法叫换算。例如：

①主人告诉我，唐音寺林场是河北省的两大林场之一（另一个是承德专区），木材蓄积量有26万立方米。如果八厘米粗以下的不动，只采伐的第一茬，用20

辆卡车要拉十年。

（侯金镜《漫游小五台》）

上例中“26万立方米”的木材究竟有多少，说不清，道不明，而巧用换算“如果八厘米粗以下的不动，只采伐的第一茬，用20辆卡车要拉十年”，这就将抽象的数字具体化了，形象可感。

（二）换算的类型

（1）比较换算。用比较的方法将数字具体化、形象化。例如：

② 全区（东北区）面积约83万平方公里，虽然还占不到全国总面积的十分之一，但同日本和英国相比，大约相当于两个多日本或三个半英国。

（《中国地理教学参考书》上册）

（2）排列换算。用排列的方法将数字具体化、形象化。例如：

③原子真是小极了。五十万到一百万个原子，一个紧挨着一个排起“长蛇队”来，也只有一根头发直径那么小的一点儿。

（《十万个为什么·什么是分子？什么是原子？》）

（3）等量换算。即用“折合成其他”或换成相等的数字来表达，以达到将抽象的数字具体化、形象化的目的。例如：

④蜜蜂采蜜时的辛勤，可以从这么一个有趣的统计里看出来：一只蜜蜂要酿造一公斤蜂蜜，必须在一百万朵花上采集原料。假如蜜蜂采蜜的花丛同蜂房的距离平均是一公里半，那么，蜜蜂采一公斤蜜，就得飞上四十五万公里，差不多等于绕地球赤道飞行十一圈。

（秦牧《蜜蜂的赞美》）

⑤十年来革命大发展，说不尽这三千六百天。

（贺敬之《回延安》）

（三）换算的运用

如定义所述，换算的作用在于将抽象的数字形象化、具体化，通俗易懂，使人印象深刻。换算运用较广，尤其是通俗科学语体和文艺科学语体中常常运用换算，公文事务语体有时也可运用换算来增强语言的说服力。

四、奇问

（一）奇问的内涵

奇问就是提出奇特问题，无须、无法回答。[①] 例如：

①春眠不觉晓，处处闻啼鸟。夜来风雨声，花落知多少？

（孟浩然《春晓》）

②聪明的，你告诉我，我们的日子为什么一去不复返呢？——是有人偷了他们罢：那是谁？又藏在何处呢？是他们自己逃走了罢：现在又到了哪里呢？

（朱自清《匆匆》）

奇问虽然问得奇特，但并不荒唐，它问得引人思考，但难以作答，这就将其含蓄的表达功能呈现了出来。

（二）奇问与设问、反问、一般疑问句的区别

奇问和设问都是无疑而问。奇问是无须回答，也无从回答，其目的在于引人联想，营造一种意境，从而含蓄曲折地表达自己的真情实感；而设问是自问自答，其作用在于引人重视，发人深思，从而达到强调的目的。

奇问和反问都不要求作答，但奇问是无须、也无从回答；而反问则寓答于问，答案就在问题的反面，构成肯定或否定的内容。

奇问不同于一般疑问句，一般疑问句是有疑而问，要求作答；而奇问则是无疑而问，故作疑问，并不要求他人作答，况且，也无法回答。

五、谲辞

（一）谲辞的内涵

为了某种原因，故意说点与事实不符的谎言假话，也就是假功能信息，这种修辞手法叫谲辞。[②] 例如：

①女人们到底有些藕断丝连。过了两天，四个青年妇女聚集在水生家里来，大家商量。

“听说，他们还在这里没有走。我不拖尾巴，可是忘下了一件衣裳。”

---

① 徐国强．奇问——试拟一种新的修辞格．修辞学研究（第 1 辑）．上海：华东师范大学出版社，1983. 279

② 谭永祥．现代汉语修辞美学．北京：北京语言学院出版社，1992. 208

“我有要紧的话得和他说说。”

“听他说，鬼子要在同口安据点……” 水生的女人说。

“哪里就碰得那么巧，可是俺婆婆非叫我再去看看他——有什么看头啊！”

（孙犁《荷花淀》）

上例中，四个“青年妇女”都想探望自己的丈夫却不直说，而都在寻找借口，用假话来掩饰自己对丈夫的深情。

（二）谲辞的功能

谲辞常常用于文艺语体或交融语体中塑造人物形象。例如：

②每年——特别是水灾、旱灾的时候，这些在日本厂里有门路的带工，就亲身或派人到他们家乡或灾荒区域，用他们多年熟练了的、可以将一根稻草讲成金条的嘴巴，去游说那些无力“饲养”可又不忍他们的儿女饿死的同乡：“还用说，住的是洋式的公司房子，吃的是鱼肉荤腥。一个月休息两天，我们带着到马路上去玩耍。……做满三年，以后赚的钱就归你啦！”

（夏衍《包身工》）

例②作者运用了谲辞的辞格，就把“带工”巧舌如簧的欺骗、狡诈形象入木三分地刻画了出来。

（三）运用谲辞要注意的问题

谲辞最大的特点是“用假话掩饰真情”，因此，假话要“假得其所”，才能起到掩饰真情的作用，倘若假话假得不合情理，就达不到这一效果。

六、移时

（一）移时的内涵

“故意把现代的事物用于古代，把古代的事物用于现代，有意造成事物的时空错位，这种修辞手法，叫移时。”① 如李金斗、陈涌泉表演的相声《武松打虎》，其中有这样一个情节，打虎英雄武松来到景阳冈下的一个酒店，叫酒保拿酒来，有这样一段对白：

①酒保：请问您要喝什么酒？

武松：我要青岛啤酒。

酒保：（把手伸出向着武松，显然是要武松先付钱）

① 谭永祥．修辞精品六十格．太原：山西人民出版社，1993. 196

武松：（明白酒保意）你要什么钱？

酒保：我要外汇券。

"青岛啤酒"和"外汇券"是现代社会的事物，其中的"外汇券"是20世纪80年代外宾到我国境内用他们的外汇兑换成可在我国境内流通的一种替代货币。显然，在武松时代，没有青岛啤酒和外汇券一类的东西，但相声是门语言的艺术，作者故意把现代的事物用于古代，是为了制造幽默，让观众捧腹。

（二）移时的类型

（1）今移古。即把现代的事物用于古代。如例①。又如：

②大凡要亡国的时候，皇帝无事，臣子便谈谈女人，谈谈酒，像六朝的南朝，开国的时候，这些人便做诏令，做敕，做宣言，做电报——做所谓皇皇大文。

（鲁迅《集外集拾遗·帮忙文学与帮闲文学》）

上例中的"宣言"、"电报"是现代社会的事物，却用在了古人的身上，这种故意造成的时空错位，是为了收到风趣、幽默的表达效果。

（2）古移今。即把古代的事物用于现代。如王先生夫妇是一对京剧票友，他们对京剧的热爱常常表现在日常生活中。妻子做好饭，叫王先生来用膳时，不称姓名，而是称"官人"，而王先生回答道："娘子，来了。"显然，其中"官人"、"娘子"是古代的称谓，用于现代人物的称谓上，使语言活泼风趣。

（三）移时的修辞效果

从上面语例可以看出，移时可以使语言幽默、风趣，还可以增强语言的讽刺效果。

七、假悖

（一）假悖的内涵

"把在同一思维过程中，故意违反逻辑上的不矛盾律，拿意义相反或相对的词语组织在同一个语言结构里，以收到精警、强调、讥讽、幽默等表达效果"[①]，这种辞格，叫假悖。例如：

①我爱热闹，也爱冷静；爱群居，也爱独处。

（朱自清《荷塘月色》）

---

① 胡卓学．论假悖．修辞学习，1995（3）

上例将热闹与冷静，群居与独处两组意义相反的词语组合在一起，以达到强调对比的修辞效果。

（二）假悖的种类

根据结构，胡卓学将其分为三种：

（1）平列式。这类假悖“由事物的内部矛盾的属性或两种对立的思想构成”。例如：

②有的人活着，他已经死了；有的人死了，他还活着。

（臧克家《有的人》）

③耳朵里只有不可捉摸的声响，极远的又是极近的，极洪大的又是极细切的，像春蚕在咀嚼桑叶……

（陆定一《老山界》）

上例中的“活”与“死”属于绝对反义词，人要么是生，要么是死，绝对不可能有中间状态，而作者将“虽生犹死”和“虽死犹生”的人并列在一起，显然不是指其生理意义上的“活”与“死”，而是指其精神价值的“活”与“死”，这样的表达令人思而得之，从而达到警醒的修辞效果；下例中的“远”与“近”，“洪大”与“细切”是两组反义词，它们并列在一起，起反衬作用，以细微声息之可闻来反衬长征途中部队在千山万壑中宿营的寂静，使人印象深刻。

（2）包孕式。这类假悖“由事物的全体和部分判断的矛盾形式构成”。例如：

④街上黑沉沉的一无所有，只有一条灰白的路，看得分明。

（鲁迅《药》）

上例“街上黑沉沉的一无所有”与“只有一条灰白的路”自相矛盾，而作者正是运用“这种全体的‘无’和部分的‘有’的判断矛盾，使‘一条灰白的路’显得格外分明，耐人寻味”①。

（3）偏正式。即假悖是偏正结构，常以“A 的 B”或“非 A 的 B”的形式出现。例如：

⑤美丽的暴君，天使般的魔鬼。

（莎士比亚《罗密欧与朱丽叶》）

---

① 胡卓学．论假悖．修辞学习，1995（3）

⑥孤儿们 3 000，不幸的幸存者。

（钱钢《唐山大地震》）

上例即以“A 的 B”形式构成假悖，下例以“非 A 的 B”形式构成假悖，上面两例都是偏正式结构的假悖。

（三）假悖的修辞效果

在假悖的定义和例句的分析中，其实已阐明了其修辞效果，或精警、或强调、或讥讽、或幽默。假悖之所以能产生这样的修辞效果，是因为它充分利用了逻辑上的不矛盾律来增强语言的表达效果。不矛盾律要求我们在论述的过程中，不能出现自相矛盾的逻辑错误，否则就违反了不矛盾律。但假悖却故意违反这一规律，有意运用自相矛盾的词语，使其相“悖”，而实际上却符合对立统一法则。这种表面看似矛盾而实际上不矛盾的“假悖”言语现象，能引人注意，发人深思，继而感悟出表达者的独具匠心，达到使人印象深刻的目的，这就是假悖的修辞魅力。

第四节　辞格与语文教学

一、辞格教学的误区

语文教学中的辞格教学，存在着一些误区，主要表现在以下两个方面：

一是重辞格辨认，轻辞格功能的教学。长期以来，在辞格教学中注重讲授辞格的定义、结构形式，对于一些容易混淆的辞格，如比喻与借代、排比与对偶等不乏着力讲授它们的区别等，一句话，就是比较注重辞格的辨认教学。而对辞格功能的教学，却如蜻蜓点水，停留在贴标签式的表层，如比喻的形象生动，对偶的整齐匀称等。这种贴标签式的辞格功能教学模式，二十多年前就有学者提出过批评：“我听过一些中学老师讲修辞知识，发现教学上存在不少问题，其症结所在，就是理论脱离实际。比如讲‘比喻’，只讲解一下什么叫比喻，然后举几个例子就完了。不管什么辞格，都千篇一律地念六字经——具体、形象、生动。他们无视辞格和语言环境的关系，不具体分析辞格的表达作用。这样讲修辞知识，显然用处不大。”① 二十多年过去了，语文教学中的辞格教学虽然也有所改进，但改进不大。

这种片面认识，还表现在辞格的综合运用教学方面。对辞格的综合运用也往往只辨认它们属于何种形式，是连用、兼用还是套用，而它们连用、兼用或套用有何作

---

① 吴清．应该把修辞知识贯穿到语文教学的全过程．修辞和修辞教学．上海：上海教育出版社，1985

用，有何特殊的修辞功能，也只是蜻蜓点水，一带而过。这样的辞格教学，似乎不是为了运用，而是为了考试。而在某一段时期里，高考明确规定不考辞格之后，那就更不重视辞格的教与学了。

二是辞格教学重形式，轻应用。这主要表现在辞格教学很少结合语境、语体来讲授它们的用法。因此，辞格教学从教师身上反映出来的，是只教会了学生辨认几个辞格而已。其实，早在 1986 年，袁晖先生在《试谈辞格的运用》中就率先探讨了辞格运用与语境的关系及语体分布问题。① 遗憾的是这些真知灼见未能引起语文界的重视，直至现在，在部分语文教师中，语体还是一个不十分熟悉的术语，更谈不上研究和应用了。

不可否认，辞格教学首先要掌握它们各自的定义，分辨各种辞格之间的差异。但掌握辞格的定义和分辨它们之间的差异是为了更好地应用。因为辞格不仅有很大的应用价值，而且随着西方认知语言学的诞生，辞格的认知价值更引起了众人的瞩目，值得我们重视。

二、辞格在语文教学中的作用

在本章第一节，我们论述了辞格的功用与地位，辞格在语文教学中有什么作用呢？用一句话可以概括，那就是认知作用。在语文教学中，辞格的认知作用可以贯穿语文教学的全过程，无论是对于课堂阅读教学，还是口语交际和书面语写作教学，辞格都有一定的作用。

在语文阅读教学中，辞格对于各级语用单位的教学都有重要的作用。

首先，有了辞格知识，利于认知语篇的整体格局。任何一个语篇都是表达主体为了实施一定的表达意图的言语行为。表达者如何通过语言载体来实施自己的意图，这是表达主体首先应该考虑的问题。但在实施言语意图的过程中，不同表达主体有不同的表达方式和不同的表达风格。为了使语篇的层次清晰，在谋篇布局时，有的借助语法手段，或并列、或承接、或因果、或总分等，但总离不开运用辞格来谋篇布局。借助辞格的思维方式来谋篇布局，是作者常用的手法。而用在谋篇布局上的辞格就有比喻、比拟、双关、反复、层递、顶真、仿拟、对偶、排比等。因此，在课堂阅读教学中，掌握了辞格知识，首先利于认知作者谋篇布局的思维方法和表达手法。这一点，在第三章第二节中已有论述。

其次，有了辞格知识，利于认知语篇中的衔接手段。辞格可用来衔接句与句构成语段、也可衔接段与段构成语篇。例如：

①大理花多，多得园艺家定不出名字来称呼。大理花艳，艳得美术家调不出

---

① 袁晖．试谈辞格的运用．修辞学习，1986（6）

颜色来点染。大理花娇，娇得文学家想不出词句来描绘。大理花香，香得外来人一到这苍山下，洱海边，顿觉飘飘然不酒而醉。

（曹靖华《花》）

②这种新民主主义的文化是民族的。……

这种新民主主义的文化是科学的。……

这种新民主主义的文化是大众的。……

（毛泽东《民族的科学的大众的文化》）

上例借助排比，将句子与句子衔接起来构成语段；下例全文分成三段，而每段的开头，作者都用相同的句子反复来提挈下文，将三个段落衔接起来构成语篇。辞格在上面两例中，不仅起了衔接作用，还显示其层次的清晰，将它们的并列关系呈现出来。

再次，有了辞格知识，利于认知词句的面貌和修辞作用。辞格不仅是增强语言表达效果的手法，还是汉语词语产生的手段。如比喻、借代、夸张、仿拟等辞格既是表达手法，又是词语产生的构词（含短语）法。如手足、羽翼、桃李、狼藉等是比喻造词；山河、东方、西方、杀青、请缨、手无寸铁等是借代手法产生的词语；飞舟、怒发冲冠、羊肠小道等是夸张手法建构的词语；后进、科盲、交际草、家庭妇男等是仿拟手法构成的词语；手纸、卫生间、长眠、后事等是通过婉曲手法产生的词语，等等。这些通过辞格产生出来的词语，不再是临时的辞格了，它们已经凝固成词语的语义了，叫做“修辞义”。“修辞义”是与基本义、引申义相并列的词义类型，而在词典中只提基本义、引申义、比喻义是不全面的，因为不仅有比喻义，还有借代义、夸张义、婉曲义等多种修辞义。① 因此，在语文教学中，要启发学生认知这一类词语产生的源头，从而更能领悟这类词语的表现张力。

事实上，在语文教学中，有的词语仅靠查字典是无济于事的。而用辞格的眼光，就能够解读其丰富的内涵。例如，《琵琶行》中“妆成每被秋娘妒”，对此句中“秋娘”一词的解说，众说纷纭，有的说是指得宠于唐宪宗的杜秋娘，有的说是指唐李德裕的家姬谢秋娘，其实，作者在此用借代手法，以特称代泛称，只不过是用“秋娘”这一特称来指代一流名妓这一泛称罢了。②

有了辞格知识，还能准确解说一些涉及辞格的词语现象。例如：

③她们是替带工赚钱的“机器”。……老板娘拿起铝桶到锅子里去刮了一些

---

① 白茎．词的修辞义和构词的修辞方法．语文月刊，1991（10）

② 姜守传．修辞格与中学语文教学．修辞学习，1987（2）

锅巴、残粥，再到自来水龙头边上冲上一些冷水，用她那刚梳过头的油手搅拌一下，气烘烘地放在这些廉价的“机器”们前面。

（夏衍《包身工》）

上例两处“机器”在语文教学中往往只看作借代，其实，它们不仅仅是借代，还有比喻的意思在内，因此，我们认为应该是代喻或喻代（即借喻），因为它们代中有喻，喻中有代，叫“代喻”或“喻代”要比叫“借代”好，更能呈现其融合性结构和融合性功能的特点，既然是融合性的辞格，即比喻和借代水乳交融地融合在一起了，那么，再分别看作借代或者只看作比喻，都有失偏颇，而看成喻代（或代喻）才能准确地反映出它们的全貌。

有了辞格知识，在语文教学中，还能深化对词语的理解。例如：

④暴风雪在飞扬着……

1943 年的海莱山区，颤栗在凛冽的寒冬里……

风卷着雪花，狂暴地扫荡着山野、村庄、摇撼着古树的躯干，撞开了人家的门窗，把破屋子上的茅草，大把大把的撕下来向空中扬去，把冷森森的雪花，撒进人家的屋子里，并且在光秃秃的树梢上，怪声地怒吼着、咆哮着，仿佛世界上的一切，都是它的驯顺的奴隶，它可以任意的蹂躏它们，毁灭它们……

（峻青《党员登记表》）

上面这段文字的教学，不少教师都注意到了其中的动词运用得好，但如何好，往往只停留在“形象”、“生动”、“有力”的标签式的教学层面。而徐子祥却看到了辞格在这段文字中的特殊作用，他认为：“这段仅有一百四十多字的景物描写中，由于作者连续运用了‘联边’之法构成九个词语和接二连三地用了‘扫、摇、撞、撕、扬、撒’等同一偏旁的动词，生动形象地描写了暴风雪肆虐的景象，使人感受到风之猛，雪之狂，天之寒，从而充分地衬托出白色恐怖的残酷，并暗示着英勇不屈的海莱山区人民在党支部的领导下与日伪侵略者进行着艰苦卓绝的殊死斗争。”[①] 这种分析很有道理。确实，这段文字中联边辞格的运用，对语义的突显、深化起了重要的作用。同时我们还认为，这段文字也绝不是纯粹的景物描写，还有双关手法的运用，因为作者“言在此，意在彼”的用意是很明显的。

总之，有了辞格的知识视野，将大大利于语文阅读教学，从体式而篇章，从句子而词语乃至言语风格，都能准确理解表达者的深刻内涵。

在口语交际和书面语写作教学中，掌握辞格知识，也大有好处。辞格既是增强语

① 徐子祥．“联边”突显，以形突貌．修辞学习，1995（5）

言表达效果的手法，又是一种认知思维的方式。那么，我们可以充分利用它们来为口语交际和书面语交际教学服务。如上文提到的仿拟教学，就是一条行之有效的途径。如在给学生讲比拟时，可用某一事物为题，让学生进行仿词、仿句甚至是仿篇的练习；在进行比喻教学时，也可以人物命题，让学生进行仿词、仿句甚至是仿篇的训练……这种训练多了，久而久之，就能提高学生的口语交际能力和书面语的表达能力。

三、如何加强辞格教学

在辞格教学中，对辞格的辨认是基础。倘若对各种辞格都分辨不清，运用它们将成为空中楼阁，所以辞格的辨认是很重要的。但仅仅能辨认辞格是远远不够的，我们还要在此基础上，加强辞格教学。如何加强？可从以下三个方面入手：

（一）加强辞格功能的教学

1. 强化辞格审美功能的教学

（1）个体辞格美感研究与认知。

辞格有比较深厚的魅力，而“魅力问题归根到底是美和美感问题”[①]。辞格有何美感，尽管这方面的研究还是凤毛麟角，但这些稀少的研究也给了我们不少的启示。语文教学中，借鉴他们的理论可以开阔视野，增强对辞格审美功能的认知。

最早挖掘辞格审美功能的是陈望道。他在《美学概论》等文中，用美学的观点分析了反复、对偶、错综、映衬、比喻、层递、双关、藏词、衬托和借代等十个辞格的美感。吴士文在《修辞格论析》中，也对辞格美感进行了具体分析，补充和深化了陈望道的观点。此外宗廷虎等对辞格的美感也有深入的研究。我们综合他们的观点，将部分传统辞格的美感收录如下：

1）反复，“原本只是一个极简单的形式，但颇可以随处用它，以取得简纯的快感”[②]；

2）对偶，“在形式方面实是普通美学的所谓对称”，呈现一种整齐匀称的美[③]；

3）排比，如陈骙《文则》中所说，可以“壮文势，广文义”，“能呈现出一种整齐有力的美”[④]，有酣畅淋漓，一泻千里之感；

4）夸张，“重在主观情意的畅发，不重在客观事实的记录”，它“能唤起听读者的幻觉，形成一种美感”[⑤]；

---

① 吴士文．修辞格论析．上海：上海教育出版社，1986. 211

② 陈望道．陈望道修辞论集．合肥：安徽教育出版社，1985. 107

③ 宗廷虎．探索修辞的美——《修辞学发凡》与美学．修辞学发凡与美学．上海：复旦大学出版社，1983. 407

④ 吴士文．修辞格论析．上海：上海教育出版社，1986. 212

⑤ 宗廷虎．探索修辞的美——《修辞学发凡》与美学．修辞学发凡与美学．上海：复旦大学出版社，1983. 407

5）婉转、避讳、双关，具有含蓄的美，“有的婉转、双关手法还能表达‘意在言外’、‘言尽而意不尽’的情意，唤起听读者的想象，进而回味那言外隽永深长的情思和意趣”①；

6）回环，“让人产生一种柔和、饱满的美感，使人精神愉悦产生快感”②；

7）错综，能呈现出一种比例美，参差变化美，其美感“至少不在对偶下”，“用了错综辞法，则同中有异，单调平板等毛病便自消灭了”。错综“表现一种变化和参差的美，与整齐匀称的美一起，组成矛盾的统一体”③；

8）映衬，是“两个极不相同的东西并列在一起，其间相去很远”，具有“对比美的形式”④；

9）层递，“具有层累美”，“层累即逐渐增加的形式，如山峰逐级增高，色彩逐渐浓重”⑤；

10）衬托，具有调和美，调和是“两个极相接近的东西并列在一处，其间相差很微”，“并无什么触目的变化，所以我们接触到它时，也就每每觉得它有融洽、优美、镇静、深沉等情趣”⑥；

11）比喻、双关、藏词、借代，属于“联想内容”，而联想内容是“属于美意识范围之内的”⑦，等等。

（2）辞格美感的分类研究与认知。

对辞格美感分类研究最值得称道的是王希杰，他在《汉语修辞学》中将31个辞格按照美学的原则概括为四类，即均衡、变化、侧重、联系四大美感体系。其主要观点是：

运用对偶、排比、对照、顶真、回环等辞格，可以使语言匀称整齐，气势贯通，从而使语言产生均衡的美感；

运用双关、反语、夸张、婉曲、析字、顿跌、曲说等辞格，可使语言含蓄、幽默、风趣，变化多姿，从而产生一种变化的美感；

运用反复、递进、映衬、设问、反问、衬托等辞格，可使语义得到强调或深化，使语言重点突出，从而产生侧重的美感；

运用比喻、比拟、借代、拈连、移就、仿拟、引用、象征和暗示等辞格，通过两种相似、相关事物的巧妙联系，从而使语言产生一种联系的美感。

---

① 宗廷虎．探索修辞的美——《修辞学发凡》与美学．修辞学发凡与美学．上海：复旦大学出版社，1983. 407

② 时煜华．论回环辞格的形式美．修辞学论文集（第1集）．福州：福建人民出版社，1983. 452

③ 吴士文．修辞格论析．上海：上海教育出版社，1986. 212

④ 陈望道．陈望道文集·美学概论（第2卷）．上海：上海人民出版社，1980. 48

⑤ 陈望道．陈望道文集·美学概论（第2卷）．上海：上海人民出版社，1980. 50

⑥ 陈望道．陈望道文集·美学概论（第2卷）上海：上海人民出版社，1980. 47

⑦ 吴士文．修辞格论析．上海：上海教育出版社，1986. 212

王先生对辞格的美学价值作了高度的类别概括，对我们有重要的启迪作用。正如吴士文所说，这“不能不说是一种创见”①。

（3）辞格美感的整体认知。

正如一个人生下来就具有各自的特征一样，辞格之所以有其各自的美感，是由其自身的“基因”决定的。辞格之所以成为辞格，是因为其必定有增强语言表达效果的美感基因存在。而这些美感基因是静态的，只有当它们进入动态的言语之后，辞格的美感基因才可能被激活，才能活生生地呈现在读者的面前，具体可感。例如：

①在昆明乡下，一年四季，本来早晚都可以听到各种美妙有情的歌声。……这条路得通过些果树林、柞木林、竹子林和几个大半年开满杂花的小山坡。马上一面欣赏土坎边的粉蓝色的报春花，在轻和微风里不住点头，总令人疑心那个蓝色竟像有意模仿天空而成的；一面就听到各种山鸟呼朋唤侣，和身边前后三三五五赶马女孩子唱着各种本地悦耳好听的山歌。

（沈从文《云南的歌会》）

上例中，作者巧妙调动了“报春花”和“各种山鸟”，赋予它们人的动作与情感：“粉蓝色的报春花，在轻和微风里不住点头”，“各种山鸟呼朋唤侣，和身边前后三三五五赶马女孩子唱着各种本地悦耳好听的山歌”。这样，既形象地描绘出云南的美景，又衬托出云南女孩子们那极富地域特色的“悦耳好听”的山歌。这就是静态的比拟基因被激活后，呈现出来的动态栩栩的动感美。而各种辞格都像上例一样，进入具体的语用领域，都可能呈现出各种各样的美感来，我们应善于认知。

辞格的运用对于形成各种言语风格也有一定的作用，它是形成言语风格美感形态的重要手段，因此，辞格的美感还可以从其形成的各种风格呈现出来的审美效应来观察。例如：

②……眼下什么都和文化有关，什么都认文化为爹娘。

头发是文化，眼睛是文化，嘴唇是文化；纤纤玉手是文化，三寸金莲是文化；衣裤鞋裙旗袍是文化，舞厅酒吧卡拉 OK 是文化；霓虹灯梧桐树是文化，橱窗广告是文化；汽车三轮车是文化，茅草棚摩天大楼是文化；大饼油条风味小吃是文化，快餐豪宴四川火锅是文化；香烟老酒茶叶是文化，牙刷牙膏肥皂木拖板阿福帽是文化；斗鸡斗牛斗羊斗蟋蟀是文化，集邮集币集票证是文化；花是文化，石头是文化；黄土红土是文化，太阳月亮是文化；脚桶马桶煤球炉是文化，石库门小洋房亭子间是文化；金银首饰是文化，蜡染扎染是文化；皇历阴历春节八月半是文化，星座公元圣诞节情人节是文化；中药西药是文化，喜庆婚丧是文

① 吴士文．修辞格论析．上海：上海教育出版社，1986. 212

化；胡同弄堂老街高速公路是文化，化妆品餐巾纸盥洗室是文化；冷饮是文化，热狗是文化；宫廷是文化，百姓是文化；女人是文化，男人是文化，性是文化；小河流是文化，大江奔腾是文化；沙漠是文化，高山是文化；衣食住行是文化，吃喝玩乐是文化；东西南北是文化，天地方圆是文化；大文化小文化雅文化是文化，没有文化创造文化也是文化……文化实在太多太多，以至忍不住要用一句似曾相识的话来形容这支庞大的文化队伍："文化是个筐，什么都能往里装。"

（马尚龙《文化》）

上例中运用了48个结构相同的句子排比，串联了社会上流行的一百多种"文化"现象，从内容表面看去，这些冠以"文化"美称的现象，似乎是在重视文化、宣传文化、弘扬文化，实则是在搅乱、混淆、抹杀文化与非文化的界限，以达到浑水摸鱼，推销自我，谋取私利的目的。这里作者寓翔实的材料于幽默诙谐的语言之中，并巧妙构成了这组气势恢弘的排比，不仅大大增强了文章的讽刺性，还给人以紧凑、密集、一气呵成、一泻千里的磅礴气势美感。

语文教材中，这样的例子也很多。如刘成章的《安塞腰鼓》，文中大量排比、比喻的运用，展现了腰鼓舞火烈、壮阔的磅礴气势，呈现出雄浑、豪放语言的阳刚之美。类似这样，不同辞格的大量运用都可以展现不同的风格，有的藻丽，有的质朴；有的繁丰，有的简约；有的直率，有的含蓄，等等。而不同辞格的大量运用都能展现出它们各自不同的风格美感，我们也要善于捕捉。

可见，在辞格教学中应深刻挖掘辞格的美感效应，这样讲授辞格才有价值。

2. 强化辞格认知功能和方法论功能的教学

如上所述，各种辞格都有自己的审美价值，有的辞格还有认知价值。如对偶有什么价值？祝克懿是这样阐述的："其词句千锤百炼，音韵严谨端丽，阅之有珠联璧合之感，读之有敲金戛玉之声。其整炼有序的句式，排比而来的夸张语气，形成了一种富丽堂皇的语势，其通体才高而辞赡，垂范后世的修辞方式，塑造了或典雅、或淳美、或清丽、或整赡的语言风格，成了汉语美质美文的标志。并且以精致的品质和示范性，奠定了它在文学和语言中的至高地位。可以说，对偶正是作为一种认知方法，滋养着、浸润着汉语的文坛、艺坛，为汉语写作的表达和理解提供了方法论的意义，为汉语写作的整齐华赡、弘博丽雅提供了一种语言学的保证。"①

这里，祝教授为我们认识对偶的审美功能和认知功能作了示范。类似这样，在语文教学中，教师不仅要讲清其审美功能，还要讲清具体辞格对于我们认知客观世界的功用。如在讲授比喻时，要启发学生认知比喻是运用相似联想产生的对客观世界的认知作用；讲授借代时，要讲清如何运用邻近联想（即相关联想）来表达客观存在事物的相关性；讲授通感时，要让学生知道可以运用人的五官感受相互沟通来认知陌生的

① 祝克懿．论对偶在汉语写作中的认知意义．复旦大学学报，2006（3）

事物；讲授仿拟时，不仅要认知其结构，还要进行模仿说话作文，让学生举一反三。这样，不仅使学生掌握了辞格的定义、结构及表达功能，还能将辞格看作是认知世界的手段和方法，使学生倍添学习辞格的兴趣，大大提升辞格的应用价值，运用这些认知性辞格来认知世界的各种事物，从而加强辞格的认知功能和方法论的教学。

（二）加强辞格语体分布的教学

辞格的运用与语体密切相关。辞格运用受语体制约，不同语体选用不同的辞格，语体是辞格运用的前提。

语体分口语语体和书面语体，两种语体比较而言，口语语体运用的辞格没有书面语体运用的辞格那样丰富多彩。但口语语体无论是日常谈话体、即兴演讲体还是其他的口语语体，都常常运用比喻、夸张、设问、反问、对比、引用、双关、婉曲、呼告等一类的辞格来加强口语的形象感和变化感。例如：

他考上了重点大学，把他们全家高兴死了！（夸张）
这样的好事，你以为我不知道？（反问）
真是“儿行千里母担忧”啊！（引用）
老总，您真是救了我们公司啊！（呼告）
科学巨星钱老走了！（婉曲）

书面语体分为文艺语体和非文艺语体，也因不同的语体而选用不同的辞格。文艺语体依靠形象思维来塑造形象，表达感情，感染读者。文艺语体的这种功能要求其语言讲究形象性，而形象最有效的手段就是运用辞格。从文艺语体的体裁看，无论是散文、小说、诗歌或者戏剧，对辞格都“全面开放”；从表达手法看，无论是叙述、描写、议论还是抒情，都可运用各种辞格；从内容看，无论是写人、叙事，还是写景、状物，都可运用辞格。总之，所有的辞格都可用于文艺语体的任何领域。辞格在文艺语体中，不仅使用频率最高，而且种类齐、数量多，辞格在文艺语体中呈现出的这些特点，是其他书面语体难以望其项背的。我们比较了相同字数的书面语体，文艺语体对辞格的开放度最大。此外，辞格在文艺语体中运用的形式也多姿多彩，连用、套用、融合运用比比皆是。即使是运用同一辞格，也不是一个面孔，而是千姿百态，如运用比喻就有博喻、较喻、通喻、层喻等，令人目不暇接。

非文艺语体中的三类分体——政论语体、科学语体和应用语体，由于它们运用的交际领域和服务对象不同，因而，对辞格的选择也有很大的差异：

政论语体以宣传主张，阐述道理为宗旨，其语言除了要有严密逻辑性、强烈的鼓动性外，还要有一定的文学色彩，这样才能感染人、打动人。因此，它既注重逻辑思维的严密论证，又注重运用形象思维进行描绘。而鲜明的对比，发人深思的设问，强有力的反问，化抽象为具体、化深奥为浅显的比喻，加强语势的排比，强化印象的对偶，层层说理的层递等辞格在政论语体中屡见不鲜，它们的运用，使得语言周密严谨，层次清晰，重点突出，说服力强，从而更好地体现政论语言的严密性、战斗性和文学性的特点。例如：

③射箭要看靶子，弹琴要看听众，写文章做演说倒可以不看读者不看听众吗?

（毛泽东《反对党八股》）

④登高而招，臂非加长也，而见者远；顺风而呼，声非加疾也，而闻者彰；假舆马者，非利足也，而致千里；假舟楫者，非能水也，而绝江河。君子生非异也，善假于物也。

（荀子《劝学》）

上例为了说明“写文章做演说”要看读者和听众，将比喻和反问融为一体，形成融合型变式比喻——诘喻。本来反问就不需要回答，而这里将寓答于问的答案置于形象生动的比喻之中，这就更加清晰形象地将道理呈现在读者的面前；下例前面以四个喻体作为类比推理的前提，推出最后“君子生非异也，善假于物也”的结论，这就很有说服力。

科学语体以准确而系统地阐述科学现象和原理为己任。它又可分为专门科学语体和通俗科学语体两类。专门科学体的专业性很强，严谨，周密，在辞格的运用上封闭性很强，一般情况下，运用引用、设问、对比、排比、对偶、换算等少量的辞格，而夸张、反语、双关、婉曲、比拟、借代、摹拟、回环、拈连、仿词、呼告等描绘性的辞格在专门科学语体中不用甚至不能用，因为这类辞格带有很强的感情色彩和形象色彩，与客观性的修辞要求相悖。专门科学体即使偶尔运用比喻一类的辞格，也不是为了语言的形象生动，而是为了准确、简明地阐述科学现象，增强文章的说理性。通俗科学语体以深入浅出地阐述科学道理为主要特征，其语言要准确、简明。因此，它不追求语言的艺术性，而受通俗性的制约。在辞格的运用上，通俗科学语体不像文艺语体那样对辞格的开放性大，但也不像专门科学语体那样对辞格有较大的封闭性。它可以使用一些化抽象为具体、化深奥为浅显的辞格，如比喻、换算等，从而达到通俗地说明科学道理的目的。例如：

⑤如果说自然的智慧是大海，那么，人类的智慧就只是大海中的一滴水，虽然这个水滴也能映照大海，但毕竟不是大海，可是人们竟然不自量力地宣称要用这滴水来代替大海。

（严春友《敬畏自然》）

上例为了说明人类不能正确看待自己与大自然的关系，用“大海”和“大海中的一滴水”来打比方，而“人们竟然不自量力地宣称要用这滴水来代替大海”，这就将人与自然的抽象关系十分具体形象地呈现出来，收到了化抽象为具体的表达效果。

应用语体是国家机关、企事业单位、社会团体以及社会成员在日常工作和生活中处理日常公私事务使用的具有直接实用价值的惯用体式。应用语体不追求语言的形象生动，但追求语言的准确、简约。应用语体一文一事，格式性很强，绝不允许张冠李戴。应用语体的这些特点制约了辞格的运用，常用的辞格有排比、层递、引用、对比、对偶、设问、反问、精警、换算、缩略等，一般不用双关、比拟、反语、夸张、折绕等，慎用比喻、借代等，即使偶用比喻一类辞格，也不是为了形象生动，而是为了使语言简洁明了。如用“钢铁长城”代“人民军队”，用“军民鱼水亲”喻军民关系，等等。

综上可以看出，辞格的运用与语体的关系是十分密切的。

（三）加强辞格群的教学

1. 辞格群的内涵

“辞格群”即辞格的综合运用。“辞格群”是庄关通提出来的术语。他认为，辞格群是“在一个句子或句群里出现的，以一定形式凝聚在一起，艺术地表达一个完整意思的两个或两个以上辞格构成的群体”①。

不称“辞格的综合运用”而称“辞格群”，庄先生论述了两个原因：一是辞格的“综合运用只体现人们采用辞格的主观能动性，但还不能体现辞格群体出现的客观性”；二是“综合运用体现不出语义范围和句子多寡的限制”。②

庄先生的看法有一定道理，因此，我们推荐使用“辞格群”这一术语。但有一点不同的是，在运用和分析辞格群的时候，不局限于句子和句群，还可以是大于它们的言语片断。

2. 强化辞格群的类型及其美感形态的教学

辞格群是一种常见的修辞现象，不仅使用频率很高，还有重要的应用价值和审美价值。因此，在进行辞格群的教学时，既要注意讲清类型，又要注意其美学价值的挖掘。

（1）连用式。在一个语言片断中接连运用几种辞格，而这几种辞格的关系是并列的。这类辞格的综合运用，即为连用式。它又可分为两小类：

1）同类连用。即同类辞格接连运用。它如同项链上再镶着珍珠，闪烁同一光彩的地方，即是同类辞格所在之处，这种同类辞格的连用，利于强化同一功能的表达效果。如上面例③。又如：

---

① 庄关通．辞格群刍议．镇江市师范高等专科学校学报，1991（1）

② 庄关通．辞格群刍议．镇江市师范高等专科学校学报，1991（1）

⑥离开渔岛，走上海岸，只见千百条水渠，像彩带似的，把无边无际的田野，划成棋盘似的整齐方块，那沉甸甸的稻谷，像一垄垄金黄的珍珠；炸蕾吐絮的棉花，像一厢厢雪白的珍珠；婆娑起舞的莲蓬，却又像一盘盘碧绿的珍珠。

（谢璞《珍珠赋》）

上例是同类辞格——比喻的连用，形象地将水渠、田野、稻谷、棉花和莲蓬五种事物的形态呈现出来。

2）异类连用。即不同辞格接连运用，它也如项链上再镶珍珠，闪烁不同色彩的地方，即是不同类型的辞格所在之处。这种不同辞格的连用，可以使语言色彩斑斓，更具吸引力。例如：

⑦惨象，已使我目不忍视了；流言，尤使我耳不忍闻。我还有什么话可说呢？我懂得衰亡民族之所以默无声息的缘由了。沉默啊沉默，不在沉默中爆发，就在沉默中灭亡。

（鲁迅《记念刘和珍君》）

上例先用对偶，后用反问，再用反复，最后用对比，四种不同的辞格一个接着一个运用，共同表达作者无比愤怒的心情，这是异类辞格的连用。

如果说辞格的单用呈现的美感是一点，犹如女士服装上的胸针，起装饰作用，那么辞格的连用，无论是同类还是异类连用，它们呈现的美感是一线，犹如一条镶着珍珠的项链，每个珍珠的闪光点就是辞格之所在。同类辞格的连用闪烁着同一光彩，异类辞格连用则五彩缤纷。这种在形式上鱼贯而下，在意义上互为补充的连用式辞格群，比辞格单用要有魅力得多。

（2）套用式。又叫包孕式，它指一种辞格中又包含着其他辞格，形成大套小的包孕关系。

套用式辞格群，几个辞格的“地位是不平等的，往往是统率地位的辞格带领从属地位的辞格。从表达上看，处于统率地位的辞格是表达效果的主要体现者”[①]。就是说，套用式辞格群，有主有次，最外层的辞格包孕着里层的辞格，那么，最外层的辞格为主，其语义和功能大多体现在外层辞格上，里层的辞格起补充说明外层辞格的作用。例如：

⑧它们有的像羽毛，轻轻地飘在空中；有的像鱼鳞，一片片整整齐齐排列着；有的像羊群，来来去去；有的像一床大棉被，严严实实地盖住了天空；还有

① 袁晖．试谈辞格的运用．修辞学习，2006（6）

的像峰峦、像河流、像雄狮、像奔马……

（朱泳燚《看云识天气》）

上例是排比中套用比喻，因此，排比的功能是主要的，将天上的云的各种形状排列出来，概括而集中地说明了它们令人目不暇接的“姿态万千”的景象。

套用式辞格群的美感如锦簇花团，集中、形象、有力地展现其外在的整体美和内在的层次美，给人以深刻的印象。又如：

⑨走进昆明市东南方约一百二十公里的石林，满眼尽是成群、成列的石柱、石峰和石壁……真是一座奇趣的天然博物园。

它既像一个动物园，有的如大象、卧牛、野熊，高踞石台，俯视群山；有的如孔雀，正在用嘴梳理翅膀，悠然自得；有的如双鸟同巢，趣味盎然。

它又像一个植物园，有的如塔松，有的如竹笋，有的如蘑菇，有的如荷花，有的如瓜果，争奇斗艳。

它像是一幅幅立体画，有的如老人，漫步从容；有的如母子，相伴而游；有的如仪仗队，站在道路两旁，英姿威武，……

它还像是一座武器库，有的如利剑，有的如导弹，有的如战车，有的又很像核爆炸形成的蘑菇云。

（刘凤玲《融合型变式比喻分类浅谈》）

上例“石林……真是一座奇趣的天然博物园”，是最外层的大比喻，其中又包孕着四个中层比喻“像一个动物园”、“像一个植物园”、“像是一幅幅立体画”、“还像是一座武器库”，而在这四个中层比喻中又各自再包孕着多个小比喻。这样层层描绘，喻中有喻，将石林千姿百态、景象万千的风光呈现出来，使人如临其境，如见其形，给人一种咫尺百折、绕梁三日之感，令人心旷神怡。这就是套用式辞格群如锦簇的花团一样呈现出来的语言魅力。

（3）融合式。两种或两种以上的辞格水乳交融地融合在一起，这种融合式辞格已分不清哪里是甲辞格，哪里是乙辞格，它们相辅相成，相得益彰，形成具有综合效果的辞格群。“融合式”有的学者称“兼用式”，之所以称“兼用式”，是因为它从这个角度看是甲格，从另一个角度看是乙格，身兼数格。但我们认为，称“融合式”要比“兼用式”好，更能突出辞格群融合在一起的多种修辞功能，而用“兼用式”，只能体现其结构的类别而忽略了对其表达功能的认知。

融合式既然是两种或两种以上辞格水乳交融地融合在一起，它们就已经是一种新型的多辞格的融合结构了。因此，我们在分析这类辞格群时，不要再将它们分解开来解说，而应给予一个新的名称。例如：

⑩祖国是一座花园，北方就是园中的腊梅，小兴安岭就是一朵花，森林就是花中心蕊。

（郭小川《祝酒歌》）

上例是比喻与层递的融合，可称为层喻。如果我们再分别看成是比喻和层递两种辞格，层递能成立，第一句的比喻也是成立的，但后三句的比喻没有相似点，就不能成立了，可见，将这个例子看成融合式辞格群——层喻更科学些。

融合式辞格群有时还有三种或三种以上辞格融合运用现象，遇到这种情况，统称“融合式辞格群”即可。但要注意的是，三种以上辞格融合时，它们各自发挥的作用是不同的。例如：

⑪桃花潭水深千尺，不及汪伦送我情。

（李白《赠汪伦》）

上例是对偶、比喻、对比三种辞格的融合运用。其中，对比和比喻构成的较喻是主要信息，对偶只起承载较喻的载体作用，但三种辞格水乳交融地结合在一起，为传递共同的语义信息服务，因此，三个辞格各司其职，缺少任何一个都没有了融合式辞格群的修辞效果。

融合式辞格群，是表达主体感到运用一种辞格不足以表达自己的情感时而选用多种辞格的综合运用，其魅力当然要比辞格单用深厚得多，它像一幅精致的织锦一样，其美感是一片的，令人目不暇接。

（4）综合式。即上述几种辞格群的综合运用。例如：

⑫东京也无非是这样。上野的樱花烂漫的时节，望去确也像绯红的轻云，但花下也缺不了成群结队的“清国留学生”的速成班，头顶上盘着大辫子，顶得学生制帽的顶上高高耸起，形成一座富士山。也有解散辫子，盘得平的，除下帽来，油光可鉴，宛如小姑娘的发髻一般，还要将脖子扭几扭。实在标致极了。

（鲁迅《藤野先生》）

上例“望去确也像绯红的轻云”是明喻，“头顶上盘着大辫子，顶得学生制帽的顶上高高耸起，形成一座富士山”是夸喻（夸张与比喻的融合），“……宛如小姑娘的发髻一般”是明喻，“实在标致极了”是反语，这里的四种辞格的运用，其中有同类辞格连用，也有异类辞格连用，还有异类辞格的融合式运用，因此这是综合式辞格群的运用。

第八章

辞趣与语文教学

第一节　辞趣的内涵、界限和产生的基础

一、辞趣的内涵和研究现状

辞趣，是陈望道在《修辞学发凡》中首先提出来的一个术语。他发现，在言语交际特别是书面交际中，还有一类能增强言语表现力的现象，那就是辞趣。正如谭永祥所说的那样，“这是一个非常重要的发现”①。这一发现为语言应用特别是书面语的应用提供了直接有用的技术手段，是有重要价值的，意义非同寻常。

那么，什么是辞趣呢？陈望道在《修辞学发凡》中认为，辞趣“就是语言文字本身的情趣的利用”，“便是如何利用语言文字的意义上、声音上、形体上附着的风致，来增强话语文章的情韵问题”②。

这一论断不仅给辞趣下了定义，而且对辞趣的类型也作出了科学的概括。

陈望道提出了这个术语，并作了粗略的研究，虽然他对辞趣的研究远不如他对辞格的研究那样细致深入，但他毕竟开了个好头，给人们以很大的启迪。

近几十年，虽然有少数修辞学者也对辞趣逐渐产生兴趣，但比起修辞学的其他领域来说，还很不够，研究的成果仍可以说是凤毛麟角。率先继承陈望道先生辞趣研究的是吴士文，1986 年，他在《修辞格论析》中专门探讨了“辞格与辞趣”，认为辞趣是指“辞的意味”之外的如“辞的音调、辞的形貌、辞的标点”等修辞现象所造成的情趣。这一看法既有对陈望道关于辞趣内涵的解释、说明，又有对其辞趣中“意趣”的否定。《修辞格论析》对“辞的音调”按“字调重间”、“双声叠韵”、“合辙押韵”三个小类分析其构成的音趣；对“辞的形貌”按“变动字形”、“插用图符”分析了其构成的情趣。这里，吴先生将辞趣看成是“纯形式的东西”，由音趣和形趣构成，而把“意趣”排斥在外，这一看法值得商榷。

对辞趣研究得较为全面和深入的要数谭永祥先生。1992 年，他在《汉语修辞美学》中专立一章探讨辞趣。他对辞趣的定义作了精密的界定，认为“辞趣是富有表现力的亚辞格的言语现象及有助于提高表达效果的词语的音调或字形图符、书写款式所体现出来的情趣”③。谭先生的这一定义不仅明确地指出了辞趣是一种“亚辞格的言语现象”，界定了辞趣和辞格的界限，还在继承陈望道辞趣“三分说”，即意趣、音趣和形趣的基础上，拓展了其下位分类，并选取了典型、精彩的例子剖析，令人耳目一

① 谭永祥．汉语修辞美学．北京：北京语言学院出版社，1992. 477

② 陈望道．修辞学发凡．上海：上海教育出版社，1984. 229

③ 谭永祥．汉语修辞美学．北京：北京语言学院出版社，1992. 477

新，大大丰富和发展了辞趣学说全领域的研究。

如果说谭永祥是对辞趣进行整体研究成果最突出的学者，那么研究个体辞趣卓有成就的学者当数曹石珠先生。他早在 1990 年就出版了《形貌修辞学》，该书除了界定了形貌修辞的内涵和外延，阐述了形貌修辞学研究的对象和任务、形貌修辞的特点之外，还用了较大篇幅研究形貌修辞的方式，揭示了“字形修辞”、“排列修辞”、“图符修辞”和“标点修辞”的主要特征，从而建立了较完备的形貌修辞学体系，在修辞学界产生了较大的影响。

胡习之的《辞规的理论与实践》（2002）也对辞趣进行了卓有成效的研究。主要表现在以下两个方面：一是更明确地论述了辞趣与辞格的界限，他认为“在言语活动中存在着大量的有一定魅力，但又不具明显的模式性和规律性，即一时难以看作辞格的修辞现象”，就是辞趣现象，这显然抓住了辞趣与辞格区别的关键，虽然这里承接了谭永祥的观点，但比谭先生更明确了；二是对辞趣的三种类型即意趣、音趣和形趣的定义较科学和全面，如他对意趣的定义是：“凡是侧重于语辞的意义，形象生动，富有艺术魅力而又不具明显的规律性或模式化的积极修辞，都可以归入辞的意味（意趣）。”① 这样给“意趣”下定义，既抓住了实质，又通俗易懂。可见，胡先生的辞趣研究很有参考价值。

刘凤玲、戴仲平的《社会语用艺术》（2002），也用了一节专门探讨了辞趣的类型，该书首次将辞趣引入社会语用中，认为它是社会语用，尤其是书面语用的一种辅助技巧。该书在分析辞趣的类型时，在谭永祥研究的基础上发展了辞趣的下位分类，明确补充了“连接趣”、“组合趣”等辞趣的下位类型。

此外，30 多年来，一些学者也陆续发表了有关辞趣研究的论文，如阮显忠的《论图示格》（1983），季世昌、有耕的《辞的形貌与修辞》（1988），袁其华的《关于辞趣研究》（1993），周春林的《语言文字游戏的辞趣》（2009）等，这些论文的开拓性是它们的显著特征。

总之，如上文所说，辞趣的研究比起修辞学的其他领域来说，仍可以说是凤毛麟角。但尽管如此，辞趣的提出和这些凤毛麟角的研究已大大开阔了人们的视野，值得在修辞语用中借鉴。

二、辞趣的界限

如何分辨辞趣，这是首先要弄清的问题。目前学界对辞趣的认识有两个误区：

一是对辞趣的理解过宽，认为凡是“辞”所具有的情趣或表达效果均为辞趣。如有的书将辞趣中的意趣细分为真趣、象趣、理趣、典趣、雅趣、谐趣、隐趣、奇趣、简趣、繁趣、色趣等，将音趣细分为谐音、叠音、音节长短、同形异音和成语中的音

---

① 胡习之．辞规的理论与实践．北京：中国文史出版社，2002. 98

趣五小类。从该书对意趣的分析来看，把凡是语辞的修辞效果都看作了辞趣。如事真、理真、情真，具有真情实感即为“真趣”；通过富于想象的语辞造出的形象或审美情趣，即为“象趣”；“语辞蕴涵哲理，能揭示某种生活真谛的审美情趣”，即为“理趣”；“语辞表现出的优美而不粗俗，清秀而不秾艳的审美情趣”，即为“雅趣”；“语辞诙谐和幽默，引人发笑而又意味深长的审美情趣”，即为谐趣；“语辞表现出的含蓄、曲折、耐人寻味的审美情趣”，即为隐趣，等等。该书还将语言文字的繁简带来的修辞效果也统统看作了辞趣，即“繁趣”和“简趣”，这就扩大了辞趣的范围，将不属于辞趣的一般修辞现象也囊括了进来。

二是将辞趣与辞格混为一谈。如有一篇论文认为：“辞趣，是指语言运用中所表现出来的意义，它大致可分为指称意义、描述意义、联想意义、形象意义和美学意义等五类，而每种辞格都会有自身侧重的辞趣，准确地掌握好辞格本身所体现的辞趣，并善于运用好各种辞格，将会极大地增强语言的表现力。”这里的定义和其论文中所举之例均是辞格的例子，可见，该文将辞格魅力看作了辞趣。类似的这种认识，很有普遍性和代表性。

如何分辨辞格与辞趣呢？谭永祥给辞趣下的定义说得很清楚：“辞趣是富有表现力的亚辞格的言语现象及有助于提高表达效果的词语的音调或字形图符、书写款式所体现出来的情趣。”这一定义“概括了辞趣的三个内容：意趣、音趣、形趣”。而对于什么是意趣、音趣和形趣，谭先生还作出了周密的阐释：

意趣是“富有表现力的亚辞格的言语现象”。这一定义有三层含义：“一、它属于一种言语现象；二、非辞格；三、富有表现力。三者缺一不可。”① 也就是说，意趣一定是一种言语现象，非言语现象不属于意趣的范畴；这种富有表现力的言语现象不像辞格那样有固定的规律格式，它无固定的格式，但又像辞格那样具有动人的魅力。可见，意趣排除了辞格，凡是进入辞格的富有表现力的言语现象都不是辞趣，这就是意趣与非意趣的一个十分重要的分水岭。

音趣是“有助于提高表达效果的词语的音调”②。这一定义有两层含义：“一、它属于词语的音调；二、有助于提高表达效果。二者缺一不可。”也就是说，有助于提高表达效果的词语的音调都是音趣的研究范畴。

形趣是“字形图符、书写款式所体现出来的情趣”③。这一定义也有两层含义：“一、它属于字形图符、书写款式；二、能体现出某种情趣。二者缺一不可。”也就是说，能体现出某种情趣的字形图符、书写款式都是形趣的研究范畴。

综上可以看出，辞趣中无论是意趣、音趣还是形趣，它们都富有表现力，但它们

---

① 谭永祥．汉语修辞美学．北京：北京语言学院出版社，1992. 481
② 谭永祥．汉语修辞美学．北京：北京语言学院出版社，1992. 481
③ 谭永祥．汉语修辞美学．北京：北京语言学院出版社，1992. 481

又没有固定的模式，没有规律可循，因此，它是一种“亚辞格”现象，它们都应排除在辞格的范畴之外，都具有很强的表现力，有的属于言语现象，有的是非言语现象。总之，它们是语言文字意义上、声音上、形体上附着的风致，我们充分利用这种风致，就能增添话语文章的情趣和韵味。

值得一提的是，有的言语现象开始是辞趣现象，但随着人们流传习用，久而久之，它们有了一定的规律，就逐渐定型成了辞格，如“联边”、“图示”、“析字”等。它们既然已经发展成为辞格，取得了辞格的“格籍”，就不应把它们再看作辞趣。

总之，分辨辞趣的界限是一个首要的问题，如果连辞趣的界限都模糊不清，而高谈阔论辞趣的其他问题，那将会造成“失之毫厘，谬以千里”的结果。

三、辞趣产生的基础

辞趣不是人们臆造出来的，它的产生有一定的基础：

（一）客观物质基础

辞趣作为修辞的一部分，它是一种复杂的言语现象或非语言现象。每一种辞趣的产生都有一定的客观基础。没有客观事物作基础，就不会产生相应的辞趣。辞趣之所以能够产生，是因为“可利用的是语言文字的习惯及体裁形式的遗产，就是语言文字的一切可能性”，“语言文字的可能性可说是修辞的资料、凭借”[①]。张弓也说：“一切修辞活动，都必须利用语言因素（词汇、语法、语音），有时是联合利用两个或三个因素。修辞的成功与否就是看对这些因素的利用得当与否。修辞的一切手段都离不开这些因素。”[②] 上面两位先生都明确指出了修辞离不开语言文字因素，语言文字是修辞的客观基础，自然也是辞趣产生的客观基础。

语音是汉语的要素之一，其音乐性很强，如双声、叠韵、押韵、拟声、轻重音、停顿、儿化、鼻化乃至沙哑之音，都是音趣可凭借的资源，都有附着的风味可资利用。如“儿化音带有亲切、喜爱、友好的色彩；鼻化音则带有冷漠、不满、鄙视、讽刺等贬义；颤音附有恐惧、困窘、战栗、焦虑、悔恨等感情；延音、顿挫有时可制造滑稽幽默的气氛”[③]。如电视剧《唐明皇》中有一个情节，奸臣杨国忠外出，又担心他人“谋反”，回来之后，请看他与某一忠臣的对话：

①杨国忠：这几天我不在家，听说有人要谋反。
忠　臣：谁？
杨国忠：你——不知道?!

---

① 陈望道．修辞学发凡．上海：上海教育出版社，2001.8

② 张弓．现代汉语修辞学．天津：天津人民出版社，1963.30

③ 袁其华．关于“辞趣”的研究．鞍山师范学院学报，1993（4）

忠　臣：（听到“你——”，内心顿时紧张，但强作镇静，望着杨国忠，当听到“不知道”三个字时，才暗自松了一口气）……

上例中，作者有意让杨国忠故意拉长“你——”这个音节，致使听话者以为杨国忠已抓到自己什么把柄，顿时紧张而又强作镇静，而当杨国忠吐出后面“不知道”三个音节时才暗自松了一口气。这里，作者妙用语音停顿中的延音，使杨国忠狡诈的人物形象跃然纸上，而这种附在语音上的风致韵味，就是音趣。假如没有语音作为物质基础，这种修辞效果就失去了产生的基础。

汉语词汇的意义丰富，它除了基本义外，还有转义。转义又可分引申义和修辞义（含比喻义）；此外汉语词汇还有同义、反义、类义等聚合关系，这些为人们的语言运用提供了丰富的物质保障。而意趣则是附在上述词汇意义之外的语义挖掘。例如，当今社会流行的“被”字一族的用法，如工资“被增长”，还有“被关爱”、“被高铁”等都是在“被动”的基本义之上附加了无奈、无助、无聊、无辜、无能等多种多样的语境义，致使“被”的用法平添了几分揶揄、戏谑的情趣。又如网络语言中也有一批词语，它们在原来词语意义的基础上，完全改变其语义以构成一种意趣，如“白骨精”并非《西游记》中“白骨精”的内涵，而是“白领＋骨干＋精英”，“蛋白质”也非原来的本义，而是“笨蛋＋白痴＋神经质”之意，它们都别有一番意趣。

汉语是没有形态变化的语言，它主要靠语序和虚词作语法手段。这一特点也为意趣中的虚字趣和序换趣提供了可资利用的物质资源。

记录汉语的符号——汉字，它是一套以笔画为构形材料，以偏旁为构字部件，按一定规则多层级的组合装置，汉字象形、指事、会意、形声的特殊字形结构，汉字可以拼、拆、增、省、改、换、集笔画成字，以字组字、字中有字，构造自如的组合特点，为形趣中的字形趣提供了可资利用的物质资源。如果汉字根本就不存在这些特点，形趣也就失去了产生的物质基础。

此外，图、表、符号（包括活用了的标点符号），为形趣中的图符趣提供了可资利用的物质基础。

（二）主观认知基础

1. 认知基础

汉语语音、词汇、语法的特点客观存在于汉民族的语言中，对于这些客观存在的语言特征和规律，人们只有通过主观认知，才能发现它们的存在。如果人们主观上不去感知，那么，客观存在依旧只是客观存在。只有当人们认知以后，懂得对这一客观存在的事物加以利用，才能产生各种情趣。也就是说，仅有语言各要素客观存在的第一基础，而没有认知的主观基础，同样不能产生辞趣。即使产生了，也可能经不起时间的检验，自生自灭。因此，辞趣的产生必须以主观认知为基础。

2. 审美基础

辞趣和辞格一样，是人们言语审美活动的结晶，它们的产生有一定的美学基础。辞趣充分利用汉语的义、音、形的特点，从而产生与其对应的三种情趣——意趣、音趣与形趣。

意趣之所以能够产生，是因为它能充分利用附在语言文字意义上的风致来增强话语文章的情韵，从而收到“意美以感心”的修辞效果；

音趣之所以能够产生，是因为它能充分利用附在语言文字声音上的风致来增强语言的音律美，从而产生“音美以感耳”的修辞效果；

形趣之所以能产生，是因为它能充分利用附在语言文字形体上的风致，使语言形象、直观，从而产生“形美以感目”的修辞效果。

意美、音美和形美可以说是辞趣的三种主要美学价值，它的产生源于汉语自身的义、音、形的特点，如果汉语没有这些义、音、形的特点，其美感便不能产生。汉语有了义、音、形的特点，但如果没有主观审美认知，辞趣也同样无法产生。

和辞格一样，以上两种基础，客观物质基础是通过主观认知起作用的。没有客观的物质基础，辞趣便没有产生的基础；没有主观认知起作用，辞趣也就不能产生。有了客观物质基础，再通过主观认知起作用，才能产生适用于修辞语用领域的各种辞趣。

第二节　辞趣类析

关于辞趣的类型，陈望道在辞趣的定义中就明确地将其分成三类，直至现在看来，这种分类仍然是科学的。更值得一提的是谭永祥的《修辞美学》，大大地继承并发展了陈望道先生的辞趣分类研究的成果，在同行中产生了深远的影响。这里，我们承接两位先生的研究思路，做点归纳及补充性研究，目的是使教师们拓展视野，重视辞趣在语文教学中的修辞作用。

一、意趣

即由词语的“意味之外”引发的情趣。也就是说，意趣不是词语自身的本义、基本义和转义，而是依附在词语的本义、基本义和转义之上所引发的情趣，这种情趣耐人寻味，有深厚的魅力，能给人以美感。

意趣可分为指代趣、虚字趣和组合趣三小类。

（一）指代趣

言语交际双方或其中一方，有意违反交际中的合作原则，利用代词既可确指，又可不定指的特点，故意使被指代信息模糊、多义，以达到特殊的交际目的，收到非同凡响的表达效果。例如：

①钟锐耐着性子："你没有什么需要更改的，改了，就不是你了。"

"你的意思是，我压根里就不是你需要的那类人？"

"你是好人，我也不是坏人，可好人和好人未必是好夫妻。"

"那你当初为什么非要找我？"

"当初的我和现在的我是两个人，当初的你和现在的你也是两个人。人是变化的，同一个人在不同时间里完全可以是不同的人，这你难道不明白？"

"我还是我。"

"你不是你了。"

"怎么？"

"当初你给我的最强烈的印象是聪明自信，还有，清高……"

上例是小说《牵手》中钟锐夫妇的一段对话，妻子晓雪见丈夫见异思迁，为了挽回与丈夫钟锐的爱情而去找他时，作者巧妙借助"当初的我和现在的我"，"当初的你和现在的你"，"你不是你"等几组代词的巧用，就将钟锐的思想变化，对妻子晓雪的不满和思想上的深深隔阂，尖锐而又鲜明地呈现出来。又如：

②"三表弟，你骗我，我晓得你骗我。我相信他不会屈服，我相信他。"

"他是谁？谁是他？"觉慧的脸上浮现出善意的微笑……用这句旧话来嘲笑她。

她并不脸红。她骄傲地指着觉民说："他就是他！"

（巴金《家》）

上例两人的对话共出现了六个"他"，前两个"他"和最后一个"他"，只作一般的第三人称代词用；而第三、四和第五个"他"的含义要比前面的"他"丰富，含有情侣之意在内。这里作者巧妙运用代词"他"，使小说中的主人公琴的喜悦、爱慕，并以爱觉民为自豪的情感溢于言表。

（二）虚字趣

现代汉语中，虚词只有300多个，但在修辞语用中，却发挥着实词无可替代的作用。虚词能够配合传递特殊、细腻的情感，使言语蕴涵机锋，富有意趣。例如：

③君恩深似海，臣节重如山。

这是明末宠臣洪承畴倍受皇帝恩宠，他有感于君恩浩荡，在自己家门口张贴的一副对联，以表达对皇帝的感激之情。后来清兵入侵，洪承畴成了战俘，经不起清政府的诱降，叛变投敌。于是，老百姓在他家门口的对联上加上了两个虚词，变成：

君恩深似海矣，臣节重如山乎?

虽然只在原来对联上添加了两个虚词“矣”和“乎”，但其意就与原意大相径庭，充满了讽刺的意味。

（三）组合趣

将原本互不相干的人名、地名、书刊名、影视名、药材名等组合在一起，连缀成文；或将一些结构相同或相似的词句组合在一起，显示出的情趣即为组合趣。例如：

④一对情侣在一起，只听见女方的声音：
啊！请你不要吻我……
啊！请你不要吻……
啊！请你不要……
啊！请你不……
啊！请你……
啊！请……
啊！……

（《漫画月刊》，1995 年 5 月）

例④仅仅通过对女方逐渐减少的言语的描写，便将这对情侣的情爱跃然纸上。

以上三类意趣，虽然在形式上或在规律上都“可以说出点名堂来”，但又“因它不像辞格那样具有明显而又很强的规律性”，其中一部分“很像耀眼夺目的流星，一闪即逝，且出没无定，所以它不是辞格”①，这种意趣是与辞格同工的一支异曲。

二、音趣

音趣是由词语声音体现出来的情趣。词语声音既指词语的声音，又指不同的声调和轻重音等。陈望道在《修辞学发凡》中指出音调分为两类，即象征性音调和装饰性音调。认为“象征性音调，都同语言文字的内里相顺应，可以辅助语言文字所有的意味和情趣；装饰的音调则同语辞的内里并没有什么必然的联系，只是为了语辞能够顺口悦耳，听起来有音乐的风味”。尽管这一说法“有点玄虚无着，不易捉摸”②，但仍

---

① 谭永祥．汉语修辞美学．北京：北京语言学院出版社，1992. 477
② 吴士文．修辞格论析．上海：上海教育出版社，1986. 158

可悟出点道道来。因此，我们借鉴陈望道的说法，将音趣归为三大类型：

（一）象征性音趣

根据陈望道的说法，这类音趣“都同语言文字的内里相顺应，可以辅助语言文字所有的意味和情趣”，我们理解为凡象征事物声音所构成的音趣，皆为象征性音趣。它又可通过以下几种语音手段获取：

（1）拟声。模拟人和事物的声音，能给人如临其境、如闻其声的真实感受，这就是拟声。例如：

①啪，吧！

（鲁迅《阿Q正传》）

这里作者用象声词描绘了枪声划破深夜寂静的情景，使人感受到不仅在未庄上空余音不断，也在阿Q心里引起了振动。

（2）谐音。即利用同音、近音构成的音趣。例如：

②来也匆匆，去也冲冲。

（某洗手间广告）

③药材好，药才好。

（仲景牌六味地黄丸广告）

谐音在网络语言中大量运用，如用数字的谐音来传情达意。例如：888即“发发发”，555即“呜呜呜”（哭声），9494即“就是就是”，7758即“亲亲我吧”，7456即“气死我了”，等等。

（3）颤音。即附在语言声音上“用颤抖的声音说出话语，使语调呈现出波浪形”①，它“同语言文字的内里相顺应”，是强化语言文字的恐惧、焦虑、惊怕、悔恨、气愤、悲痛等情感而形成的音趣。例如：

④你——你贵姓？

（曹禺《雷雨》）

上例中，当周朴园看到眼前这个女人的关窗动作酷似死去的侍萍而感到奇怪时，情不自禁地怀疑起来，发出了疑问，而在这一个简短的问话中，在第一个人称代词

① 周国光．汉语语音修辞．广州大学学报，2004（8）

“你”之后作者有意安排了一个破折号，这不仅表示了其问话的声音的延长，还令读者通过其延长的声音，仿佛看到他的惊恐之状，听到“你”字中那颤抖的声音，这就耐人寻味，意味无穷了。

（4）鼻化音。与颤音一样，它是附在语言上由鼻腔发出的一种声音，这种鼻化音也“同语言文字的内里相顺应”①，更能增添和强化鄙视、嘲讽、冷漠等含义。例如：

⑤周朴园：（忽然）好！痛痛快快地！你现在要多少钱吧！
鲁侍萍：什么？
周朴园：留着你养老。
鲁侍萍：（哭笑）哼，你还以为我是故意来敲诈你，才来的么？

（曹禺《雷雨》）

上例中鲁侍萍一句鼻化音“哼”的运用，饱含着对周朴园的蔑视与控诉，使一个饱受欺凌而又自强不息的妇女形象跃然纸上。

（5）夹音。表达者“为了表达悲痛、欢乐、轻蔑等情感或态度，在话语中夹进哭声或笑声。这种形式就是通常我们说的‘边哭边说’、‘边笑边说’、‘哭着说着’、‘笑着说着’等等”②，因为这种夹音“同语言文字的内里相顺应”，所以更能增强语言文字的表现力。例如：

⑥李奶奶：……忽然，听见外面有人叫开门，我急急忙忙把门打开，只见他——
铁　梅：他？
李奶奶：就是你现在的爹！
铁　梅：现在的爹?!
李奶奶：只见他左手抱着一个孩子，右手提着号志灯，浑身沾满了鲜血，对着我说：“师娘——我师傅和陈师傅他——都牺牲了，以后，我就是您的亲儿子，这孩子就是您的亲闺女……”

（沈默君《红灯记》）

上例是李奶奶向铁梅痛说革命家史，当讲到师徒二人——即铁梅的爷爷和父亲英勇就义时，李奶奶边说边哭，边哭边说，夹音的运用，配合文字，很好地渲染了师徒二人就义后的悲壮气氛。

---

① 陈望道．修辞学发凡．上海：上海教育出版社，1979. 235
② 周国光．汉语语音修辞．广州大学学报，2004（8）

（二）装饰性音趣

根据陈望道的“装饰的音调则同语辞的内里并没有什么必然的联系，只是为了语辞能够顺口悦耳，听起来有音乐的风味”[①] 的说法，装饰性音趣又可分为以下几个小类：

（1）韵趣。

韵趣即押韵。押韵能收到念起来朗朗上口，听起来和谐悦耳，便于传诵和记忆的表达效果。因此，千百年来，押韵深受人们的青睐。例如：

⑦辛辛苦苦国外引进设备，
大大方方花去一笔外汇，
回来一看产地原在国内，
哈哈一笑又交一次学费。

（网络顺口溜）

上例读后会令人发出苦涩的微笑，加上它巧用押韵来表现，好读好记，收到的效果就更好。

（2）延音。

表达者巧妙借用较长的语音停顿来增添语言波澜，即为延音。例如，广播电视部有一个青年慰问团点名要蔡朝东领队上前线。去前线慰问不能坐直升机，部队的面包车又没有合适的。首长让他租车，可是只能租到大卡车。为了让青年们心甘情愿地坐大卡车，蔡朝东把十几个青年召集起来说：

⑧青年朋友们，这次我带你们去前线，给你们准备一台 20 座的日本空调车——（说到这里，他故意停了一会，然后才接着说）这是不可能的。

（蔡朝东《小草不小》）

上例若蔡朝东直接将一句话连起来说完，成为“安排一台 20 座的日本空调车是不可能的”，或者变成“不可能安排一台 20 座的日本空调车”，这样就显得平淡、呆板。而他在中间设置了一个稍长的停顿，能使语言跌宕起伏，富有波澜，大大地增添了诙谐、幽默的情趣。

（3）顿音。

表达者有意借用语音的停顿来增添语言的波澜，以构成情趣。例如：

⑨有一次，周总理与国民党代表辩论，他机敏的话语，犀利的言辞，驳得对方理屈词穷。于是，国民党代表恼羞成怒，胡说同我方谈判是“对牛弹琴”。这

---

① 陈望道．修辞学发凡．上海：上海教育出版社，1979. 235

时，周总理灵机一动，接过话题，当即顶了回去："对，牛弹琴！"

⑩一位厂长在会上宣读文件，文中有这样一句话："已经取得大专学历的和尚未取得大专学历的干部……"，这位厂长坦然念道："已经取得大专学历的和尚，未取得大专学历的干部……"听众大笑，厂长还不以为然，说："笑什么？时代不同了，当和尚也要大专学历嘛！"于是更引来了一阵大笑。

（《广州文摘报》第43期）

上例中，敌方借用一个成语"对牛弹琴"来构成一个非主谓句，企图辱骂我方不懂道理，而周总理在这个成语中巧设语顿，使其语意翻然更新，巧妙地回击了敌方，收到了奇妙的表达效果；下例作者故意让厂长错用语顿，是为了讽刺厂长胸无点墨却又拿腔拿调、装腔作势的"大老粗"形象。

（三）趣味性音趣

（1）拗趣。俗称"绕口令"，它是"有意在句子里把声、韵、调极易混淆的字交叉重叠"[1]，以形成拗口的情趣。例如：

⑪九月九，九个酒迷喝醉酒。九个酒杯九杯酒，九个酒迷喝九口。喝罢九口酒，又倒九杯酒。九个酒迷端起酒，"咕咚、咕咚"又九口。九杯酒，酒九口，喝罢九个酒迷醉了酒。

（www. zgma. com/raokouling. htm）

拗趣大都是"绕口令"产生的，拗趣不仅是一种利用声音构成的寓知识性、娱乐性于一体的文字游戏，由于其拗口，它还是学习语言艺术（如相声、快板等）的必修课，可以锻炼人舌、唇、齿的相互配合的技巧，因此，它形象地被称为"口腔体操"。

（2）同字异音趣。利用汉语中单音词字同音不同构成的情趣。例如：

⑫煲煲煲煲宝，样样样样鲜。

⑬朝朝朝，朝朝拜，朝朝朝拜，禅恩广大，
齐齐斋，齐齐戒，齐齐斋戒，福泽绵长。

例⑫是广州一家饭店门口的对联，利用"煲"的名词和量词的两种用法和两种读音，表达了该饭店高超的烹调技术，引人馋涎欲滴；例⑬是广东肇庆梅庵门口的一副对联，联中也同字异音，传递了丰富的情趣。

① 谭永祥．汉语修辞美学．北京：北京语言学院出版社，1992. 503

（3）同音异义趣。汉语中音同义不同的字特别多，往往有几个、十几个甚至更多的字是同一读音的。对联的创作，常常利用这一特点。这样，不仅使对句难度增大，而且还能使语言含蓄委婉，倍添情趣。例如：

⑭船装油漆桶油七桶漆八桶，
肩挑葱韭篮葱九篮韭十篮。

⑮盐客挑盐檐下站檐水滴盐，
舟人驾舟洲上来洲岸停舟。

上例“漆”与“七”同音，“韭”与“九”同音；下例“盐”与“檐”同音，“舟”与“洲”同音，分别构成不同的音趣。

总之，正如谭永祥所说：“音趣的‘趣’主要来自‘音’，凡是能够帮助形成节奏、造成一种音律美，或者在音律上给人以新奇感的”，“甚至有些不表示任何意义，但有节奏之美、音律之美的”，“都可以视为音趣的家族”①。

三、形趣

形趣即由字形图符及书写款式所体现出来的情趣。形趣可分为以下几种：

（一）字形趣

由汉字形体所传递的意蕴、情趣。

“世界上许多古老的文字……都经历过由图画文字到表意文字阶段。但这些文字在演变中，都丧失了生命力，有的变成拼音文字，有的被外来拼音文字所取代，只留下一些难以识读的字符。唯有汉字……且一直坚持着表意的特点。”② 汉字的这一特点使其自身的形体和语言运用艺术有了密切的联系。正如陈望道所说：“中国文字因此在修辞学上就发现了一个特殊的情形，就有了通常所说的字面好不好看的问题，字面的好不好看，不关文字做语言记号的任务，乃在文字的本身，文字的形”，“并注意字形所致的‘视觉效果’”③。鲁迅先生也在《汉文学史纲要》中对汉字形体的美学作用有过阐述：“其在文章，则写山曰峻嶒嵯峨，状水曰汪洋澎湃，蔽芾葱茏，恍逢丰木；鳟鲂鳗鲤，如见多鱼。故其所函，遂具三美：意美以感心，一也；音美以感耳，二也；形美以感目，三也。”

正如鲁迅所说，汉字字形带来的美感是多种多样的。例如：

---

① 谭永祥．汉语修辞美学．北京：北京语言学院出版社，1992. 506
② 王宁．汉字学与汉字构形学．中国教育报，1995－01－30
③ 陈望道．陈望道语文论集．上海：上海教育出版社，1980

① 烟锁池塘柳，
炮镇海城楼。

这是广东虎门的一副对联，这副对联是对林则徐销烟抗敌的场面的实写。但除了这一意思之外，上下联还运用同一位置的相同偏旁，巧妙地寓金、木、水、火、土于其中，这就不仅使得结构十分奇巧，而且寓意深远，充分表现了中国人民严阵以待、英勇抗敌、捍卫祖国江山的英雄气概，真正收到了“意美以感心”、“形美以感目”的效果。

此外，汉字“还具有组合性的特点，它是一套以笔画为构形材料，以偏旁为构字部件，按一定规则多层级组合的装置，汉字的构件十分灵活，可以拼、拆、增、省、改、换、集笔画成字，以字组字，字中有字，构造自如，生出魔方般的无穷变化，因此，汉字的形体结构既有十分严谨的规律性，又有异彩纷呈的多样性。……造就了视觉美感”①。

正因为汉字形体的这一特征，使其不同于字母的西方文字而为言语交际提供了一种特殊的表达技巧，为汉语书面语交际提供了特殊的审美手段。这些技巧和手段主要表现在以下几个方面：

1. 形合表意

即用两个或两个以上的汉字组合在一起，共同表意。它又可分两小类：

（1）叠合表意。重叠两个或三个相同的汉字，尤其是重叠三个汉字者，其表达效果正如段玉裁在《说文解字注》中所说：“凡言物之盛，皆三其文”，“凡积三为一者，皆谓其多也”。在招牌、广告、人物命名等社会语用中常见这种汉字叠合应用的现象。例如：

双囍牌香烟、金鑫苑、大众搬家公司、三晶园、一品煲

这类“品”字形的汉字在意义上有“多”、“大”、“甚”、“超过一般”之意，在形体结构上是一上二下，像埃及的金字塔，有形体美感。因此，人们喜欢用它们来作字号，还为了图个吉利。

（2）套合表意。即将几个汉字套叠在一起，构成一个字体，表达两个或两个以上汉字的语义。例如：

① 谭桂声．人名字形修辞举隅．修辞学习，1997（3）

②

上例是湖南永顺某景区的石刻碑文，是“山青海岸”四个字的套合。

2. 形变传情

即借助字形大小、字体的变化等构成的情趣。例如：

③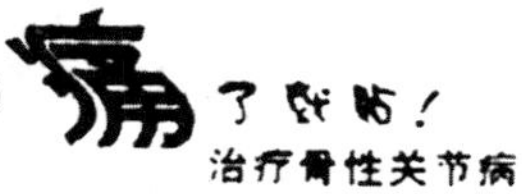

（羚锐牌通络祛痛膏广告）

④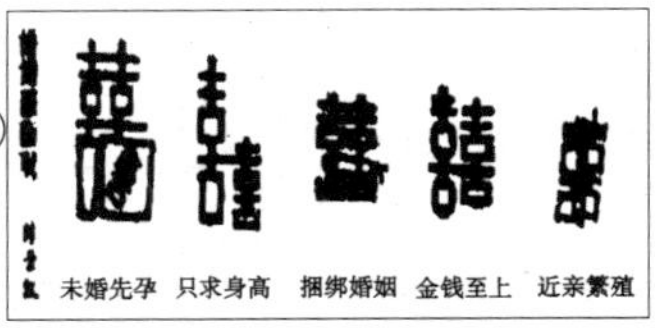

例③通过对“痛”字的扭曲，使人产生联想，把人们腰部疼痛弯成弓的形状形象地呈现出来；例④是一张“婚姻面面观”的讽刺画，作者借用几个变形的“囍”字，传递了未婚先孕、只求身高、捆绑婚姻、金钱至上、近亲繁殖等畸形婚恋观所带来的恶果。这样的表达，不仅收到了以少胜多的表达效果，而且形象直观、幽默诙谐、耐人寻味、富有情趣。

3. 增省会意

即通过对汉字的增省离合，绘出新意构成的情趣。例如：

⑤好又

⑥

森

林　　林

木　木　木　木

十　十　十　十　十

例⑤是“好又多”批发商场广告，在“多”字下故意增添了一个“夕”，这就传递了该商场十分丰富的商品信息；例⑥是香港一幅有关环境保护的标语，它十分直观、醒目地告诫人类，不珍惜森林资源所带来的恶果。

言语交际中，人们常常善于综合利用汉字的形体变化传递复杂、细腻的情感。例如相传在古代的潮州，有个才女名叫尤孟娘，一心想和情人见面，可是托人捎口信难以启齿，写情书又怕泄露机密，她左思右想，终于想出了一个办法，提笔写了下面这行字：

⑦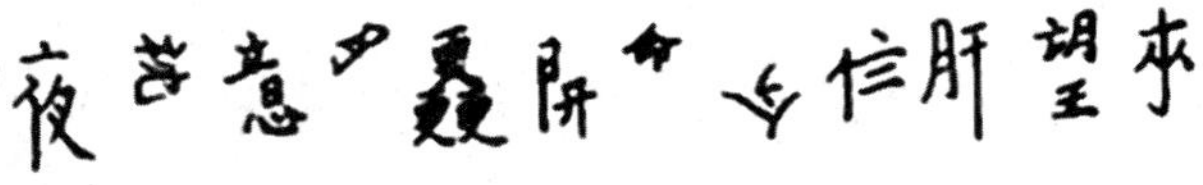

上面这行形体变异了的汉字，实际上是首四句诗：

长夜横枕意心歪，
月斜三更门半开，
短命到今无口信，
肝肠望断无人来。

这首诗，尤孟娘就是借助汉字的增省离合和形体的长短变化来传情达意，因而十分含蓄巧妙、韵味绵长。

（二）图符趣

利用图表符号（包括活用了的标点符号）构成的情趣。

（1）字图趣。是由汉字结合必要的图画共同显意构成的情趣。例如：

⑧

⑨高帽大靴

例⑧把最具有代表性的眼镜和博士帽镶嵌在“博”字中，能引起人们对博士这类高学历人才形象的联想；例⑨利用一个人头上戴着的空话大帽，脚上穿着的套话大靴，来揭示一些单位或个人的年终总结模式，风趣好笑，讽刺力强。

用汉字配合图画，共同表意，还有更艺术的表达方式。例如：

⑩

上例表面是一幅竹画，实则内中暗藏了一首诗："不识东君义，丹青独立名。莫嫌孤叶淡，终久不凋零。"这就更加含蓄，耐人寻味，情趣盎然。

（2）符号趣。借助符号，包括活用了的标点符号都可以构成情趣。这些符号本身和实物并不具有意义上的关联，也没有固定的读音，有的只是形状相似而已，但运用到语言中来，作为文字的辅助工具去描述事物，不仅提供了方便，有较强的"视觉效果"，而且还增添了情趣。如我们经常在书报上看到的"O 型腿"、"A 字裙"、"△恋爱"等，通过这些符号不仅能给人一种形象的联想，而且蕴涵的意义比文字要丰富、含蓄、风趣。又如：

⑪海尔洗碗机，S 型新水流，立体喷射真干净。

⑫

（某子母奶广告）

例⑪是海尔集团公司的广告语，一个符号"S"，立即在人们的头脑中浮现出一幅洗碗机的水流图，免除了用汉字表达的困难和诸多不便。例⑫是子母奶的广告语，在小朋友稚嫩的文字上，通过一个"ㄱ_"，巧妙地传递了小朋友由被迫饮用子母奶到主动要求乃至喜爱子母奶的过程，这就收到了辞约意丰、新奇巧妙的效果。

符号趣还包括标点符号配合文字传递情感时带来的情趣。郭沫若曾说："标点之于言文同等重要，甚至有时还在其上。"标点符号既可配合文字传情达意，又可起到文字所不能起的修辞作用。例如：

⑬顾客：请问这里有巴金的《家》吗？
售货员：什么？
顾客：巴金的《家》。
售货员：这是书店，不是住宅，再说，家也没有论斤呀！
顾客：！

⑭痒不痒?！痒不？痒！痒？不痒！

（999 牌皮炎平软膏广告）

⑮小冬爸爸叫你到门口等着。
小冬，爸爸叫你到门口等着。
小冬爸爸，叫你到门口等着。
小冬爸爸叫你，到门口等着。
小冬：爸爸叫你到门口等着。

例⑬是《北京晚报》上的一则小幽默，售货员把"巴金"误解成"八斤"，而当作者表现顾客的反馈时，巧妙地用一个"！"，就突出、醒目地表现了顾客极其惊讶而又无可奈何的复杂之情。从例⑭、例⑮可以看出，标点符号位置的不同，传递的信息也不同。

以上，我们对辞趣的三种类型进行了分析。辞趣能增强言语的表达效果，值得我们重视和探索。

第三节　辞趣与语文教学

辞趣的运用很讲究场合，一般说来，口语语体中音趣用得较多；意趣和形趣用于书面语体较多，尤其是形趣，它要以书面语为载体，只有在书面语中才能展示出来。也就是说，书面语体是形趣赖以生存的场所。但要注意的是，不是所有的书面语体都可运用各种辞趣，在应用语体中特别是公文中如果运用图表符号来替代要表达的文字，可以收到以简寓繁的表达效果，而其他类型的辞趣如音趣、意趣，一般不宜用于应用语体；科学语体、政论语体对辞趣有一定的选择性，也不是所有的辞趣都可运用。文艺语体可以说对辞趣是“全面开放”的，这是因为文艺语体在运用叙述、说明、议论、描绘、抒情等各种手法来塑造形象，寄托自己的情感外，还要调动一切修辞手段，以增强其艺术性和感染力，因此它除了调动语言自身的手段外，还常常借助“附在语言文字声音上、意义上、形体上的风致”来增添语言的艺术魅力。

各种语体虽然都出现在语文教材中，但辞趣在语文教材中的应用却不算太广，大多集中在形趣中的符号趣——即活用的标点符号产生的各种情趣。即便如此，也值得我们去认真研究，否则就体会不到作者的良苦用心，也会削弱作品的艺术感染力。更何况随着信息社会的迅猛发展，网络语言日新月异，各种辞趣纷纷登场。因此，我们有必要掌握辞趣的修辞作用，才能在语文教学中游刃有余。

辞趣在语文教材中的应用，其修辞作用主要表现在以下三个方面：

一、借用辞趣来写人，使所写之人物形象栩栩如生

（一）借用辞趣刻画人物，直观、鲜明、形象

1. 借用字形构成的形趣，刻画人物的外形

语文教材中，表达主体常常借助汉字的形体描摹人物的外形，以收到直观、鲜明、形象的表达效果。例如：

①一到夏天，睡觉时她又伸开两脚两手，在床中间摆成一个“大”字，挤得我没有余地翻身，久睡在一角的席子上，又已经烤得那么热。

（鲁迅《阿长与〈山海经〉》）

②但是没有客人，只有小栓坐在里排吃饭，大粒的汗，从额上滚下；夹袄也贴住了背心，两块肩胛骨高高凸起，印成一个阳文的“八”字。

（鲁迅《药》）

例①作者用一个“大”字来描绘阿长的睡姿，这就活现了一个村妇随意的形象；例②中的“阳文”，是指刻在器物上笔画凸起的文字，这里用“阳文”修饰“八”字，来描写小栓两块肩胛骨的形象，使小栓服用“药”之后依然瘦骨嶙峋的样子跃然纸上，“阳文八字”是借助辞趣中的汉字的形趣来增强人物直观形象的效果。

2. 借用音趣摹声拟音，活现人物的神态

在语文教材的文艺语体中，作者常常借用各种标点符号配合文字来刻画人物的神态，其中用得最多的是破折号和省略号，用来模拟人物说话的声音，或表声音的延长，或表声音的中断，或表声音的断断续续等，以刻画人物复杂而细腻的情感，从而收到如闻其声的修辞效果。例如：

③“记住，这，这，这是，大家的!”他蓦地抽回手去，深深地吸了一口气，用尽所有的力气举起手来，直指着正北方向：“好，好同志……你……你把它带给……”

话就在这里停住了。

（王愿坚《七根火柴》）

上例中的逗号、省略号的超常运用，描摹了说话者重伤时念念不忘手中的七根火柴，艰难地“用尽所有的力气举起手来，直指着正北方向”的神态，令人印象深刻。

利用标点符号构成的音趣，尤其是常用省略号与破折号来揭示人物心理，展现各种人物情态，鲁迅更是这方面的能工巧匠。例如：

④……先生自己也念书。后来，我们的声音便低下去，静下去了。只有他还大声朗读着：

“铁如意，指挥倜傥，一座皆惊呢～～～；金叵罗，颠倒淋漓噫，千杯未醉嗬～～～……”

（鲁迅《从百草园到三味书屋》）

⑤“老Q，……现在……”赵太爷却又没有话，“现在……发财么?”

“发财？自然。要什么就是什么……”

“阿……Q哥，像我们这样的穷朋友是不要紧的……”赵白眼惴惴的说，似乎想探革命党的口风。

“穷朋友？你总比我有钱。”阿Q说着自去了。

（鲁迅《阿Q正传》）

⑥“发财发财，你是——在……”

“上城去了!”

（鲁迅《阿Q正传》）

例④中作者用象声号“～～～”配合文字，模拟“先生”吟诵古书时拖腔拿调、忽抑忽扬、颤颤巍巍的声音，将他那摇头晃脑、心醉神迷的神态刻画得淋漓尽致。例⑤中赵太爷简短的一句话，共九个字，却用了三个省略号，分成四次才说完，这吞吞吐吐的话语就将其对革命风暴波及未庄而又不明情况时的惊慌、恐惧，急于探听消息而又难以启齿的神态跃然纸上；狗腿子赵白眼也心神不宁，想探口风，但他又不能与赵太爷一样地叫“老Q”，在赵太爷面前的自卑感和在阿Q面前的矛盾心理，促成了他习惯地叫出“阿”字之后，似觉不妥，故意一顿，又改口为“Q哥”了，这里多处省略号的运用，将赵太爷及其走狗害怕革命、惶恐不安而又极为狡黠的心态，惟妙惟肖而又入木三分地刻画出来。例⑥中作者描写掌柜弄不清阿Q是怎样发财的好奇心理，借用一个破折号表现他故意拖长等着阿Q接过话茬的神态，但阿Q没有马上接话，掌柜不得不又说出一个“在”字，而且用省略号表故意延长，再次等待阿Q接话，作者在这里有意运用一个破折号，一个省略号，配合文字，将酒店掌柜老于世故而又急于探听消息的神态入木三分地刻画出来。

（二）借助辞趣，传递人物复杂细腻的情感

语文教材中的文艺语体常常借助辞趣来传递人物复杂细腻的情感。主要表现在以下两个方面：

1. 巧用指代构成意趣，传递复杂丰富的情感

代词是有代替、指示作用的一类词。但有时在特定的语境中，这类代词不仅仅只起代替或指示作用，还寓含着其他丰富的含义，常常出现信息增值的情况。例如：

⑦周朴园：你是新来的下人？
鲁侍萍：不是的，我找我的女儿来的。
……
周朴园：（忽然立起）你是谁？
鲁侍萍：我是这儿四凤的妈，老爷。
……
周朴园：哦，（低声）是你？
鲁侍萍：你自然想不到……

（曹禺《雷雨》）

上例有三处用了人称代词“你”，除了都寓含“第二人称”这一基本信息外，这三个“你”的信息量是不完全相等的，且$你_1 < 你_2 < 你_3$。第一个“你”是单纯的第二人称的用法；第二个“你”，寓含着怀疑的语义在内；第三个“你”除了含有判断肯定语气之外，还有惊恐、诧异等尘封了30年的复杂情感在内，因此，$你_3$的信息量最丰富。这就是附在代词意义上的情趣，是意趣中的指代趣。

2. 妙用标点符号构成的符号趣，传递复杂细腻的情感

标点符号虽然不是语言，但它配合语言传递情感起着重要的修辞作用。只要与没有句读的文言文一比较，就可发现标点符号的修辞魅力。标点符号之所以有这种修辞魅力，正如寸镇东先生所说，一是因为它可以“通过听觉起作用，即语音的作用，包括停顿和语音延长的作用，语音轻重的作用，语音快慢的作用，语气的作用”；二是

它可以“通过视觉起作用，即纯符号的作用”；三是“通过心理起作用”①，以达到特殊的表达效果。任何一种标点符号都配合文字传递准确、鲜明的情感，但活用了标点符号（或标点符号的超常用法），其修辞魅力会更加深厚，更有情趣。

（1）省略停顿，意在言外。

在语文教材的文艺语体中，作者常常借助省略号来代替言语，或者用破折号表延长或停顿，让读者去体会其中韵味，以达到含蓄蕴藉的表达效果。例如：

⑧“你还没有娶媳妇吧？”

“……”他飞红了脸更加忸怩起来，两只手不停地数摸着腰皮带上的扣眼。

（茹志鹃《百合花》）

⑨“我的朋友啊，”他说，“我——我——”

（都德《最后一课》）

⑩鲁侍萍：你是萍，……，凭——什么打我的儿子？

（曹禺《雷雨》）

例⑧中的“他”指一名战士，该战士在与女同志交谈时，本来就显得拘束、忸怩，因此当问起他“娶媳妇”的问题时，就更令其难为情了，这里作者巧用省略号，传递了该战士忸怩、羞涩的神态，收到了无声胜有声的表达效果。例⑨中两个破折号，表明韩麦尔先生刚开口又突然哽住的情态，之所以会这样，是因为他听到了教堂的钟声和占领军的号声，脸色苍白，他就要不得不结束这最后一堂法语课，离开自己耕耘了四十多年的讲坛，他多么想再向学生表明一下自己的心情啊，多么想再告诫学生要热爱祖国的语言，做一个真正的法兰西人，但就在这钟声和号角声响起的一瞬间，爱与恨、留恋与失望交织在一起，有千言万语要说，但又不知从何说起的复杂情感全都寓含在两个破折号中，十分耐人寻味。例⑩是大家十分熟悉的例子，其中既有谐音的巧用，又有省略号和破折号的妙用，省略号寓含了作为一个母亲——鲁侍萍辛酸、复杂的心路历程：既想相认眼前的亲生大儿子，但又不能不维护大儿子的地位；既想保护第二个儿子，不容忍他们打他，但又不能把真相说出。鲁侍萍在这左右为难的情境中想说，又不能说，话到嘴边又忙改口的复杂、矛盾的心理，欲言又止的神态，通过一个省略号和一个破折号，配合文字，淋漓尽致地表现出来了。

（2）逗号特顿，寓意深刻。

逗号用于一句话中的停顿，这是常规用法。但是，有时为了表达一种特定的情

① 寸镇东．试谈标点符号的修辞作用．修辞学论文集（第1集）．福州：福建人民出版社，1983. 262

感，逗号可以打破常规，变异运用。例如：

⑪多子，饥荒，苛税，兵，匪，官，绅，都苦得他像一个木偶人了。

（鲁迅《故乡》）

⑫我没有亲见；听说，她，刘和珍君，那时是欣然前往的。

（鲁迅《记念刘和珍君》）

上例闰土之所以成为“木偶人”，是因为“多子，饥荒，苛税，兵，匪，官，绅”等重重压榨，而“多子，饥荒，苛税，兵，匪，官，绅”也是这个句子的主语部分，是一些词语的并列，按常规用法，它们之间本该用顿号，但作者却故意用了逗号，这一个个逗号配合语言，不仅延长了声音，更加重了分量，让人联想到这重重压榨，犹如一重锤一重锤地砸在了闰土身上，怎能不“苦得他像一个木偶人”呢？下例作者不仅在独立语后加上逗号，在“她，刘和珍君”这一同位成分之间特意加上逗号，还在主谓之间又加上一个逗号，这里三个逗号一字一顿，深沉的语气中洋溢着对刘和珍君勇敢、坚强、大义凛然精神的肯定和赞扬，同时也使人感到每个逗号都如重锤一般一锤一锤地击碎着敌人的流言。

（3）标点叠用，强化情感。

标点符号叠用，是一种变异运用。叠用标点符号，往往是作者为了更好地刻画人物的心理、神态和情感，塑造其笔下的各种形象，抒发强烈情感的具体体现。因此，在课堂阅读教学中，对于这类标点叠用，应当重点解读。例如：

⑬我应声说：

“这好极！他，——怎样？……”

……

我这时很兴奋，但不知道怎么说才好，只是说：

“阿！闰土哥，——你来了？……”

（鲁迅《故乡》）

上例描写少年朋友阔别数十年一旦要重逢，喜悦之情自然不言而喻，作者在“他”的后面用一个逗号，强化了对主语“他”的关注，后面紧接着用破折号，引出谓语“怎样”，尤其是在“怎样”的问号之后再用省略号，这就将“我”对“他”的无限深情凝注在其中了，令人思而得之；而当闰土到来时，作者描写“我”见到闰土的情景，七个方块汉字，却用了五种标点符号，而在这五种标点符号中，“？……”的变异用法尤其耐人寻味：“我”日夜思念少年朋友闰土，不知有多少知心话儿要对他倾诉，可是眼前的闰土相较于心中思念的闰土，变化如此巨大，“我”百感交集，万种酸楚，欲言又止的神态都淋漓尽致地寓含在这两个活用的标点符号之中，给人以无限的回味。上面两句引号内的标点符号完全相同，但传递的情感却完全不同，十分耐人寻味。

语文教材中这类标点叠用的现象十分普遍，它寄寓了作者特殊的情感和情趣，我们不可等闲视之。

二、借用辞趣来写景，使人如临其境

（一）借用意趣写景，令人回味无穷

意趣是附在语言文字意义上的情趣。这种情趣色彩虽然多种多样，但它们的共同点都是附在语言文字意义上的一种情趣，上面我们已经说明，这种情趣不是其基本义和转义显示出来的，而是附在基本义和转义上随情随境显示出来的一种意义。这种意义要靠读者仔细品味，方能嚼出其中的意趣。例如：

①旧历的年底毕竟最像年底，……年年如此，家家如此，——只要买得起福礼和爆竹之类的，——今年自然也如此。

（鲁迅《祝福》）

上例中除了“毕竟”、“最像”这些词语耐人寻味之外，三个“如此”的运用也颇令人咀嚼。如果说前两个“如此”含义相同的话，那么，第三个“如此”的内涵却不能与前两个“如此”画等号了，因为祥林嫂死在了雪地里，按理说，人们是没有心情买爆竹之类的来搞什么“年终大典”的，然而，“旧历的年底毕竟最像年底”，鲁镇“年年如此，家家如此”，“今年自然也如此”。这里，作者认为本不该“如此”却“如此”，还“如此”得“自然”，也“如此”得心安理得，这就把旧习俗、旧传统对鲁镇人的影响之深，致使鲁镇人愚昧无知、麻木薄情的社会现状揭示了出来。这就是附在“如此”这一词语上呈现出来的意趣。类似这种语言文字意义上呈现出来的意趣，也是值得我们细细品味的。

（二）借用音趣写景，令人如闻其声

语文教学中，我们还要注意附在拟声词上的音趣，仔细体会作者运用拟声词在模拟声音、描绘环境中的作用。例如：

②她们轻轻划着船，船两旁的水哗，哗，哗。

后面大船来得飞快，那明明白白是鬼子！这几个妇女咬紧牙，制止住心跳，摇橹的手并没有慌，水在两旁大声地哗哗，哗哗，哗哗哗！

（孙犁《荷花淀》）

③他们走不上二三十步远，忽听得背后“哑——”的一声大叫，两个人都竦然的回过头，只见那乌鸦张开两翅，一挫身，直向着远处的天空，箭也似的飞去了。

（鲁迅《药》）

例②中两处模拟划船的水声，对比鲜明：前者描写“她们轻轻划着船，船两旁的水“哗，哗，哗”。作者通过拟声词“哗，哗，哗”的运用，就把她们划船时说说笑笑，心情轻松，动作缓慢轻柔的祥和环境呈现了出来；后来作者描写“水在两旁大声地哗哗，哗哗，哗哗哗!”这象征性拟声词的运用，使读者如临其境，如闻其声，传递了“情况有变”的信息，营造了一种紧急的氛围。例③借乌鸦“‘哑——’的一声大叫”，并且“张开两翅，一挫身，直向着远处的天空，箭也似的飞去了”的环境描写，给人留下思考的空间，收到了言有尽而意无穷的表达效果。

文艺语体中，有时作者还借助一些特定的符号来模拟声音，描绘环境，给人以如临其境之感。鲁迅在其小说中就善于运用符号增添情趣。例如：

④孩子们跑出庙外也就立定，牵着手，慢慢地向自己的家走去，都笑吟吟地，合唱着随口编派的歌。

“白篷船，对岸歇一歇。
此刻熄，自己熄。
戏文唱一出。
我放火！哈哈哈！
火火火，点心吃一些。
戏文唱一出。
……………
………
…

（鲁迅《长明灯》）

上例作者借助省略号由15点、9点、3点的递减组合排列，不仅在视觉上引人关注，还从听觉上呈现出孩子们渐渐远去，渐渐微弱，直至于无的歌声，从而营造了夜幕降临，“长明灯”熄灭后大地上的沉寂气氛。

（三）借用形趣写景，令人如见其形

为了描绘环境，表达主体常常借用形趣，或为了状形，或为了营造气氛。例如：

⑤满天都是星光，火把也亮起来了。从山脚向上望，只见火把排成许多

“之”字形，一直连到天上，跟星光接起来。分不出是火把还是星星，这真是我生平没有见过的奇观。

（陆定一《老山界》）

⑥在他面前，显出一条大道，直到他家中，后面也照见丁字街头破匾上“古□亭口”这几个暗淡的金字。

（鲁迅《药》）

上例借用汉字“之”的字形结构，描绘夜行的队伍手举火把，沿着陡峭的山路盘旋而上的壮丽景观，形象可感。下例写华老栓为了给儿子治病，半夜里到丁字街去买人血馒头，看到街头匾上有“古□亭口”这四个暗淡的金字。其中，作者以虚缺号“□”代脱落了的“轩”字，一方面可能确是事实，故以虚代实；另一方面，“古□亭口”，正是夏瑜的原形——秋瑾烈士就义的地方，脱落“轩”字的四字匾，虽然贴了金，但已很暗淡，作者巧妙利用虚缺号“□”，配合文字，渲染了杀人场所的恐怖气氛，确给人以毛骨悚然之感。

三、借用辞趣说理，能使所说道理深入浅出，形象直观

议论文涵盖政论语体和专门科学语体。政论语体是论述社会生活中的某些重要问题，表明作者的观点和主张，因此，其运用概念、判断和推理来严密地论证社会政治、经济或思想领域中的重要问题，揭示事物存在的本质规律，引导人们按照正确的方向前行，从而为政治、经济和思想领域服务，其语言除了要具有严密的逻辑性外，还要具有宣传鼓动的色彩。而为达此目的，从情感上打动公众，它要调动一切修辞手段，而辞趣中以少概多、寓繁于简、寓抽象于具体的图表、符号、公式等形趣即可达到此目的。例如：

①$A+B+C+E>2X$

（《公共关系》，2000 年第 12 期）

上例是河南省汤阴县人大常委会副主任赵广耀向中央领导建议控制烟草产销时的一个公式，他认为如果我国不尽早下决心限制烟草生产和消费，必将像五六十年代没有控制人口那样后悔莫及。他认为企图以烟草生产和大消费来谋求国富民强，就如饮鸩止渴。为了说明这一道理，他拟了这个禁烟效益公式，让人一看就对生产和消费烟草的弊大于利的道理一目了然。

在学生的作文中，也有这类辞趣现象。例如：

② 1+1=?

你一定很奇怪，1加1还能等于多少，不就等于2吗？其实你错了，生活中1+1能有许多的答案，你相信吗？

老师告诉我，1+1=1，为什么？老师笑笑，一份辛勤的汗水，加一份自信，就会有一份满意的成功。是的，我找到了答案，1+1=1。

妈妈告诉我，1+1=3，为什么？妈妈微笑着，一个妈妈加一个爸爸，家庭中又多了一个快乐的孩子。是的，我又有了一个答案，1+1=3。

同学们告诉我，1+1=很多，为什么？同学们欢笑着，一群可爱的同学，再加上一份互相之间的关心，你得到的是什么？我大声地回答：很多。有快乐，有鼓励，有爱心……是呀，1+1也可以等于很多。

当我明白了这些，我开始在生活中寻找1+1的答案。于是，我走进了生活……

（某考生作文）

上例是一篇高考满分作文。该考生之所以能拿满分，是他懂得运用数学公式来说理。而数学公式、数学符号、图表等都是辞趣中的图符趣。为了说明1加1绝不仅仅等于2，该考生不仅巧妙运用公式“1+1=?”来命题，使其有很强的吸引力，还以“1+1=1”，“1+1=3”，“1+1=很多”来说理，这样使所说的道理通俗易懂，直观形象，收到了寓繁于简、以少概多的表达效果。

政论语体无论是社论、评论、宣言、领导人的讲话，还是小评论等都可借助辞趣来增强说服力。议论性散文、报告文学也可以借助辞趣来增强说服力。例如：

③原来如此！……

（鲁迅《为了忘却的记念》）

④夜正长，路也正长，我不如忘却，不说的好罢。但我知道，即使不是我，将来总会有记起他们，再说他们的时候的……

（鲁迅《为了忘却的记念》）

例③借用一个感叹号，传递了作者十分愤怒和震惊的情感，又借用一个省略号，寓含了对死者的痛悼和思念，对敌人的无比愤怒和仇恨之情，收到“无言胜有声”的表达效果；例④运用省略号，表示还有许多没有说出的话，留给读者思考联想，这样就能收到言有尽而意无穷的表达功效。上面两例都借助辞趣中的符号趣增强了语言的表达效果，在语文教学中，我们要注意对它们的解读。

参考文献

1. 陈望道．修辞学发凡．上海：上海人民出版社，1976

2. 张弓．现代汉语修辞学．石家庄：河北教育出版社，1993

3. 郑子瑜，宗廷虎主编，吴礼权，邓明以著．中国修辞学通史．长春：吉林教育出版社，1998

4. 宗廷虎．20 世纪中国修辞学．北京：中国人民大学出版社，2007

5. 宗廷虎．修辞论集．长春：吉林教育出版社，2003

6. 宗廷虎，李金苓．中国修辞学通史・近现代卷．长春：吉林教育出版社，1998

7. 宗廷虎，李金苓．修辞史与修辞学史阐释．济南：山东文艺出版社，2008

8. 黎运汉．现代汉语语体修辞学．南宁：广西教育出版社，1989

9. 黎运汉．汉语风格学．广州：广东教育出版社，2000

10. 黎运汉，盛永生．汉语修辞学．广州：广东教育出版社，2006

11. 程祥徽，黎运汉．语言风格论集．南京：南京大学出版社，1994

12. 程祥徽．语言风格探索．香港：三联书店，1985

13. 王德春，陈晨．现代修辞学．南昌：江西教育出版社，1984

14. 王德春．语体略论．福州：福建教育出版社，1987

15. 王德春，陈瑞端．语体学．南宁：广西教育出版社，2000

16. 王希杰．汉语修辞学．北京：人民出版社，1983

17. 王希杰．修辞学通论．南京：南京大学出版社，1996

18. 王希杰．修辞学导论．杭州：浙江教育出版社，2000

19. 郑颐寿，林承璋．新编修辞学．厦门：鹭江出版社，1987

20. 郑颐寿．辞章学导论．台北：万卷楼图书股份有限公司，2003

21. 郑颐寿．辞章学发凡．福州：海峡文艺出版社，2005

22. 郑颐寿．辞章体裁风格学．广州：暨南大学出版社，2008

23. 张静，郑远汉．修辞学教程．郑州：河南教育出版社，1989

24. 郑远汉．辞格辨异．武汉：湖北人民出版社，1982

25. 郑远汉．修辞风格研究．北京：商务印书馆，2004

26. 刘焕辉．修辞学纲要．南昌：百花洲文艺出版社，1997

27. 宗廷虎，邓明以，李熙宗，李金苓．修辞新论．上海：上海教育出版

社，1988

28. 倪宝元．大学修辞．上海：上海人民出版社，1994
29. 倪宝元．语言学与语文教育．上海：上海教育出版社，1994
30. 袁晖．二十世纪的汉语修辞学．太原：书海出版社，2000
31. 袁晖，李熙宗．汉语语体概论．北京：商务印书馆，2005
32. 濮侃．辞格比较．合肥：安徽教育出版社，1983
33. 濮侃，庞蔚群，齐沪扬．语言运用新论．上海：华东师范大学出版社，1991
34. 吴士文．修辞格论析．上海：上海人民出版社，1986
35. 吴士文．修辞新探．沈阳：辽宁人民出版社，1987
36. 谭永祥．汉语修辞美学．北京：北京语言学院出版社，1992
37. 谭永祥．修辞新格（增订本）．广州：暨南大学出版社，2001
38. 李运富，林定川．二十世纪汉语修辞学综观．香港：香港新世纪出版社，1992
39. 何自然．语用学探索．广州：世界图书出版公司，2000
40. 蔡宗阳，陈骙．文则新论．台北：文史哲出版社，1993
41. 黄丽贞．实用修辞学．台北：国家出版社，2004
42. 陈满铭．篇章辞章学．福州：海风出版社，2005
43. 陈满铭．国文教学论丛．台北：万卷楼图书股份有限公司，1998
44. 仇小屏．篇章结构类型论．台北：万卷楼图书股份有限公司，2000
45. 吴为章，田小琳．汉语句群．北京：商务印书馆，2000
46. 郑文贞．段落的组织．福州：福建人民出版社，1984
47. 郑文贞．篇章修辞学．厦门：厦门大学出版社，1991
48. 徐炳昌．篇章的修辞．福州：福建教育出版社，1986
49. 张志公著，孟宪范编．语文教学论集．福州：福建教育出版社，1985
50. 张炼强．修辞理据探索．北京：首都师范大学出版社，1994
51. 丁金国．语体风格认知与解读．北京：文化教育出版社，2006
52. 曹石珠．形貌修辞学．长沙：湖南师范大学出版社，1996
53. 冯广义．变异修辞学（修订本）．武汉：湖北教育出版社，2004
54. 谭学纯，唐跃，朱玲．接受修辞学．上海：上海教育出版社，1992
55. 吴启主．汉语构件语法语篇学．长沙：岳麓书社，2000
56. 张会森．修辞学通论．上海：上海外语教育出版社，2002
57. 张志公．汉语辞章学论集．北京：人民教育出版社，1996
58. 赵艳芳．认知语言学．上海，上海外语教育出版社，2001
59. 刘大为．比喻近喻与自喻——辞格的认知性研究．上海：上海教育出版社，2001

60. 叶圣陶．叶圣陶语文教育论集．北京：教育科学出版社，1980
61. 汪国胜，吴振国，李宇明．汉语辞格大全．南宁：广西教育出版社，1993
62. 吴礼权．修辞心理学．长沙：湖南人民出版社，2002
63. 赵毅，钱为钢．言语交际学．上海：上海三联书店，2004
64. 徐丹晖．写作与语言艺术教程．北京：北京广播学院出版社，2002
65. 韩荔华．汉语修辞技巧教程．北京：华文出版社，2005
66. 西慎光正．语境研究论文集．北京：北京语言学院出版社，1992
67. 李海林．言语教学论．上海：上海教育出版社，2000
68. 巴赫金．巴赫金全集（第4卷）．石家庄：河北教育出版社，1998
69. 杨荫浒．文章结构论．长春：吉林文史出版社，1990
70. 曾祥芹．文章学与语文教学．上海：上海教育出版社，1995
71. 蒋建文．从作文原则谈作文方法．台北：商务印书馆，1995
72. 刘锡庆，李保初．写作技法辞典．北京：商务印书馆，1998
73. 张宗正．理论修辞学——宏观视野下的大修辞．北京：中国社会科学出版社，2004
74. 谭汝为．古典诗歌的修辞和语言问题．天津：天津古籍出版社，1994
75. 陈汝东．认知修辞学．广州：广东教育出版社，2001
76. 祝克懿．新闻语体探索——兼论语言结构问题．福州：海风出版社，2007
77. 胡习之．辞规的理论与实践．北京：中国文史出版社，2002
78. 王占馥．思维与语言运用．广州：广东教育出版社，2003
79. 张良田．语篇交际原理与语文教学．长沙：湖南师范大学出版社，2003
80. 聂仁发．现代汉语语篇研究．湖南师范大学博士学位论文，2002
81. 刘辰诞．教学篇章语言学．上海：上海外语教育出版社，1999
82. 朱永生等．英汉语篇衔接手段对比研究．上海：上海外语教育出版社，2001
83. 刘凤玲，戴仲平．社会语用艺术．广州：暨南大学出版社，2002
84. 张松林．现代范文语法分析．重庆：重庆大学出版社，2001

后　记

笔者从1990年开始，面向广州市部分中学语文教师开设了“修辞学与语文教学”的课程（后称“继续教育”），曾到广州铁路局及深圳、番禺、郁南、佛山、珠海等地进行讲学，受到广大语文教师的好评。教师们纷纷向我索取资料，并希望我能将讲义撰写出书。

1999年我开始指导“言语交际与语言教学”方向的硕士研究生，并开设了“修辞学”、“言语交际学”、“语用名著导读”和“应用语言学”等课程。因工作的需要，在教授学生的同时，也拓展了自己的学术视野，深深感受到修辞学及相关的应用语言学科对人们在社会交往中的重要作用，尤其是在语文教学中的重要作用。这便是促使我下决心写此书的原因，也成为我写此书的动力。

本书由我和我的学生邱冬梅合作撰写。邱冬梅从事中学语文教学多年，积累了丰富的教学经验，并具有较强的研究能力。本书第一、二、七、八章，第三章前三节，第四章前二节，第五章前二节，第六章前三节均由本人撰写；第三章第四节，第四章第三节，第五章第三节，第六章第四节由邱冬梅撰写；此外，第五章第一节由我们两人共同撰写。

本书得益于许多专家学者研究成果的阳光雨露的沐养，不敢掠人之美，也尽量一一标注出来，以示谢意。但难免有疏漏的地方，尚请谅解。

下面想借此机会，说几句积压在心中多年想说的话：

感谢暨南大学在改革开放初期就开办了“现代汉语助教进修班”，使我有机会考入该校修读了研究生的七门主要课程和四门选修课程。人文学院派出了一批教学精英担任教学工作，使本人有幸聆听他们精彩的传授，目睹他们的教学风采，感受他们精湛的教学艺术。可以说，他们把自己的理论精华和学识都毫无保留地传授给了我们，使我们获益匪浅，为我们日后的教学、科研工作奠定了良好的基础。更有幸的是，在进修后的二十多年中，得到著名的修辞学家、风格学家黎运汉教授的教诲与提携，在他的带领下，多次参与修辞学、语体学和公关语言学的研究，并取得了受同行好评的丰硕成果。黎教授的渊博学识及高尚人格是我学习的楷模，师恩浩荡，没齿难忘。

修辞学界和本单位的许多时贤今秀是我的良师益友，他们对我的教诲、提携与帮助，历历往事都令我铭记在心。

感谢暨南大学出版社，感谢总编室黄圣英主任，编辑杜小陆、周玉宏和周明恩付出的辛劳。

由于学识浅陋，书中疏漏甚至谬误在所难免，恭请专家、读者批评指正。

刘凤玲

2010 年 3 月于羊城

语言研究新视角丛书（第一批）

1. 汉语语体修辞／黎运汉　盛永生
2. 辞章体裁风格学／郑颐寿
3. 汉语方言疑问范畴比较研究／邵敬敏等
4. 广告语言跟踪研究／屈哨兵　刘惠琼
5. 节目主持人语言传播艺术／肖沛雄
6. 语体风格分析纲要／丁金国
7. 言语行为研究／胡范铸
8. 语用原则论／冯广艺
9. 修辞学与语文教学／刘凤玲　邱冬梅
10. 喜剧小品语言幽默艺术／谢旭慧

语言研究新视角丛书（第二批）

1. 中国戏曲的语言艺术／黄丽贞
2. 华语视角：21 世纪的中国语言规划论／郭　熙
3. 港台语言研究／苏金智
4. 修辞学新诠／刘焕辉
5. 当代语用与实践修辞／何自然　戴仲平
6. 修辞结构论／刘大为
7. 现代汉语使动范式／刘街生
8. 形名黏合结构的组配规律及其语义分析／陈青松
9. 导游语言艺术／韩荔华
10. 汉语语篇结构新论／曹德和
11. 语言理论研习概要／张力军　丁金国
12. 教师口才修养／冯寿忠